Fernanda Pedrina / Susanne Hauser (Hrsg.)

Babys und Kleinkinder

Jahrbuch der Kinder- und Jugendlichen-Psychoanalyse
Bd. 2

Reihenherausgeber:
Peter Bründl, Manfred Endres, Susanne Hauser (alle München)

Wissenschaftlicher Beirat:
Elisabeth Brainin (Wien), Dieter Bürgin (Basel), Yecheskiel Cohen (Jerusalem),
Frank Dammasch (Frankfurt a. M.), Vera King (Hamburg),
Jack Novick (Ann Arbor), Kerry Kelly Novick (Ann Arbor),
Suzanne Maiello (Rom), Fernanda Pedrina (Zürich),
Björn Salomonsson (Stockholm), Veronica Sandor (Bukarest),
Carl E. Scheidt (Freiburg), Helene Timmermann (Hamburg)

Die Reihe *Jahrbuch für Kinder- und Jugendlichen-Psychoanalyse* möchte der Anwendung psychoanalytischer Theorie, Forschung und klinischer Erfahrung in der Arbeit mit Kindern, Jugendlichen und jungen Erwachsenen zwischen 0 und 25 Jahren einen besonderen Raum geben, von dem neue Impulse ausgehen sollen.

Historisch angewachsenes psychoanalytisches Wissen prägt in vielen Schattierungen Theorie und Praxis der psychoanalytischen und tiefenpsychologisch fundierten Einzelpsychotherapie von Kleinkindern, Kindern, Jugendlichen und jungen Erwachsenen samt begleitender Elternarbeit, ist häufig der Bezugsrahmen von Säuglings-Eltern-Psychotherapien, Gruppenpsychotherapien und Erziehungsberatung.

Die Kinder- und Jugendlichen-Psychoanalyse treibt die Psychoanalyse als Wissenschaft und Kunst mit voran, wirkt als kritisches Regulativ für die Psychoanalyse des Erwachsenenalters und trägt interdisziplinär zur Weiterentwicklung und zu neuen Konzeptbildungen in der Entwicklungspsychologie, in der Erziehungswissenschaft, in Pädiatrie, Kinder- und Jugendpsychiatrie, in der Soziologie, in den Neuro-, Rechts- und Kulturwissenschaften bei.

Das *Jahrbuch* soll deshalb als Forum KlinikerInnen, ForscherInnen und am Wissenszuwachs Beteiligten und Interessierten behilflich sein, die Zukunft einer lebendigen, effektiven, kulturkritischen und übernationalen Psychoanalyse offen zu halten.

Fernanda Pedrina / Susanne Hauser (Hrsg.)

Babys und Kleinkinder

Praxis und Forschung im Dialog

Beiträge von
Tessa Baradon, Karl Heinz Brisch, Anne Budke,
Frank Dammasch, Brigitte Forstner, Yvon Gauthier,
Christine Kern, Suzanne Maiello, Verena Menken,
Maria Mögel, Campbell Paul, Fernanda Pedrina,
Inge-Martine Pretorius, Julia Quehenberger,
Silvia Reisch, Björn Salomonsson,
Frances Thomson-Salo, Barbara von Kalckreuth,
Wolfgang von Kalckreuth, Christiane Wiesler

Brandes & Apsel

Auf Wunsch informieren wir Sie regelmäßig über *Neuerscheinungen* in dem Bereich Psychoanalyse/Psychotherapie.

Bitte senden Sie uns dafür eine E-Mail an *info@brandes-apsel.de* mit Ihrem entsprechenden Interessenschwerpunkt.

Gerne können Sie uns auch Ihre Postadresse übermitteln, wenn Sie die Zusendung des *Psychoanalyse-Katalogs* wünschen.

Außerdem finden Sie unser *Gesamtverzeichnis* mit aktuellen Informationen im Internet unter: www.brandes-apsel-verlag.de und unsere E-Books und E-Journals unter: www.brandes-apsel.de

1. Auflage 2013
© Brandes & Apsel Verlag GmbH, Frankfurt a. M.
Alle Rechte vorbehalten, insbesondere das Recht der Vervielfältigung und Verbreitung sowie der Übersetzung, Mikroverfilmung, Einspeicherung und Verarbeitung in elektronischen oder optischen Systemen, der öffentlichen Wiedergabe durch Hörfunk-, Fernsehsendungen und Multimedia sowie der Bereithaltung in einer Online-Datenbank oder im Internet zur Nutzung durch Dritte.
Umschlag: Brandes & Apsel Verlag, Frankfurt a. M.
DTP: Caroline Ebinger, Brandes & Apsel Verlag, Frankfurt a. M.
Druck: STEGA TISAK, d.o.o., Printed in Croatia
Gedruckt auf säurefreiem, alterungsbeständigem und chlorfrei gebleichtem Papier.

Bibliografische Information Der Deutschen Nationalbibliothek:
Die Deutsche Nationalbibliothek verzeichnet diese Publikation in der Deutschen Nationalbibliografie; detaillierte bibliografische Daten sind im Internet über http://dnb.ddb.de abrufbar.

ISBN 978-3-95558-038-4

Inhalt

Fernanda Pedrina / Susanne Hauser
Editorial 7

Yvon Gauthier
Können wir die Kluft zwischen Praxis
und Forschung überwinden,
wenn es um Bindung geht? 18

Suzanne Maiello
Über die frühesten Spuren psycho-physischen Erlebens
*Reminiszenzen pränataler traumatischer Erfahrungen
in der psychoanalytischen Praxis* 46

Björn Salomonsson
Die Musik des Containments:
Wie spricht der Psychoanalytiker die Beteiligten
einer Mutter-Baby-Psychotherapie an? 77

Campbell Paul / Frances Thomson-Salo
Die Sexualität von Säuglingen im Kontext
ihrer Beziehungen verstehen 102

*Barbara von Kalckreuth / Christiane Wiesler
Wolfgang von Kalckreuth*
Vom Mann zum Vater der frühen Kindheit
*Klinische Beobachtungen und Erfahrungen
aus der Freiburger Babyambulanz* 129

Frank Dammasch
Die frühen Beziehungsmuster von Jungen
*Entwicklungstheorie und Fallbericht
aus einem tiefenhermeneutischen Forschungsprojekt* 147

Fernanda Pedrina
Posttraumatische Störungen bei Mutter und Kind
Grundlagen vernetzter Interventionen 174

Tessa Baradon
Das Reframing traumatisierter
und traumatisierender Beziehungen
durch Mutter-Kind-Psychotherapie 199

Inge-Martine Pretorius
Psychoanalytische Psychotherapie
eines präödipalen Jungen: werden und loslassen
*Übergangsprozesse für charmante Prinzen
und ihre Therapeutinnen* 221

Maria Mögel
»Wer bin ich und zu wem gehöre ich?«
*Entwicklungsprozesse von Zugehörigkeit und Identität
bei Pflegekindern im Vorschulalter* 246

Silvia Reisch
Stationäres interdisziplinäres Behandlungsangebot
für psychisch kranke Mütter (Väter) und ihre Kleinkinder 276

*Karl Heinz Brisch / Julia Quehenberger / Anne Budke
Brigitte Forstner / Christine Kern / Verena Menken*
SAFE®-Spezial in Kinderkrippen zur Förderung einer sicheren
Bindungsentwicklung von Säuglingen und Kleinkindern 302

Die Autorinnen und Autoren 318

Editorial

Für die zweite Ausgabe des Jahrbuchs der Kinderpsychoanalyse wurde der Schwerpunkt frühe Kindheit – die psychoanalytisch fundierte therapeutische Arbeit mit Säuglingen und Kleinkindern bis fünf Jahre mit ihren Familien bzw. ihrem nahen Beziehungsumfeld – gewählt. Seit der pionierhaften Publikation von Selma Fraiberg und ihren Mitarbeiterinnen (Fraiberg, 1980), die in einer Zeit erschien, in welcher der psychoanalytische Diskurs in diesem Bereich noch unangefochten war, hat sowohl theoretisch als auch bezüglich den klinischen Anwendungen eine rege Entwicklung stattgefunden. Verschiedene Fachrichtungen haben sich von der Fraiberg'schen Forderung, das Baby im Behandlungssetting einzubeziehen und den aktuellen, vorwiegend averbalen Austausch zwischen Baby und Eltern in der therapeutischen Intervention zu berücksichtigen, anregen lassen und mit eigenen Beiträgen das Verständnis der komplexen Entwicklungsprozesse und die Behandlungstechnik bereichert. Psychoanalytisch orientierte Therapie im Frühbereich muss sich heute neben anderen Behandlungsmodalitäten (kommunikationsbasierte, verhaltenstherapeutische, systemisch-familientherapeutische, u. a.) behaupten. Dies tut sie, indem sie auf den heute allgemein akzeptierten interdisziplinären Wissenshintergrund als Ergänzung zu den altersspezifischen psychodynamischen Modellen der kindlichen Entwicklung und der Elternschaftsentwicklung Bezug nimmt und indem sie die Grenzen des eigenen Vorgehens erkennt. Zudem behauptet sich die psychoanalytisch orientierte Säuglings/Kleinkind-Eltern-Psychotherapie, indem sie neue Anwendungsbereiche über die ursprüngliche Fokussierung auf die Mutter-Kind-Dyade hinaus erschließt.

Trotz der zeitweise massiven Infragestellung der psychoanalytischen Entwicklungspsychologie durch Erkenntnisse aus anderen Forschungsrichtungen hat sich die psychodynamische Behandlungstradition nach Fraiberg überzeugend weiterentwickelt und bleibt anerkannt. Wir erwähnen hier als wichtige Stationen der Eltern-Kind-Behandlungstechnik die aus verschiedenen Zentren stammenden Monographien von Cramer und Palacio-Espasa aus Genf (1993), Muir und Mitarbeiter aus Toronto (Muir/Lojkasek/Cohen, 1999), Baradon und Mitarbeiter aus London (Baradon et al., 2005), Cierpka und Windaus aus Heidelberg (2007) sowie Liebermann und van Horn aus San Francisco (2008).

Die Wirksamkeit des Therapieansatzes »wait, watch and wonder« von Muir sowie der CPP – Child-Parent-Psychotherapy von Liebermann konnte durch entsprechende Forschungsarbeiten nachgewiesen werden (Cohen et al., 1999; Liebermann et al., 2006).

Theoretische Entwicklungen

Einige theoretische Entwicklungen der letzten Jahrzehnte wollen wir kurz erörtern. Äußerst belebend für die Erschließung neuer therapeutischer Möglichkeiten war die Erkennung der Bedeutung der primären Bezugspersonen und des lebendigen Beziehungsaustausches zwischen ihnen und dem Kind in ihrer beobachtbaren und in der Gegenübertragung wahrnehmbaren affektiven Dimension. Es handelt sich um eine asymmetrische Beziehung, in der sowohl Eltern wie Kind die Initiative ergreifen können und Gestaltungsmöglichkeiten für einen Austausch haben, der sich anfangs auf der Ebene verschiedener Wahrnehmungsmodalitäten abspielt und allmählich mit der sprachlichen Kommunikation bereichert wird. Im psychoanalytischen Verständnis ist von Anfang an das Unbewusste der Eltern mit ihren Wünschen, Phantasien und Konflikten im Spiel. Ebenfalls früh in deren Spiegel sowie als Folge eigener Reifungsprozesse konstituieren sich allmählich die psychischen Strukturen des Kindes. Entwicklungsentgleisungen stellen den Therapeuten immer wieder vor die schwierige Aufgabe, mit seinem theoretischen Wissen sinnstiftende Zusammenhänge im komplexen und labilen Erscheinungsbild zu erkennen, in dem die jeweilige Problematik des Kindes und seiner Betreuer sowie die Art, wie diese interagieren, zum Ausdruck kommen.

Als fester Bestandteil des theoretischen Rüstzeugs gilt heute die Bindungstheorie. Es ist bemerkenswert, dass Fraiberg den Begriff Bindung nicht erwähnt, obwohl sie in ihren Äußerungen von einer besonderen Qualität der Beziehung des Babys zu seinen wichtigsten Betreuern ausgeht und diese stützt. Wir werden dadurch an die frühere Kontroverse in der Psychoanalyse um die Bindungstheorie erinnert und müssen von einer nachträglichen Integration derselben sprechen, die parallel zur vertieften Auseinandersetzung mit den neurobiologischen Aspekten von Entwicklung geschehen ist. Die Bindungstheorie ist inzwischen in allen Fachrichtungen des Frühbereichs so populär geworden, dass sie riskiert, allzu einseitig und mit ungenügender Berücksichtigung des Kontextes auf problematische Weise umgesetzt zu werden. Als Grundlage für sorgfältig entworfene präventive Programme hat sie in aller Deutlichkeit ihre Nützlichkeit bewiesen (siehe Artikel von Gauthier und Brisch in diesem Band). Im Fall komplexer Psychopathologie kann sie nur zum Teil eine therapeutische Intervention begründen, die auch andere wichtige Aspekte der kindlichen Entwicklungsdynamik und -ökologie einbeziehen muss. In Fachkreisen wird außerdem diskutiert, ob die Diagnose Bindungsstörung, die ebenfalls häufig zu leichtfertig eingebracht und verabsolutiert wird, als abgeschlossene Entität haltbar oder vielmehr als Teil eines komplexeren klinischen Bildes zu betrachten ist.

Die neurobiologische und genetische Forschung hat in den vergangenen Jahren viele Befunde zur frühen Entwicklung hervorgebracht, die durch Eltern-Baby-Therapeuten mit Interesse zur Kenntnis genommen wurden. Die Erkenntnisse, dass die Bildung neurologischer Strukturen und die Implementierung neuro-endokrinologischer Kreisläufe durch Emotionen beeinflusst werden und auch dass chronische schwere Misshandlungen tiefe Spuren im neurobiologischen Substrat hinterlassen, haben dem psychodynamischen Ansatz neue Anerkennung verliehen. Umgekehrt kann man die in einzelnen Fällen auftretende Beobachtung, dass gewisse stark ausgeprägte Eigenschaften des Kindes (geringe Regulationsfähigkeit, Impulsivität, fehlende Flexibilität im interaktionellen Austausch) sich durch angemessene elterliche Fürsorge schwer beeinflussen lassen und sich gegenüber psychodynamisch orientierten Interventionen als hartnäckig erweisen, mit der biologischen Verankerung dieser Symptome erklären. Diese Abwägung ist hilfreich, um Dauer und Reichweite der psychotherapeutischen Behandlung realistisch einschätzen zu können. Im Falle autistischer Störungsbilder wird die therapeutische Strategie unter Umständen der Anpassungsfähigkeit der Betreuer mehr Aufmerksamkeit schenken als auf das Veränderungspotenzial des Kindes setzen. Ähnliche Gedanken gelten im Bereich der Psychosomatik, wenn sich die Frage stellt, inwiefern eine Symptomatik Ausdruck eines durch interaktionelle Fehlabstimmung verursachten Missbehagens oder Folge biologischer/medizinischer Bedingungen ist. In den Anfängen der Eltern-Baby-Therapien wurde besonders im deutschsprachigen Raum der Begriff der Regulationsstörung etwas generalisierend zur Bezeichnung verschiedener Symptombilder eingesetzt. Demnach schien die Störung in der Interaktion die zentrale Ursache der kindlichen Symptomatik zu sein. Mit einer anderen Betonung gestaltet sich aber die therapeutische Haltung, wenn man die Möglichkeit einer primären Pathologie des Babys, das auch eine tragfähige Mutter überfordern kann, einräumt. Als Beispiel des Differenzierungsprozesses in der psychosomatischen Klinik soll die Entwicklung der Diagnostik der Essverhaltensstörung gelten, die heute in sechs verschiedenen Bilder mit unterschiedlicher Ursache – eine davon die interaktive Regulationsstörung – unterteilt wird.

Klinische Anwendungen

Wie sieht das Spektrum der psychoanalytisch orientierten Therapien mit Säuglingen, Kleinkindern und ihren nahen Bezugspersonen heute aus? Das Format der Eltern-Kleinkind-Therapie behält eine paradigmatische Bedeutung und bildet den Hauptteil der einschlägigen Ausbildungsgänge. Dabei steht die Beziehung im Zentrum. Das belastete Baby und Kleinkind soll (wieder) zu einer entspannten Beziehung zu seinen wichtigsten Bezugspersonen finden. Ein Bindungsverhalten, das von Vertrauen zeugt, die Fähigkeit des Kindes, die Welt zu erkunden, und diejenige der Eltern, es darin und darüber hinaus reflexiv zu begleiten, sind zentrale Kriterien für die Beurteilung des Erfolgs der Intervention. Die Fokussierung auf die Beziehung genügt aber nicht. Das Kind muss auch als einzelner Patient in seinem Recht gesehen werden, umso mehr wenn es das verbale Alter mit der entsprechenden psychischen Strukturierung erreicht hat und wenn seine Symptome und sein Verhalten von einer beunruhigenden inneren Welt zeugen, die nicht mehr verstanden wird und/oder die Betreuer zu abwegigen Reaktionen verleitet. Dies wollen wir betonen, da die Psychopathologie kleiner Kinder von Laien, manchmal auch von Fachleuten, erfahrungsgemäß unterschätzt wird, wie Forschungsarbeiten über die Wahrnehmung und Bewertung von posttraumatischen Symptomen nachweisen.

Eine bezüglich der frühen Interventionen häufig aufgeworfene Frage betrifft die Abgrenzung zwischen präventiver Arbeit und Psychotherapie. Bei der Zuweisung von symptomatischen Familien ist es nicht immer absehbar, ob sich nachträglich eine einfache Entwicklungskrise feststellen lässt oder aber ein pathologisches Zustandsbild diagnostiziert wird. Bei letzterem ist die spezifische Kompetenz von Eltern-Kind-Psychotherapeuten gefragt, während Entwicklungskrisen in die Zuständigkeit der Entwicklungsberatung fallen. Gewisse Überschneidungen sind nicht zu vermeiden. Psychotherapeuten sehen in einer

Abklärungsphase eventuell Familien mit leicht überwindbaren Problemen. Die Erfahrung mit präventiven Programmen in Risikopopulationen zeigt aber auch, dass durch die angebotene Beratung vielfach schwer belastete Eltern mit ihren mitleidenden Kindern erreicht werden, die selbst nie psychotherapeutische Hilfe in Anspruch nehmen würden. Die Fragen der Zuständigkeit der helfenden Institution oder der finanziellen Deckung sollten in diesen schweren Fällen die gerade stattfindende und zuweilen einzig mögliche Unterstützung nicht gefährden.

Das zunehmende Wissen über die frühen Entwicklungsprozesse hat die allgemeine Behandlungstechnik unheimlich bereichert. In den letzten Jahren zeichnet sich zudem die Tendenz ab, dank neuer integrativer Modelle zur Entstehung von Psychopathologie klinische Bilder ätiologisch zu differenzieren und dementsprechend zumindest in Ansätzen störungsspezifisch zu behandeln. Am deutlichsten kommt dies bei den intensiv beforschten posttraumatischen Entwicklungen zum Ausdruck. Sowohl die Klärung der akuten altersspezifischen Symptomatologie des PTBS in den ersten Lebensjahren als auch die durch die aktuellen Follow-up-Studien aktualisierten Kenntnisse zu den langfristigen Folgen massiver chronischer Misshandlung/Deprivation sind wichtige Beiträge, die uns für eine frühere Erfassung klinischer Fälle sensibilisieren und gezielte therapeutische Strategien bereits im Vorschulalter begründen. Ein weiteres Feld, in welchem präzise Interaktionsstudien störungsspezifische Ansätze erhoffen lassen, ist dasjenige der Auswirkungen von elterlichen Angststörungen auf das Baby und Kleinkind (mündliche Mitteilung von Davis/Cooper am WAIMH-Kongress 2012).

Psychoanalytisch orientierte Therapie in der frühen Kindheit beschränkt sich nicht auf das Eltern-Kind-Setting, das eine tragfähige Familie voraussetzt. Auch Kinderschutzarbeit und Arbeit mit institutionalisierten Kindern finden im psychoanalytischen Theoriegebäude eine gute Basis. Hier sind Vernetzung mit anderen Fachleuten sowie die gegenseitige Vermittlung betreffend Mittel und Ziele der jeweiligen Teilaufgabe wichtig. Auf diesem Hintergrund kann die Errichtung eines zuverlässigen Rahmens für die individuelle therapeutische Arbeit mit dem Kind und seinen relevanten Bezugspersonen erfolgen. Ein besonderes Setting verlangt auch die stationäre oder halbstationäre Behandlung schwerer Fälle, bei denen eine Kombination therapeutischer und sozialpädagogischer Interventionen erfolgt, die untereinander koordiniert werden müssen. Beispiele für diese erweiterten Ansätze finden sich in diesem Band.

Editorial

Situation im deutschsprachigen Raum

In den letzten zehn Jahren hat die Anzahl von psychoanalytisch orientierten Babyambulanzen bundesweit in Deutschland stark zugenommen. Zweimal jährlich treffen sich Vertreter der verschiedenen Babyambulanzen im Rahmen einer Vernetzungskonferenz, organisiert von der VAKJP (Vereinigung Analytischer Kinder- und Jugendlichen-Psychotherapeuten), um sich über die therapeutische Arbeit organisatorisch und inhaltlich auszutauschen. Als Ergebnis dieser kontinuierlichen und fruchtbaren Zusammenarbeit wurden Leitlinien zu Regulationsstörungen sowie psychischen und psychosomatischen Störungen im Säuglings- und frühen Kindesalter erstellt sowie ein Manual zu deren psychoanalytischer Behandlung unter Verwendung eines Fokuskonzepts ausgearbeitet (Cierpka/Windaus, 2007). Derzeit ist von der Heidelberger Arbeitsgruppe um Manfred Cierpka eine RCT-Outcome-Studie zur Wirksamkeit psychoanalytisch orientierter Eltern-Säuglings-Therapie im Vergleich mit normaler kinderärztlicher Grundversorgung geplant. Ergänzend dazu soll eine naturalistische Studie unter Einbeziehung der bundesweiten Babyambulanzen zur Untermauerung durchgeführt werden.

In Deutschland hat sich der Begriff der Säuglings-Kleinkind-Eltern-Psychotherapie (SKEPT) eingebürgert, der auch gegenüber den Krankenkassen als eigene Behandlungsform vertreten wird. In der Folge wurde die Behandlung von Säuglingen und Kleinkindern von der VAKJP dem Tätigkeitsbereich analytischer Kinder- und Jugendlichentherapeuten zugeordnet, die dafür zusätzlich ausgebildet werden müssen. So erging der Auftrag an die psychoanalytischen Ausbildungsinstitute, durch theoretische und praktische Zusatzangebote im SKEPT-Bereich die Ausbildungskandidaten weiterzubilden. Zunächst wurde von der VAKJP bundesweit eine SKEPT-Fortbildung für Dozenten und Supervisoren in der kinderanalytischen Ausbildung angeboten, um ein entsprechendes Vertiefungsangebot an den psychoanalytischen Instituten zu ermöglichen. Seitdem erfreut sich die SKEPT-Ausbildung zunehmender Beliebtheit und das Interesse an der therapeutischen Arbeit mit Babys und ihren Eltern ist groß. Diese sehr erfreulichen Entwicklungen zeigen, dass sich die Psychoanalytiker im deutschsprachigen Raum in dem frühen Bereich mit ihrer fachlichen Kompetenz wieder mehr einbringen und in den interdisziplinären Diskurs in der Vernetzung mit anderen Institutionen eintreten.

Weiterhin bestehen die seit Jahren etablierten, als postgraduales Curriculum konzipierten Ausbildungsangebote der ärztlichen Akademie für Psychotherapie von Kindern und Jugendlichen in München, der Fachhochschule Potsdam (seit diesem Jahr von der Internationalen Psychoanalytischen Universität Berlin veranstaltet) und des Universitätsklinikum Heidelberg. Diese sind auch für tiefenpsychologisch ausgebildete Therapeuten zugänglich, die beiden letzten auch für solche, die in anderen anerkannten Psychotherapieverfahren ausgebildet sind. Das Münchener Curriculum spricht insbesondere Kinderärzte an, was zu einer für die Versorgung von psychisch leidenden Babys/Kleinkindern und ihren Familien bedeutenden Zusammenarbeit zwischen KinderärztInnen und Psychotherapeuten geführt hat.

In diesem Band präsentieren wir aktuelle Arbeiten sowohl aus dem deutschsprachigen Raum als auch internationale Beiträge.

Einführend informiert eine Übersichtsarbeit über die Integration und Bedeutung der Bindungstheorie in der psychoanalytischen Arbeit im Frühbereich durch einen frühen Protagonisten der klinischen Bewegung. *Yvon Gauthier*, Psychoanalytiker, emeritierter Professor der Kinderpsychiatrie in Montréal, kam früh mit Fraibergs Arbeit in Kontakt und implementierte die Eltern-Kind-Behandlung in der von ihm mitgegründeten »clinique d'attachement« im Universitätsspital Sainte-Justine. Sein Artikel nimmt den stetigen Austausch zwischen der Rezeption theoretischer Begriffe der Bindungsforschung und deren Resultaten aus akademischen Forschungsprojekten und Erfahrungen mit bindungsorientierten Programmen bzw. neuen Fragestellungen aus der Praxis in den Fokus. In diesem Bereich, so seine Schlussfolgerung, obwohl anfänglich umstritten und hürdenreich, war der Austausch sehr fruchtbar.

Suzanne Maiello spannt in ihrem Artikel den Bogen vom pränatalen Leben als nachhaltiger Grunderfahrung proto-mentalen Erlebens zu späteren Reminiszenzen der kindlichen Erfahrungen. Dabei geht Maiello von einer Kontinuität des intrauterinen Austauschs zwischen dem vorgeburtlichen Kind und seiner Mutter aus und postuliert, dass sog. Proto-Erfahrungen des auditiv-vibratorischen und interaktiven Erlebens das Verhalten von Neugeborenen und die Mutter-Kind-Interaktion nachhaltig prägen. Rekurrierend auf Bions Modell konzeptualisiert sie Vorformen primärer Identifizierung beim Fötus und entwickelt mit dem Begriff des Klangobjekts die archaische rhythmische intrauterine Resonanzerfahrung des ungeborenen Kindes im mütterlichen Körper.

In einer Fallvignette zeigt Maiello, wie sich in der Therapie eines Vorschulkindes pränatal traumatisierende Erfahrungen aktualisieren und damit bearbeitet werden können.

Björn Salomonsson bezieht sich in seinem Beitrag einerseits auf das Konzept des Containing von Bion und andererseits auf das Konzept der kommunikativen Musikalität, um seinen therapeutischen Ansatz als Psychoanalytiker in der Arbeit mit Müttern und Babys zu beschreiben. Bei ihm steht die therapeutische Beziehung zu dem Baby im Zentrum, wenn er sich dem Baby als Container für seine Affekte zur Verfügung stellt. Salomonsson vergleicht die Konstellation in einer Mutter-Kind-Therapie mit einem Kammermusiktrio, bei dem alle drei zusammenspielen und aufeinander hören, und es zu Störungen kommt, wenn einer rausfällt. So versteht er auch das Containing der kindlichen und mütterlichen Sorgen als die zentrale Aufgabe des Therapeuten, der sich von seiner Gegenübertragung leiten lässt, um zu entscheiden, wann er das Baby direkt adressiert und wann er sich an die Mutter wendet. Er spricht von der Musik des Containing, wenn es dem Analytiker gelingt, sich durch sein Sprechen mit Mutter und Baby für ihre Emotionen als Klangobjekt und als Objekt des musikalischen Zusammenspiels zur Verfügung zu stellen.

Auf das sexuelle Erleben von Babys und Kleinkindern in den Beziehungen zu ihren primären Bezugspersonen gehen *Campbell Paul* und *Frances Thomson-Salo* in ihrem Artikel näher ein. Sie stellen heraus, wie wichtig eine angemessene erotische Beteiligung und Besetzung der Eltern für den Körper ihres Babys für diese ist, um ihren Körper lustvoll erleben und später »bewohnen« zu können. Die Autoren stellen den Zusammenhang zwischen der Sexualität der Eltern und infantiler sinnlicher Erregung sowie frühkindlicher Gier her, die zusammenspielen und ein gesundes Lustempfinden und Körperkonzept beim kleinen Kind bedingen. Wenn Eltern hingegen durch den Körper ihrer Babys und sein Lustempfinden in Schrecken versetzt werden und sich empören, wirkt sich das auch langfristig negativ auf das frühkindliche Körpererleben und seine Sexualität aus.

Barbara von Kalckreuth, Christiane Wiesler und Wolfgang von Kalckreuth geben einen Überblick über ihre langjährigen Erfahrungen mit der Väterarbeit im Rahmen der Freiburger Babyambulanz. Sie zeigen anhand der historischen Entwicklung auf, wie die früher abwesenden Väter sich zunehmend mit ihrer Vaterschaft auseinandersetzen und von Anfang an eine primäre Bezogenheit zu ihrem Baby suchen. Analog zur Mutterschaftskonstellation sprechen sie von einer Vaterschaftskonstellation mit vergleichbaren Themen, für die Väter ihre eigene Antwort vor dem Hintergrund ihrer persönlichen Geschichte finden müssen. Die Integration der Väter im Rahmen der Babyambulanz kann dem Vater einen neuen Zugang eröffnen, seinen Platz in der Familie zu finden.

Inwieweit geschlechtsspezifische Vorannahmen und unbewusste Phantasien der Eltern die frühen Interaktionserlebnisse von kleinen Jungen mitbestimmen, ist Gegenstand eines Forschungsprojekts, über das *Frank Dammasch* in seinem Beitrag berichtet. Im Rahmen dieses Projekts wird anhand von ausführlichen Verhaltensbeobachtungen in der Familie und dem Kindergarten der Frage nachgegangen, inwieweit Bindungsmuster und geschlechtsspezifisches Verhalten zusammenspielen. In seinem theoretischen Überblick über die männliche Identitätsbildung in der frühen Kindheit fokussiert Dammasch auf die zentrale Differenzerfahrung des Jungen in der Beziehung zur Mutter und der notwendigen Validierung der eigenen Männlichkeit durch den gleichgeschlechtlichen Vater. Anhand einer Einzelfalldarstellung wird die These untersucht, dass sich bei unsicheren Bindungsmustern die Rigidität geschlechtsspezifischer Verhaltensmuster bei Jungen verstärkt, während bei sicheren Bindungsmustern geschlechtsspezifische Verhaltensweisen weniger dominieren.

Fernanda Pedrina befasst sich in ihrem Beitrag mit der differenzierten diagnostischen und klinischen Einschätzung posttraumatischer Störungen bei Mutter und Kind aus kinderpsychiatrischer und entwicklungspsychopathologischer Sicht. Bei Säuglingen und Kleinkindern ermöglichen neue diagnostische Kriterien eine altersangepasste Beschreibung komplexer Traumata im frühen Kindesalter. Doch erst die Begegnung mit dem Kind und seinen Betreuern ermöglicht es, ihre Belastungen und Bedürfnisse sowie ihre Beziehungsdynamik einzuschätzen. Darauf stützt sich eine prozessorientierte Begutachtung und ihre Vorschläge für therapeutische Interventionen. Anhand eines Fallbeispiels, in dem Retraumatisierungen in der Beziehung zwischen der Mutter und ihrem fremdplatzierten Kind im Zentrum stehen, wird das prozessorientierte diagnostisch-therapeutische Vorgehen in Hinblick auf die Gestaltung der Besuche und die Planung einer multimodalen Behandlung für Mutter und Kind erläutert.

Die therapeutische Arbeit von *Tessa Baradon* steht in der Tradition eines entwicklungsorientierten Ansatzes am Anna Freud Center, der neben der Elternarbeit die direkte Arbeit mit dem Baby favorisiert. In ihrem Beitrag betont Baradon die Aufgabe des Analytikers, bei generationsübergreifenden traumatischen Beziehungserfahrungen im »Hier und Jetzt« des Behandlungsraumes

Verhaltensweisen des Babys, die einen Trigger für traumatisches Erleben darstellen, in einen anderen Kontext zu stellen. Anhand eines Falles zeigt sie auf, wie durch die therapeutische Umformulierung eine neue Objekterfahrung möglich wird, die der Mutter hilft, Verhaltensweisen ihres Babys in einem anderen Licht sehen zu lernen und damit die eigenen projektiven Verzerrungen allmählich zurückzunehmen.

Anhand des Behandlungsverlaufs einer analytischen Therapie eines Vorschulkindes verdeutlicht *Inge Pretorius* den entwicklungsorientierten Ansatz von Anna Freud und ihren Nachfolgerinnen, in dem es darum geht, die Behandlungstechnik den Bedürfnissen und Entwicklungsmöglichkeiten des Kindes anzupassen. Sie beschreibt den intensiven therapeutischen Übertragungsprozess, in dessen Verlauf sich ein dreijähriger Junge aus dem vorherrschenden dyadischen Beziehungsmuster löst und mit zunehmender triangulärer Fähigkeit zunächst in die phallisch-narzisstische Phase eintritt und schließlich den ödipalen Konflikt in der Beziehung zu seiner Therapeutin durcharbeiten kann.

Bei fremdplatzierten Pflegekindern erweist sich die Bindungstheorie als zentrales Konzept zur Erfassung der Beziehungsqualität zu den primären Bezugspersonen nicht immer als ausreichend, um bei den Kindern die innerpsychische Konstruktion ihrer Beziehungswelt zu erfassen und entsprechend zu berücksichtigen. *Maria Mögel* stellt die Bedeutung von Kontinuitätserleben und Zugehörigkeit heraus, um in dem Spannungsfeld zwischen biologisch-rechtlicher und psychologischer Elternschaft bei der Therapie mit Heim- und Pflegekindern das Pflegekind bei der Entwicklung einer kohärenten Selbstorganisation zu unterstützen.

Von einem modellhaft eingeführten, interdisziplinären Behandlungsansatz im stationären Setting handelt die Arbeit von *Silvia Reisch*, wo psychisch kranke Eltern mit ihren gleichzeitig hospitalisierten Kindern eine intensive therapeutische Begleitung erfahren. Dabei liegt einerseits der Fokus auf der Bearbeitung der Eltern-Kind-Beziehung in verschiedenen situativen Kontexten, andererseits werden eine begleitende Psychotherapie der Mütter/Väter sowie eine kinderpsychiatrische und pädiatrische Behandlung der Kinder bei Bedarf durchgeführt. Anhand eines Fallberichts wird die komplexe und vernetzte Therapiearbeit mit wechselnden Foki in ihrem phasenhaften Verlauf und Wirkpotenzial dargestellt.

Aufbauend auf dem SAFE-Trainingsprogramm für Eltern stellt *Karl Heinz Brisch* mit seinem Team ein Forschungsprojekt vor, in dem durch Schulung von Eltern und KinderkrippenbetreuerInnen eine sichere Bindung von Säuglingen und Kleinkindern gefördert werden soll. In dieser Studie wird die Wirksamkeit bindungsorientierter Interventionen und Schulungen von Eltern und ErzieherInnen auf die frühkindliche Bindungsentwicklung nach Eintritt in die Krippe untersucht und mit einer Kontrollgruppe verglichen werden. Anhand von zwei Fallbeispielen wird die individuelle Veränderung in den Bindungsbeziehungen aufgezeigt.

Die Herausgeberinnen

Literatur

Baradon, T./Broughton, C./Gibbs, I./James, J./Joyce, A./Woodhead, J. (Hrsg.) (2005): *The practice of psychoanalytic parent-infant psychotherapy: claiming the baby.* Hove.

Cierpka, M./Windaus, E. (Hrsg.) (2007): *Psychoanalytische Säuglings-Kleinkind-Eltern-Psychotherapie.* Frankfurt a. M.

Cohen, N. J./Muir, E./Parker, C. J./Brown, M./Lojkasek, M./Muir, R./Barwick, M. (1999): Watch, wait and wonder. Testing the effectiveness of a new approach to mother-infant-psychotherapy. *Infant Mental Health Journal,* 20: 429-451.

Cramer, B./Palacio-Espasa, F. (1993): *La pratique des psychothérapies mères-bébés. Etudes cliniques et techniques.* Paris.

Fraiberg, S. (1980): *Clinical studies in infant mental health. The first year of life.* New York.

Liebermann, A./Ghosh Ippen, C./van Horn, P. (2006): Child-parent-psychotherapy: six month follow up of a randomized control trial. *Journal of the American Academy of Child and Adolescent Psychiatry,* 45: 913-918.

Liebermann, A. F./van Horn, P. (2008): *Psychotherapy with infants and young children. Repairing the effects of stress and trauma on early attachment.* New York.

Muir, E./Lojkasek, M./Cohen, N. (1999): *Watch, Wait and Wonder: a manual describing a dyadic infant-led approach to problems in infancy and early childhood.* Toronto.

Yvon Gauthier

Können wir die Kluft zwischen Praxis und Forschung überwinden, wenn es um Bindung geht?[1]

Einführung

Die Bindungstheorie hat in den letzten zwei Jahrzehnten eine unangefochtene Stellung eingenommen, was die kindliche Entwicklung in all ihren normalen und psychopathologischen Aspekten betrifft, so dass sich namhafte Forscher schon mit Urteilen wie dem folgenden geäußert haben: »Die Bindung hat sich vielleicht als das wichtigste theoretische Konstrukt erwiesen, das je in der entwicklungspsychologischen Forschung verwendet wurde« (Sroufe et al., 2005: 51).[2] Doch erstaunlicherweise – so scheint es mir – hat diese Konzeptualisierung nicht die gleiche zentrale Bedeutung in der klinischen Praxis. Scheinbar besteht immer noch eine Kluft zwischen Forschung und Praxis. Wie kann man dies verstehen und wie könnte man diesen Zustand überwinden?

Die klinischen Grundlagen der Bindungstheorie

Es seien einige historische Fakten in Erinnerung gerufen. Die Bindungstheorie ist aus klinischen Beobachtungen hervorgegangen. Die erste Studie von Bowlby über 44 gestörte Jugendliche beschrieb ein zentrales Ereignis in ihrer jewei-

---

[1] Dieser Text ist eine mit dem Einverständnis des Autors leicht gekürzte Fassung eines Artikels, der auf Französisch in *Devenir*, 23/3, 2011: 287-313 erschienen ist. Übersetzung: Fernanda Pedrina, mit Korrekturlesung von Maria Mögel.

[2] Die Übersetzungen von Zitaten aus englischen Publikationen wurden, wenn nicht anders vermerkt, durch Fernanda Pedrina aus dem ursprünglichen Text vorgenommen.

ligen Geschichte, nämlich dass sie in ihrer frühen Kindheit von ihren Müttern getrennt worden waren (Bowlby, 1944). Seine Arbeit für die Weltgesundheitsorganisation (WHO) über mangelnde mütterliche Zuwendung hat zur Monographie *Maternal care and mental health* geführt, die eine große Wirkung auf die Gesundheitspolitik ausgeübt hat (Bowlby, 1951). Die Beobachtungen, die Bowlby zusammen mit John Robertson an hospitalisierten Kleinkindern durchgeführt hat, sind in den einflussreichen Film *A two years-old goes to the hospital* eingeflossen (Robertson, 1952). Es sind all diese klinischen Arbeiten, die die Grundlage seiner Konzeptualisierung der zentralen Rolle der Mutter in der kindlichen Entwicklung bilden. Der Text von 1958 *»The nature of the child's tie to his mother«* (Bowlby, 1958) stellt einen ersten Versuch dar, die bis dahin von der Psychoanalyse allgemein vertretene Vorherrschaft der oralen Impulse in Frage zu stellen. Die späteren Beobachtungen von Harlow über junge Rhesusaffen haben – wie wir heute wissen – die Hypothesen Bowlbys betreffend der spezifischen Rolle der Mutter und der Auswirkung der Trennung von der Mutter auf die kindliche Entwicklung bestätigt. Die Bindungstheorie wurde schließlich in seinem zentralen Werk, der Trilogie *Attachment and loss*, ausgehend von den Affekten, die im Zentrum des Systems Bindung stehen, formuliert: die Trennungsangst, die durch den Verlust ausgelöste Wut, die Trauer und die Depression (Bowlby, 1969, 1973, 1980).

Die wichtigste Untersuchungsmethode Freuds war die Retrospektion, ausgehend vom Erzählen erwachsener Neurotiker, während Bowlby seine neuen Konzepte aus der Beobachtung von Säuglingen und Kleinkindern und ihren Reaktionen, wenn sie von ihren Müttern getrennt wurden, entwickelt hat. Er selbst beschrieb es so:

> Ich bin von einer bestimmten Art von Traumatisierung in der Kindheit ausgegangen und habe versucht, prospektiv deren Auswirkungen zu verfolgen [...] Ich bin von Beobachtungen des Verhaltens von Kindern in bestimmten, eng umschriebenen Situationen ausgegangen, wobei ich auch Gefühle und Gedanken, die sie ausdrückten, einbezog, und habe versucht, von hier aus eine Theorie der Persönlichkeitsentwicklung zu formulieren. (Bowlby, 1988: 26)

Yvon Gauthier

Die klinischen Beobachtungen von Mary Ainsworth: eine neue Dimension

In der Geschichte der Bindungstheorie gilt Mary Ainsworth heute nicht nur als Mitarbeiterin oder Schülerin Bowlbys, vielmehr nimmt sie eine zentrale Rolle in der Entwicklung des theoretischen Konstrukts, das uns überliefert wurde, ein (Bretherton, 1992). In der Tat sind ihre klinischen Beobachtungen ausschlaggebend gewesen, da sie die ersten Einsichten Bowlbys bestätigt haben. Nach mehreren Jahren der Zusammenarbeit mit ihm in London, setzte sie ihre Arbeit in Uganda fort, wo sie mehrere Dörfer besucht hat. Diese Periode ihres Lebens ist wenig bekannt, aber sehr interessant; dort untersuchte sie 28 Mutter-Kind-Dyaden und war besonders vom Zusammenhang zwischen Sicherheitsgefühl und Exploration bei diesen Kindern beeindruckt (Ainsworth, 1963, 1967). Die nachfolgende Studie in Baltimore über 26 Dyaden, die sie über ein Jahr in Hausbesuchen durchführte, war maßgeblich von ihren früheren Beobachtungen beeinflusst (Ainsworth et al., 1978).

Mit Ainsworth betreten wir eine neue Dimension. Sie beobachtet nicht nur die Reaktionen des Kindes bei der Trennung von der Mutter, sondern auch seine Reaktionen auf Alltagsereignisse und die Art und Weise, wie die Mutter auf Zeichen von Unbehagen oder auf Wünsche nach Trost und Schutz seitens des Kindes reagiert. Ainsworth beschreibt in der Folge die verschiedenen Verhaltensmuster, die den Stil und die Qualität der Mutter-Kind-Interaktion charakterisieren. In den nachfolgenden Beobachtungen werden qualitative Aspekte weiter ausgearbeitet. Es wird etwa untersucht, wie die alltäglichen Interaktionen des Kindes mit der Mutter die Mutter-Kind-Beziehung beeinflussen bzw. wie sie beim Kind die Bildung innerer Arbeitsmodelle prägen; wie das Kind, das im Begriff ist, seine Umgebung zu erkunden, den Kontakt mit der Mutter aufrechterhält oder aber abbricht; wie seine Fähigkeit zur Exploration durch die Qualität der Beziehung zur Mutter beeinflusst wird. Mit anderen Worten: Ainsworth hat Bowlbys Theorie aufgegriffen und mit dem Aspekt der Exploration zu einer neuen Richtung hin geöffnet.

In einem Interview mit Robert Marvin hat Ainsworth geäußert, dass sie gerade aus ihrer Erfahrung in der Beobachtung von Dyaden zur Idee der Fremden Situation gekommen ist. Diese Idee sei ihr spontan eingefallen, als sie ein Forschungsprojekt plante (Ainsworth/Marvin, 1995).

Die Forschung nimmt sich der Bindung an: Fremde Situation, Adult Attachment Interview und andere Forschungsmethoden

In unserer theoretischen Ausstattung ist die Bindungstheorie in den letzten Jahrzehnten so wichtig geworden, weil sich zahlreiche Forscher nach Ainsworth diesem neuen Bereich der menschlichen Entwicklung zugewandt haben, mit dem Ziel, Bowlbys Hypothesen wissenschaftlich zu begründen. Diese Tatsache ist umso interessanter, ja herausfordernder, wenn man bedenkt, dass die Psychoanalyse ihrerseits bedeutsam geworden ist und an Autorität gewonnen hat, ohne (bis auf Ausnahmen) ihre Grundsätze durch Forschung zu stützen oder zu verifizieren.

Fremde Situation

Mary Ainsworth hat die »Fremde Situation« in einem Klima größter Zurückhaltung und sogar von Widerstand seitens der Psychologen entwickelt. Wie kann uns eine 18-minütige Beobachtung so viele Informationen zur inneren Struktur und zum psychischen Funktionieren des Kindes verraten? In der heutigen Standardisierung ist die Fremde Situation inzwischen ein anerkanntes und weltweit verwendetes Untersuchungsinstrument geworden. Sie erlaubt uns, das Gefühl von Sicherheit oder Unsicherheit beim Kind, so wie es sich in der Beziehung zu seiner Mutter zeigt, zu erfassen. Es sei betont, dass die Fremde Situation eine Methode ist, die fest in der klinischen Realität verwurzelt ist. Sie gestaltet sich um Begebenheiten, die alltäglich sind und häufig auftreten; jedes Kind ist im Laufe seiner frühen Kindheit damit konfrontiert. Seine Mutter lässt es einige Minuten allein, um in die Küche zu gehen; oder sie vertraut es einer fremden Person an, wenn sie einkaufen oder arbeiten geht. »Wir waren deshalb daran interessiert, die Kinder unserer Longitudinalstudie sehr kurzen Trennungserfahrungen in einer ungewohnten Umgebung auszusetzen, um ihre Reaktionen mit denen auf ähnlich kurze Trennungen zu Hause zu vergleichen […] und auch ihre Reaktionen auf eine fremde Person in einer ungewohnten Umgebung zu beobachten.« (Ainsworth et al., 1978). Die sechs Episoden der Fremden Situation sind so strukturiert, dass die Reaktionen eines 12- bis 18-monatigen Kindes in einer für es neuen Umgebung in folgenden Konstellationen beobachtet werden können: zuerst (in Anwesenheit der Mutter) im Umgang mit Spielsachen, dann in Anwesenheit einer Person, der es nie zuvor begegnet ist; die Mutter lässt es nun mit dieser fremden Person alleine und kommt nach kurzer Zeit zurück; die Mutter verlässt es ein zweites Mal, das Kind bleibt diesmal ganz alleine, dann kommt die fremde Person dazu, und zuletzt kommt die Mutter wieder.

Die Fremde Situation ist also um einfache, übliche Begebenheiten aufgebaut, und wir sind in der Lage, die Reaktionen des Kindes bei jeder Veränderung zu beobachten, insbesondere bei der Wiedervereinigung mit der Mutter. Es handelt sich um eine klinische Situation, die zu einem Forschungsinstrument geworden ist, das den Forschern erlaubt, Beobachtungen zu Mutter-Kind-Dyaden zu sammeln und miteinander zu vergleichen. Besondere Bedeutung verleihen ihr die Korrelationen, die Ainsworth zwischen den Beobachtungen der Fremden Situation und denjenigen der 26 Dyaden der Baltimore-Studie, die zu Hause erhoben wurden, feststellen konnte.

> In unserer Longitudinalstudie [...] war es möglich, Bindungsmuster zu beobachten und diese mit mütterlichen Verhaltensmustern in Zusammenhang zu bringen [...] Die Befunde weisen weiter als nur auf die spezifischen Ziele, die man ursprünglich mit der Fremden Situation untersuchen wollte. Sie werfen ein Licht auf qualitative Unterschiede in Bindungsbeziehungen. Zusammen mit Daten aus Longitudinalstudien, sowohl unserer als auch solcher anderer Forscher, führen sie zu Hypothesen darüber, wie solche Unterschiede zustande gekommen sind und auf welche Weise sich diese auf die weitere Entwicklung auswirken. (Ainsworth et al., 1978: xii)

Heutzutage müssen praktizierende Psychotherapeuten für das Einsetzen des Untersuchungsinstruments der Fremden Situation ausgebildet werden, um daraus valide Befunde und Folgerungen ziehen zu können. Das lässt uns vergessen, dass es sich dabei um klinische Situationen handelt, die wir als Kliniker in unserer Arbeit benutzen, ohne deswegen »Forscher« zu sein – z. B. wenn wir ein Kind dazu einladen, uns ins Behandlungszimmer zu folgen und die Mutter im Warteraum zurückzulassen. Im Rahmen unserer »Clinique d'attachement« (Gauthier et al., 2004) hatten wir eine einfache Methode entwickelt, um die Bindung eines Kindes an seine Pflegeeltern, im Vergleich zur Bindung an die leibliche Mutter, zu beurteilen: Wir baten die Pflegeeltern, uns mit dem Kind alleine zu lassen, und warteten eine Weile, bevor wir die leibliche Mutter dazu holten. So konnten wir das Verhalten des Kindes bei der Trennung und später bei der Wiedervereinigung mit den Pflegeeltern beobachten sowie seine Reaktionen auf die Ankunft seiner Mutter. Das war keine Forschungssituation, sondern ganz und gar eine klinische, und wir konnten uns auf diese Weise einen Eindruck über die Beziehungsqualität des Kindes mit seinen wichtigsten Bindungspersonen verschaffen.

Adult Attchment Interview (AAI)

Es ist seit langem bekannt und erwiesen, dass die Haltung und die Affekte der Eltern eine tiefe Spur in der psychischen Entwicklung ihres Kindes hinterlassen. Selma Fraiberg, eine Pionierin in diesem Bereich, hat den klinischen Beweis für solche Einflüsse geliefert. *Ghosts in the nursery – Gespenster im Kinderzimmer –* wurde 1975 veröffentlicht. In diesem grundlegenden Text hat Fraiberg meisterhaft aufgezeigt, welche Rolle die traumatischen Kindheitserfahrungen der Mutter in ihrer Unfähigkeit, adäquat für ihr eigenes Kind zu sorgen, einnehmen.

> Es ist, als ob diese Mutter das Weinen ihres Kindes nicht hört [...] Wir meinten, dass es zwei weinende Kinder in dem Wohnzimmer gab. Die kalte Stimme der Mutter, ihre Geistesabwesenheit und der Rückzug in sich selbst, all das schien eine Abwehr gegen Schmerz und unerträgliche Qual zu sein. Ihre schreckliche Geschichte hat sie zuerst in der Form eines nüchternen Tatsachenberichtes, ohne Tränen, preisgegeben. Nur die traurige Leere und Hoffnungslosigkeit in ihrem Gesicht waren zu sehen. Sie hatte die Tür vor dem jämmerlich weinenden Kind in sich selbst geschlossen, ebenso wie sie die Tür vor ihrem weinenden Baby zugemacht hatte. (Fraiberg et al., 1975: 389-90; 395-96)[3]

Genau diese Spur hat Mary Main aufgenommen und weitergeführt, als sie das AAI kreierte. Sie entwarf ein Interview, das die Bindungsgeschichte der Eltern nachverfolgte. Das AAI ist zu einem standardisierten Untersuchungsinstrument weiterentwickelt worden, das durch Mains linguistische Ausbildung geprägt ist, was sich an der Art der Auswertung der Antworten zeigt, und dessen Anwendung im Übrigen eine stringente Ausbildung voraussetzt. Wir können heute auf zahlreiche, mit dem AAI durchgeführte Studien zurückgreifen, die die enge Verknüpfung zwischen der Bindungsgeschichte der Eltern und der kindlichen Entwicklung aufzeigen. Die Forschungsarbeiten von Fonagy und seinen Mitarbeitern haben hierzu den Weg gewiesen. Der Titel, den sie ihrem

---

[3] Übersetzung Hilde Kipp, in: *arbeitshefte kinderpsychoanalyse* (1990, 11/12: 146, 150).

Text gegeben haben, zeugt von der Anbindung an Fraibergs Arbeiten: »Measuring the ghosts in the nursery: an empirical study of the relation between parents' mental representations of childhood experiences and their infants' securitiy of attachment« (Fonagy et al., 1993). In einer interessanten Studie, die in Toronto durchgeführt wurde, wurde die transgenerationale Weitergabe von Bindungsmustern bis zur Großmutter zurückverfolgt (Benoit/Parker, 1994). Die großen longitudinalen Studien, auf die ich weiter unten eingehen werde, setzen alle das AAI ein, um Korrelationen zwischen den Bindungsmustern der untersuchten Kinder und den Beobachtungen, die an ihnen im Erwachsenenalter gemacht wurden, festzustellen.

Auch hier möchte ich hervorheben, wie eng Forschungsprozesse mit unserer klinischen Praxis verbunden sind. Lange vor der Erfindung des AAI wurden wir dazu ausgebildet, auf ähnliche Weise vorzugehen, um die Geschichte eines Symptoms zu rekonstruieren. Zuerst suchten wir frühe Anzeichen des Symptoms in der Lebensgeschichte des Patienten, dann versuchten wir zu bestimmen, in welchem familiären Kontext sich diese weiterentwickelten, etc. Main ist ebenso vorgegangen, hat aber den Prozess in umgekehrter Richtung nachgezeichnet. Sie hat zuerst mit der Fremden Situation im Rahmen von Ainsworths Forschung in Baltimore gearbeitet, dann hat sie diese Kinder bis zum Alter von sechs Jahren nachuntersucht (Main et al., 1985), und schließlich wollte sie wissen, wie diese Kinder im Erwachsenenalter funktionierten. Auf diesem Weg ist Main zum AAI gekommen und von hier zur Entdeckung der Zusammenhänge zwischen der Bindungsgeschichte dieser inzwischen selbst zu Eltern gewordenen Probanden und der durch ihre Geschichte geprägten Sicherheit oder Unsicherheit ihrer eigenen Kinder.

Weitere Forschungsmethoden

Im Laufe der Zeit ist es den Klinikern und Forschern, die die Fremde Situation und das AAI benutzten, aufgefallen, dass verschiedene Typen der Störung der Mutter-Kind-Interaktion zu beobachten waren. Dies führte insbesondere zur Beschreibung des desorientierten-desorganisierten Bindungsmusters D (Main/Solomon, 1986). Die Komplexität des vorliegenden Materials weckte schließlich das Bedürfnis, die Beobachtungen besser zu kategorisieren. Mehrere Untersuchungsinstrumente wurden in der Folge entwickelt. Das »Reflective Functioning Scoring System« schätzt die Fähigkeit eines Erwachsenen ein, die eigenen Absichten, Motivationen und Gefühle – und diejenigen des Gegenübers – zu verstehen (Fonagy et al., 1991). Ein weiteres Instrument schätzt das Verhalten der Eltern hinsichtlich ihres Umgangs mit Angst und dessen Wirkung beim Kind ein (»frightened or frightening« – FR); sechs Skalen differenzieren Subtypen dieses Verhaltens (Main/Hesse, 1990). Das »Atypical Maternal Behavior Instrument for Assessment and Classification« (AMBIANCE) stellt ein Bewertungssystem für gestörte Kommunikationsmuster zwischen Eltern und Säugling dar (Lyons-Ruth et al., 1999).

Zusammenfassend sind es also klinische Beobachtungen, die Bowlby dazu inspiriert haben, eine Theorie der Persönlichkeitsentwicklung zu entwerfen, die in den ersten Interaktionen zwischen dem Baby und seinen Eltern, insbesondere seiner Mutter, wurzelt. Ainsworth und ihre Nachfolger haben versucht, diese klinischen Beobachtungen zu systematisieren. Dazu entwickelten sie Forschungsinstrumente, die heute standardisiert sind und deren wissenschaftliche Qualität zusehends anerkannt wird, obwohl sie weiterhin in naher Verbindung mit der klinischen Erfahrung bleiben.

Diese Bestrebungen der klinisch orientierten Forschung – Theoriebildung und Systematisierung – haben eine bemerkenswerte Reihe von Erkenntnissen über die Rolle der Eltern-Kind-Interaktionen in der normalen und in der psychopathologischen Entwicklung des menschlichen Säuglings hervorgebracht, die bereits als solche unsere klinische Tätigkeit beeinflussen und bereichern sollten.

Erkenntnisse aus den longitudinalen Studien

In der Tat ist es nicht mehr nötig, sich mit Hypothesen über die Bedeutung der obigen Beobachtungen für die adoleszente und erwachsene Entwicklung aufzuhalten. Wir verfügen über die Ergebnisse mehrerer longitudinaler Studien, die uns bestätigen, dass die psychische Struktur, die das Kind in den ersten Lebensjahren aufzubauen vermag, begründete Voraussagen zu seiner erwachsenen Entwicklung zulässt.

Dazu wurden vier führende Projekte publiziert, die alle von der Bindungstheorie stark beeinflusst sind:

1. »The Minnesota Longitudinal Study« (Sroufe et al., 2005)
2. »The Bielefeld and Regensburg Longitudinal Studies« (Grossmann et al., 2005)

3. »The London Parent-Child-Project« (Steele/Steele, 2005)
4. »The Berkeley Longitudinal Study« (Main et al., 2005)[4]

Die »Minnesota Longitudinal Study«

Das Minnesota Projekt scheint aus verschiedenen Gründen das aufschlussreichste zu sein: wegen der untersuchten Population, der Häufigkeit der Beobachtungen im Verlauf der Entwicklung der Kinder, der Vielfalt der Informanten und der Qualität der eingesetzten Untersuchungsinstrumente. Es lohnt sich also, sich darin zu vertiefen.

In der untersuchten Population finden sich mehrere Merkmale, die für ein Hochrisikomilieu typisch sind. 267 Mütter wurden aufgrund zweier Selektionskriterien rekrutiert: erste Schwangerschaft und Beanspruchung sozialer Dienste für die vorgeburtliche Vorsorge und die Geburt (Armut). 85% dieser Mütter sind 20 Jahre später immer noch im Projekt. Die Familien, die im ersten und zweiten Jahr verloren gingen, waren die am stärksten belasteten und instabilsten. In dieser Studie wurden bemerkenswerterweise mehrere Personen befragt, es wurden mehrere Methoden der Beobachtung und der Datensammlung verwendet und ähnliche Methoden zu den verschiedenen Messzeitpunkten gewählt, sodass die Autoren am Schluss feststellen können: »Was dieses Buch auszeichnet, ist nicht die Einmaligkeit unserer Aussagen, wovon einige bereits weitgehend etabliert sind, sondern die Kraft der Evidenz, die wir zu deren Untermauerung zusammengetragen haben.« (Sroufe et al., 2005: 21)

Die Forscher der Studie kommen zu gewichtigen Schlussfolgerungen:
1. Das Wichtigste in der kindlichen Entwicklung ist die Fürsorge, die die Kinder erhalten haben, einschließlich diejenige der ersten Jahre.
2. Individuen sind immer durch ihre eigene Geschichte und die anwachsenden Erfahrungen beeinflusst; auch im Falle einer dramatischen Lebensveränderung werden die frühen Erfahrungen nicht gelöscht.
3. Persönliche Merkmale wie Resilienz und verschiedene Formen der Psychopathologie sind Folgen der Entwicklung, sie sind weder endogene noch angeborene Eigenschaften.

---

[4] Die Ergebnisse dieser Studien sind in der Publikation *Attachment from infancy to adulthood. The major longitudinal studies* (Grossmann et al., 2005) zusammengefasst, die zudem einige weitere Texte zu diesem wichtigen Fragenkomplex enthält.

4. Dichotomien wie z. B. Eltern vs. Gleichaltrige, Temperament vs. Erfahrung, vergangene Erfahrung vs. aktuelle Umweltbedingungen sind fast immer falsch.

Genauer gesagt, die Schlussfolgerungen von Sroufe und Mitarbeiter bezüglich der weiteren Entwicklung von Kindern, deren frühkindliche Bindungsmuster sie beobachtet haben, sind besonders eindeutig und bedeutsam. Die unsicher-vermeidende Bindung korreliert mit externalisierender Symptomatik und später mit Verhaltensstörungen; die unsicher-ambivalente Bindung korreliert ausschließlich und spezifisch mit Angststörungen im Alter von 17½ Jahren; die desorganisierte Bindung korreliert mit schwereren Störungen am Ende der Adoleszenz, aber auch mit Verhaltensstörungen und spezifisch mit dissoziativen Störungen.

Wir stellten fest, dass der Faktor »frühe Fürsorge«, der Intrusion, geringe Qualität der Pflege und Missbrauch umfasst, hoch mit desorganisierter Bindung korrelierte und dass der Zusammenhang zwischen inadäquater früher Fürsorge und späterer Psychopathologie durch die Desorganisierung hergestellt wurde. (Sroufe et al., 2005: 248)[5]

Diese Forschung liefert auch interessante Beobachtungen zum Konzept der Resilienz, die dem Kind eine gewisse Unverletzlichkeit mit fast magischer Qualität zuweist:

Kinder, die in ihrer frühen Kindheit gute Fürsorge genossen und eine gute Entwicklung durchliefen, sind signifikant weniger anfällig für Verhaltensstörungen unter Belastung [...] Wenn Selbstachtung und Vertrauen früh verankert sind, können die Kinder Umweltbelastungen besser standhalten. [...] Sowohl frühe Unterstützung als auch aktuelle Veränderungen bezüglich Belastungen und Unterstützung erklären Verbesserungen (oder Verschlechterungen) der Leistungsfähigkeit (»functioning«). Wenn wir in unserer Analyse diese beiden Faktoren mitberücksichtigten, konnten wir 80% dessen erklären, was üblicherweise ohne weitere Begründung als Resilienz bezeichnet wird. (Sroufe et al., 2005: 226f.)

Die anderen oben erwähnten longitudinalen Studien beleuchten unterschiedliche Aspekte, die aus den Korrelationen zwischen den im frühen Alter er-

---

[5] Drei weitere Arbeiten bestätigen das spätere Auftreten von dissoziativen und Borderline-Störungen in der Adoleszenz und im frühen Erwachsenenalter bei Individuen, die in der frühen Kindheit eine desorganisierte Bindung aufwiesen (Ogawa et al., 1997; Carlson, 1998; Lyons-Ruth, 2003, 2005).

hobenen Beobachtungen und den späteren Ergebnissen hervorgehen. Alle unterstreichen und bestätigen jedoch die Bedeutung der frühen Bindungen für die spätere Entwicklung. Nach der Durchsicht zahlreicher Forschungsarbeiten, schreibt Ross Thompson in einem beachteten Beitrag zu diesem Thema:

> Der Grund, warum sich die Forschung vorwiegend damit befasst hat, wie sich Beziehungen, Persönlichkeit und die Fähigkeit, Affekte zu regulieren und zu verstehen, sowie sozio-kognitive Fähigkeiten, Gewissen und Gedächtnis auf das Funktionieren des Kindes auswirken, liegt darin, dass diese Kategorien direkt aus Bowlbys Theorie hervorgehen […] Im weitesten Sinne ist das Bild, das von dieser ausgedehnten empirischen Literatur hervorgeht, ermutigend und zugleich einschüchternd […]. (Thompson, 2008: 361)

Klaus und Karin Grossmann konstatieren ihrerseits nach ihren langjährigen und wichtigen Arbeiten, dass sie die folgende, bereits 1987 formulierte These von Bowlby bestätigt haben: »Es gibt eine starke kausale Beziehung zwischen den Erfahrungen, die jemand mit seinen Eltern gemacht hat und seiner zukünftigen Fähigkeit, emotionale Bindungen einzugehen.« (Bowlby, 1987: 58, zit. n. Grossmann et al., 2005: 125)

Parallel zu den Entwicklungen in der Forschung werden frühe Interventionen erprobt, ganz besonders mit Risikogruppen

Kliniker haben nicht auf die Erkenntnisse der longitudinalen Studien gewartet, um mit der Hypothese zu arbeiten, dass frühe Interventionen möglicherweise Entwicklungsstörungen und psychopathologischen Zuständen bei Kleinkindern vorbeugen können. Unter früher Intervention ist hier die Unterstützung junger Eltern gemeint, mit dem Ziel, dass sie die elterliche Fürsorge gut wahrnehmen und ihr Baby vor Überforderungen schützen können. Dadurch soll das Kind eine sichere Bindung zu ihnen entwickeln können. Diese Interventionen können therapeutisch sein, wenn die Familie das Vorliegen eines Problems erkannt hat. Sie sind häufig präventiv, wenn sie im Rahmen eines Programms für Hochrisikofamilien stattfinden, die selbst keine Hilfe gesucht hätten. Die Bindungstheorie ist die wichtigste Inspirationsquelle für solche Programme, die manchmal durch zusätzliche Theorieelemente bereichert werden, um die Ziele der Intervention zu erweitern. Ich werde im Folgenden kurz einige dieser Interventionen beschreiben.

Fraiberg hat wahrscheinlich als erste den Zusammenhang zwischen der traumatischen Kindheit einer Mutter/eines Vaters und ihrer Unfähigkeit, adäquat für ein Baby zu sorgen und seine Bedürfnisse wahrzunehmen, festgestellt. Fraibergs Intervention, die auch »Psychotherapie in der Küche« genannt wurde, gründet im Wesentlichen auf der Wiedererinnerung von traumatischen Kindheitsereignissen – Erinnerungen, die bei den betroffenen Müttern häufig wegen den damit verbundenen schmerzhaften Affekten abgespalten wurden. Diese Intervention ermöglicht nachträglich die Entfaltung von elterlicher Feinfühligkeit und Kompetenz, die bis anhin unterdrückt waren, so dass das Kind trotz der Belastung der mütterlichen Traumatisierung zu einer normalen Entwicklung finden kann (Fraiberg et al., 1975, 1981). Die bahnbrechenden Arbeiten Selma Fraibergs sind Ausgangspunkt vieler Interventionsprogramme, die in den folgenden Jahren ausgearbeitet wurden.[6]

Alicia Liebermann, eine Schülerin Fraibergs, hat sich sehr von diesen Gedanken inspirieren lassen. In einer Studie, die sie mit ihren Mitarbeitern an 100 Mutter-Kind-Dyaden aus armen Verhältnissen mit hispanischem Hintergrund durchgeführt hat, hat sie die Entwicklungsgeschehen vom 12. bis zum 24. Monat verfolgt und die Befunde zweier Gruppen verglichen: Eine Hälfte der Dyaden wurde wöchentlich besucht und erhielt Mutter-Kind-Psychotherapiesitzungen, die andere Hälfte bildete die Kontrollgruppe. Die Ziele der therapeutischen Intervention wurden in der ersten Gruppe weitgehend erreicht. Diese Mütter antworteten empathischer auf die Signale des Kindes und interagierten aktiver mit ihm; der gegenseitige Austausch bei alterstypischen Konflikten verbesserte sich; ihre Kinder leisteten weniger Widerstand, wichen weniger aus und produzierten weniger Wutanfälle. Bezüglich der Wirkfaktoren vermerken die Autoren insbesondere die Bedeutung einer positiven Beziehung mit dem Therapeuten und die Fähigkeit der Mutter, die therapeutische Sitzung für die Exploration und das bessere Verständnis der eigenen und der kindlichen Affekte nutzen zu können (Liebermann et al., 1991).

---

[6] Interessanterweise verweist Fraiberg in keiner ihrer Schriften auf Bowlby oder auf die Bindungstheorie. Ihr Verständnis und ihre Interventionen beruhen jedoch auf einer Konzeptualisierung, die derjenigen Bowlbys sehr nahe kommt (Liebermann/Zeanah, 1999: 559).

In einem zusammen mit Patricia van Horn publizierten Buch, *Psychotherapy with infants and young children* (Liebermann/van Horn, 2008), beschreibt Liebermann ihre »Child-Parent-Psychotherapy – CPP«. Die Bindungstheorie bleibt in ihrem Werk zentral, wie der Untertitel deutlich ausdrückt: »repairing the effects of stress and trauma on early attachment«. Bei dieser Vorgehensweise werden Mutter und Kind gemeinsam behandelt. Im Fokus steht, wie die Vergangenheit der Mutter ihre Wahrnehmung des Kindes und die Art und Weise, wie sie auf es reagiert, beeinflusst. Häufig sind beide Eltern anwesend, doch die meisten klinischen Beispiele zeigen, dass vor allem die Mutter-Kind-Dyade Zugang (»port of entry«, Stern, 1995) zu einer therapeutischen Arbeit mit interessanten Ergebnissen gewährt.

In der gleichen Perspektive arbeitet das Projekt »Circle of security« (Marvin et al., 2002; Hoffmann et al., 2006). Es handelt sich um eine Intervention für Mutter-Kind-Dyaden in Hochrisikosituationen, die sowohl das rückversichernde Verhalten als auch die Exploration im Kontext von Bindung berücksichtigt. Ihr Ziel ist, Mütter für die Signale ihres Kindes zu sensibilisieren und ihre Fähigkeit zu verbessern, das eigene und das kindliche Verhalten sowie die eigene Lebensgeschichte zu reflektieren.

Immer unter dem Einfluss der Bindungstheorie haben mehrere Gruppen ein Transaktionsmodell entwickelt, in dem psychoedukative und kognitive Techniken zur Entwicklung der elterlichen Kompetenzen, der mütterlichen Reflexionsfähigkeit und zur Verbesserung der kindlichen Entwicklung eingesetzt werden (Toth et al., 2002). In diesem Interventionsmodell ist der Hausbesuch das zentrale Instrument. Weil sein Programm – die »Nurse-Family-Partnership« – bei unterschiedlichen Gruppen erprobt wurde und in Langzeitmessungen signifikante Effekte aufwies (Olds et al., 1997; Kitzman et al., 1997; Olds et al., 2007), hatte die Forschung Davis Olds' von den vielen Studien zweifelsohne am stärksten bewirkt, dass eine Bewegung in Richtung frühe Intervention entstanden ist. In seinem Präventionsprogramm führen Krankenschwestern von der Schwangerschaft der Mutter (neun vorgeburtliche Termine) bis zum Kindesalter von zwei Jahren (23 nachgeburtliche Termine) Hausbesuche durch. Die Befunde von Olds' verschiedenen Forschungsprojekten sind eindrücklich: Abnahme von Kindsmissbrauch und Vernachlässigung, Abnahme von Unfällen und Vergiftungen, Verbesserung der mütterlichen Verhaltensweisen, weniger nachfolgende Schwangerschaften, häufigere Wiederaufnahme der beruflichen Tätigkeit, weniger Fälle, die von der Sozialfürsorge abhängig bleiben. Die Langzeitbefunde wurden 1997, 15 Jahre nach Beginn der Intervention, publiziert und zeigen statistisch hochsignifikante Effekte die 15-jährigen Jugendlichen betreffend: weniger Alkohol- und Drogenprobleme, weniger Probleme mit Polizei und Justiz sowie Abnahme der frühzeitigen sexuellen Aktivität.

In den oben beschriebenen, unterschiedlichen Interventionen sind offensichtlich mehrere Ziele erkennbar. Entweder geht es darum, die Feinfühligkeit der Mutter und ihre elterliche Kompetenz zu stärken (Olds' Modell), oder darum, dass sich die Mutter ihrer »inneren Muster« und ihrer persönlichen Geschichte, die ihre Art der Zuwendung zu ihrem neuen Kind prägen, bewusster wird (Fraiberg-Liebermanns Modell). Häufig basiert die Intervention auf einer Mischung dieser Elemente. Ein neuerer Überblicksartikel konstatiert:

> Mehrere Programme haben heute schlüssig bewiesen, dass es möglich ist, eine sichere Bindung zu unterstützen und weitere wichtige Bereiche, insbesondere die neuroendokrinologische Regulierung des Kindes (gemesssen am Cortisolspiegel), das Intelligenzniveau und Verhaltensprobleme positiv zu beeinflussen. Programme beider Art, mit mehr oder weniger intensiven Interventionen haben sich als vielversprechend erwiesen [...] [dabei] richten sich die intensiveren Programme typischerweise an Familien mit hohem Risiko und multiplen Problemen. (Berlin et al., 2008: 753f.)

Interventionen in misshandelnden Familien

Werden aber solche ermutigenden Resultate auch mit misshandelnden Familien erzielt, die häufig der Ursprung von desorganisierten Bindungsmustern (Carlson et al., 1989; Cicchetti et al., 2006) mit den heute wohlbekannten langfristigen Entwicklungsstörungen sind?

In neuerer Zeit wurden zwei Studien mit solchen Familien durchgeführt, bei denen die Befunde bezüglich der angewandten Interventionsmethode differenziert ausgewertet wurden. In der ersten Studie wurden Interventionen mit Müttern und ihren Kindern im Vorschulalter untersucht, wobei eine Gruppe mit Eltern-Kleinkind-Psychotherapie (Preschooler-Parent Psychotherapy – PPP) behandelt wurde und die Vergleichsgruppe psychoedukative Hausbesuche (Psychoeducational Home Visitation – PHV) erhielt. Die Ergebnisse zeigen eine deutlichere Abnahme inadäquater mütterlicher Repräsentanzen sowie eine deutlichere Abnahme von negativen Selbstrepräsentanzen in der PPP-Gruppe im Vergleich zur PHV-Gruppe. Bei den Kindern wurde zudem eine größere Erwartung nach einer positiven Beziehung zur Mutter beobachtet (Toth et al., 2002). In der zweiten, ähnlichen Studie mit 137 Familien, bei denen in 89,8% der Fälle eine desorganisierte Bindung festgestellt wurde, erfolgte die Intervention im Kindsalter von einem Monat und dauerte bis zum 26. Monat. Hier wurden die Ergebnisse nach Eltern-Baby-Psychotherapie (Infant-Parent Psychotherapy – IPP) mit denjenigen nach psychoedukativer Intervention (PHV) verglichen. Diese Forscher waren von der Hypothese ausgegangen, dass die psychotherapeutische Intervention bessere Resultate ergeben würde, dagegen konnte man in beiden Gruppen eine Zunahme der sicheren Bindungen und eine signifikante Abnahme desorganisierter Bindungen feststellen (Cicchetti et al., 2006).

Eine Metaanalyse, die 55 Studien (4.792 Kinder) umfasst, hat die Zusammenhänge zwischen Misshandlung, hohem sozio-ökonomischem Risiko und desorganisierter Bindung, die nachweislich häufig in misshandelnden Familien anzutreffen ist, untersucht. Dabei wird zwar ein starker Zusammenhang zwischen desorganisierter Bindung und Kindesmisshandlung bestätigt, aber dieser Effekt ist gleich stark in Familien, in denen sich sozio-ökonomische Risikofaktoren häufen: »Kinder aus Familien, die fünf Risikofaktoren aufwiesen, waren im Vergleich zu Kindern aus Familien, die durch weniger Risikofaktoren gekennzeichnet waren, signifikant häufiger desorganisiert.« (Cyr et al., 2010: 99)

Die Vorannahmen der Klinikerforscher, die es in der Folge von Fraiberg für nötig erachtet haben, in Hochrisikofamilien früh zu intervenieren, sind heute breit abgestützt und bestätigt. Es ist tatsächlich eindrücklich, wie häufig desorganisierte Bindung sowohl in Hochrisikofamilien als auch in schwer misshandelnden Familien anzutreffen ist, und ebenso beeindruckend, wie vielversprechend die Resultate früher Interventionen in diesen unterschiedlichen Familien sind. Dabei sind sowohl Eltern-Kind-Psychotherapie als auch psychoedukative Hausbesuche wirksam.

Die wichtigsten Wirkfaktoren

Hier stellt sich natürlich die Frage, wie derart gute Resultate bei sehr belasteten Familien erklärt werden können, insbesondere wenn man in Betracht zieht, dass die Interventionen häufig durch nicht speziell für solche Zielgruppen ausgebildete Fachleute durchgeführt werden. Meine belgischen Kollegen haben mich diesbezüglich bereits vor über zehn Jahren mit folgenden Aussagen zur Diskussion aufgefordert: »Das Feld der psychotherapeutischen Interventionen wird weiter und erfasst zunehmend Pathologien, die nicht selbstverständlich zu psychotherapeutischen Behandlungen führen würden, und Situationen, in denen keine Hilfe oder allenfalls nur auf indirekte Art gesucht wird. Wie kann in diesen problematischen Kontexten und konfrontiert mit schwierigsten Aufgaben Zugang zum ›Psychischen‹ gefunden werden, noch dazu oft von wenig erfahrenen Fachleuten unter nicht optimalen Rahmenbedingungen?«

Um diese Frage versuchsweise zu beantworten, wende ich mich drei Variablen zu, die eingehend untersucht wurden: die Häufigkeit der Kontakte, der Hausbesuch und die Vertrauensbeziehung.

Häufigkeit der Kontakte

Die Befunde dieser Studien sind widersprüchlich. Einige postulieren: »mehr ist besser« (»more is better«: Egeland et al., 2000). Nach der Überprüfung von 15 bindungsorientierten Interventionsprogrammen kommen diese Autoren zum Schluss, dass intensive Beratung und eine längere Zeit dauernde Begleitung nötig sind. Bei dieser Einschätzung wurden sie möglicherweise durch die Erfahrung mit dem eigenen Programm STEEP (Erickson/Egeland, 1999) beeinflusst, das sie in einer Population mit einem großen Anteil an psychiatrischen Problemen anwendeten. Im Gegensatz dazu kommt die Metaanalyse unserer holländischen Kollegen zu dem Schluss »weniger ist besser« (»less is better«): »Weniger umfassende Interventionen, die sich nur auf die mütterliche Feinfühligkeit konzentrieren, sind eher erfolgreich hinsichtlich der Verbesserung der Qualität der elterlichen Fürsorge und der Bindungssicherheit des Kindes.« (Bakermans-Kranenburg et al., 2003: 208)

Hausbesuche

Hausbesuche sind wahrscheinlich das wichtigste Instrument der frühen Interventionen in Familien. Was in solchen Besuchen abläuft, wer sie durchführt, in welcher Häufigkeit und Dauer ist aber nicht leicht zu bestimmen, sodass die Auswertung entsprechender Studien kritisch betrachtet werden muss. Eine neuere Metaanalyse von Programmen, die in Hochrisikofamilien durchgeführt wurden (n = 6.453), kommt zu dem Schluss, dass Programme mit häufigeren Besuchen bessere Ergebnisse erzielen. Intensive Programme mit mindestens drei Besuchen pro Monat waren zweimal effektiver als weniger intensive Programme. Im Allgemeinen zeigten diese Programme eine positive Wirkung auf das Verhalten der Mütter – was eine größere Sicherheit und bessere Entwicklung für das Kind beinhaltete (Nievar et al., 2010). Diese Autoren unterstreichen auch die Rolle des Engagements: »Engagement stellt den Schlüssel zum Erfolg bei Hausbesuchen dar; außerdem fördert eine positive Eltern-Besucher-Beziehung die Partizipation der Mutter/des Vaters« (zit. n. Korfmacher et al., 2007). Dieser letzte Kommentar lässt mich zur dritten Variable übergehen, die meines Erachtens die bedeutendste ist.

Vertrauensbeziehung

Als ich mich mit den Faktoren, welche Veränderungen bewirken, auseinandersetzte, habe ich die Arbeiten mehrerer Kollegen wieder durchgesehen, insbesondere die von Fraiberg et al. (1975), Liebermann et al. (1991), Heinicke et al. (1988), Emde (1990) sowie Fonagy et al. (1994). Dabei bin ich allmählich zu folgender Überlegung gekommen: Der wichtigste Wirkfaktor scheint wohl die Vertrauensbeziehung zu sein, die sich trotz der Widerstände und Provokationen seitens der Mutter/des Vaters dank der emotionalen Verfügbarkeit und Empathie des Therapeuten und aufgrund der Regelmäßigkeit und Kontinuität ihrer Kontakte etabliert. Wenn man die verschiedenen Elemente der therapeutischen Beziehung näher betrachtet, wird man feststellen, dass es sich dabei um die gleichen Bestandteile handelt, die eine qualitativ gute Mutter-Kind-Beziehung ausmachen und die zugleich die Bedingungen für die Entstehung einer sicheren Bindung sind. Um junge, deprivierte Mütter zu erreichen, deren größte Probleme sich häufig durch die Bindungstheorie verstehen lassen, müssen wir versuchen, mit ihnen diese Art von Interaktionen zu erschaffen, die ihnen in den frühen, entscheidenden Jahren der Entwicklung und meist auch später während Adoleszenz und Erwachsenenalter gefehlt haben. Ich bin zu der Überzeugung gelangt, dass eine große Ähnlichkeit zwischen dem besteht, wie eine sensible und verfügbare Mutter die Entwicklung einer sicheren Bindung bei ihrem Kind fördert und damit sein kognitives und soziales Potenzial zur Entfaltung bringt, und der Rolle, die die Verfügbarkeit und Zuverlässigkeit des Therapeuten/Intervenierenden für den therapeutischen Veränderungsprozess spielt – vor allem wenn es sich um sehr deprivierte Mütter handelt (Gauthier, 1997, 2009).

Olds vertritt eine ähnliche Position:

> […] die aufsuchenden Krankenschwestern (»visitors«) versuchen, mit der Mutter und den anderen Familienmitgliedern eine empathische und vertrauensvolle Beziehung zu entwickeln, weil das Erleben einer solchen Beziehung diese Frauen dazu befähigen sollte, anderen zu vertrauen und den eigenen Kindern sensiblere und empathischere Fürsorge zu gewähren. (Olds, 2006: 14)

Daniel Stern schreibt im Vorwort zu einer Sondernummer des *Infant Mental Health Journal* über Ergebnisse früher Interventionen in belasteten Familien: »Alle sind sich darin einig, dass die unspezifische Wirkung [der Intervention] in der ›therapeutischen‹ Beziehung zwischen der Mutter und der Person, die den Hausbesuch durchführt, liegt.« Mit den Konzepten »sichere Basis« und »empathische Unterstützung« (»secure base« und »empathic support«) werden in ganz unterschiedlichen Studien positive Effekte der therapeutischen Beziehung erklärt. Stern schreibt weiter:

> […] das Bedürfnis nach einer sicheren Bindungsperson, das eine junge Mutter (nicht das Baby) empfindet, ist entscheidend […] Junge Mütter brauchen eine sichere Basis, die ihnen erfahrene Frauen bieten […] Die Idee einer sicheren Bindung für die Mutter und diejenige einer sie unterstützenden Umwelt (»holding environment«) scheinen sich zu überlagern. (Stern, 2006: 2)

> Die zum großen Teil unvorhersehbaren, authentischen Ergebnisse ihrer Interaktionen werden zum Stoff, der die Veränderung vorantreibt […] Der Prozess des Beziehungsaustausches an sich bewirkt die Veränderung […] Er führt zu neuen Erfahrungen, Gefühlen, Einsichten und neuen interaktionellen Fähigkeiten. (Stern, 2006: 3)

Interessanterweise sind kürzlich Berlin et al. (2008) zu einer ähnlichen Feststellung gelangt:

> Wir behaupten, dass die Beziehung der Mutter/des Vaters zum Intervenierenden der Motor der therapeutischen Veränderung ist [...] Nach Bowlby und anderen Autoren hängt die Wirksamkeit von Interventionen, die die inneren Modelle der Eltern und ihre Verhaltensweisen ansprechen, von der Qualität der Beziehung zwischen Intervenierenden und Eltern ab. Besonders wichtig ist, dass der Intervenierende gut genug die Funktion der »sicheren Basis« für die Eltern erfüllen kann, sodass diese über sich selber reflektieren und die Beziehung mit ihrem Kind explorieren können. Bowlby (1980, 1988) glaubte, dass neue Bindungen zu den wichtigsten Faktoren zählten, die innere Modelle zu verändern vermögen. (Berlin et al. 2008: 747f.)

Als ich diese Sätze gelesen hatte, kehrte ich zum ursprünglichen Text Bowlbys zurück, den ich zweifellos bereits früher gelesen hatte, und merkte, dass ich zu einer Ansicht gefunden hatte, die Bowlby schon damals formuliert hatte: »[...] es ist die emotionale Kommunikation zwischen dem Patienten und seinem Therapeuten, die die ausschlaggebende Rolle spielt« (Bowlby, 1988: 157).

Gibt es eine Kluft zwischen Praxis und Forschung?

Als ich diese Arbeit in Angriff nahm, ging ich von meinem Eindruck aus, dass im Bereich der Bindung eine Kluft zwischen Praxis und Forschung bestand und weiterhin besteht. Die Frage, wie man diese Kluft schließen könnte, gab dem Aufsatz den Titel.

Doch nachdem ich mir einen Überblick über die im Laufe der Jahre erarbeiteten Einsichten verschafft habe, komme ich zu einer optimistischeren Einschätzung. Ich habe die klinischen Ursprünge des Konzepts der Bindung in den Beobachtungen von John Bowlby und Mary Ainsworth in Erinnerung gerufen. Ich habe die fundamentale Rolle der Forschung für die Verifizierung der klinischen Intuitionen dieser beiden Autoren aufgezeigt, bei der wiederum Instrumente verwendet wurden, die eine große Nähe zur klinischen Tätigkeit aufweisen. Diese Instrumente wurden in der Folge in longitudinalen Studien eingesetzt, die Bowlbys Thesen untermauern konnten. In der Tat, das, was sich im Leben eines Kindes, das in einer familiären Umgebung aufwächst, früh konstituiert, übt großen Einfluss auf seine künftigen Beziehungen aus. Zudem zeigen uns die Erfahrungen mit frühen Interventionen, dass diejenigen Bedingungen, die die kindliche Entwicklung im Allgemeinen begünstigen, genau dieselben sind, die eine deprivierte Mutter/einen deprivierten Vater in die Lage versetzen, erlittene Verletzungen soweit zu heilen, dass sie dem eigenen Kind eine sichere Bindung vermitteln und ihm so die Verwirklichung seines kognitiven und affektiven Potenzials erleichtern können.

Am Ende dieser Übersicht stelle ich also fest, dass ich nicht mehr von einer richtigen Kluft zwischen Praxis und Forschung sprechen kann. Vielmehr ist die Forschungswelt ein breitangelegtes »klinisches Labor«. Natürlich sind die in den obigen Abschnitten zitierten Arbeiten Forschungsarbeiten, die über Ergebnisse aus Beobachtungen oder über Interventionen mit Eltern und ihren Kindern referieren, verschiedene Forschungsstudien vergleichen, statistische Evaluationen vornehmen und schließlich in Zeitschriften publiziert werden, nachdem sie von einem Fachgremium qualitativ beurteilt wurden. So ergibt sich der Eindruck, dass die Forschungswelt ein eigenes, autonomes, fast abgeschlossenes Etwas außer Reichweite der Kliniker sei. Aber in all diesen Arbeiten – sowohl bei den mit Forschungsinstrumenten (Fremde Situation, AAI und anderen) durchgeführten Beobachtungen als auch bei den im Rahmen von Forschungsprojekten eingesetzten therapeutischen oder präventiven Interventionen – geht es um klinische Interventionen. In ihnen werden Eltern-Kind-Interaktionen oder die Manifestationen verinnerlichter Interaktionen beim Kind beobachtet, es werden Erinnerungen der elterlichen Bindungsgeschichte mitgeteilt oder aber die Interaktionen zwischen Eltern und Intervenierenden untersucht. Dass dieses Material vor der Publikation kodiert und statistisch ausgewertet wird, entwertet keineswegs seine klinische Qualität, nämlich dass es sich in erster Linie um die Auswirkungen einer Begegnung zwischen einem Kind, einem Erwachsenen und dem Intervenierenden handelt.

Es ist wichtig anzuerkennen, dass die klinische Tätigkeit eines Forschers sich in keiner Weise von derjenigen eines Intervenierenden unterscheidet. In beiden Situationen beginnt die Arbeit mit einer klinischen Begegnung, der Unterschied liegt im verfolgten Ziel. Der Forscher kategorisiert und kodiert eine Verhaltensweise oder Interaktion, um eine gewisse Sicherheit bezüglich der gewonnenen Erkenntnis zu erreichen; der Kliniker strebt eine Veränderung beim Kind oder bei den Eltern, die an einer Störung leiden, oder eine Veränderung in ihrer Beziehung an. Man kann also sagen, dass die Kluft zwischen Forschung und klinischer Praxis heutzutage größtenteils überwunden ist und dass die theoretischen Annahmen von Bowlby und Ainsworth auf klinischer Ebene ständig und gründlich überprüft worden sind.

Auf dem Weg zu einer neuen Praxis

Haben aber all die neuen Erkenntnisse zur Bindung auch die Ebene der alltäglichen klinischen Praxis derjenigen, die mit Familien arbeiten – Psychiater/innen, Kinderpsychologen/innen, Sozialarbeiter/innen, etc. – tatsächlich erreicht? Diese Arbeitswelt hatte ich präsent, als ich mir Gedanken über die vermeintliche Kluft zwischen Forschung und Praxis machte. Genau dieses Arbeitsfeld muss uns interessieren, weil hier die Kontakte mit den Kindern und den Familien stattfinden, die leiden oder die in entwicklungsgefährdenden Situationen leben und präventiv aufgesucht werden sollten. Diese Erkenntnisse, die den Bereich der Bindung strukturiert, erweitert und auf wissenschaftlicher Ebene verankert haben, müssen nun für alle Bevölkerungsschichten nutzbar werden, ganz besonders für Hochrisikogruppen. Inwiefern die klinische Praxis an der Basis vom Bindungswissen profitiert, ist schwer zu ermitteln, weil ihre Leistungen selten Gegenstand von Publikationen werden; dazu fehlen die Energie und die Zeit, die nötig wären, um die häufig kühnen und innovativen Interventionen zu systematisieren und daraus Schlüsse zu ziehen. Es sei jedoch diesbezüglich – unter anderen neueren Texten – auf die Sonderausgabe des *Infant Mental Health Journal* zu den klinischen Aspekten (herausgegeben von Oppenheim, 2004), auf das Buch *Attachment theory in clinical work with children* (Oppenheim/Goldsmith, 2007) und auf das bereits erwähnte Buch *Psychotherapy with infants and small children* (Liebermann/van Horn, 2008) hingewiesen. Auf diese Weise werden sicherlich Kenntnisse an ein breites Fachpublikum mit positiven Folgen für die Entwicklung der Kinder der nächsten Generationen vermittelt.

Gewisse Widerstände spielen jedoch immer noch eine Rolle bei der Rezeption der Erkenntnisse aus der Bindungstheorie. Man muss sich vergegenwärtigen, dass dieser bedeutende Wissenszuwachs in einem Umfeld stattgefunden hat, das von ähnlich bahnbrechenden Erkenntnissen im Bereich der Genetik und der Neuropsychopharmakologie geprägt war. Wir befinden uns im Zentrum eines Paradigmenwechsels: »Die Wissenschaft, so macht es den Anschein, führt uns unweigerlich dazu, unsere Aufmerksamkeit weniger dem Geist als dem Gehirn zuzuwenden.« (Drell, 2007) Die Betonung der Hirnfunktionen, der Pharmakologie, der an die Symptomatologie orientierten DSM-IV-Diagnostik hat implizit dazu geführt, dass das bio-psycho-soziale

Modell von Engel (1977) auf die Seite geschoben wurde und dass eine auf psychotherapeutischen Prinzipien fußende Vorgehensweise praktisch verlassen wurde (siehe auch dazu Drell, 2007). Die bindungsorientierten Erkenntnisse sind offensichtlich ebenfalls von dieser Verschiebung des Interesses und von den Änderungen in der Wahl der bevorzugten Interventionsmethode betroffen.

Zugleich stehen wir alle unter dem Einfluss einer aktuellen Bewegung in der Medizin, die besagt, dass sich unser Handeln an der Evidenz der Fakten orientieren muss (»evidence-based medicine«). Die psychodynamisch orientierte Psychotherapie verlor an Beachtung, weil »sie sich nicht auf wissenschaftliche Forschung stützen würde«. Es stimmt zwar, dass in den fetten Jahren der Psychoanalyse die meisten Psychoanalytiker die psychodynamische Theorie als »evident« erachteten und dass in ihrem Verständnis ihre wissenschaftliche Fundierung keiner Überprüfung bedurfte. Wir stehen aber nicht mehr dort. Die Verbreitung neuer Kenntnisse hat das Gebiet der Bindung erfasst und bereichert, genauso wie dasjenige der Genetik, der Neurobiologie und der Psychopharmakologie. Die Polarisierung zwischen Organischem und Psychischem ist obsolet geworden, *alle Kenntnisse* sollten integriert werden und in den Dienst einer eklektischen, weil besser fundierten Praxis genommen werden.[7]

Schließlich soll daran erinnert werden, dass es in der Psychoanalyse selbst von Anfang an Widerstände gegen die Bindungstheorie gab, die sich um das Problem »Verhalten vs. Phantasien« drehten. Viele Psychoanalytiker sträubten sich dagegen, die Bedeutung der »inneren Modelle« – eines zentralen Konzepts in Bowlbys Theorie, das sich auf die vom Kind internalisierten Interaktionen mit der familiären Umgebung und insbesondere mit der Mutter bezieht – anzuerkennen (siehe dazu Gauthier, 2009: 109-112). Glücklicherweise hat diese neue Konzeptualisierung auch in psychoanalytischen Kreisen allmählich Fuß gefasst, obwohl mehrere Gruppen weiterhin lebhaft Widerspruch dagegen erheben.

---

[7] Kursiv im Originaltext.

Schlusskommentar

Die Bindungstheorie, die seit ihrem Anfang auf die Beobachtung von Mutter-Kind-Interaktionen fußt, konnte in den letzten Jahrzehnten wissenschaftlich untermauert werden und hat sich im Bereich der frühen Interventionen, einschließlich bei Hochrisikogruppen, als nützlich erwiesen. Obwohl gegenwärtig der Eindruck entstehen kann, dass es sich dabei um eine Theorie für Forscher handelt, muss man bei näherem Zusehen erkennen, dass in diesem Praxisbereich zwischen der Tätigkeit der Forscher und der der Kliniker keine wesentlichen Unterschiede bestehen. Wir arbeiten täglich mit Kindern, die Trennungsängste oder Verlassenheitsgefühle und depressive Symptome oder aber Wut, die sich in Verhaltensstörungen äußert, aufweisen; und wir können beobachten, wenn wir nur darauf achten, dass häufig ähnliche Gefühle – nah oder weit zurückliegend – in der Geschichte, die uns die Eltern erzählen, vorhanden sind. Mit diesem klinischen Material gehen Forscher und Kliniker auf ähnliche Weise vor: Sie beobachten Mutter, Vater und Kind in ihren Interaktionen, sie bemühen sich, die darin ausgedrückten verbalen und averbalen Mitteilungen wahrzunehmen. Die Offenheit und Qualität der Beobachtungen spielen eine wesentliche Rolle, wenn es darum geht, in der aktuellen, beobachtbaren Situation wiederbelebte, schmerzhafte, noch unverarbeitete Affekte aus der Vergangenheit zu erkennen. Die Wege der Forscher und der Kliniker nähern und treffen sich bei der Suche nach einem Sinn, der einem bestimmten Verhalten oder einer problematischen Interaktion innewohnt – einer Sinnsuche, die im Zentrum des Anliegens der Betroffenen steht und für beide Fachrichtungen, Forschung und Praxis, gleichermaßen wegweisend ist.

Literatur

Ainsworth, M. D. S. (1963): The development of infant-mother interaction among the Ganda. In: Foss, B.-M. (Hrsg.): *Determinants of Infant Behaviour II*. London: 67-112.

Ainsworth, M. D. S. (1967): *Infancy in Uganda: Infant Care and the Growth of Love*. Baltimore.

Ainsworth, M. D. S./Blehar, M. C./Waters, E./Wall, S. (1978): *Patterns of attachment: A psychological study of the strange situation*. Hillsdale NJ.

Ainsworth, M. D. S./Marvin, R. (1995): On the Shaping of Attachment theory and Research: An interview with Mary D.-S. Ainsworth (fall 1994). In: Waters, E. et al. (Hrsg.): *Caregiving, Cultural, and Cognitive Perspectives on Secure-Base Behavior and Working Models: New Growing Points of Attachment Theory and Research*, Monographs of the Society for Research in Child Development, series no. 244, 60 (2-3): 3-21.

Bakermans-Kranenburg, M.-J./van Ijzendoorn M.-H./Juffer F. (2003): Less is More: Meta-analyses of Sensitivity and Attachment Interventions in Early Childhood. *Psychological Bulletin*, 129 (2): 195-215.

Benoit, D./Parker, K.-C.-H. (1994): Stability and Transmission of Attachment across three Generations. *Child Development*, 65: 1444-1456.

Berlin, L. J./Zeanah, C. H./Lieberman, A. F. (2008): Prevention and intervention programs for supporting early attachment security. In Cassidy, J./Shaver, P. R. (Hrsg.): *Handbook of Attachment: Theory, research, and clinical applications.* New York: 745-761.

Bowlby, J. (1944): Forty-four Juvenile Thieves: Their Characters and Home life. *International Journal of Psychoanalysis*, 25: 19-52, 107-127.

Bowlby, J. (1951): *Maternal care and mental health*. Geneva, WHO. Deutsch: (1973): *Mütterliche Zuwendung und geistige Gesundheit*. München.

Bowlby, J. (1958): The nature of the child's tie to his mother. *International Journal of Psychoanalysis*, 39: 350-373.

Bowlby, J. (1969; 1973; 1980): *Attachment and loss: I. Attachment. II. Separation, anxiety and anger. III. Loss, sadness and depression*, London. Deutsch: (1975, 1976, 1983): *I. Bindung – eine Analyse der Mutter-Kind-Beziehung; II. Trennung – psychische Schäden als Folge der Trennung von Mutter und Kind; III. Verlust – Trauer und Depression*. München.

Bowlby, J. (1987): Attachment. In: Gregory, R. L.: *The Oxford companion to the mind*. Oxford UK: 57-58.

Bowlby, J. (1988): *A Secure Base: Parent-child attachment and healthy human development*. New York.

Bretherton, I. (1992): The origins of attachment theory: John Bowlby and Mary Ainsworth. *Developmental Psychology*, 28 (5): 759-775.

Carlson, V./Cicchetti, D./Barnett, D./Braunwald, K. (1989): Disorganized/Disoriented Attachment Relationships in Maltreated Infants. *Developmental Psychology*, 25: 525-531.

Carlson, E. A. (1998): A prospective longitudinal study of attachment: Disorganisation/Disorientation. *Child Development*, 69: 1107-1128.

Cicchetti, D./Rogosch, F. A./Toth, S. L. (2006): Fostering secure attachment in infants in maltreating families through preventive interventions. *Development and Psychopathology*, 18: 623-649.

Cyr, C./Euser, E. M./Bakermans-Kranenburg, M. J./Van Ijzendoorn, M. H. (2010): Attachment security and disorganization in maltreating and high-risk families: A series of meta-analyses. *Development and Psychopathology*, 22: 87-108.

Drell, M.-J. (2007): The impending and perhaps inevitable collapse of psychodynamic psychotherapy as performed by psychiatrists. *Child and Adolescent Psychiatric Clinics of North America*, 16: 207-224.

Egeland, B./Weinfield, N.-S./Bosquet, M./Cheng, V.-K. (2000): Remembering, repeating and working through: Lessons from attachment-based Interventions. In: Osofsky, J./Fitzgerald, H. E. (Hrsg.): *WAIMH Handbook of Infant Mental Health*, 21: 37-89.

Emde, R.-N. (1990): Mobilizing fundamental modes of development: Empathic availability and therapeutic action. *Journal of the American Psychoanalytic Association*, 38: 881-914.

Engel, G.-L. (1977): The need for a new medical Model: A challenge for biological science. *Science*, 196: 129-136.

Erickson, M.-F./Egeland, B. (1999): The STEEP Program: Linking theory and research to practice. *Zero to Three*, 20 (2): 11-16.

Fonagy, P./Steele, M./Moran, G./Steele, H./Higgitt, A. (1991): The capacity for understanding mental states: The reflective self in parent and child and its significance for security of attachment. *Infant Mental Health Journal*, 12: 201-218.

Fonagy, P./Steele, M./Moran, G./Steele, H./Higgitt, A. (1993): Measuring the ghost in the nursery: An empirical study of the relation between parents' mental representations of childhood experiences and their infants' security of attachment. *Journal of the American Psychoanalytic Association*, 41: 957-989.

Fonagy, P./Steele, M./Steele, H./Higgitt, A./Target, M. (1994): The theory and practice of »resilience«. *Journal of the Child Psychology and Psychiatry*, 35 (2): 231-257.

Fraiberg, S./Adelson, E./Shapiro, V. (1975): Ghosts in the nursery: A psychoanalytic approach to the problems of impaired infant-mother relationships. *Journal of the American Academy of Child Psychiatry*, 14: 387-422.

Fraiberg, S./Lieberman, A.-F./Pekarsky, J.-H./Pawl, J.-H. (1981): Treatment and outcome in an infant psychiatry program. *Journal of Preventive Psychiatry*, 1: 89-111, 143-167.

Gauthier, Y. (1997): Facteurs de développement, facteurs de changement. In: Ciccone, A. et al. (Hrsg.): *Naissance et développement de la vie psychique*. Toulouse: 59-68.

Gauthier, Y./Fortin, G./Jéliu, G. (2004): Applications cliniques de la théorie de l'attachement pour les enfants en famille d'accueil: Importance de la continuité. *Devenir*, 16 (2): 109-139.

Gauthier Y. (2009): *L'avenir de la psychiatrie de l'enfant*. Toulouse.

Grossmann, K. E./Grossmann, K./Waters, E. (2005): *Attachment from infancy to adulthood. The major longitudinal studies.* New York.

Heinicke, C.-M./Beckwith, L./Thompson, A. (1988): Early intervention in the family system: A framework and review. *Infant Mental Health Journal*, 9 (2): 111-141.

Hesse, E. (2008) : The adult attachment interview, protocol, method of analysis, and empirical studies. In: Cassidy, J./Shaver, P. R. (Hrsg.), *Handbook of attachment: Theory, research, and clinical applications.* New York: 552-598.

Hoffman, K. T./Marvin, R. S./Cooper, G./Powell, B. (2006): Changing toddlers' and preschoolers' attachment classifications: The Circle of Security intervention. *Journal of Consulting and Clinical Psychology*, 74 (6): 1017-1036.

Kitzman, H./Olds, D.-L./Henderson, C.-R./Hanks, C./Cole, R./Tatelbaum, R./ McConnochie, K.-M./Sidora, K./Luckey, D.-W./Shaver, D./Engelhardt, K./ James, D./Barnard (1997): Effect of prenatal and infancy home visitation by nurses on pregnancy outcomes, childhood injuries, and repeated childbearing: A randomized controlled trial. *Journal of the American Medical Association*, 278 (8): 644-652.

Korfmacher, J./Green, B./Spellmann, M./Thornburg, K. R. (2007): The helping relationship and program participation in early childhood home visiting. *Infant Mental Health Journal*, 28: 459-480.

Lieberman, A. F./Weston, D.-R./Pawl, J.-H. (1991): Preventive intervention and outcome with anxiously attached dyads. *Child Development*, 62: 199-209.

Lieberman, A. F./Zeanah, C.-H. (1999): Contributions of attachment theory to infant-parent psychotherapy and other interventions with infants and young children. In: Cassidy, J./Shaver, P. R. (Hrsg.): *Handbook of attachment: Theory, research, and clinical applications.* New York: 555-574.

Lieberman, A. F./Van Horn, P. (2008): *Psychotherapy with infants and young children. Repairing the effects of stress and trauma on early attachment.* New York.

Lyons-Ruth, K./Bronfman, E./Parsons, E. (1999): Maternal frightened, frightening, or atypical behavior and disorganized infant attachment patterns. In: Vondra, J./ Barnett, D. (Hrsg.): *Atypical patterns of infant attachment: Theory, research, and current directions*, Monographs of the Society for Research in Child Development, Series no. 258, 64 (3): 67-96.

Lyons-Ruth, K. (2003): Dissociation and the parent-infant dialogue: a longitudinal perspective from attachment research. *Journal of the American Psychoanalytic Assocation*, 51 (3): 883-911.

Lyons-Ruth, K. (2005): L'interface entre attachement et intersubjectivité: perspectives issues de l'étude longitudinale de l'attachement désorganisé. *Psychothérapies*, 25 (4): 223-234.

Main, M./Kaplan, N./Cassidy, J. (1985): Security in infancy, childhood and adulthood: A move to the level of representation. In: Bretherton, I./Waters, E. (Hrsg.): *Growing points of attachment theory and research*, Monographs of the Society for Research in Child Development, 50: 66-104.

Main, M./Solomon, J. (1986): Discovery of a insecure-disorganized/disoriented attachment pattern. In: Brazelton, T. B./Yogman, M. W. (Hrsg.): *Affective development in infancy*. Norwood NJ.

Main, M./Hesse E. (1990): Parents' unresolved traumatic experiences are related to infant disorganized attachment status: Is frightened and/or frightening parental behavior the linking mechanism? In: Greenberg, M. T. et al. (Hrsg.): *Attachment in the preschool years: Theory, research, and intervention*. Chicago: 161-184.

Main M./Hesse E./Kaplan N. (2005): Predictability of attachment behavior and representational processes at 1, 6 and 19 years of age: The Berkeley Longitudinal Study. In: Grossmann, K. E. et al. (Hrsg.): *Attachment from infancy to adulthood : The major longitudinal studies*. New York: 245-304.

Marvin, R./Cooper, G./Hoffman, K. T./Powell, B. (2002): The Circle of Security project: Attachment-based intervention with caregiver-pre-school child dyads. *Attachment and Human Development*, 4: 107-124.

Nievar, M. A./Van Egeren, L. A./Pollard, S. (2010): A meta-analysis of home visiting programs: Moderators of improvements in maternal behavior. *Infant Mental Health Journal*, 31 (5): 499-520.

Ogawa, J. R./Sroufe, L./Weinfield, N. S./Carlson, E. A./Egeland, B. (1997): Development and the fragmented self: longitudinal study of dissociative symptomatology in a nonclinical sample. *Development and Psychopathology*, 9: 855-879.

Olds, D. L./Eckenrode, J./Henderson, C. R./Kitzman, H./Powers, J./Cole, R./Sidora, K./Morris, P./Pettitt, L. M./Luckey, D. (1997): Long-term effects of home visitation on maternal life course and child abuse and neglect. *Journal of the American Medical Association*, 278 (8): 637-643.

Olds, D. L. (2006): The Nurse-Family Partnership: An evidence-based preventive intervention. *Infant Mental Health Journal*, 27 (1): 5-25.

Olds, D. L./Sadler, L./Kitzman, H. (2007): Programs for parents of infants and toddlers: Recent evidence from randomized trials. *Journal of Child Psychology and Psychiatry,* 48 (3-4): 355-391.

Oppenheim, D./Goldsmith, D. F. (2007): *Attachment theory in clinical work with children: Bridging the gap between research and practice.* New York.

Robertson, J. (1952): *A Two-Year-Old goes to Hospital* (film). Ipswich, Concord Film Council, New York University Film Library.

Sroufe, L. A./Egeland, B./Carlson, E. A./Collins, W. A. (2005): *The development of the person. The Minnesota Study of Risk and Adaptation from Birth to Adulthood.* New York.

Steele, H./Steele, M. (2005): Understanding and resolving emotional conflict: The London Parent-Child project. In: Grossmann, K. E. et al. (Hrsg.): *Attachment from infancy to adulthood: The major longitudinal studies.* New York: 137-164.

Stern, D. N. (1995): *The motherhood constellation: A unified view of parent-infant psychotherapy.* New York.

Stern, D. N. (2006): Introduction to the special issue on early preventive intervention and home visiting. *Infant Mental Health Journal,* 27 (1): 1-4.

Thompson, R. A. (2008): Early attachment and later development. Familiar questions, new answers. In: Cassidy, J./Shaver, P. R. (Hrsg.): *Handbook of attachment: Theory, research, and clinical applications.* New York: 349-365.

Toth, S. L./Maughan, A./Manly, J. T./Spagnola, M./Cicchetti, D. (2002): The relative efficacy of two interventions in altering maltreated preschool children's representational models: Implications for attachment theory. *Development and Psychopathology,* 14: 877-908.

Suzanne Maiello

Über die frühesten Spuren psycho-physischen Erlebens
Reminiszenzen pränataler traumatischer Erfahrungen in der psychoanalytischen Praxis

Einführung

In den vergangenen 40 Jahren ist das pränatale Leben, und insbesondere das Verhalten des ungeborenen Kindes, Gegenstand zahlreicher wissenschaftlicher, auch interdisziplinärer Studien geworden. Wir verfügen heute über genaue Kenntnisse der neurophysiologischen Reifung des Embryos und des Fötus. Vorgeburtliche Reminiszenzen scheinen bis zum dritten oder vierten Lebensjahr dem Bewusstsein zugänglich zu bleiben und im Spiel des Kleinkindes ihren Ausdruck finden zu können. Danach fallen sie jedoch offenbar der Amnesie anheim (Piontelli, 1992). Was das vorgeburtliche Kind »er-lebt« haben mag in der Zeit, die dem Augenblick vorausgeht, in dem es »das Licht der Welt« erblickt, bleibt in einem dunklen inneren Raum verborgen.

In Ultraschallfilmen können wir nur seine Verhaltensweisen beobachten. Dabei stellen wir allerdings nicht ohne Erstaunen fest, dass, sobald die neuronale Reifung der einzelnen Sinne, einer nach dem anderen, dem Kind erlaubt, seine uterine Umgebung zu erfühlen und wahrzunehmen, es nicht nur Rezeptor von Sinneseindrücken ist. Es re-agiert und antwortet wohl auf empfangene Reize, agiert aber auch schon früh auf eigenen Antrieb und erforscht seinen Lebensraum dank seiner kinetischen und taktilen Fähigkeiten aktiv. Auf der auditiven Ebene hört es nicht nur, sondern es horcht. Das Erforschen und das Horchen deuten darauf hin, dass es in einer aktiven Beziehung zu seiner Umwelt steht.

Das pränatale Kind hat eine Vorform von Gedächtnis, dessen Existenz wir nach der Entbindung beobachten können. Handelt es sich um eine rein mechanische Ablagerung von pränatalen Sinneseindrücken? Oder können wir annehmen, dass das Kind schon vor der Geburt gewisser Verarbeitungen und Transpositionen fähig ist? Mit anderen Worten: Gibt es eine frühe Phase des fötalen Lebens, die wir als a-mental oder prä-mental bezeichnen müssen? Wann und wie eignet sich das Kind die Mittel an, Ereignisse in Erfahrungen zu verwandeln dank eines Prozesses, den ich als proto-mental bezeichnen würde? (Proto weist auf einen Ursprung hin, zeigt aber gleichzeitig eine Bewegung an, die zu weiteren Entwicklungsstufen hinführt.) Wenn Erfahrungen möglich sind, bedeutet dies, dass das Verhalten des ungeborenen Kindes eine Vorform von Sinn hätte? Ist Sinn ein Mehrwert, der irgendwann dazukommt, oder aber ein inhärentes Potenzial, das durch die wachsende Fähigkeit, es zu erfassen, entdeckt werden kann? Die Philosophin Susan Langer schreibt: »[...] die Fähigkeit, einen Sinn zu erahnen, geht wahrscheinlich der Fähigkeit, ihn auszudrücken, voraus« (Langer, 1951: 110). Meltzer geht noch einen Schritt weiter, wenn er schreibt, dass »emotionale Erfahrungen sowie rudimentäre Formen von Symbolbildung und Denken bereits in den letzten Monaten der Schwangerschaft auftreten und den Hintergrund abgeben, vor dem die Erfahrung mit der äußeren Welt – insbesondere die ersten Begegnungen mit Körper und Psyche der Mutter – ihre entscheidende Wirkung ausüben« (Meltzer, 1992: 78). Bion, der rigorose Erforscher mentaler Prozesse, stellt die großen Fragen in einfachster Form: »Denkt der Fötus?« (Bion, 1977: 270)

In dieser Arbeit soll versucht werden, einen Blick in diese Vorzeit zu werfen, ausgehend von der Beobachtung des Verhaltens des Neugeborenen, auf der Suche nach den möglichen Ursprüngen seiner unleugbaren emotionalen und mentalen Kompetenzen. Die Forschungen der vergangenen Jahre haben Freuds Postulat in aller Form bestätigt: »Intrauterinleben und erste Kindheit sind weit mehr ein Kontinuum, als uns die auffällige Caesur des Geburtsaktes glauben lässt.« (Freud, 1926: 278) Fachinelli greift Freuds Intuition auf und bestätigt, dass es zwischen dem Leben des Fötus und demjenigen des Neugeborenen keine radikale Diskontinuität gibt (Fachinelli, 1989). Dabei stützt er sich auf die Ergebnisse des Erforschers des Fötalverhaltens Prechtl, welcher festhält:

> Das Neugeborene beweist eine ungeheure Anpassungsfähigkeit [...] diese kann nicht erst in der vierzigsten Schwangerschaftswoche entstehen, sondern muss sich allmählich ausbilden und zu einem viel früheren Zeitpunkt begonnen haben. Es entsteht eine Art Sicherheitsumfeld, welches das Überleben des Kindes selbst nach einer Frühgeburt ermöglicht. (Prechtl, 1984)

Bevor im zweiten Teil dieser Arbeit anhand klinischen Materials über die Spuren pränataler Traumatisierungen nachgedacht wird, soll versucht werden, anhand der Ergebnisse zweier Studien den bei nicht traumatisierten Neugeborenen beobachtbaren Reminiszenzen vorgeburtlicher Erfahrungen näher zu kommen.

Über die pränatalen Wurzeln auditiv-vibratorischen Erlebens

Mutterstimme und Körperrhythmen

In früheren Arbeiten habe ich über auditive Aspekte des pränatalen Erlebens und insbesondere über die Bedeutung der Mutterstimme für die protomentale Entwicklung des Kindes nachgedacht und die klanglichen und rhythmischen pränatalen Reminiszenzen unter dem Begriff *Klangobjekt* zusammengefasst (Maiello, 1993). Mit diesem Begriff habe ich einen vorgeburtlichen Vorläufer des späteren mütterlichen inneren Objekts bezeichnet, dessen Klangmerkmale in den pränatalen auditiven Erfahrungen der Mutterstimme verwurzelt sind.

Die neurophysiologischen Studien der letzten Jahre (Tomatis, 1981; De Casper/Spence, 1986; Spence/De Casper, 1987; Fifer/Moon, 1988; Prechtl, 1989; Masakowski/Fifer, 1994) haben gezeigt, dass das Gehör des ungeborenen Kindes am Anfang des fünften Lebensmonats voll ausgebildet ist. In diesem Alter nimmt das Kind Töne des mittleren und hohen Frequenzbereichs wahr, welche dem Register der Mutterstimme entsprechen. Die Fähigkeit, die vom Mutterleib produzierten niederfrequenten Töne und Geräusche wahrzunehmen – den Herzschlag, das Pulsieren des Bluts in den Adern, den Atemrhythmus und die Darmgeräusche –, beginnt schon einen Monat früher. Während neun Monaten lebt das Kind in einer recht lauten, von ihm vom vierten Lebensmonat an wahrgenommenen Umgebung mit einem konstant pulsierenden Grundrhythmus.

Im Moment der Geburt verliert das Kind abrupt das Klanguniversum, in dem es während seines pränatalen Lebens aufgehoben war. Wenn alles gut geht, findet es die Stimme der Mutter sehr bald wieder. Obwohl der Klang der durch das Luftmedium übertragenen nachgeburtlichen Mutterstimme nicht genau mit der durch das Fruchtwasser übertragenen Stimme identisch ist, hat diese offenbar für das Neugeborene ausreichende individuelle Merkmale, dank derer es die Mutter über das Gehör sofort und eindeutig wiedererkennt und sich ihr zuwendet, auch wenn ihm versuchsweise andere weibliche Stimmen zu hören gegeben werden.

Was das Kind bei der Geburt im auditiv-vibratorischen Bereich im Unterschied zur wiedergefundenen Mutterstimme endgültig verliert, ist das rhythmische Geräuschuniversum der intrauterinen Welt. In seinem Gedächtnis bleiben jedoch auch davon Spuren erhalten. Eine Studie hat gezeigt, dass Neugeborene, denen in gewissen Zeitabständen eine Aufnahme des Herzschlags eines erwachsenen Menschen zu hören gegeben wurde, nicht nur weniger weinten, sondern auch eine raschere Gewichtszunahme aufwiesen im Vergleich zu einer Kontrollgruppe (Salk, 1973). Dies zeigt, dass die auditiv-vibratorischen Erfahrungen der pränatalen, rhythmisch strukturierten Umwelt nicht nur in einem »neutralen« vorgeburtlichen Gedächtnis gespeichert, sondern mit Emotionen verbunden zu sein scheinen.

Wenn auch aufgrund ihrer Kontinuität die Rhythmen des mütterlichen Organismus im pränatalen Leben implizit als selbstgenerierte Präsenz empfunden und deshalb nicht aktiv wahrgenommen worden sein könnten, ist jedoch anzunehmen, dass nach der Zäsur der Geburt die verschwundene rhythmische Klanghülle einen anderen Stellenwert einnimmt und erstmals als »Anderes« erlebt wird, als verlorenes Anderes. Wenn nun das Neugeborene zu weinen aufhört, sobald es einen dem mütterlichen Herzschlag entsprechenden Rhythmus wiederfindet, bedeutet dies, dass dessen vorgeburtliche Präsenz Teil einer globalen Empfindung von Kontinuität gewesen ist, während seine Abwesenheit als Unterbrechung eben dieser Kontinuität empfunden wird. Auf der emotionalen Ebene heißt das, dass das rhythmische Pulsieren nachträglich als *gut* empfundenes pränatales Element erlebt wurde, während sein Fehlen schmerzliche Verlustempfindungen hervorrufen könnte.

Mancia zögert nicht, die proto-mentale Aktivität des ungeborenen Kindes in der Sprache der Psychoanalyse zu beschreiben:

> Die primäre mentale Aktivität könnte aus einem Prozess der »Entzifferung« oder des »Dekodifizierens« der rhythmischen und konstanten Reize bestehen, welche den Fötus aus dem mütterlichen Behälter erreichen. Zusätzlich könnte die Objektwelt des Fötus dank ihrer Rhythmizität und Konstanz den Grundplan für ein primitives biologisches Uhrwerk legen, das den pränatalen psychischen Kern durchwirkt. (Mancia, 1981: 353)

Der Rhythmus strukturiert die Zeit. Wir werden anhand der zweiten Studie sehen, dass das pränatale Kind nicht nur die Organrhythmen des mütterlichen Körpers wahrnimmt und im Gedächtnis speichert, sondern auch und vor allem die Sprachrhythmen, welche es über die Mutterstimme erreichen. Im vorgeburtlichen Leben prägt sich dem Gedächtnis des Kindes deren Klangcode ein, d. h. die von Chomsky beschriebene »tiefe Grammatik« der Muttersprache (Chomsky, 1972). Das Kind reagiert und antwortet auf seine Weise auf die rhythmischen Eigenheiten der Mutterstimme.

Song-and-dance – pränatale Synrhythmie

Meltzer schreibt: »Vieles spricht dafür, dass die ersten Sprünge, die dank der Einbildungskraft in der Vorgeschichte der Menschheit vollführt wurden, zu einer […] via Gesang und Tanz *(*song-and-dance) in Szene gesetzten Mythenbildung [gehörten]« (Meltzer, 1986: 251). Könnten wir uns vorstellen, dass ein Vorgang der phylogenetischen Entwicklung in der pränatalen ontogenetischen Vorgeschichte des einzelnen Menschenkindes seine Entsprechung finden könnte? Eine Mutter singt und das Kind tanzt dazu? Mehrere Studien haben gezeigt, dass das ungeborene Kind die Mutterstimme nicht nur hört, sondern durch sie belebt wird, auf sie hinhorcht und auf ihre Präsenz mit einer für den mentalen Zustand der Aufmerksamkeit typischen Veränderung des Herzrhythmus reagiert. Im Wachzustand antwortet es auf die Stimme mit der Beschleunigung seiner Bewegungen im Fruchtwasser.

»Unsere Vorgeschichte macht uns lange vor der Entbindung zum Teil eines Paares […]«, schreibt Kaës (1993a). Und Missonnier unterstreicht die »grundlegend intersubjektive Natur des menschlichen Embryos/Fötus, das sich hinneigt zu einem virtuellen Anderen« (Missionier, 2009: 79).

Eine in New York durchgeführte Studie legt ein beredtes Zeugnis von dieser primären pränatalen Beziehungsfähigkeit ab. Die spontanen Bewegungen von zwei Gruppen von Neugeborenen wurden beobachtet und gemessen. Die eine Gruppe bestand aus chinesischen, die andere aus amerikanischen Babys. Die Forscher stellten fest, dass die Bewegungen der chinesischen Neugeborenen signifikant langsamer waren als die der amerikanischen Kinder. Eine linguistische Analyse der musikalischen und rhythmischen Charakteristiken der chinesischen bzw. amerikanischen Sprache zeigte, dass die Unterschiede in Tempo und rhythmischer Form der Spontanbewegungen der beiden Babygruppen spiegelbildlich die Unterschiede von Duktus und Rhythmus der Sprache ihrer Mütter wiederspiegelten (Freedman/Freedman, 1969).

Diese Studie bestätigt die Aussage von Lecanuet, der nicht nur die pränatale Epigenese der Verhaltensweisen des Neugeborenen unterstreicht, sondern hinzufügt, dass sein Verhalten durch die Interaktionen zwischen dem damaligen Embryo bzw. Fötus und seiner Umgebung geprägt wird und dass diese Interaktionen den Nährboden für die Entstehung des Gedächtnisses des fötalen Selbst und dessen Proto-Funktionen bilden (Lecanuet et al., 1995). Fachinelli spricht seinerseits von einer »Resonanzfähigkeit des perinatalen Kindes« (Fachinelli, 1989). Die Studie bestätigt ferner die Fähigkeit des vorgeburtlichen Kindes, eine Wahrnehmung transmodal umzusetzen. In diesem Beispiel geht es um die Übertragung der rhythmischen Kadenz der Muttersprache, welche das ungeborene Kind über die Mutterstimme erreicht, in den Rhythmus seiner Bewegungen. Aber das ist nicht alles. Der Rhythmus der mütterlichen »Vokalmusik« bleibt auch nach der Geburt, in Abwesenheit der Mutterstimme, im Bewegungsrhythmus des Kindes erhalten. Der mütterliche Sprachrhythmus ist zu seinem eigenen, in der vorgeburtlichen Erfahrung verwurzelten kinetischen Muster geworden. Es muss also eine vorgeburtlich internalisierte auditive Erfahrung gegeben haben, die das Kind veranlasst, seinen »Tanz« in dieser und keiner anderen Form der Bewegung auszudrücken, in diesem und keinem anderen, von Lebovici (1960) als »contour rythmique« bezeichneten, rhythmischen Muster. Golse spricht von den Bewegungen des Babys als einer Form von Erzählung, durch welche es von seinem Erleben und seiner Geschichte berichtet (Golse/Desjardins, 2004). Diese »Erzählung« zeugt, wie die New Yorker Studie zeigt, von einer vorgeburtlichen Abstimmung zwischen dem Kind und seiner Mutter (Stern, 1985). Auch Trevarthen (2005) zögert nicht, die Wurzeln der Fähigkeit des Babys zu einer Synrhythmie mit der Mutter im pränatalen Leben anzusiedeln. Der »Tanz« des Kindes, das sich synrhythmisch zur »singenden« Mutterstimme bewegt, scheint Zeugnis abzulegen für eine vorgeburtliche Begegnung, eine Vorform von Beziehung.

Suzanne Maiello

Container und contained – pränatale Formen im Raum

Der Denkprozess setzt nach Bions Theorie des Denkens (1962) die Existenz eines mentalen Containers voraus, der in der Lage ist, noch ungedachte Elemente in sich aufzunehmen, zu verarbeiten und in denkbare Elemente umzuwandeln. Bion selbst stellt den Vergleich mit dem Verdauungsapparat und der von diesem verarbeiteten Nahrung her. Der materielle Prototyp der Metapher von Container/contained ist auch während jeder Schwangerschaft gegeben. Es gibt einen uterinen Container und ein darin enthaltenes Embryo bzw. einen Fötus. Behälter und Inhalt sind Formen im dreidimensionalen Raum. Schon für das pränatale Kind scheint das materielle Enthaltensein zu einer Erfahrung zu werden, wie wir im Folgenden sehen werden. Dies bedeutet wiederum, dass sich schon vor der Geburt die Konfiguration von Container/contained nicht nur materiell im konkreten Raum konstelliert, sondern ihre mentale Entsprechung findet in Form eines vorgeburtlichen Gedächtnisses statt, welches Erinnerungsspuren, Proto-Erfahrungen und Proto-Gedanken enthalten kann.

Die pränatale Sonografie, die Säuglingsbeobachtung des neugeborenen und des frühgeborenen Kindes und das psychoanalytische Denken konvergieren dahingehend, dass dem Neugeborenen heute nicht nur ein mechanisches Imprinting vorgeburtlicher Sinneseindrücke zuerkannt wird, sondern ein Gedächtnis, das Eindrücke und Erfahrungen schon im pränatalen Leben sowohl in Aktionen als auch in Reminiszenzen umzusetzen vermag, deren Spuren vom Anfang des postnatalen Lebens an beobachtet werden können. Die longitudinale prä- und postnatale psychoanalytische Beobachtungsstudie von Piontelli bestätigt die Kontinuität der individuellen Verhaltensweisen jedes Kindes vor und nach der Geburt. Die Autorin schreibt:

> Die Tatsache, dass so früh typische Verhaltensmuster entstehen, welche sich im Verlaufe der Zeit entwickeln, ohne jedoch ihre charakteristische Form zu verlieren, hat mich auf den Gedanken gebracht, dass es sehr wohl möglich ist, dass diesen eine rudimentäre Unterscheidung zwischen »ich« und »nicht-ich« zu Grunde liegen könnte. (Piontelli, 1992: 239)

Diese erste »rudimentäre Unterscheidung«, welche anfänglich parallel zu oder gar vor der unkontrollierbaren An- und Abwesenheit der Mutterstimme entstehen mag, könnte, nach Bions Denkmodell, in der Dynamik von Behälter und

Inhalt zu suchen sein, aus welchem das proto-mentale Potenzial des pränatalen Kindes erwächst.

Was spürt oder perzepiert das Kind im Verlauf des intrauterinen Lebens, wenn es sich im Fruchtwasser bewegt, wenn es der Gebärmutterwand entlang gleitet, die Plazenta ertastet oder die Nabelschnur anfasst? Und wenn gegen Ende der Schwangerschaft seine Bewegungen allmählich durch den Behälter, der es immer enger umschließt, eingeschränkt werden? Das Kind ist bis zu einem gewissen Zeitpunkt ziemlich frei, sich im uterinen Raum zu bewegen und zu drehen, danach jedoch wird es unabhängig von seinem Willen einer zunehmenden Einengung unterworfen. Könnte in beiden Zeitabschnitten der Innenraum des Uterus auf je unterschiedliche Weise als ein taktil erfahrener Vorläufer des Anderen erlebt werden? In den letzten Wochen vor der Geburt hat das Kind weniger Bewegungsfreiheit, aber gleichzeitig umfängt der Behälter das Kind immer fester. Könnte es sein, dass der Container ihm eine Erfahrung einer Grenze vermitteln könnte, die es nicht nur in seinen Bewegungen hemmt, sondern ihm auch eine Erfahrung von Gehaltensein gibt und ihm etwas vermittelt, das mit Körperform und Körpergrenzen zu tun hat?

Vor einigen Jahren hatte ich Gelegenheit, in der Gebärstation der Römer Universitätsklinik Neugeborene kurz nach der Entbindung zu beobachten. Die Kinder wurden gewaschen und noch nackt auf einen harten Tisch unter das grelle Licht einer Wärmelampe gelegt, während das Personal die Mutter versorgte. Das Schreien der Kinder, die soeben erst zu atmen begonnen hatten, war krampfhaft und unregelmäßig. Die unkoordinierten chaotischen Extensions- und Retraktionsbewegungen der Arme und Beine vermittelten mir ein Gefühl von Fragmentierung.

Meine Intervention war minimal. Ich drehte das Neugeborene auf die Seite, legte mein Hand leicht an seinen Rücken und machte damit spontan fast unmerkliche winzige rhythmische Kreisbewegungen. Innerhalb weniger Sekunden hörten die Kinder auf zu schreien, Arme und Beine legten sich gefaltet an den Körper des Kindes, das spontan die Fötalstellung wiederfand. Der Daumen einiger der Neugeborenen fand den Weg zum Mund wieder, welcher zu saugen begann. Es hatte genügt, dass meine Hand den Kindern einen nur ganz partiellen Halt gab, ohne in irgendeiner Weise das pränatale Containment wiederherzustellen. Ausnahmslos fanden sie die ovale Form des uterinen Containers wieder, den sie soeben verloren hatten.

Was hatte die Kinder beruhigt? Meine Hand als äußeres warmes, lebendiges und wohlwollendes Objekt oder ihre Katalysatorfunktion, dank welcher die Neugeborenen die während des pränatalen Lebens internalisierte Containerform wiederfinden konnten? Die kaum angedeutete Kreisbewegung meiner Hand könnte im Gedächtnis der Neugeborenen nicht nur die räumliche Reminiszenz einer haltenden Form und seines darin Enthalten-gewesen-Seins evoziert, sondern gleichzeitig in der zeitlichen Dimension die Reminiszenz einer rhythmischen Präsenz wiedergeweckt haben. Das erste Mutterhaus des Kindes ist ein in einer rhythmischen Klangwelt aufgehobener Container.

Bewegungen – räumlich-zeitliche Formen und Interaktionen in utero

Die intrauterinen Ultraschallaufnahmen vieler Kinder zeigen, dass diese im zweiten Quartal des pränatalen Lebens den Daumen lutschen (Prechtl, 1989). Die Neurophysiologie lehrt uns, dass das Saugen ein Reflex ist. Um jedoch das Saugen möglich zu machen, muss das Kind eine komplexe Sequenz von Bewegungen ausführen. Der Daumen muss zum Mund geführt werden, die Lippen öffnen sich, der Daumen gleitet in den Mund hinein und die Lippen schließen sich um den Daumen wieder, damit das Saugen beginnen kann, dieses rhythmische Wechselspiel zwischen ziehen und loslassen. Schließlich öffnen sich die Lippen wieder und der Daumen rutscht aus dem Mund heraus. Das Daumenlutschen ist eine komplexe interaktive Sequenz zwischen einem Behälter und einem Inhalt. Unmerklich, aber unvermeidlich, bilden sich die ersten Gegensatzpaare, die ersten Differenzierungen: voll-leer, öffnen-schließen, hinein-hinaus, Anfang-Ende. Die Übergänge sind fließend, buchstäblich und metaphorisch, weil der ganze Prozess sich in einem flüssigen Medium abspielt.

Spitz war einer der ersten Forscher, dessen Interesse auf Aspekte des pränatalen Leben gelenkt wurde. Er betrachtete die cavité primitive, die »Urhöhle«, wie er die Mundhöhle bezeichnete, als »die Wiege aller Perzeptionen« (Spitz, 1959: 231). Sie dient »gleichzeitig als Enterozeptor und als Exterozeptor« (Spitz, 1959: 211). Meltzer verwendet ein ähnliches Bild, allerdings auf einer proto-symbolisch höheren Ebene des nachgeburtlichen Lebens, wenn er über die Bedeutung des Lallens und Brabbelns des Babys nachdenkt und den Begriff des »Mundhöhlentheaters« prägt, in welchem sich die Innenwelt und die Außenwelt sowohl differenzieren als auch begegnen (Meltzer, 1986: 253).

Wenn das vorgeburtliche Kind am Daumen lutscht, scheint dies nicht nur eine Erfahrung zu ermöglichen, sondern das Kind schafft aktiv die Bedingungen, unter welchen das Saugen zustande kommen und sich wiederholen kann. Ist es denkbar, dass diese Erfahrung, die sich in der räumlichen Konstellation von Container/contained abspielt, den Weg zu einem Urerleben einer möglichen Beziehung zwischen zwei Einheiten zu bahnen vermag oder, um es mit Bion zu sagen, eine positive Realisierung der Präkonzeption einer Verbindung darstellen könnte? Ein Inhalt, der in einen Behälter hineingeht, sich darin aufhält und ihn wieder verlässt, und ein Behälter, der einen Inhalt empfängt, beherbergt und wieder gehen lässt? Auch wenn der ganze Ablauf als fließend erlebt wird, ereignet sich eine Begegnung, auf welche eine Trennung folgt.

Was bedeutet dieser Daumen im Erleben des Kindes? Wo kann er angesiedelt werden im Modell der von Kaës formulierten doppelten Verankerung, der Verankerung im Körper und der Verankerung in der Beziehung (Kaës, 1993b)? Könnte das vorgeburtliche Saugen eine Proto-Erfahrung des »passage par l'autre«, des Durchgangs durch das Andere, darstellen (Houzel, 1987), wodurch Behälter und Inhalt in eine dynamische Beziehung gebracht werden, obwohl der Daumen nicht ein wirklich anderer Anderer ist? Im Bereich der auditiven Wahrnehmungen des vorgeburtlichen Kindes habe ich auf die qualitativen Unterschiede zwischen den rhythmischen Körpergeräuschen des Mutterleibs und dem Klang der Mutterstimme hingewiesen. Dank ihrer Kontinuität erlebt das Kind die ersteren vor der Geburt wohl kaum als »Anderes«, während die Mutterstimme dadurch, dass sie unabhängig vom horchenden Kind spricht oder schweigt, von Anfang an als Anderes erlebt werden muss, mit dem es in Beziehung tritt, aber über welches es keine Macht hat. Könnte der Daumen eine Zwischenstellung einnehmen? Er ist nicht immer in der Mundhöhle, das Kind muss sich mobilisieren und seine Bewegungen koordinieren, um die Begegnung zwischen Daumen und Mund herbeizuführen. Wenn es dies tut, ist es, weil es dies will oder braucht. Es gibt eine Intention, und es folgt daraus eine Aktion. Könnte dieser Daumen auf halbem Weg zwischen Omnipotenz und Impotenz liegen, zwischen einem Selbstobjekt und einem Bezugsobjekt? Und als eine Vorform von Winnicotts Übergangsobjekt verstanden werden?

Es ist eine überraschende zeitliche Koinzidenz zwischen zwei Fähigkeiten des pränatalen Kindes festzustellen, nämlich der auditiven Fähigkeit, die der Mutterstimme entprechenden mittleren und hohen Frequenzen wahrzunehmen, und der Fähigkeit, den Daumen zum Mund zu führen und zu saugen. Ist die Hypothese zu gewagt, dass das Kind versuchen könnte, die auditive Leere der schweigenden Mutterstimme durch eine mit Hilfe des Daumens erreichte rhythmisch-taktile Fülle im Mund zu kompensieren? Wir haben gesehen, dass das vorgeburtliche Kind transmodaler Transpositionen fähig ist. Auch Piontelli, wie der bereits zitierte Mancia, scheut sich nicht, versuchsweise psychoanalytische Begriffe auf pränatale Verhaltensweisen anzuwenden, wenn sie aus ihren Beobachtungen schließt, dass angenommen werden muss, dass das Kind schon vor der Geburt Vorformen von Abwehrmechanismen gegen Frustrationen entwickeln kann (Piontelli, 1992).

Im Kleinkindalter saugt das Kind den Daumen in Momenten der Unsicherheit, Angst oder Verlassenheit. Der Daumen im Mund ist ein »pacifyer«, ein »Befrieder«, dank welchem das Kind sich davor schützen kann, dass das abwesende gute Teilobjekt, die Mutterbrust, sich in ein persekutorisches böses Objekt verwandelt, das mit Schreien ausgestoßen werden müsste. Ein voller Mund kann nicht schreien und braucht nicht zu schreien, solange das Ersatzobjekt Daumen die Angst vor der Leere und dem Verlassensein in Schach zu halten vermag.

Die rhythmische Proto-Erfahrung des Saugens, die das vorgeburtliche Kind durch die Begegnung von Daumen und Mund herbeiführen konnte, findet nach der Geburt ihre Realisierung auf der Objektbeziehungsebene mit einem wirklich anderen Anderen in der Begegnung mit der Brust, bei welcher sich zwei Rhythmen finden und koordinieren müssen, der Rhythmus des saugenden Kindermundes und derjenige des mütterlichen Milchflusses.

Versuch einer Konzeptualisierung pränataler Vorformen primärer Identifizierung

Die Objektbeziehungstheorie wird heute konsequenter in den Raum eines kontinuierlichen Wechselspiels zwischen der intrapsychischen und der interpersonalen Dimension gestellt. Alvarez hat die Wichtigkeit der dynamischen Aspekte der äußeren und inneren Beziehungen erkannt und die Bedeutung von »Bewegungen«, »Formen« und »Mustern« beschrieben, die in der normalen Entwicklung nicht nur in Zeit und Raum, sondern in der Beziehung entstehen (Alvarez, 1998).

Je weiter sich das psychoanalytische Denken in die tiefsten und frühesten Bereiche psycho-physischen Erlebens begibt, umso schwieriger gestaltet sich der Versuch, Begriffe für eine hinreichend genaue Beschreibung der Primärebenen protomentaler Erfahrungen zu finden. Sandler unterschied zwischen Erfahrungen, welche im Unbewussten aufbewahrt sind, aber dem Bewusstsein unter gewissen Voraussetzungen zugänglich gemacht werden können, und Strukturen, welche er als dem Bewusstsein nicht zugängliche tiefste Erlebnisebenen beschrieb (Sandler/Joffe, 1969). Bollas führte 20 Jahre später den Begriff des »unthought known« ein, des Unbewusst-Gewussten (Bollas, 1987), und Emde prägte den Begriff der »procedural knowledge« und des prozeduralen Gedächtnisses (Emde et al., 1991), das den Begriff des relational knowing mit umfasst, »dem Wissen darum, wie man mit einem intimen Andern umgeht« (Lyons-Ruth, 1998).

Wie können wir die Prozesse der pränatalen protomentalen Aktivität beschreiben, von denen wir nur die postnatalen Auswirkungen sehen? Kann die Psychoanalyse bis zu einem Verstehen pränataler mentaler Zustände vordringen? Wir haben Neugeborene gesehen, die sich dank einer leicht auf den Rücken aufgelegten Hand beruhigten und die Fötalstellung wiederfanden, andere, die dank des Herzschlags eines erwachsenen Menschen zu weinen aufhörten, und solche, deren Bewegungen die Kadenz der Muttersprache reproduzierten. Erinnerungen also? Und eine Form von Gedächtnis, die diese aufbewahrt? Es ist nicht auszuschließen, dass die räumlichen und zeitlich-rhythmisch-dynamischen Eigenschaften der inneren Objekte ihren Ursprung in diesen tiefen und, wie inzwischen aus zahlreichen Studien geschlossen werden kann, pränatalen Bereichen protomentaler Erfahrungen haben und eine Verbindungsfunktion erfüllen, d. h. den Weg bereiten, der aus dem Zustand psycho-physischen Einsseins hinausführt und die Entwicklung mentaler Aktivität und symbolischen Denkens ermöglicht. Wann dieser Übergang beginnt und wie er sich gestaltet, ist die faszinierende Frage, der ich mit einigen theoretischen Überlegungen nachzugehen versuche.

Zu Beginn dieser Arbeit habe ich Freuds Aussage zitiert, dass zwischen dem vor- und dem nachgeburtlichen Leben mehr Kontinuität bestehe als gemeinhin angenommen wird. Unmittelbar an diese Aussage anschließend fährt Freud fort: »Das psychische Mutterobjekt ersetzt dem Kinde die biologische Fötalsituation. Wir dürfen darum nicht vergessen, dass im Intrauterinleben *die* Mutter kein Objekt war und dass es damals keine Objekte gab.« (Freud,

1926: 278f.) 55 Jahre später spricht Mancia von der »Objektwelt des Fötus« (Mancia, 1981). Dies ist das Spannungsfeld, in dem sich die nachfolgenden Überlegungen bewegen werden auf der Suche nach den protomentalen Prozessen, welche zu den allerersten Vorformen von primären Identifizierungen führen könnten.

Zurück zu Freud. In jenen fruchtbaren Jahren schrieb er: »Die Identifizierung ist der Psychoanalyse als früheste Äußerung einer Gefühlsbindung an eine andere Person bekannt« (Freud, 1921: 98). Zwei Jahre später: Die Identifizierung »scheint zunächst nicht Erfolg oder Ausgang einer Objektbesetzung zu sein, sie ist eine direkte und unmittelbare und frühzeitiger als jede Objektbesetzung« (Freud, 1923: 299). Wenn wir die vier Freud'schen Zitate aneinanderreihen, stellen wir fest, wie sehr er selbst auf der Suche war und sich implizit die Frage stellte: Wie, wo und wann fängt das psychische Leben an?

Im selben Jahr schreibt Klein einen Kommentar zu Jones Aussage, dass die Entdeckung der Ähnlichkeit zweier Objekte als lustvoll erlebt wird. Sie fügt hinzu, dass auch eine Körperbewegung wie Gehen oder Laufen von einem Lustgefühl begleitet sein kann, und stellt fest, dass die Lust nicht durch das Objekt oder die Aktivität an sich entsteht, sondern dank einer Identifizierung damit (Klein, 1923: 103). Zum einen geschieht also nach Klein die Identifizierung nicht ausschließlich mit einem Objekt, sondern auch mit einer Aktivität, einer Form oder einem Rhythmus, und zum anderen liegt die Lust im Akt der Identifizierung selbst, mit anderen Worten in der Herstellung einer Verbindung. Eine Verbindung kann jedoch nur mit einem »Anderen« hergestellt werden, auch wenn die Funktion der Identifizierung in der Wieder-Einswerdung mit diesem Anderen besteht. Ich komme auf diesen Punkt zurück.

Laplanche und Pontalis definieren die primäre Identifizierung als eine »primitive Form der Konstituierung des Subjekts nach dem Modell des Anderen, ohne vorgängige Beziehung zum Objekt, das als unabhängig zu verstehen ist« (Laplance/Pontalis, 1967: 220). Die Autoren gehen von der Existenz eines Subjekts und eines Objekts aus, ohne dass jedoch zwischen den beiden eine Verbindung bestünde, und vergleichen diese primäre Form der Identifizierung mit einer oralen Einverleibung. Ein Versuch einer (Wieder-)Vereinigung also, mit dem Ziel einer defensiven Reduzierung bzw. Anullierung der »Andersheit« des Anderen, der jedoch, füge ich hinzu, unweigerlich in einem Moment des Erkennens der Zweiheit als Anderer wahrgenommen worden sein muss.

Kristeva denkt über die Unmittelbarkeit der primären Identifizierung nach und unterstreicht, dass die Begriffe »Objekt« und »Identifizierung« unbefriedigend sind. Sie schreibt: »Eine Noch-nicht-Identität des Kindes siedelt über bzw. verschiebt sich an den Ort des Anderen, der noch nicht als Objekt libidinös besetzt ist« (Kristeva, 2000: 243). Auch Kristeva hinterfragt das scheinbar Paradoxe, das sich auf diesen primären Ebenen abspielt. Auch sie ist auf der Suche nach einer Sprache, die differenziert genug ist, um im Fluidum des protomentalen Geschehens das Auftauchen eines subjektiven Existenzgefühls zu erkennen und zu benennen.

Die zitierten Autoren gelangen auf verschiedenen Wegen zur selben Kernfrage: Ist das, was wir als primäre Identifizierung bezeichnen, ein objektloser Prozess? Oder ist es ein Prozess, der sich in genau dem Moment anbahnt, in dem mich ein auch nur flüchtiger Schimmer von der Möglichkeit eines Unterschieds, einer »Andersheit« gestreift hat? Ein Prozess der Identifizierung, d. h. des »Identisch-Machens«, oder des »Sich-identisch-Machens« setzt voraus, dass es auch nur einen Moment lang eine Ahnung von Getrenntheit gegeben haben muss. In einem Zustand fusionalen Einsseins mit einem Ganzen entfällt die Motivation für eine Identifizierung, soweit wir diese als einen mentalen Akt verstehen, welcher versucht, etwas, das nicht kontinuierlich identisch ist, kontinuierlich identisch zu machen. Ich meine, dass es gerade eine auch nur ganz kurz aufleuchtende Perzeption eines Unterschieds ist, welche die identifikatorische psychische Aktivität in Gang zu setzen vermag.

Ein Autor, der sich dem Verstehen protomentaler Urzustände in besonders kreativer und fruchtbarer Weise genähert hat, ist der amerikanische Psychoanalytiker James Grotstein. Seine Formulierungen helfen uns, einige Aspekte der primären Identifizierung in den frühesten Stadien des psychischen Lebens zu erhellen. Er schreibt: »Das menschliche Wesen ist einer Anzahl von Zäsuren ausgesetzt, durch welche es beim Auftauchen aus dem Hintergrundobjekt der primären Identifizierung ein Gefühl der Trennung erfährt.« (Grotstein, 1981: 369) Grotsteins Begriff wird noch komplexer, wenn der Autor dieses primäre Objekt als Hintergrund-Subjekt-Objekt der primären Identifizierung beschreibt, das dem von Sandler (1960) beschriebenen background of safety entspricht (Grotstein, 1981: 369). Mit der Bezeichnung »Subjekt-Objekt«, oder genauer mit dem Bindestrich zwischen »Subjekt« und »Objekt«, spricht Grotstein genau den schwer fassbaren Moment im Trennungsprozess an, in welchem die Einheit zur Zweiheit wird. Der Autor fährt fort:

Suzanne Maiello

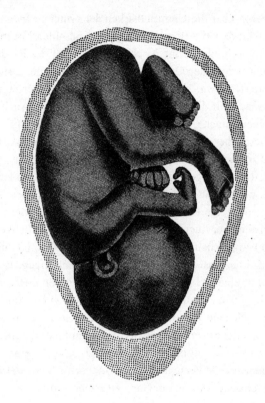

Das Hintergrund-Subjekt-Objekt der primären Identifizierung scheint eine Entwicklung durchzumachen. Von der Funktion eines Mit-Seienden im geheimnisvollen Einssein der primären Identifizierung geht es über zur Funktion […] eines schützenden Geistes, der gehen gelassen werden kann und sich in den Hintergrund zurückzieht […]. Dies geschieht in dem Augenblick, in dem das Kind die von der Trennung verursachte Lücke ertragen kann. (Grotstein, 1981: 370)

Dies ist der Moment, so Grotstein, in dem das Hintergrund-Subjekt-Objekt zum

Schöpfer und Garanten unseres Gefühls von Containment wird […] zur Wohnung und zum Behälter der Objektrepräsentationen. Es garantiert die Kontinuität von Raum und Containment durch alle Transformationen der Dimension und der Beziehungen [...]. Insofern als das Hintergrundobjekt ein Objekt ist, konstituiert es das »Andere«, das Objekt unserer Erfahrung. (Grotstein, 1981: 370) Grotstein vereint in seiner Formulierung auf dynamische Weise zwei gegensätzliche Elemente. Er unterstreicht die »Quasi-Identität« von Subjekt und Objekt, von Selbst und Anderem, signalisiert aber gerade mit dem »Quasi« die Möglichkeit der Öffnung eines Raums für die ersten Ahnungen von Unterscheidung, welche eine Vorform von Identifizierung überhaupt erst möglich macht.

Könnte die erste Erfahrung eines Hintergrund-Subjekt-Objekts, das zum »Schöpfer und Garanten unseres Gefühls von Containment« und, auf der mentalen Ebene, »zur Wohnung und zum Behälter der Objektrepräsentationen« wird, einen Vorläufer im pränatalen Leben haben? Könnte der mütterliche Urwohnort, die Gebär-Mutter mit ihren taktil erfahrbaren Konsistenzen, der soliden Beschaffenheit der Wand, der Plazenta und der Nabelschnur, dieser lebendige Raum mit seinen Bewegungen und Kontraktionen, vom Kind als der erste erfahrbare enthaltende und haltende Container, das erste umfangende Proto-Objekt seines enthaltenen und gehaltenen Proto-Subjekts bzw. Proto-Selbst erfahren werden? Dieser Frage bin ich in einer anderen Arbeit zu Bions Modell von Container/contained nachgegangen (Maiello, 2012).

Ich komme auf Grotsteins Begriff des »background« zurück, dessen Bedeutungsnuancen nicht zufriedenstellend ins Deutsche übertragbar sind. Back ist hinten, sowohl in der räumlichen als der zeitlichen Dimension, bezeichnet aber auch wörtlich den Rücken, und ground ist der Boden, die Erde, der Untergrund. Wer grounded ist, steht mit beiden Füßen auf der Erde, hat einen festen Stand und gute Wurzeln, ist gehalten und zentriert. Der englische Ausdruck background mit seiner evokativen Vielfalt erinnert an die zitierte Studie mit den schreienden Neugeborenen in der Römer Universitätsklinik. Meine haltende Hand im Rücken der Kinder mochte von ihnen als ein Wiederfinden des soeben verlorenen »background object of primary identification« erlebt worden sein, als »background of safety« und, dank der leichten Kreisbewegung meiner Hand, als Tustins »rhythm of safety« (Tustin, 1986). In den letzten Wochen seines uterinen Aufenthalts, während denen der Bewegungsspielraum des Kindes mehr und mehr abnimmt, ist gerade sein Rücken der Körperteil, der von der Gebärmutterwand immer fester gehalten und gestützt wird. Könnte diese Erfahrung das erste ganz konkrete Background-Objekt der primären Identifizierung darstellen?

Im Rahmen einer Kleinkindbeobachtung hatte ich Gelegenheit, das zunächst unerklärliche Verhalten eines zweijährigen Mädchens zu beobachten. Wenn ein befreundeter, für das Kind wichtiger Erwachsener, den es eine Zeitlang nicht gesehen hatte, das Haus betrat, lief es ihm freudig entgegen, wie um sich umarmen oder auf den Arm nehmen zu lassen. Kurz bevor es beim Besucher anlangte, drehte es sich jedoch um und lehnte sich mit dem Rücken an seine Beine, sodass die Arme des Erwachsenen das Kind von hinten umfassten und den vom Kind gesuchten Kontakt mit seinen Beinen noch verstärkten und stabilisierten. Diese eigenartige Gewohnheit des kleinen Mädchens verlor sich erst nach einigen Jahren. Erst als ich erfuhr, dass das Kind in der 30. Schwangerschaftswoche geboren worden war, bekam sein Verhalten einen für mich nachvollziehbaren Sinn. Es schien, als hätte es die fehlende vorgeburtliche Erfahrung des haltenden Hintergrundobjekts in dieser Form nachholen müssen. Mochten die Beine des Besuchers für das kleine Mädchen Grotsteins »schützenden Geist« dargestellt haben, den das Kind zuerst ganz körperlich an seinem Rücken spüren musste, um ihn introjizieren und dann hinter sich lassen zu können?

Zur Frage, ob eine pränatale Vorform von primärer Identifizierung denkbar ist, leistet ein weiterer von Grotstein geprägter Begriff, der den eigentlichen Angelpunkt zwischen fusionalem psychischen Einsseins und den ersten flüchtigen Momenten des Gewahrwerdens von Unterschieden darstellt, einen wertvollen Beitrag. Es ist der Begriff der Doppelspur (»double track«) (Grotstein, 1980). Das Bild der Doppelspur gibt uns eine dynamische Vision der protomentalen Realität, in der sich auch das pränatale Kind befinden kann. Grotstein denkt, und hier kann eine Parallele zur Bion'schen Oszillation Ps$\leftrightarrow$D gezogen werden, dass im Moment der ersten Protoerfahrungen der Existenz eines »Anderen« das Kind zwischen zwei mentalen Zuständen oszillieren kann, von denen der eine Augenblicke des Gewahrwerdens und Erforschens seiner Getrenntheit zulässt, während der andere ein Refugium für die Rückkehr in die beruhigende Illusion einer fusionalen Einheit bietet. Grotstein schreibt: »Die gesunde Fähigkeit, Diskontinuität zu ertragen, kann nur entstehen dank der Vorstellung einer Doppelspur, deren eine fest in der Kontinuität verwurzelt ist.« (Grotstein, 1981: 371)

Kontinuität vor Diskontinuität und die Doppelspurigkeit der Erfahrung: Beides findet seine perfekte Entsprechung im auditiven Bereich der pränatalen Entwicklungsstadien. Die Perzeption der den kontinuierlichen Körpergeräuschen entsprechenden tiefen Frequenzen beginnt einen Monat *vor* der Wahrnehmung der mittleren und hohen Frequenzen, in deren Bereich das Kind die diskontinuierliche Stimme der Mutter hören wird. Nach meiner Hypothese besteht denn auch, wie wir gesehen haben, der archaische Teil des Klangobjekts aus dem kontinuierlichen Hinter- und Untergrund der vorwiegend rhythmischen Körpergeräusche, während der Teil, der die Aufmerksamkeit des Kindes auf sich zieht und damit seine proto-mentale Aktivität stimuliert, die Mutterstimme ist, diese einmalige und einzigartige Melodie, die sich immer wieder, aber nicht ununterbrochen, aus dem »basso continuo« der Körperrhythmen erhebt (Maiello, 1993).

Wenn nun, wie wir gesehen haben, im zweiten vorgeburtlichen Lebensabschnitt das Kind Sinneswahrnehmungen hat, die verarbeitet werden und sich in Reaktionen und Aktionen äußern, und wenn es Reminiszenzen aus der pränatalen Welt ins postnatale Leben hinübernimmt, müssen wir uns fragen, ob traumatische Ereignisse bzw. Erfahrungen nicht ebenso im Gedächtnis des Kindes Spuren hinterlassen können.

Spuren traumatischer pränataler Erfahrungen und der autistische Schutzpanzer

Bevor ich in den klinischen Teil meiner Ausführungen eintrete, möchte ich nur die lebensgefährlichste Situation nennen, der das intrauterine Kind, wenn sie eintritt, ausgesetzt ist: die Drohung einer Fehlgeburt. Die Gefahr meldet sich mit Uteruskontraktionen an, welche in der entscheidenden Endphase zu einer verfrühten Öffnung des Muttermundes führen können, durch den das Kind ausgestoßen zu werden droht. Der Fötus ist in Kontakt mit den Uteruswänden. Der Druck des Fruchtwassers auf seinen Körper nimmt zu und setzt das Kind unbekannten und unkontrollierbaren Empfindungen aus. Die Drohung einer Fehlgeburt wirkt sich unweigerlich auf den emotionalen Zustand der Mutter aus. Rosenfeld (1987) beschreibt, wie das ungeborene Kind dem »osmotischen Druck« der durch die Fluktuierung der psychischen Verfassung der Mutter hervorgerufenen biochemischen Veränderungen wehrlos ausgesetzt ist. Im Falle einer Abtreibung beschreibt Fachinelli, wie »das ungeborene Kind im Vorfeld des Eingriffs in einen durch Filmaufnahmen belegten frenetischen Zustand gerät« (Fachinelli, 1989: 118).

Jedes unerwartete bedrohliche Ereignis, das ein Gefühl von Angst und Hilflosigkeit weckt, führt zu einer Flucht- oder Rückzugsreaktion oder aber zu somatischen Symptomen wie einer Lähmung, einem Tremor oder einer ungerichteten Hektik. Den Fötus, der einer drohenden Fehlgeburt ausgesetzt ist, erreicht wahrscheinlich eine Summe von unbekannten pressorischen, taktilen, biochemischen und rhythmischen Signalen, welche, falls es die Bedrohung überlebt, in seinen späteren prä- und postnatalen Verhaltensweisen ihren Niederschlag finden können, wie die zitierte Studie von Piontelli deutlich zeigt (Piontelli, 1992). Es fällt auf, dass in der pränatalen Geschichte frühgestörter, nicht nur autistischer Kinder vorgeburtliche Traumata gehäuft vorkommen. Bions Annahme, dass es unter gewissen Umständen pränatale Erfahrungen geben kann, die bei der Geburt metaphorisch im Mutterleib zurückbleiben (»remain enwombed«), findet Meltzer bestätigt »bei Patienten, in deren vorgeburtlichem Leben traumatisierende Komplikationen auftraten: eine Krankheit der Mutter, Plazentainfarkt, Frühgeburt, fötaler Distress, um nur einige zu nennen« (Meltzer, 1992: 58).

Im Vorfeld der klinischen Darstellung beschreibe ich kurz einige Merkmale des autistischen Schutzpanzers. Wir wissen, dass bei allen autistischen Patienten die Panik vor dem Fallen, dem Abstürzen, zentral ist. Da jede Andeutung einer Trennung als traumatisch erlebt wird, ist der Rückzug in einen Zustand raum- und zeitloser Isolation das letzte und drastischste Mittel beim Versuch, die drohenden Vernichtungsängste, die mit dem »endless falling« zusammenhängen, zu bannen. Der Zusammenbruch des Erlebens von Zeit und Raum in der äußeren sowie der inneren Realität führt in einen Zustand sich endlos wiederholender Zirkularität, die sich in Form von sinnentleerten Stereotypien äußert. Diese dienen als Schutz vor unerträglichen existentiellen Ängsten, die bei der geringsten Wahrnehmung von Diskontinuität, von Grenzen und Getrenntheit wiedergeweckt würden.

Im räumlichen Bereich gibt es im Autismus weder ein Innen noch ein Außen, weil jede Abgrenzung fehlt. Der grenzenlose All-Raum fällt jedoch zusammen mit einem Nicht-Ort, einem Nirgends. Tustin beschreibt das Gefühl des »Niemand-Seins« autistischer Patienten, des »being nobody«, nicht nur im übertragenen Sinne, sondern auch buchstäblich im Sinne einer Nichtexistenz (Tustin, 1990). Dem autistischen Kind fehlt das Gefühl, ein Körper zu sein, einen Körper zu haben und in diesem Körper zu wohnen. Es fehlt ein sich selbst erfahren könnendes Ich. Die Wahrnehmung, einen Körper zu haben, würde erfordern, zur Selbstbeobachtung fähig zu sein, ein Ich zu sein, das den Körper auch als den seinen sehen und empfinden kann. Und um den eigenen Körper bewohnen zu können, müsste das autistische Kind nicht nur Zugang zu der ihm fehlenden psychischen Dreidimensionalität haben (Meltzer, 1975), sondern auch auf eine intakt gebliebene Erfahrung von Behälter und Inhalt zurückgreifen können (Maiello, 2011, 2012).

Die räumliche und damit auch die körperliche »Ver-nichtung« im Sinne einer Nichtig-werdung hat ihre Entsprechung in der zeitlichen Dimension. Das homöostatische Kontinuum des autistischen Zustands, in welchem die Ausblendung der zeitlichen Dimension die Illusion eines ununterbrochenen Einsseins aufrecherhalten soll, führt jedoch genau in die Sackgasse des Nicht-Seins, d. h. ausgerechnet in den Zustand, den die Errichtung des autistischen Panzer zu vermeiden versuchte. Es gibt kein Fließen, kein Werden und kein Vergehen, keine Endlichkeit und keine Diskontinuität, keine rhythmische Gegenseitigkeit. Ohne Zeiterleben gibt es weder Vergangenheit noch Zukunft, und damit keine Gegenwart, keinen »praesens«, kein Wahrnehmen der eigenen Präsenz in der Welt. Und ohne rhythmisches Erleben gibt es im übertragenen Sinne kein Ein- und Ausatmen, keine Unterschiede, keinen Austausch, keine eigene Welt und keine Umwelt.

Auf der Grundlage ihrer klinischen Erfahrung sah Tustin den autistischen Rückzug als Reaktion auf das »traumatische Bewusstwerden der körperlichen Getrenntheit von der Mutter [...] bevor der psychische Apparat in der Lage war, diese Realität zu ertragen« (Tustin, 1986: 23). Tustin zeigte ferner, dass es Kinder gibt, die bereits »in utero Störungen erfahren haben und daher von Geburt an dazu neigen, autistisch zu werden« als Folge »vorgeburtlicher Aversionsreaktionen« (Tustin, 1990: 87). In einer früheren Arbeit habe ich über die möglichen Zusammenhänge zwischen pränateler Traumatisierung und Autismus nachgedacht (Maiello, 2001).

Suzanne Maiello

Falldarstellung eines pränatal traumatisierten autistischen Kindes

Rosetta und ihre Vorgeschichte

Das viereinhalbjährige Kind kam mit der Diagnose einer autistischen Störung zur Psychotherapie. Rosetta war ein zierliches kleines Mädchen mit langen dunkeln Haaren, die in zwei Pferdeschwänzen auf beiden Seiten des Kopfes auf ihre Schultern fielen. Ganz selten gab es einen Blickkontakt, und meist schien Rosetta nicht zu hören, wenn ich etwas zu ihr sagte. Ihre Tätigkeiten waren in autistischen Formen gefangen, es gab kaum Augenblicke einer flüchtigen Kommunikation. Die Sprache war fast ausschließlich echolalisch. Auf ihrem Gesicht wechselten wie in einem Trickfilm wiederholt in rascher Folge zwei Ausdrucksformen: Die Mundwinkel waren entweder nach oben oder nach unten gezogen. Das Gesicht hätte dadurch entweder lächelnd oder abweisend wirken können, aber keine der beiden »Masken« vermittelte den entsprechenden emotionalen Zustand, und deren rascher Wechsel schützte das Kind vor jeder Kommunikation und machte jede Möglichkeit eines empathischen Mitfühlens zunichte. Am Anfang ihrer dreistündigen Psychotherapie war es für Rosetta unerträglich, dass ein Gegenstand im Raum bewegt wurde. Die Immobilität der Objekte war so unverzichtbar, dass, wenn sie sich an den Kindertisch setzen wollte, sie den Stuhl nicht hervorzog, sondern sich mühsam zwischen den Tischrand und die Sitzfläche zwängte.

Von den Eltern hatte ich vor dem Beginn der Psychotherapie erfahren, dass die Mutter vor Rosettas Schwangerschaft »mehrere« Fehlgeburten gehabt hatte. Auch Rosettas pränatales Leben war gefährdet gewesen. Im fünften Monat drohte wieder eine Fehlgeburt. Dank einer gerade noch rechtzeitig vorgenommenen Cerclage konnte das Kind bis zum Geburtstermin ausgetragen werden. Die Niederkunft war ohne Komplikationen. Der Vater sagte aber, dass der durchdringende Blick der Neugeborenen ihn gleich am Anfang erschreckt hatte. Rosetta wurde gestillt und hatte, im Unterschied zu anderen von Geburt an autistischen Kindern, keine Saugschwierigkeiten, nahm aber nach dem Abstillen im Alter von sieben Monaten die Flasche nicht und ging gleich zur Trinktasse und zum Löffel über. Sie krabbelte nicht, stand aber mit neun Monaten schon aufrecht. Die Mutter steckte das Kind in ein Laufgestell mit Rädern, in welchem es sich mit den Füßchen fortbewegen konnte. Einen

Monat später war die Mutter wieder schwanger, verlor aber auch dieses Kind im fünften Monat. Inzwischen hatte Rosetta mit einem Jahr die ersten Lautworte zu bilden begonnen, aber nach der erneuten Fehlgeburt regredierte die Sprachentwicklung wieder. Das Kind blieb in seinem Fahrgestell und wollte bis zum Alter von achtzehn Monaten von Gehversuchen nichts wissen. Als es schließlich zu laufen begann, wurde die Mutter wieder schwanger, hatte aber eine weitere Fehlgeburt.

Ich war tief beunruhigt nicht nur von der Biografie dieses Kindes als einzigem Überlebenden unter ungezählten ungeboren ausgestoßenen Geschwistern, sondern auch vom Fehlen jedweder Emotion und vom engelhaften Lächeln, mit dem die Mutter ihre Erzählung von Rosettas immer wieder gescheiterten Versuchen, eine körperliche oder mentale Selbstständigkeit zu erlangen, vorbrachte und diese zeitlich mit dem Tod der fehlgeborenen Kinder verknüpfte.

Autistische Formen: Autoerotisierung als Schutz
vor Vernichtungsängsten

Rosetta trug oft eine Strumpfhose ihrer Mutter auf dem Kopf, wenn sie zur Stunde kam. Die Beinteile hingen vorne über die Schultern. Der Hosengummi, der den Kopf des Kindes umschloss, schien eine Container-Funktion zu haben, während die vor ihrem Körper baumelnden Beinteile ihre Pferdeschwänze verlängerten und eine erotisierende Wirkung hatten, die ich mit Rosettas Empfindungen im Umgang mit den langen lockigen Haaren der Mutter in Verbindung brachte, den ich immer wieder beobachten konnte, wenn die Mutter mit ihrem bald fünf Jahre alten Kind im Arm an der Tür klingelte.

Am Anfang der Stunde löste Rosetta oft selbst die Gummispangen ihrer Pferdeschwänze und ließ die Haare frei fallen, schüttelte den Kopf und hüllte sich in die »autistischen Formen« (Tustin, 1986) des sinnlich-weichen erregenden Fließens ihrer Haare, die sich mit den Beinteilen der Strumpfhose vermischten. Der durch die autoerotische Sinnlichkeit geschaffene Selbstschutz brach jedoch meist sehr rasch zusammen, und es kam ein von unsagbaren Vernichtungsängsten überschwemmtes Kind zum Vorschein. Rosetta gab mir dann in einem Zustand panischer Angst zu verstehen, dass ich irgendetwas besser und dichter festmachen sollte, aber sie konnte mir nicht vermitteln, was ich hätte tun können, um Abhilfe zu schaffen, und meine Versuche scheiterten fast ausnahmslos. Ich konnte nichts anderes tun, als ihr Gefühl totaler Hilflosigkeit aufzunehmen und zu benennen.

Wenn die Angstzustände eskalierten, hatte Rosetta oft das Gefühl, dass die Gummispangen, mit denen ihre Haare zu Pferdeschwänzen gebunden waren, lose waren. Sie versuchte zuerst selbst, oft unter Zähneknirschen, diese bis dicht an die Kopfhaut zurückzuschieben, schaffte es aber nicht, sich damit zu beruhigen, und ich musste mithelfen und den Gummi auf beiden Seiten mit einem Stück Schnur umwickeln und verstärken oder eine Schnur um ihren Kopf legen und festziehen.

Im Zustand der Panik vor einem endlosen Fallen oder einem Wegfließen öffnete sich öfter auch der Blasensphinkter und Rosetta nässte ein. Dann mussten die Haare wieder gebunden und die Haargummis so fest wie irgend möglich festgezogen werden. Dies geschah meist gegen das Ende der Stunde, wenn der Abschied nahte. Zu einem späteren Zeitpunkt der Therapie, als ihre Sprache nicht mehr nur echolalisch war und eine rudimentäres Identitätsgefühl entstanden war, konnte sie, während ich ihre Haare wieder festband, mit vor Angst halb erstickter Stimme sagen: »Ich will Mama.«

Wir wissen, dass das Einsetzen eines Zervikalringes der ungeborenen Rosetta das Leben gerettet hatte. Der Ring musste den Muttermund dichtmachen und geschlossen halten. Es mochte meine Perzeption von Rosettas »flüssigem« psycho-physischen Zustand sein, zusammen mit der paroxystischen Qualität ihrer Panik und ihrer totalen Unfähigkeit, mir zu verstehen zu geben, *was* ich hätte tun sollen, um das Kind »zusammenzuhalten«, die mich auf den Gedanken der absoluten Wehr- und Hilflosigkeit des von einer Fehlgeburt bedrohten Fötus brachte. Es geht um Leben und Tod, und es gibt nichts, was das Kind für seine Rettung tun kann.

Das Trauma wird erfahrbar, darstellbar und mitteilbar

Im Verlauf des ersten Jahres von Rosettas Psychotherapie wurde die Mutter abermals schwanger. Die Eltern hatten dem Kind nichts gesagt für den Fall, dass auch diese Schwangerschaft vorzeitig mit einer Fehlgeburt enden könnte. Am Ende des vierten Monats ereignete sich folgende Stunde:

> Beim Eintreten in den Therapieraum berührte Rosetta ganz kurz und mit leichter Hand meinen Bauch. Dann gab sie mir zu verstehen, dass ich ihr helfen solle, ein langes Stück Schnur am einen Ende um ihren und am anderen Ende

um meinen Hals festzubinden. Als wir auf diese Weise miteinander verbunden waren, zog sie mich an dieser »Leine« zu sich hinunter auf den Fußboden. Sie wollte mich auf allen Vieren haben und kroch unter meinen Körper, in dessen Schutz sie eine Zeitlang kauernd verweilte. Dann kroch sie wieder hervor, stand auf und zog auch mich wieder hoch. In der Mitte der Schnur, die uns verband, war ein Knoten. Rosetta zeigte mir, dass ich ihn lösen und die beiden Enden an je einem der beiden Fensterhaken festmachen solle.

Ich sagte dazu, dass wir vorher miteinander und aneinander gebunden waren, dass sie dann herausgekommen war und dass jetzt sie und ich je einen eigenen Haken hatten.

In diesem Moment brach Panik aus. Rosetta deutete auf ihre Stirn. Dort war etwas nicht in Ordnung, es war eine Notsituation, und ich sollte dringend eingreifen. Etwas musste sofort gebunden oder festgehalten oder enger gezurrt werden. Aber alle meine Versuche, angesichts der drohenden Gefahr Abhilfe zu schaffen, waren erfolglos. Die Panik eskalierte, bis Rosetta schrie: »Non va bene!!« (Es geht nicht!!) Dann begann sie, in einem dramatischen Crescendo Wörter zu schreien und den letzten Vokal so lange auszuhalten wie ihr Atem reichte: »Andareeeeeee……!!« (Gehen!!...weggehen…!!) Das Kind versteifte sich bis zur völligen Starre und zitterte vor übermenschlicher spastischer muskulärer Anspannung am ganzen Körper. Aus seinen Augen sprangen Tränen und aus dem schreienden Mund floss der Speichel.

Ich versuchte, etwas zu sagen über den unbeschreiblichen Schrecken, der Rosetta erfasst und überflutet hatte, nachdem sie herausgekommen war und sich von mir entfernt hatte, aber ich spürte, dass meine Worte die Wurzeln ihrer Panik nicht erreichten.

Rosetta schrie weiter: »Nell acquaaaaaaa……!!« (Im Wasser…!!), dann folgte eine Sequenz von Wörtern, die ich nicht verstand, die aber endete mit: »Pozzooooooo…….!!« (Ziehbrunnenschacht….!!)

Ich selbst war tief erschüttert von dem Drama, das sich vor meinen Augen abspielte, und von meiner Hilflosigkeit und Unfähigkeit, etwas, das hätte helfen können, in Worte zu fassen. Ich sagte nur, dass etwas ganz Furchtbares geschehen sein musste. War jemand in einen Brunnenschacht gefallen? War Wasser in diesem Schacht? Spontan begann ich schließlich, die Gesten von jemandem zu imitieren, der einen Eimer an einem Seil aus einem tiefen Ziehbrunnen hochzieht, und sagte zum Kind, dass ich diesen Jemand, der vielleicht hinuntergefallen war, wieder heraufholen wolle.

Rosetta hörte auf zu schreien, entspannte und beruhigte sich allmählich und beobachtete aufmerksam meine Armbewegungen. Wenig später begann auch sie, meine Gesten nachahmend, an einem eigenen imaginären Seil zu ziehen. Nach einer geraumen Zeit, in welcher wir schweigend – je einzeln, aber gemeinsam – unsere Rettungsarbeit geleistet hatten, fragte ich Rosetta,

ob wir das Kind nun wieder heraufgeholt hatten und ob es wieder hier bei uns sei.
Rosetta bejahte und blieb ruhig bis zum Ende der Stunde.

Diskussion und Kommentar

Am Anfang der Stunde hatte Rosetta mit Konzentration und Genauigkeit die Szene einer Geburt und der darauffolgenden Trennung des Kindes von der Mutter dargestellt. Kurz darauf schien jedoch ganz plötzlich etwas in ihrer inneren Welt aufgebrochen zu sein, das ihre Panik ausgelöst hatte. Mochte dieses Etwas aus jenem traumatisierten Persönlichkeitsteil herrühren, der nach Bion »im Mutterleib zurückgeblieben war«, mit seinen Inhalten namenlosen Schreckens, der das Kind zur Zeit der drohenden Fehlgeburt überflutet hatte, als es in Gefahr war, ausgestoßen zu werden und in den Tod zu stürzen?

Rosetta hatte eine ungeheure Anstrengung gemacht beim Versuch, angesichts der Todesgefahr und der Intensität ihres Schreckens die Kontinuität ihrer gefährdeten Existenz auf der verbalen und stimmlichen Ebene aufrechtzuerhalten durch das lange Aushalten der Vokale. Aber unvermeidlich kam der Moment, in dem sie Atem holen musste und die Hilfeschreie verstummten. Die desintegrierende Macht der Reminiszenzen war zu überwältigend. Die nicht mentalisierbaren Spuren des Traumas hatten das Kind übermannt und sich seines Körpers bemächtigt, der durch die äußerste Anstrengung seines Erstarrens möglicherweise die Gefahr des Herausfallens und Abstürzens abwenden sollte.

Die Szene mit dem Schacht und mit jemandem, der ins Wasser gefallen sein mochte, reproduzierte die Ereignisse der vorgeburtlichen Geschichte des Kindes in kondensierter Form und mit ungeheurer evokativer Macht. Ich selbst war in der Gegenübertragung an die Grenzen meines Versuchs gestoßen, Rosetta mit meinem psychischen und verbalen Containment zu halten. Ich hatte meine Hände zu Hilfe nehmen müssen in der Hoffnung, das in die Tiefe der Vernichtungsängste gestürzte Kind zu retten. Die Kontraktion aller Muskeln in Rosettas Körper mochte die »ultima ratio« eines verzweifelten Selbstrettungsversuches dargestellt haben. Der von einer Fehlgeburt bedrohte Fötus könnte sehr wohl auf ähnliche Weise reagieren. Rosetta zeigt uns, wie die psychophysische autistische Panzerung das letzte Refugium sein kann, wenn kein anderer Aufhänger, kein anderer Container in Sicht ist als die eigenen taktilen Empfindungen.

Rosettas Material hilft uns, über mögliche traumatische Erfahrungen des pränatalen Kindes nachzudenken dank der gleichzeitigen Präsenz mehrerer Faktoren. Zum einen war das Kind in seinem vorgeburtlichen Leben der Todesgefahr eines vorzeitigen Ausgestoßenwerdens aus dem uterinen Container ausgesetzt gewesen, dessen Reminiszenzen an einem bis dahin unzugänglichen inneren Ort der Psyche eingeschlossen gewesen sein mochten. Zum anderen war Rosetta nicht mehr in einem Zustand tiefsten autistischen Rückzugs, und es gab Momente der Kommunikation. Und schließlich hatte die neue Schwangerschaft in der Psyche der Mutter unweigerlich die Gefahr der Fehlgeburten der Vergangenheit reaktualisiert, sowohl auf der Ebene der äußeren Realität als auch in ihrer inneren Welt.

Welche psychischen Prozesse mögen es Rosetta erlaubt haben, gerade zu diesem Zeitpunkt den Kontakt zur Panik des Absturzes aus dem Container wiederherzustellen? Obwohl das Kind noch nicht in die Realität der neuen Schwangerschaft eingeweiht worden war, näherte sich die Zeit, in der die Mutter in der Vergangenheit mehrere Fehlgeburten gehabt hatte und in der auch Rosettas Leben in Gefahr gewesen war. Diente das Kind der Mutter als Rezeptakel unbewusster projektiver Identifizierungen? Oder lebten Mutter und Kind noch so sehr in einem defensiv fusionalen psychischen System »kommunizierender Röhren«, dass sich die aktuellen mütterlichen Phantasien und Ängste gleichzeitig auch im Kind konstellierten? In fusional-konfusionalen Beziehungen scheint es, dass bewusste und unbewusste Inhalte durch eine Vorform von projektiver Identifizierung, einer Form von gegenseitiger »Kontaminierung«, übertragen werden können. Oder kam Rosettas Panik auch aus einer inneren Quelle? Mochten die aktuellen abgespaltenen und geleugneten Ängste der Mutter, die dennoch oder erst recht Rosettas Psyche besetzten, im impliziten Gedächtnis des Kindes die verborgenen Spuren seiner eigenen traumatischen Erfahrungen wiedererweckt haben und es ihm ermöglicht haben, seine Todesängste im Zusammenhang mit dem damals nicht haltenden mütterlichen Uterus-Container in den mentalen Container der Therapeutin hineinzugeben?

Der französische Psychoanalytiker Missonnier ist der Frage nachgegangen, auf welchen Wegen Reminiszenzen eines pränatalen Traumas in der psychischen Welt des Kindes Spuren hinterlassen können. Er denkt an zwei parallele Ebenen: »Die proto-repräsentativen Empfindungsspuren, die während des intrauterinen Lebens engrammiert worden sind [...] bleiben bestehen und sind aktiv. Diese sind nicht direkt symbolisierbar, sind jedoch aktiv in Form einer psychosomatischen Homöostase.« Und: »Die expliziten Erzählungen und die impliziten Evokationen sind in der Familiengeschichte und in der generationalen Transmission zentral.« (2009, 166) Beide Ebenen interagieren, und der Autor schließt daraus, dass ein pränatales Trauma unweigerlich die frühesten Eltern-Fötus/Kind-Bindungen prägt und belastet. Missonniers Erkenntnisse stimmen mit meiner klinischen Erfahrung überein und zeigen, dass gerade durch einen synergetischen Prozess beider Quellen das Auftauchen bzw. Wiederauftauchen pränataler Reminiszenzen möglich werden kann.

Auch in Rosettas Situation könnte die Verflechtung der psycho-physischen Zustände der Mutter und des Kindes diesem erlaubt haben, den emotionalen Kontakt zu seiner pränatalen traumatischen Geschichte wiederherzustellen und dieser gerade zum Zeitpunkt der neuerlichen mütterlichen Schwangerschaft in ihrer ganzen panikbesetzten Intensität wieder zu begegnen. Es mochte auch sein, dass der nicht autistische Persönlichkeitsteil des Kindes in der vorangegangenen Zeit der Therapie eine unbewusste Ahnung davon bekommen hatte, dass es so etwas wie einen mentalen Container geben könnte, der selbst Todesängste empfangen und halten würde, sodass die Verbindung zum Trauma wiederherstellbar war und dieses nicht länger an einem unzugänglichen inneren Ort eingekapselt bleiben musste, sondern zu einem wenn auch mit Todesängsten gefüllten Kapitel in seiner Lebensgeschichte werden konnte.

Schlussbemerkungen

Abschließend sei nochmals Bions an den Anfang dieser Arbeit gestellte Frage zitiert: »Denkt der Fötus?« Was wir heute feststellen können, ist, dass das pränatale Kind tatsächlich eine Form von Gedächtnis entwickelt und dass dieses Gedächtnis dynamisch, d. h. mit Emotionen verbunden ist. Mit anderen Worten: Es ist Teil eines proto-mentalen Containers, der Empfindungen und Perzeptionen aufzunehmen, zu verarbeiten, aufzubewahren und in Verhaltensweisen darzustellen vermag. Es müssen also proto-mentale Prozesse am Werk sein, welche Sinneswahrnehmungen in Erfahrungen zu verwandeln in der Lage sind.

Ich habe über die immateriellen Formen nachgedacht, welche sich in der zeitlichen Dimension abspielen und das ungeborene Kind vor allem im auditiven Bereich erreichen und ihm die Erfahrung der Rhythmen des mütterlichen Organismus und der Mutterstimme vermitteln. Ich habe auch versucht, mir die materiellen Formen vorzustellen, die dem Kind in der räumlich-zeitlichen Dimension über den Tastsinn und die Kinetik pränatale Erfahrungen verschaffen könnten. Auch diese Wahrnehmungen scheinen vom Kind aufgenommen, transponiert und im Gedächtnis aufbewahrt zu werden. In beiden Bereichen könnte es, wie wir gesehen haben, zu Proto-Perzeptionen von Differenz und Trennbarkeit kommen. Wie das pränatale Gedächtnis entsteht, welche protomentalen Prozesse dazu nötig sind, dazu lässt sich nur vermuten, dass es Vorformen projektiver und introjektiver Prozesse geben muss, flüchtige Augenblicke auf der Doppelspur von Fusion und Differenzierung, in denen ein Gefühl von Getrenntheit primäre Proto-Identifizierungen mobilisiert.

Schließlich habe ich versucht zu zeigen, dass das pränatale Kind keine Monade ist. Missonniers Postulat von der grundlegend intersubjektiven Natur nicht nur des Neugeborenen, sondern auch des ungeborenen Kindes scheint dank der neuesten Studien, der Säuglingsbeobachtung des Neugeborenen sowie vor allem auch des frühgeborenen Kindes, immer mehr Akzeptanz zu finden. Nicht zuletzt legt für den Analytiker das klinische Material nicht nur von Kindern, sondern auch von Erwachsenen, die im Verlaufe ihres vor- oder frühen nachgeburtlichen Lebens traumatische Situationen überlebt haben, beredtes Zeugnis davon ab, dass der damalige psycho-physische Bruch in der Übertragungsbeziehung einen Raum finden kann, in welchem früheste traumatische Erfahrungen aus ihrer autistoiden Umkapselung befreit werden können. Die unweigerlich dramatische Rückkehr der verbannten Inhalte in Anwesenheit eines verstehenden Anderen kann gemeinsam ausgehalten werden. Auch früheste Traumata, die sich zunächst oft nur in der Körpersprache äußern, können offensichtlich denkbar, darstellbar und im tiefsten Sinne mitteilbar werden.

Die theoretischen Formulierungen der Psychoanalyse haben sich seit ihren Anfängen auf die klinische Beobachtung von Störungen gestützt. Aus diesen Beobachtungen konnten in der Folge Rückschlüsse über die inneren Prozesse einer ungestörten Entwicklung gezogen werden. Wenn es nun möglich ist, eine mentale Verbindung zu pränatalen Traumatisierungen herzustellen, lässt sich umgekehrt aus entwicklungspsychologischer Sicht vermuten, wie inzwischen zahlreiche Studien bestätigt haben, dass auch das nichttraumatisierte vorgeburtliche Kind, lange bevor es das Licht der Welt erblickt, schon das psychophysische Proto-Subjekt einer Geschichte ist, seiner einmaligen persönlichen Geschichte, von der schon Freud überzeugt war, dass kein Teil von ihr je verloren geht.

Literatur

Alvarez, A. (1998): Failures to link: attacks or defects? Some questions concerning the thinkability of Oedipal and pre-Oedipal thoughts. *Journal of Child Psychotherapy,* 24, 2: 213-231.

Bion, W. R. (1962): A theory of thinking. *Int. J. of Psycho-analysis,* 43: 306-310.

Bion, W. R. (1977): The Past Presented. *A Memoir of the future.* London, 1991.

Bollas, C. (1987): *The shadow of the object: Psychoanalysis of the unthought known.* London.

Chomsky, N. (1972): *Language and mind.* New York.

De Casper, A. J./Spence, M. J. (1986): Prenatal maternal speech influences newborns' perception of speech sounds. *Infant Behavior and Development,* 9: 133-150.

Emde, R./Biringen, Z./Clyman, R./Oppenheim, D. (1991): The moral self in infancy: affective core and procedural knowledge. *Developmental Review,* 11, 3: 251-270.

Fachinelli, E. (1989): *La mente estatica.* Milano.

Fifer, W. P./Moon, C. (1988): Auditory experience in the fetus. In: Smotherman, W./Robinson S. (Hrsg.) *Behaviour in the Fetus.* New York: 175-188.

Freedman, D. G./Freedman, N. (1969): Behavioral differences between Chinese-American and European-American newborns. *Nature,* 224: 1227.

Freud, S. (1921): *Massenpsychologie und Ich-Analyse.* Studienausgabe, Bd. IX. Frankfurt a. M.: 65-134.

Freud, S. (1923): *Das Ich und das Es.* Studienausgabe, Bd. III. Frankfurt a. M.: 282-330.

Freud, S. (1926): *Hemmung, Symptom und Angst.* Studienausgabe, Bd. VI. Frankfurt a. M.: 233-308.

Golse, B./Desjardins, V. (2004): Une réflexion sur les débuts du langage verbal (du corps, des formes, des mouvements et du rythme comme précurseurs de l'émergence de l'intersubjectivité et de la parole chez le bébé). *Journal de la psychanalyse de l'enfan,* 35: 171-191.

Grotstein, J. S. (1980): Primitive mental states. *Contemporary Psychoanalysis,* 16: 479-546.

Grotstein, J. S. (1981): Who is the dreamer who dreams the dream and who is the dreamer who understands it? In: Grotstein, J. S. (Hrsg.): *Do I dare disturb the Universe?* London.

Houzel, D. (1987): Le concept d'enveloppe psychique. In: Anzieu, D. et al. (Hrsg.): *Les enveloppes psychiques.* Paris.

Kaës, R. (1993a): *Le groupe et le sujet du groupe.* Paris.

Kaës, R. (1993b): Introduction: Le sujet de l'héritage. In: Kaës et al. (Hrsg.): *Transmission de la vie psychique entre générations.* Paris.

Klein, M. (1923): Analisi infantile. *Scritti, 1921-1958.* Torino.

Kristeva, J. (2000): Le père imaginaire. In: Geissmann, C./Houzel, D. (Hrsg.), *L'enfant, ses parents et le psychanalyste.* Paris.

Langer, S. K. (1951): *Philosophy in a new key.* Cambridge Mass./London.

Laplanche, J./Pontalis, J.-B. (1967): Identification primaire. *Vocabulaire de la psychanalyse.* Paris.

Lebovici, S. (1960): La relation objectale chez l'enfant. *La psychiatrie de l'enfant,* VIII, 1, 147-226.

Lecanuet, J.-P./Schaal, B./Granier-Deferre, C. (1995): Sensorialité du foetus. *Encyclopédie médico-chirurgicale. Obstétrique.* Paris.

Lyons-Ruth, K. (1998): Implicit relational knowing: its role in development and psychoanalytic treatment. *Infant Mental Health Journal,* 19, 3: 282-289.

Maiello, S. (1993): Das Klangobjekt – Über den pränatalen Ursprung auditiver Gedächtnisspuren. *Psyche,* 2, 1999: 137-157.

Maiello, S. (2001): Prenatal trauma and autism. *Journal of Child Psychotherapy,* 27, 2, 107-124.

Maiello, S. (2011): Le corps inhabité de l'enfant autiste. *Journal de la psychanalyse de l'enfant,* 1, 2: 109-139.

Maiello, S. (2012): Prenatal experiences of containment in the light of Bion's model of container/contained. *Journal of Child Psychotherapy,* 38, 3: 250-267.

Mancia, M. (1981): On the beginning of mental life in the foetus. *International Journal of Psychoanalysis,* 62: 351-357.

Masakowski, Y./Fifer W. P. (1994): The effects of maternal speech on fetal behavior. *International Conference on Infant Studies.* Paris.

Meltzer, D. et al. (1975): *Explorations in autism – A psychoanalytical study.* London. (2011): *Autismus. Eine psychoanalytische Erkundung.* Veröffentlichungen des Klein Seminars Salzburg, Bd. 15. Übers. von M. Noll. Frankfurt a. M.

Meltzer, D. (1986): *Studies in Extended Metapsychology.* London. (2009): *Studien zur erweiterten Metapsychologie. Bions Denken in der klinischen Praxis.* Veröffentlichungen des Klein Seminars Salzburg, Bd. 13. Übers. von M. Noll. Frankfurt a. M.

Meltzer, D. (1992): *Claustrum – An Investigation of Claustrophobic Phenomena.* London. (2005): *Das Claustrum. Eine Untersuchung klaustrophobischer Erscheinungen.* Veröffentlichungen des Klein Seminars Salzburg, Bd. 3. Übers. von H. Brühmann. Frankfurt a. M.

Missonnier, S. (2009): *Devenir parent, naître humain.* Paris.

Piontelli, A. (1992): *From foetus to child – An observational and psychoanalytic study.* London.

Prechtl, H. F. R./Nolte, R. (1984): Motor behaviour in preterm infants. In: Prechtl, H. F. R. (Hrsg.): *Continuity of neural functions from prenatal to postnatal life.* Cambridge.

Prechtl, H. F. R. (1989): Fetal Behaviour. In: Hill, A./Volpe, J. (Hrsg.): *Fetal Neurology.* New York.

Rosenfeld, H. A. (1987): Afterthought: Changing theories and changing techniques in psychoanalysis. *Impasse and Interpretation.* London.

Salk, L. (1973): The role of the heartbeat in the relations between mother and infant. *Scientific American,* 228, 5, 24-29.

Sandler, J. (1960): The background of safety. *Int. J. Psycho-Anal.,* 41: 352-356.

Sandler, J./Joffe, W. (1969): Towards a basic psychoanalytic model. *Int. J. Psycho-Anal.,* 50: 79-90.

Spence, M. J./De Casper, A. J. (1987): Prenatal experience with low-frequency maternal-voice sounds influences neonatal perception of maternal voice samples. *Infant Behavior and Development,* 16: 133-142.

Spitz, R. A. (1959): La cavité primitive. *Revue française de psychanalyse,* XXIII, 2, 205-234.

Stern, D. N. (1985): *The interpersonal world of the infant.* New York. (1992): *Die Lebenserfahrung des Säuglings.* Übers. von W. Krege, bearbeitet von E. Vorspohl. Stuttgart.

Tomatis, A. (1981): *La nuit utérine.* Paris.

Trevarthen, C. (2005): First things first: Infants make good use of the sympathetic rhythm of imitation, without reason or language. *Journal of Child Psychotherapy,* 31, 1: 91-113.

Tustin, F. (1986): *Autistic Barriers in Neurotic Patients.* London. (2005): *Autistische Barrieren bei Neurotikern.* Veröffentlichungen des Klein Seminars Salzburg, Bd. 2. Übers. von K. O'Keefee. Frankfurt a. M.

Tustin, F. (1990): *The Protective Shell in Children and Adults.* London.

Björn Salomonsson

Die Musik des Containments: Wie spricht der Psychoanalytiker die Beteiligten einer Mutter-Baby-Psychotherapie an?[1]

Wie kann der Analytiker das Baby und seine Mutter in der Psychoanalyse ansprechen?

In diesem Beitrag untersuche ich, wie der Analytiker in Mutter-Baby-Behandlungen Kontakt zu den Beteiligten aufnimmt; dabei konzentriere ich mich in erster Linie auf einen Teilnehmer, den wir nicht konsequent und regelmäßig ansprechen, obwohl er uns häufig große Sorge bereitet, nämlich das Baby. Die Entscheidung, in welcher Situation der Analytiker sein Containment dem Säugling oder aber der Mutter anbieten soll, ist zwingend und schwierig zugleich. Um dies zu illustrieren, stelle ich zunächst Material aus einer Therapiesitzung der 23-jährigen Tina und ihrer drei Monate alten Tochter Frida vor. Die Sitzung wurde auf Video aufgezeichnet.

Die erste Vignette

Kurz nach Beginn der Sitzung erzählt mir Tina, dass Frida den ganzen Vormittag über unruhig gewesen sei. Tina hält Frida wie üblich auf dem Schoß, wahrt aber eine gewisse Distanz zu ihr. Frida schreit unaufhörlich. Ich rücke meinen Sessel näher an die beiden heran und blicke das Baby an.

Analytiker: Ach je, dich scheint innerlich etwas ganz Schlimmes umzutreiben!

---

[1] Zuerst erschienen als: »The music of containment: Addressing the participants in mother-infant psychoanalytic treatment«, *Infant Mental Health Journal*, 2011, © John Wiley and Sons. Mit freundlicher Genehmigung.

Frida schreit nach wie vor, das Gesicht der Brust ihrer Mutter zugewandt. Tina schaukelt sie heftig auf ihrem Schoß. Ihre Angst ist unverkennbar. Sie sucht Blickkontakt zu Frida, doch das Baby hört nicht auf zu schreien. Auch ich bemühe mich um Blickkontakt zu dem Mädchen und sage:

Analytiker: Du hast es wirklich schwer.
Frida blickt hinauf zur Zimmerdecke und dann zum Fenster hinaus. Sie blinzelt wiederholt, als wolle sie die Augen schließen.
Analytiker: Hallo, kleine Freundin, du schaust dir die Bäume da draußen an.
Ich schaue ebenfalls hinaus, während die Mutter mir einen raschen, hilflosen Blick zuwirft. Ich betrachte Frida und spreche ihr weiter zu. Sie hört nicht auf zu schreien. Tinas Bemühungen, sie zu beruhigen, sind vergebens.
Analytiker: Irgendetwas ist heute Morgen schiefgelaufen! Gestern ist deine Mama wütend auf mich gewesen, und dann wurdest du wütend auf sie, weil sie sich nicht auf dich einlassen konnte ... Wie sollst du ihr das verzeihen? Das ist wirklich schwierig. Die reinste Hölle!!
Die Mutter wird nachdenklich und ruhiger. Frida weint nach wie vor. Ich frage Tina:
Analytiker: Wie fühlt sich all das für die Mama an?
Mutter: Furchtbar!
Analytiker: Sie fühlen sich hilflos.
Mutter: Ja!

Psychoanalyse mit Mutter und Baby

Im Folgenden skizziere ich den klinischen Hintergrund und formuliere dann meine Fragen, wie wir Mütter und Säuglinge ansprechen können, um ihr psychisches Leid zu lindern. Weil die Antworten natürlich von unserer therapeutischen Methode abhängen, erläutere ich zunächst mein eigenes Verfahren. Manche Methoden fokussieren auf die Interaktionen zwischen der Mutter und ihrem Baby, um der Erwachsenen zu helfen, das Verhalten des Kindes zu verstehen und Formen des Zusammenseins zu finden. Ein Beispiel für einen solchen »Ansatzpunkt« (Stern, [1995] 1998) ist die Interaktionsanleitung (McDonough, 1995). Andere Methoden helfen der Mutter in Anwesenheit des Babys, die Einflüsse zu verstehen, die ihre eigene Vergangenheit auf die Beziehung in der Gegenwart ausübt. Ein klassisches Beispiel sind Fraibergs Verfahren (Fraiberg/Adelson /Shapiro, 1975) und seine Weiterentwicklungen (Lieberman/Silverman/Pawl, 2000; Lieberman/Van Horn, 2008) sowie die Genfer Methode (Cramer/Palacio Espasa, 1993). Andere Therapeuten, z. B. Dolto (1982, 1985), wenden sich direkt an das Baby.

In meiner Arbeit mit Tina und Frida benutzte ich eine Variante der von Norman (2001, 2004) entwickelten Methode. Wie alle Säuglingstherapeuten verstand auch er das Baby als intersubjektives Wesen, das schon in den ersten Momenten seines Lebens aktiv mit seinen primären Objekten in Beziehung tritt. Darüber hinaus hatte ihn die klinische Erfahrung davon überzeugt, dass das Baby das Containment durch den Analytiker sucht, wenn es sich seiner intensiven Aufmerksamkeit sicher sein kann. Infolgedessen lag ihm daran, eine Beziehung zum Baby herzustellen, um zu diesem Container zu werden. Seine Interventionen machten sich die Fähigkeit des Säuglings zunutze, bestimmte sprachliche Aspekte zu verarbeiten; dass Babys die lexikalischen Aspekte der Sprache nicht verstehen können, stand für Norman außer Frage.

Eine treffende Metapher dieser Methode ist meiner Ansicht nach Billie Hollidays Blues »Talk to me baby, tell me what's the matter now« (Salomonsson, 2007b). Der Titel des Songs erfasst auch den dringenden Wunsch des Analytikers, das Baby zu erreichen, und seine Überzeugung, dass es ihm sein Leid mitteilen kann und häufig auch mitteilen möchte. Ich habe die Ansicht vertreten, dass das Baby auf interaktive Signale oder Bedeutungseinheiten, die wir als Ikone und Indizes bezeichnen – und als solche von Wörtern als Symbolen zu unterscheiden haben –, reagiert und sie benutzt, um zu antworten (Salomonsson, 2007a).

Norman sprach von der Analytiker-Baby-»Übertragung« (2004: 1115), weil das Baby seiner Ansicht nach in seiner Beziehung zum Analytiker »infantile Vorbilder« oder Prototypen der Übertragung (Laplanche/Pontalis, [1967] 1973: 550) erlebt. Er nahm an, dass das Baby unter nicht containten und nicht verstoffwechselten Affekten leidet, die von den reiferen Anteilen der aufkeimenden Persönlichkeit nicht assimiliert werden können. So bleiben seine Wut, Panik, Verzweiflung und Hilflosigkeit unintegriert, und ihre sicht- und hörbaren Aspekte – Schreiattacken, Unruhe und Quengeln – werden auf die Eltern gerichtet. Wenn der Analytiker in der Behandlung die Affekte in Worte fasst, die diesen stürmischen Symptomen zugrunde liegen, um sie dem Baby zu erklären, zieht er sie gleichzeitig auf sich selbst. Auf diese Weise werden infantile Übertragungen, die manchmal vorübergehender Natur, gelegentlich aber auch ein wenig dauerhafter sind, geboren.

Ich selbst spreche von der »Übertragung des Babys« nur dann, wenn der Säugling bereits eine spezifischere Beziehung zum Analytiker entwickelt hat. Dies kann nach meiner Erfahrung nach einigen Wochen der gemeinsamen Arbeit der Fall sein, wie ein acht Monate altes, jammerndes Mädchen illustrierte, das ich ermunterte, an seinen qualvollen Gefühlen festzuhalten, um sie tatsächlich bewältigen zu können, und mit mir und seiner Mutter auf leichter verständliche Weise zu kommunizieren. Ich verstand die Veränderung von einem Zustand diffusen Unbehagens zu einem unmissverständlichen, wütenden, gegen mich gerichteten Gebrüll als Vorboten ihrer negativen Übertragung (Salomonsson, 2007b). Fridas Quengeln und Wimmern war hingegen keine Übertragungsmanifestation, denn sie weinte aus Gründen, die mit ihrer Mutterbeziehung zusammenhingen. Ich selbst war nur da, um teilzunehmen und um ihre Kommunikation auf mich einwirken zu lassen.

Norman entwickelte seine Methode nicht auf der Grundlage der Bindungstheorie, sondern ging von der klassischen Psychoanalyse und von Bion aus. Er behauptete zwar, mit der Mutter-Kind-Bindung zu arbeiten, zweifelte aber am Wert der Bindungs*theorie* für die Erklärung des Untersuchungsgegenstandes psychoanalytischer Behandlungen, nämlich der unbewussten Welt (vgl. die Diskussionen bei Fonagy, 2001; Zepf, 2006). Als entscheidenden Wirkmechanismus betrachtete er das Containment der Ängste seines Patienten – ungeachtet des Alters. Er brachte die Verstörung des Babys in die Sitzung ein, empfing seine Kommunikationen und verstand sie durch seine Reverie (Bion, 1962). Ebendieses Containment des Babys ermöglicht es laut Norman, »die Mutter-Säuglings-Dyade wiederherzustellen« (2001: 94). Norman kooperierte darüber hinaus mit der Mutter, »um diese darauf vorzubereiten, sich all dessen anzunehmen, was das Kind künftig an sie herantragen mag. Dass die Mutter mit dem Analytiker kooperiert und gleichzeitig das primäre Objekt sämtlicher Bedürfnisse des Kindes ist, fördert ihr positives Gefühl der Mutterschaft« (ebd.: 7). Eine positive Mutter-Kind-Bindung entsteht, so verstanden, auf indirekte Weise.

Meiner Erfahrung nach gerät der Wunsch der Mutter, selbst containt zu werden, häufig mit dem Wunsch des Babys nach Containment in Konflikt. Deshalb müssen wir sehr bewusst entscheiden, wann wir den Säugling und wann wir seine Mutter containen. Wenn das Containment der kindlichen Ängste der ausschlaggebende Wirkmechanismus ist, der zur Wiederherstellung der Dyade führt, interessiert mich zudem, wie sich Reverie und Alpha-Funktion (Bion,

1962) bei solch jungen Patienten aktualisieren. Um dieser Frage nachzugehen und um zu beschreiben, was zwischen Baby und Analytiker geschieht, arbeite ich mit dem Konzept der »kommunikativen Musikalität« (Trevarthen, 2001).

Hintergrund

Ich hatte Tina acht Monate zuvor kennengelernt, als sie wegen der Ausläufer einer turbulenten und verlängerten Adoleszenz um Hilfe nachsuchte. Damals war sie im fünften Monat schwanger und kam mit dem Vater des Kindes nicht gut aus. Wir nahmen unverzüglich eine zweistündige Psychotherapie auf, um ihre Schwierigkeiten mit der Affektregulation zu bearbeiten; manchmal überkamen sie ganz plötzlich Schamgefühle, sie fühlte sich unbeholfen und fand keine Worte, um ihre innere Situation zu beschreiben oder um auf die äußere einzuwirken. Die gleichen Schwierigkeiten bereiteten ihr Wutgefühle und Traurigkeit, Zufriedenheit und Stolz. Nach viermonatiger Therapie kam Frida zur Welt. Die Entbindung verlief komplikationslos. Mit dem Kindsvater konnte sich Tina nicht einigen, bei ihren Angehörigen aber fand sie zuverlässige Unterstützung. Sie stillte das Baby und nahm die Therapie schon bald wieder auf.

Unsere Ausgangssituation sah also nicht so aus, dass eine Mutter wegen ihres Babys Hilfe suchte; vielmehr hatte sich eine Schwangere mit persönlichen Problemen, vor denen sie ihr Kind bewahren wollte, an mich gewandt. Bis zu der Sitzung, die ich hier vorstellen möchte, hatte ich Frida nur selten angesprochen. Sie lag zumeist friedlich im Arm ihrer Mutter. Als sie aber zwei Monate alt geworden war, begann Tina, sich über ihr unzufriedenes Quengeln zu beklagen, das meines Erachtens mit Tinas eigener problematischer Affektregulation zusammenhing. Tina wurde von ihren Gefühlen häufig geradezu überschwemmt, z. B. wenn sie über ihre Zukunft oder ihre Familie sprach. Ganz plötzlich lief sie rot an, die Stimme versagte ihr und Tränen strömten die Wangen hinunter. In solchen Momenten konnte sie Frida nicht in die Augen sehen und war außerstande, zu erklären, was in ihr vorging – und Frida schien bereits erste negative Reaktionen darauf zu zeigen. Ich hatte begonnen, Tina darauf hinzuweisen, doch bislang hatte ich keine unmittelbaren Zusammenhänge zwischen ihrer affektbedingten Gesichtsrötung und Fridas Unruhe beobachten können. Mithin hatte ich kaum Gelegenheit gefunden, die Kleine darauf anzusprechen, wie sie auf ihre Mutter reagierte.

Zu Beginn der soeben geschilderten Sitzung hatte Tina unter Aufbietung all ihres Mutes gesagt, dass ich sie in der Sitzung am Vortag auf ein mögliches Klingeln des Telefons hätte vorbereiten müssen. Der Hintergrund war folgender: Ich hatte einen wichtigen Anruf erwartet und zum ersten Mal in meinem Berufsleben das Handy während einer Behandlungsstunde nicht ausgeschaltet. Es klingelte zwanzig Minuten nach Beginn der Sitzung. Ich entschuldigte mich bei Tina und ließ die beiden fünf Minuten allein. Als ich zurückkehrte, gab Tina mir andeutungsweise zu verstehen, dass sie sich zurückgesetzt fühlte. Ihr fiel es leichter, ihre Traurigkeit in Worte zu fassen, als ihre Wut zu äußern – zu der ich ihr, wie ich ihr ausdrücklich bestätigte, allen Grund gegeben hatte, indem ich den therapeutischen Rahmen verletzte.

Als Tina auf das Klingeln des Telefons zu sprechen kam, wirkte sie ängstlich und befangen. Am liebsten wäre sie fortgelaufen, sagte sie und berichtete dann, dass Frida den ganzen Vormittag über geweint habe. Ich nahm ihre Kritik respektvoll an und erwiderte, dass ich ihren Ärger nachvollziehen könne. Ich dachte auch über Fridas Unruhe nach und fragte mich im Stillen, ob sich das Baby im Stich gelassen fühlte, weil Tina so wütend auf mich war, dass sie an kaum etwas anderes denken konnte.

Als Frida nun vor unser beider Augen zu weinen begann, beschloss ich, sie direkt anzusprechen. Ich wollte »jene Teile ihrer inneren Welt, die vom Containment ausgeschlossen waren, miteinbeziehen« (Norman, 2001: 83), indem ich ihr intensives Affekterleben vom Vormittag in Worte fasste. Ich sagte zu ihr: »Deine Mami hat sich gestern über mich geärgert, und nun ärgerst du dich über die Mami, weil sie sich nicht richtig um dich gekümmert hat.« Ich sprach also das unzuverlässige Containment an, das beide hatten erleiden müssen, und formulierte es als ein Problem mit Fridas unverarbeiteten Affekten: »Irgendetwas treibt dich innerlich um.« Und schließlich verwies ich auf die Urheberschaft des Babys (Stern, 1985), indem ich thematisierte, wie Frida mit ihrem Groll und ihrer Verzweiflung umging. Eine Verbindung zu meiner Einfühlung in ihr Leid herstellend, sagte ich: »Wie kannst du Mami verzeihen? Oh je, das war wirklich schlimm für dich.«

Was verstand Frida von Interventionen wie »Irgendetwas treibt dich innerlich um«? Verhielt es sich nicht in Wirklichkeit so, dass ich über Frida zu ihrer Mutter sprach? Und wenn es tatsächlich Frida war, an die ich appellierte – »Sprich mit mir, Baby ...« –: Waren tatsächlich meine verbalen Äußerungen von Einfluss oder nicht doch etwas anderes? Wie aber könnten wir dieses »Andere« konzeptualisieren, und wie machte es seinen Einfluss geltend? Kurz: *Wen und was spricht der Psychoanalytiker in der Mutter-Baby-Therapie auf welche Weise an?*

Wen und was spricht der Psychoanalytiker in der Mutter-Baby-Therapie auf welche Weise an?

Um diesen Fragen nachzugehen, bemühe ich die Musik als Hilfsdisziplin. Die parallele Situation, die zwischen den Mitgliedern eines Trios und den drei Beteiligten einer Mutter-Baby-Therapie besteht, beeindruckt mich stets aufs Neue. Was würde passieren, wenn zwei der Musiker nicht auf den dritten hörten, sondern sich ausschließlich mit ihren eigenen Phrasen beschäftigten? Gut möglich, dass der allein gelassene Musiker wütend wird und verzweifelt. Ich frage mich, ob ebendiese Situation nicht vielleicht ein ständiges Risiko in Mutter-Baby-Behandlungen illustriert, nämlich die Gefahr, den Säugling zu übergehen. Mir fällt dazu nur eine Antwort ein: Wenn wir eine Mutter bitten, ihre Sorgen um ihr Baby in Worte zu fassen, könnte das Baby womöglich ein Gefühl empfinden, das sich in die Worte: »Ja, und was ist mir MIR? Ich bin doch auch ein Teil dieses Trios!«, fassen lässt.

Nach meiner Erfahrung neigen wir häufig dazu, das Baby zu übergehen. Fallvorstellungen und Videoaufnahmen belegen, dass wir lediglich behaupten, unsere Aufmerksamkeit zwischen der Mutter und dem Baby aufzuteilen. Die Wirklichkeit sieht anders aus: Mutter und Therapeut sprechen *über* das Baby, dessen Aktivitäten relativ unbeachtet bleiben, solange es nicht weint oder das Gesicht verzieht. Erst dann werden die Erwachsenen »wach«, wenden sich ihm zu und sprechen sogar eine Weile *mit* ihm.

Der Therapeut hat zahlreiche Gründe, das Baby zu übergehen. Die beiden im Zimmer anwesenden Erwachsenen sprechen dieselbe Sprache und haben weniger Schwierigkeiten, einander zu verstehen. Zweitens sind die Kommunikationen eines verzweifelten Babys quälend anzuhören. Und schließlich wird durch diese Verzweiflung auch die eigene infantile Hilflosigkeit des Analytikers aktiviert. Zusammengenommen sind diese Faktoren für die Intensität unserer Gegenübertragung verantwortlich. Der Analytiker reagiert auf das Miteinander mit einem Wesen, das so unbegreiflich erscheint und dessen Entwicklungsstand seinem eigenen so fern, seinem infantilen Selbst aber so nah ist. Dass wir über die Kommunikationsfähigkeiten des Säuglings immer mehr in Erfahrung bringen, ändert also nichts daran, dass wir mitunter vergessen, das Baby in die klinische Situation miteinzubeziehen.

Was die Musikmetapher anlangt, so könnte man einwenden: »Ihre Metapher illustriert vielleicht die klinischen Interaktionen. Natürlich dürfen Sie Frida nicht vernachlässigen, und selbstverständlich müssen Sie auch mit ihr sprechen! Aber das ist doch kein Grund anzunehmen, dass die Kleine sie versteht.« Meine Antwort darauf besteht darin, die Metapher noch einen Schritt weiterzuführen. Wer spielt in einem Trio mit wem? Die Phrase des einen Musikers ist vielleicht ein Echo auf die des zweiten und weist gleichzeitig auf eine Phrase des dritten voraus. Wen spricht unser Musiker also an? Ganz offensichtlich beide Mitspieler, wenngleich er sich mit je unterschiedlichen Botschaften an sie wendet.

In ähnlicher Weise hatte meine an Frida gerichtete Botschaft: »Mami hat sich über mich geärgert, und nun ärgerst du dich über Mami«, zwei Empfänger und mehrere Bedeutungsschichten. Auf der verbalen Ebene teilte sie Tina mit, dass ihre Tochter auf Veränderungen reagierte, die sich in ihr, der Mutter, vollzogen, weil sie wütend auf mich war. Diese Ebene ist freilich für Frida genauso unverständlich wie eine Partitur für einen Menschen, der keine Noten lesen kann. Gleichwohl kann dieser Mensch Musik in dem Sinn »verstehen«, dass sie ihn erfreut, er vielleicht sogar selbst musiziert und emotional von Musik berührt wird. Genauso versteht Frida meiner Überzeugung nach andere Ebenen meiner an sie gerichteten Ansprache, und ich ließe einen Teil meines therapeutischen Rüstzeugs ungenutzt, wollte ich auf diese Art der Ansprache verzichten. Im Folgenden untersuche ich die Art und Weise, wie ich mich an das Baby wandte und wie wir uns Fridas Verständnis vorstellen können.

Die Musikalität des Säuglings

Ich verwende die grammatikalische Form der 2. Person – »Du ärgerst dich über Mami« –, weil ich einen persönlichen Kontakt zu Frida herstellen möchte. Diese Anrede lediglich als »Wörter« zu bezeichnen, würde aber der Komplexität meiner Äußerung nicht gerecht. Die Komplexität stimmlicher Äußerungen entsteht nämlich dadurch, dass unsere Vokalisierungen einen charakteristischen

Rhythmus aufweisen, eine Melodie mit Höhen und Tiefen und einen Klang, der warm sein kann, hart, barsch oder freundlich. Darüber hinaus kommen Piano und Forte ins Spiel, Crescendo und Diminuendo, Accelerando und Ritardando. Gleichermaßen von Belang sind Mimik, Gestik und Körperbewegungen. Trevarthen und Aitken schreiben, dass die Interaktion des Babys mit seiner Mutter von einer »kommunikativen Musikalität« in Gang gehalten wird. Das Baby fühlt sich »hingezogen zu den emotionalen Narrativen, die ihm die menschliche Stimme erzählt«, und nimmt voller Erregung »teil an einer gemeinsamen Performance mit gemeinsamem Takt, gemeinsamen Phrasierungen und einer gemeinsamen expressiven Entwicklung« (2001: 12). Meiner Meinung nach steht dieses Konzept im Einklang mit der psychoanalytischen Vermutung, dass der Säugling mit »einer rudimentären Alpha-Funktion« zur Welt kommt, »die es ihm ermöglicht, prä-lexikalische Kommunikationen zu generieren und prosodische lexikalische Kommunikationen der Mutter aufzunehmen« (Grotstein, 2008: 45). Diesem Austausch liegt nach meiner Ansicht die kommunikative Musikalität zugrunde, die zwischen Mutter und Baby eine Brücke schlägt.

Die Musikalität zwischen Säugling und Analytiker darf uns nicht vergessen machen, dass auch die Mutter Raum und Aufmerksamkeit braucht, um ihr Unbehagen oder ihre Sorgen äußern zu können. Doch wenn sie und ihr Kind sich nicht »intensiv in die Motivationszustände des Anderen einfühlen« können (Trevarthen/Aitken, 2001: 6), so wie es bei Frida und Tina der Fall war, kann die Kontaktaufnahme des Analytikers mit einem Säugling, der sich in höchster Verzweiflung befindet, durchschlagende Folgen haben. Der Analytiker kann die Panik des Babys direkt und die Verzweiflung der Mutter indirekt containen. Dies verschafft der Mutter eine Pause, sozusagen einen Moment der Ruhe inmitten des Sturms, in dem der Analytiker die Panik des Babys in sich aufnimmt und erklärend beschreibt.

Musikmetaphern wurden zur Beschreibung von Mutter-Baby-Interaktionen immer wieder herangezogen. Laut Daniel Stern wird das auftauchende Selbst des Neugeborenen als »Formen, Intensitätsgrade und Zeitmuster« ([1985] 2007: 80) repräsentiert. Dieses Selbst taucht quasi als Treibholz der rhythmischen Gezeitenströme des neonatalen Affektlebens auf. In ähnlicher Weise beschreibt Stern auch die Vitalitätsaffekte mit Hilfe musikalischer Begriffe und belegt empirisch, dass Säuglinge zeitliche Interaktionsmuster identifizieren können. Mütter wiederum achten intuitiv darauf, dem Säugling »die zeitliche Struktur ihres Verhaltens besonders deutlich zu demonstrieren« (ebd.: 125). Indem die Mutter dem Baby etwas vorsingt, es angurrt oder durch den Fluss ihrer Worte auf das Kind einwirkt, macht sie es mit ihrer zeitlichen Struktur bekannt und lädt es ein, mitzutun. Ich behaupte, dass ich mich, als ich mit Frida sprach, ähnlich verhielt, und werde dies sogleich näher erläutern.

Ruth Feldman (2007) hält die Zeit ebenfalls für einen zentralen Aspekt der Emotionen. Sie betont vor allem die Synchronizität der Mutter-Säugling-Interaktionen. Die »klare zeitliche Struktur« (S. 333) dieses Kammerduetts konstituiert laut Feldman nicht mehr und nicht weniger als unsere ersten Objektbeziehungen oder -bindungen (Fleming/O'Day/Kraemer, 1999). Ganz ähnlich nahmen auch Beebe et al. (2000) an, dass Timing und Rhythmus nicht allein das Sprechen, sondern unser gesamtes Kommunikations- und Verhaltensrepertoire organisieren. Sämtliche Interaktionsmodalitäten werden durch ihre kinesischen Merkmale synchronisiert. Blick, Berückung, Atmung und Worte wirken rhythmisch zusammen.

Wir wissen, dass die interaktive Synchronizität »durch Risikoumstände, die ihren Ursprung sowohl in der Mutter als auch im Kind haben, beeinträchtigt werden kann« (Feldman, 2007: 340). Zu solchen Risiken zählt beispielsweise die postpartale Depression (Field et al., 1988; Field, 2002; Murray/Cooper, 1997; Reck et al., 2004; Weinberg/Tronick, 1998). Tina ist nicht depressiv, geriet aber nach dem Zwischenfall mit meinem Handy in einen akuten depressiven Zustand; ihr Selbstwertgefühl brach zusammen, als sie ihren Zorn auf mich nicht äußern konnte. Dies hatte zur Folge, dass sich zwischen ihr und Frida eine Ereignissequenz entfaltete, wie sie als typisch für depressive Mütter und ihre Babys beschrieben wird: Abbruch des Blickkontakts durch die Mutter, Blickvermeidung seitens des Säuglings, Affektdämpfung und Reizbarkeit, so dass »ein Kreislauf der wechselseitigen Distanzierung mit flachem Affekt und ohne affektive Gemeinsamkeit« (Feldman, 2007: 345) in Gang gesetzt wird. Betrachten wir nun, wie sich die Sitzung weiter entwickelte.

Die zweite Vignette

Nachdem Tina bekannt hat, dass sie sich völlig hilflos fühlte, als Frida nicht aufhörte zu schreien, sprechen wir über ihr Gefühl der Ohnmacht mir gegenüber (das Telefonklingeln) und gegenüber Männern im Allgemeinen. Als Klein-Frida plötzlich lauthals zu brüllen beginnt, wird mir bewusst, dass sie meiner Aufmerksamkeit entglitten ist. Sie sitzt nach wie vor auf Tinas Schoß und hat die Möglichkeit, uns beide anzusehen.

Analytiker (zu Frida): Ja, wir sollten auch über dich sprechen, nicht wahr?
Mutter: Hmm ...
Analytiker: Wenn wir all dies richtig verstehen, dann läuft für Euch beide einiges schief. Doch vielleicht gibt es noch eine andere Erklärung, vielleicht sitzt dir ein Pups quer, oder du musst ein großes Geschäft machen!
Während ich dies sage, kratze ich mich nervös am Kopf. Das Mädchen blickt rechts an mir vorbei und lenkt den Blick dann wieder auf meinen Oberkörper. Ich spüre, dass Frida irgendwie versucht, Kontakt zu mir aufzunehmen.
Analytiker: Hallo, Kleine, das war alles sehr schwierig für dich!
Das Mädchen blickt zwischen seiner Mutter und mir hindurch.
Analytiker: Und all das treibt dich innerlich um!
Mutter (blickt mich vertrauensvoll an): Sie meinen, diese Dinge hängen zusammen – das Körperliche und das Psychische ...?
Analytiker: Was halten Sie von der Vorstellung?
Mutter: Ich bin überzeugt, dass es so ist.
Analytiker: Hm ... Gestern waren Sie wütend auf mich. Vielleicht hat Ihre Wut Ihnen auch Angst gemacht.
Die Mutter nickt und wiegt weiterhin das Mädchen in ihrem Schoß. Die Kleine wirkt nun ein wenig zufriedener.
Analytiker: Sie haben gedacht: »Wie kann ich es ihm gegenüber ansprechen und ihm sagen, dass er anders mit seinem Handy umgehen soll?«
Mutter: Ja!
Das Mädchen ist nach wie vor still.
Analytiker: Deshalb waren Sie für Frida nicht mehr da (ich zeige mit meiner rechten Hand in den Raum zwischen den beiden).
Mutter: Gestern, ja.
Analytiker (zu dem Mädchen): Gestern war Mami nicht für dich da, Frida.
Das Mädchen schließt die Augen ein wenig und wirkt nun recht zufrieden.
Analytiker: Ach je, du bist aber müde. Aber weißt du was, Kleine: Du bist auch für deine Mami nicht mehr da, denn du hast ihr vorhin nicht in die Augen gesehen. Das war so, als wolltest du dich an deiner Mami rächen. Ich könnte es durchaus verstehen. Es ist genauso wie gestern, als deine Mami mir nicht in die Augen schaute. Ich musste sie fragen: »Hallo, Tina, warum sagen Sie nichts, ist da jemand?«
Das Mädchen ist ruhig, und sein Blick ist klarer. Es schaut still aus dem Fenster.

Analytiker: Mami hat dich gerade hochgehoben, aber ich habe gesehen, dass du weggeschaut hast. Und gestern haben Sie, Mami, zuhause gesessen und den Blick von Frida abgewendet und über sich selbst und mich nachgedacht. Und dann hast du, Frida, nicht zu deiner Mami hingeschaut. Dann hast du angefangen zu weinen, und jetzt bist du so müde.
Ich nicke langsam mit dem Kopf, und meine spontane Imitation von Fridas Müdigkeit weckt die Aufmerksamkeit der Kleinen. Die Mutter lächelt ihr zu. Das Mädchen wendet den Blick erneut ganz leicht von mir ab.
Analytiker: Vielleicht kannst du deiner Mami bis morgen früh verzeihen. Vielleicht in einem Traum. Schließlich ist Mami die Beste!
Die Mutter schaut liebevoll auf Frida, die sie kaum merklich anlächelt.
Analytiker: Mir scheint, als wärest du schon drauf und dran, Mami zu verzeihen.
Nun schenkt das Mädchen mir zum ersten Mal ein Lächeln und blickt mir dabei in die Augen.
Analytiker: Oh, Frida, was für ein Lächeln. Man ist restlos verzaubert!
Sie lächelt noch einen Moment lang und beginnt dann wieder zu weinen.
Analytiker: Aha, die schlimme Sache kommt zurück: »Dumme, dumme Mami! Beim nächsten Mal musst du mir Bescheid sagen, wenn es dir nicht gut geht, damit ich mich darauf einstellen kann.« Aber weißt Du, Mami kann es dir nicht im Voraus sagen, sie ist auch nur ein Mensch.

Emotionen und Motionen im analytischen Diskurs

Warum beruhigte sich Frida? Müdigkeit kann nicht der Grund gewesen sein, denn sie blieb die gesamte Sitzung über wach. Ich behaupte, dass ich »etwas« mit ihr machte, das ihr in Verbindung mit der Anwesenheit ihrer Mutter half, sich zu beruhigen. Um dieses »Etwas« zu verstehen, bemühe ich abermals meine Musikmetapher und stelle folgende These auf: Die Sprache der Musik und die Sprache der Affekte sind miteinander verwandt, und diese Verwandtschaft kann als wertvolles Instrument der Mutter-Säugling-Therapie genutzt werden.

Die Verbindung zwischen diesen Kommunikationsformen ist der *menschliche Körper* – der Körper, so wie wir ihn spüren und ihn, vor allem in hochaffektiven Zuständen, bewegen. In ihm vereinen sich die Welt der Affekte und die Welt der Musik. Wenn wir intensive Affekte entwickeln, nehmen wir unsere Körperbewegungen *mitsamt* den damit einhergehenden Emotionen wahr.

Weil sowohl unsere koenästhetische (Spitz, 1965) als auch die akustische Wahrnehmung auf Schwingungsphänomene reagieren, gehen beide nahtlos ineinander über. Wenn wir Musik *hören*, nehmen wir sie gleichzeitig als Schwingungen und gestische affektive Motionen wahr. Somit porträtiert die Musik Affekte, indem sie ihre körperlichen Ausdrucksweisen analog imitiert (Salomonsson, 1989). Kurz, wir haben den Eindruck, dass die Musik ähnlich *klingt,* wie unsere Emotionen sich in unserem Körper *anfühlen*. Die ansteigenden und abfallenden Klangwellen, Piano und Forte, Härte und Sanftheit, Legato und Staccato entsprechen ähnlichen Affektwellen unseres psychosomatischen Seins. Mithin illustriert die Musik eine der von Freud (1916-17) erläuterten Affektkomponenten, nämlich die motorische Abfuhr.

Tanz und Musik stehen, so Stern ([1985] 2007), exemplarisch für die Ausdrucksfähigkeit oder Expressivität der Vitalitätsaffekte (86), deren Eigenschaften wir am besten mit dynamischen, kinetischen Begriffen beschreiben können, d. h., mit Begriffen wie »aufwallend«, »verblassend«, »flüchtig«, »explosiv«, »anschwellend« etc. (ebd.: 83). Hier klingt auch Susanne Langers ([1942] 1987) Verständnis der formalen Eigentümlichkeiten unseres inneren Lebens wieder an, »die denen der Musik gleichen – Muster von Ruhe und Bewegung, Spannung und Entspannung, Übereinstimmung und Unstimmigkeit, Vorbereitung, Erfüllung, Erregung, plötzlichem Wechsel usw.« (225).

Meiner Ansicht nach helfen uns diese Verbindungen zwischen der Musik und den Affekten zu verstehen, welche Mechanismen in der therapeutischen Arbeit mit Säuglingen wirksam werden. Der Analytiker ist »musikalisch«, wenn er einen Jauchzer von einem Schmerzensschrei unterscheidet oder erkennt, ob das Baby aus purer Lebensfreude die Arme zur Seite wirft oder weil ihm ein Schreck in die Glieder gefahren ist. In vergleichbarer Weise liest er den Worten, den Seufzern, dem Stirnrunzeln und den Körperbewegungen der Mutter ab, ob sie panische Angst oder Schamgefühle empfindet oder Feindseligkeit, Liebe oder Schuldgefühle verspürt. Der »musikalische« Analytiker versteht *E-motionen,* er versteht, wie sich Affekte – sein eigenes emotionales Repertoire inbegriffen – in die visuelle, akustische und propriozeptive Modalität übersetzen.

Als Beispiel möchte ich die Situation betrachten, in der ich Fridas Rachegefühle erläuterte: »Du hast dich an deiner Mami gerächt.« Frida wird durch meine Deutung nicht etwa beeinflusst, weil sie deren diskursiven (Langer, 1942) Inhalt verstünde. Damit wären ihre Fähigkeiten weit überfordert. Ich bin vielmehr der Meinung, dass die Intervention durch eine nicht-diskursive Sprache der Gefühle, die parallel zu meinen Worten vernehmbar wird, eine Wirkung entfaltet. Und diese Parallelität entsteht durch die meiner Intervention inhärente Koordination des »Timings [...], der Rahmung und der Melodie, die den verbalen Inhalt tragen« (Beebe et al., 2000: 101).

Die in meiner Intervention mitklingende Musik des Containments hält Frida wie in einem »Klangbett« zusammen. Die Intervention beruhigt sie, nicht weil die Worte zutreffend wären, sondern weil ihre Ausdrucksformen immer koordinierter werden, je gründlicher ich meine Gegenübertragung durcharbeite. Je besser ich Fridas verzweifelte Lage verstehe, desto genauer sind mein Sprechen und mein Verhalten aufeinander abgestimmt. Ich bin der Ansicht, dass Frida diesen Prozess in mir beobachtet und dadurch nach und nach in die Lage versetzt wird, primitive innere Bedeutungsmuster zu erzeugen. Vergleichen wir dies einmal mit der Situation, in der ich befürchte, dass das Baby womöglich Bauchweh hat, und mich am Kopf kratze. Weil meine Unsicherheit und Sorge wahrscheinlich in meine Intervention einfließen, kann sie dem Kind kaum helfen. Doch als ich mir meiner Sache sicherer werde und zu spüren glaube, was in Frida vorgeht, lassen die verbale, die indexikalische und die ikonische Ebene meiner Kommunikation eine einheitliche, containende *Gestalt* entstehen. Frida beginnt, etwas von ihrer »namenlosen Angst« (Bion) zu begreifen, indem sie innere Signale erfasst, die ihr Denken unterstützen. Vielleicht können wir das, was in ihr vorgeht, bei aller gebotenen Zurückhaltung wie folgt formulieren: »Dieser Mann interessiert sich für mich. Die Situation macht jetzt weniger Angst. Die Verwirrung lässt nach. Er scheint überzeugt zu sein, dass man unbegreifliche Dinge begreifen kann. Das erleichtert mich.«

Was könnte Frida daran hindern oder es ihr erschweren, eine Bedeutung in meinen Interventionen zu erkennen? Wir wissen, dass viele Babys unleidlich auf Botschaften Erwachsener reagieren, die durch eine technische Manipulation von einem Moment zum nächsten für den semiotischen Austausch unbrauchbar gemacht werden. Ich denke beispielsweise an ein Experiment, in dem Säuglinge über einen Fernsehbildschirm mit ihrer Mutter kommunizieren; sobald die Synchronizität zwischen dem Gesichtsausdruck der Mutter und ihren Worten unterbrochen wird, bringen die Babys ihr Unbehagen deutlich zum Ausdruck. Solche Experimente beweisen, dass »2 Monate alte Babys hochsensibel auf das Timing und die Emotion der kommunikativen Äußerungen der Mutter reagieren« (Trevarthen/Aitken, 2001: 9).

Wenn zwischen den Worten des Analytikers und seinen nonverbalen Äußerungen keine Passung besteht, könnte auch diese Unstimmigkeit das Baby verwirren und in Unruhe versetzen. Solche Momente tauchen auf, wenn unsere bewusste Entscheidung, uns deutlich zu äußern, mit unbewussten Faktoren kollidiert, die in die andere Richtung drängen: Unsere Worte sagen etwas anderes als unser Körper. So verhielt es sich, als ich über mögliche Verdauungsprobleme sprach und mich dabei am Kopf kratzte. Meine Worte bedeuteten: »Es ist nichts Schlimmes«, doch meine Geste brachte zum Ausdruck: »Oh je, was passiert, wenn ich ein echtes medizinisches Problem übersehe!« Solche unbewältigten Gegenübertragungsschwierigkeiten können Angst, Zuneigung und übermäßige Zärtlichkeit in unsere Ansprache an das Baby einfließen lassen. Wir können lediglich hoffen, »etwas zu sagen, das zumindest für den Moment wahr zu sein scheint, und dies zu formulieren kann dem Analytiker manchmal schwerfallen« (Norman, 2001: 96).

Stern (2008) betont, dass »Säuglinge ihr Leben damit verbringen, die Intentionen zu beobachten, die sich hinter Aktivitäten verbergen, und nicht die Aktivität an sich« (182). Rochat (2007) erklärt, dass »intentionale Handlungen etwa zwei Monate nach der Geburt auftauchen […] Der Mechanismus, der diese Entwicklung ermöglicht, ist die einzigartige Reziprozität und Intentionalität, die unsere menschliche Kommunikation charakterisiert« (9). Gleichwohl ist es für den Säugling nicht einfach, *unbewusste* Intentionen der Anderen zu entdecken. An jenem Vormittag konnte Frida die bewussten Absichten ihrer Mutter (das Baby zu trösten) nicht von den unbewussten (sich mit mir auseinanderzusetzen) unterscheiden. Dies verwandelte die Botschaft der Mutter in ein unverständliches Durcheinander (Tronick, 2005), das Frida in Angst und Verzweiflung versetzte. Umgekehrt konnte ich ihr aus diesem Zustand heraushelfen, indem ich das Chaos ein wenig ordnete.

Der Fähigkeit des Kindes, in den Interventionen des Analytikers Bedeutungen zu erkennen, steht noch ein weiteres Hindernis entgegen, für das ebenfalls divergente bewusste und unbewusste Strebungen verantwortlich sind. Diese Strebungen aber sind im Erwachsenen *und* im Kind aktiv, so dass sich die dynamische Situation von der oben beschriebenen unterscheidet. Ich beziehe mich hier auf die Tatsache, dass unsere Botschaften für das Kind unvermeidlich »rätselhaft und sexuell« (Laplanche, 1997: 661) sind, erfüllt von Konnotationen, die über den gewöhnlichen Sprachgebrauch und über unser bewusstes Gewahrsein hinausreichen. Dies macht unsere Kommunikation mit dem Kind »für den Empfänger und ihren Sender gleichermaßen undurchsichtig« (Laplanche, 1995: 665). Verantwortlich für diese »anthropologische Grundsituation« ist die Asymmetrie zwischen der erwachsenen und der kindlichen Sexualität (Laplanche, 2007: 99). Als ich beispielsweise zu der lächelnden Frida sage: »Man ist restlos verzaubert!«, bringe ich spontan meine Freude an unserem plötzlichen, warmherzigen Kontakt zum Ausdruck. Das Wort »verzaubert« konnotiert jedoch, wenngleich mir nicht bewusst, ihre aufkeimende Sexualität. Diese Unterströmung wird nie vollständig bewusst – weder Frida noch mir.

Ein weiteres Beispiel für die Kompromittierung der Situation – diesmal der Situation zweier Erwachsener – durch die unbewusste Sexualität ist Tinas Wut auf mich. In ihre Enttäuschung über mich floss auch eine Vaterübertragung ein. Sie hegte Gedanken wie: »Dieser Mann ist nicht so sympathisch, wie ich zunächst dachte.« Oder: »Männern ist nicht zu trauern!« Oder: »Mein Vater tut so, als wäre er freundlich zu mir, aber in Wirklichkeit walzt er mich platt.« Unbewusst war sie eine enttäuschte Liebende, und dieses Gefühl beeinträchtigte auch ihre Fähigkeit, Frida zu containen. Dem kleinen Mädchen blieb diese sexuelle Unterströmung in ihrer Mutter ebenso rätselhaft wie die sexuelle Konnotation meiner Bemerkung: »Man ist restlos verzaubert!«

Das Baby ansprechen – die Mutter ansprechen

Wann und wie der Analytiker intervenieren sollte, ist immer eine schwierige Frage. Dies gilt umso mehr, wenn uns zwei verzweifelte Menschen in unserem Behandlungszimmer aufsuchen. Wann sollen wir uns dem Baby zuwenden und wann seiner Mutter? Stern (2008) erläutert, dass der therapeutische Prozess mit steigender Teilnehmerzahl an Linearität und Vorhersagbarkeit einbüßt. Das, was im Prozess geschieht, »wird auf spontanere Weise ko-kreiert, sehr ungenau, voller Fehler und Reparaturen und plötzlicher Richtungswechsel« (180). Meiner Ansicht nach haben Fehler und Ungenauigkeit weniger mit der steigenden Zahl der Teilnehmer zu tun als damit, dass sich der Therapeut selbst weit intensiver einlässt, wenn er das Sitzungsgeschehen als Vorgänge in einem Feld (Ferro, 1999; Meltzer, 1986) begreift, zu deren Entwicklung er selbst wie auch sein Patient/seine Patienten beitragen. Ich nehme an, dass jeder Therapeut den Konflikt kennt, ob er sich auf die Interaktion oder auf die innere Welt

Die Musik des Containments

der Patientin konzentrieren soll. Wenn das Klima zwischen mir und der Patientin durch Affekte und Aktionen aufgeheizt wird, die keiner von uns beiden anerkennen möchte, neige ich wahrscheinlich dazu, nicht länger über uns, sondern stattdessen über sie zu sprechen. Wenn es mir hingegen schwerfällt, sie zu verstehen, stelle ich mir eher die Frage, wie wir interagieren, und lenke meine Aufmerksamkeit, die sich bislang vorwiegend auf die Patientin konzentrierte, auf uns beide.

Bezüglich der Frage, ob die Mutter oder das Baby der Adressat sein sollte, ist zu bedenken, dass der Analytiker womöglich das Vertrauen der Mutter – und die Therapie – verspielt, wenn er sich allzu sehr auf das Baby konzentriert. Konzentriert er sich hingegen fast ausschließlich auf die Mutter, läuft er Gefahr, das Baby zu verlieren, dessen Ängste kein Containment finden. Ein Behandlungsabbruch kann die Folge sein. Statt jedoch normativ festzulegen, wann welcher Teilnehmer anzusprechen ist, möchte ich die jeweiligen Vor- und Nachteile erläutern. Direkt zu dem Säugling zu sprechen ist nur dann sinnvoll, wenn die Mutter unsere Gründe dafür verstanden hat. Andernfalls könnte sie unsere an das Baby gerichteten Interventionen für »faulen Zauber« oder Humbug halten und verärgert oder gekränkt reagieren. Tina und ich arbeiteten bereits seit längerem miteinander. Ihr Arbeitsbündnis hatte dem Test, auf die ihre negative Übertragung es stellte, wiederholt standgehalten. In den Anfangsphasen einer Behandlung aber versuche ich einzuschätzen, ob die Mutter verstehen kann, was ich im Sinn habe, wenn ich mich an ihr Baby wende. Wenn es ihr nicht einleuchtet, hilft mitunter eine Erklärung, doch wir sollten uns hüten, deren pädagogische Wirkung zu überschätzen. Alternativ warte ich ab, bis das Baby deutlich zeigt, dass es die emotionale Kommunikation versteht. Einmal sagte mir eine Mutter: »Jetzt begreife ich, dass Jim eine PERSON ist!« Nicht ohne Verlegenheit fuhr sie fort: »Als Mädchen habe ich meine Hündin geliebt. Ich habe jede ihrer Launen und Stimmungen verstanden. Jetzt wird mir klar, dass es mit Jim ganz ähnlich ist. Sein Gesicht und seine Gestik sagen mir mittlerweile viel mehr als früher.«

Umgekehrt gibt es Situationen, in denen wir uns auf die Mutter konzentrieren müssen. Wenn sie nicht emotional bei uns ist, von ihren eigenen Problemen niedergedrückt wird oder sich durch unsere Fokussierung auf das Baby ausgeschlossen fühlt, müssen wir uns ihr zuwenden. Ihre Einforderung unserer Aufmerksamkeit ist berechtigt, ganz gleich, ob eher der erwachsene Persönlichkeitsanteil oder aber infantile Anteile daraus sprechen. Manchmal kann schon

93

eine gelegentliche Vernachlässigung der Mutter durch den Analytiker einen Schneeballeffekt zeitigen und eine negative Übertragung ins Rollen bringen, die womöglich zum Abbruch der Therapie führt. Die Unsicherheit und Zerbrechlichkeit der Mütter, die uns zusammen mit ihren Babys aufsuchen, beeindruckt mich immer wieder. Sie haben in der Behandlung oft das Gefühl, dass sie ihr Baby nicht richtig oder nicht genug lieben und dass sich Faktoren in ihre Liebe mischen, die sie sich nicht erklären können. Ihr Mutterglück wird von Schuldgefühlen getrübt, die das Selbstwertgefühl ungemein belasten. Jede Intervention, ob sie sich an das Baby oder an die Mutter richtet, wirft dann automatisch die Frage auf: »Was will er damit sagen? Findet er es nicht richtig, wie ich mit meinem Kind umgehe?«

Ausschlaggebend für unsere Fokussierung auf die Mutter bzw. das Baby sind häufig »spontan ko-kreierte, emergente Eigenschaften, die in Augenblicken der Veränderung auftauchen« (Stern, 2008: 180). Die beste Linse, durch die wir diese Momente betrachten können, ist meines Erachtens unsere Gegenübertragung. Die spontanen Veränderungen meiner jeweiligen Identifizierung gaben vor, wie mein Fokus zwischen Frida und Tina oszillierte. Ich war abwechselnd mit Tina identifiziert (»Wie fühlt sich all dies innerlich für die Mama an?«) und mit dem Mädchen (»Etwas ganz Schlimmes treibt dich innerlich um, Frida!«). Diese Verlagerungen sind meiner Meinung nach für die intensive Gegenübertragung verantwortlich, die wir in der Mutter-Baby-Arbeit entwickeln (Golse, 2006), in der wir zwischen primitiven und reiferen Identifizierungen hin- und herwechseln. Es ist anstrengend – und außerordentlich interessant.

Hörbare und sichtbare Aspekte des Containments

Ich habe die musikalischen, nonverbalen Ebenen des Analytiker-Baby-Dialogs betont und sie als die wichtigsten Medien für das Containment des Babys beschrieben. Ich habe zudem typische Faktoren erläutert, die es uns unmöglich machen, unsere Botschaften mitsamt all ihren Aspekten so zu gestalten, dass sie das Baby tatsächlich containen können. Meine Vignetten illustrieren, was wir sichtbar und hörbar tun, wenn wir den Säugling containen. Man könnte einwenden, dass ich die sichtbaren Endprodukte meiner containenden Alpha-Funktion zugunsten der hörbaren unterbewerte. Gleichwohl bin ich der Ansicht, dass die visuellen Elemente einen wesentlichen Bestandteil der Reverie und Expressivität des Analytikers bilden. Als ich mit der Hand zum Fenster hinaus zeigte, verband ich diese Geste mit den Worten »nicht da«, um die Vorstellung zum Ausdruck zu bringen, dass Frida am Vormittag für ihre Mutter »nicht da« war. Frida sieht meine zeigende Hand, und ich sehe mich selbst, während ich die Zeigegeste mit der Vorstellung des Fortgehens verbinde. Dies ist visuelle Kommunikation und visuelles Denken mit »indexikalischen Zeichen«, wie sie der Philosoph C. S. Peirce konzeptualisiert hat (Kloesel/Houser, 1998).

Allerdings habe ich dem visuellen Aspekt des Containments weniger Platz eingeräumt, weil es mir in diesem Beitrag in erster Linie darum geht, die musikalischen Aspekte herauszuarbeiten. Sie nämlich werden in der psychoanalytischen Literatur vernachlässigt. Die Psychoanalyse nahm ihren Anfang als »Redekur«, d. h., die Betonung lag auf unserem *verbalen* Austausch mit der Patientin; der musikalische Inhalt unserer Interventionen wurde vernachlässigt. Die visuellen Eindrücke wiederum werden in der Sitzung bagatellisiert, denn wenn die Patientin auf der Couch liegt, gibt es zwischen ihr und dem Analytiker nur einen minimalen Blickkontakt. Das Ergebnis ist eine allzu starke Betonung der wortsymbolischen Aspekte der in der Sitzung übermittelten Zeichen.

In der Tradition Bions wurde ein weiterer Aspekt der visuellen Welt herausgearbeitet, nämlich die *inneren* visuellen Elemente des Analytikers. Laut Ferro (2003) verweist Bion auf solche Elemente in der Alpha-Funktion, während er die übrigen Sinnesmodalitäten nur beiläufig erwähnt. So formulierte Bion ([1957] 2013) die Vermutung, »dass eine gewisse Form des Denkens, die eher mit Ideogrammen und mit dem Sehen als mit Wörtern und mit dem Hören zusammenhängt, von Anfang an vorhanden ist« (58). Solche inneren Bilder tauchen im Geist des Analytikers als Resultat des Containments auf; ein Beispiel dafür war meine zum Fenster hinaus zeigende Hand.

Zahlreiche Säuglingsspezialisten glauben hingegen, dass akustische Erfahrungen die erste Verbindung zwischen »dem konkreten Zustand somatischen Erlebens« und der »abstrakten mentalen, mit visuellen Bildern zusammenhängenden Aktivität« bilden (Ciccone et al., 2007: 17). Diese primitiven und korporalen Aspekte der Klangwelt machen das »Audiogramm« (Maiello, 1995) zum ersten psychischen Element in der fetalen Psyche. Unsere Psyche wird »schaukelnd im Rhythmus« des Herzschlags der Mutter und der Tätigkeit ihrer Eingeweide, im Rhythmus ihres Ganges und ihres Sprechens und begleitet vom allgegenwärtigen Summen ihrer Blutgefäße geboren. Diese Geräusche sind der Ursprung des »Klangobjekts«, das der Interaktion des Babys mit seiner Mutter nach der Geburt den Weg bahnt, der Rhythmus seiner »Sicherheitsbasis« (Ciccone et al., 2007).

In der klinischen Praxis vollziehen sich bedeutsame Veränderungen, wenn Analytiker und Baby ihre kommunikative Musikalität entdecken. Der Analytiker wird zum Klangobjekt des Babys oder, präziser formuliert, zum *Objekt des musikalischen Zusammenspiels*. Diese Entwicklung kann nicht erzwungen oder gezielt herbeigeführt werden, z. B. indem man mit dem Säugling spielt. Sie taucht vielmehr auf, nachdem alle Beteiligten schwere Verzweiflung durchlitten und ein tieferes Verständnis erworben haben, das auf das Baby übertragen werden kann. Ich schließe mit einem Beispiel aus einer späteren Phase derselben Sitzung.

Epilog

Tina und ich sprachen darüber, dass der Zwischenfall mit dem klingelnden Handy nun für sie geklärt war. Klar war aber auch, dass er in ihrem Gedächtnis haften bleiben würde und jederzeit reaktiviert werden könnte, wenn sie erneut eine Enttäuschung mit mir erlebte. Nun wandte ich mich Frida zu:

Analytiker: Mit dir ist es dasselbe, Frida. Du warst eine Weile ruhig, doch dann stieg etwas in deinem »Seelenkörper« auf und trieb dich innerlich erneut um. Das alles läuft in Schleifen ab *(ich begleite meine Worte mit einer kreisenden Handbewegung)*. Mama schaut weg, sie denkt an mich, ist damit voll und ganz beschäftigt, und all das steckte in deinem Seelenkörper fest, und du hast geweint.
Frida (blickt mich an): Uuh, uuh.
Analytiker: Ja ..., ja ...
Frida: Uuh, uuh, uuh.
Analytiker: Ja, Frida ... ja.

Das Tempo unseres rhythmischen Austauschs entsprach einer friedlichen Verlangsamung vom Andante zum Adagio. Während Tina sich entspannte und Frida näher an sich heranzog, wiegten das Baby und ich uns im langsamen

Rhythmus der Musik des Containments. Frida und ich waren füreinander zu Objekten des musikalischen Zusammenspiels geworden, und unser Kammerduo spielte in diesem Augenblick eine wirklich interessante Musik.

Einige Wochen später war aus Frida ein Baby geworden, das die gesamte Bandbreite der Gefühle auf gesunde und direkte Weise zu äußern vermochte. Bindungstheoretisch formuliert: Von der vermeidenden Mutterbindung (Ainsworth, 1978), in statu nascendi seit dem zweiten Lebensmonat zu beobachten, war in den folgenden acht Monaten, in denen Frida weiterhin mit ihrer Mutter an den Sitzungen teilnahm, nichts mehr zu sehen. Dann kam sie in eine Kinderkrippe, in der sie sich problemlos eingewöhnte. Abschließend möchte ich noch von einer kuriosen Episode berichten. Als Frida drei Jahre alt wurde, erzählte ihre Mutter mir in einer Sitzung: »Gestern war Frida unleidlich. Ich weiß nicht, was mit ihr los war. Immer wieder behauptete sie: ›Draußen vor dem Fenster ist ein Bär.‹ Ich habe es zuerst ignoriert, aber sie hörte nicht auf. Schließlich habe ich hinausgeschaut, und da wurde mir der Zusammenhang mit Ihnen klar. Ich sagte: ›Ah, jetzt begreife ich, was du meinst: draußen ist ein Bär‹ – daraufhin war sie zufrieden.«

Überflüssig zu erwähnen, dass mein Name, Björn, Bär bedeutet. Beruhigte Frida sich, weil sie wusste, dass »Bär« für die Mutter eine wichtige Figur war? Oder hatte sie vage Erinnerungen, die mit meinem Containment zusammenhingen? Tina und ich waren uns nicht sicher, doch ganz offenkundig konnte das Mädchen sich erst entspannen, als die Mutter den Bären oder Björn draußen vorm Fenster anerkannte.

Dank

Ich danke Fridas Mutter für die Erlaubnis, mehrere Sitzungen auf Video aufzuzeichnen und anonymisiertes klinisches Material zu veröffentlichen. Ich danke auch den Stiftungen Ahrén, Ax:son Johnson, Children's Welfare, Engkvist, Groschinsky, Jerry, Kempe-Carlgren, Majblomman, Wennborg und Solstickan sowie dem Research Advisory Board der IPV für großzügige Stipendien.

Übersetzung: Elisabeth Vorspohl, Bonn

Literatur

Ainsworth, M. S./Blehar, M. C./Waters, E./Wall, S. (1978): *Patterns of Attachment: A Psychological Study of the Strange Situation.* Oxford, England.

Beebe, B./Jaffe, J./Lachmann, F./Feldstein, S./Crown, C./Jasnow, M. (2000): System models in development and psychoanalysis: The case of vocal rhythm coordination and attachment. *Infant Mental Health Journal*, 21 (1-2): 99-122.

Bion, W. R. (1957): Differentiation of the psychotic from the non-psychotic personalities. *International Journal of Psycho-Analysis*, 38: 266-275. (2013): Zur Unterscheidung zwischen psychotischer und nicht-psychotischer Persönlichkeit. In: Ders.: *Frühe Vorträge und Schriften mit einem kritischen Kommentar: »Second Thoughts«.* Übers. von E. Vorspohl. Frankfurt a. M.

Bion, W. R. (1962): *Learning from Experience.* London. (1999): *Lernen durch Erfahrung.* Übers. von E. Krejci. Frankfurt a. M.

Ciccone, A./Mellier, D./Athanassiou-Popesco, C./Carel, A./Dubinsky, A./Guedeney, A. (2007): *Le bébé et le temps. Attention, rythme et subjectivation* (The baby and time. Attention, rhythm and subjectivation). Paris.

Cramer, B./Palacio Espasa, F. (1993): *La pratique des psychothérapies mères-bébés. Études cliniques et techniques* (The practice of mother-infant psychotherapies. Clinical and technical studies). Paris.

Dolto, F. (1982): *Séminaires de psychanalyse d'enfant, vol. 1* (Seminars on child psychoanalysis, vol. 1). Paris.

Dolto, F. (1985): *Séminaires de psychanalyse d'enfant, vol. 2* (Seminars on child psychoanalysis, vol. 2). Paris.

Feldman, R. (2007): Parent-infant synchrony and the construction of shared timing; physiological precursors, developmental outcomes, and risk conditions. *Journal of Child Psychology & Psychiatry & Allied Disciplines*, 48 (3-4): 329-354.

Ferro, A. (1999): *The Bi-personal Field – Experiences in Child Analysis.* London. (2003): *Das bipersonale Feld. Konstruktivismus und Feldtheorie in der Kinderanalyse.* Übers. von E. Vorspohl. Gießen.

Ferro, A. (2003): Prima della parola: L'ascolto psicoanalitico del non detto attraverso le forme dell'arte: Before words: psychoanalytic listening to the unsaid through art by Antonio Di Benedetto. Milan: Franco Angeli. *International Journal of Psychoanalysis*, 84: 1067-1069.

Field, T./Healy, B./Goldstein, S./Perry, S./Bendell, D./Schanberg, S. et al. (1988): Infants of depressed mothers show »depressed« behavior even with nondepressed adults. *Child Development*, 59 (6): 1569-1579.

Field, T. M. (2002): Early interactions between infants and their postpartum depressed mothers. *Infant Behavior & Development*, 25 (1): 25-29.

Fleming, A. S./O'Day, D. H./Kraemer, G. W. (1999): Neurobiology of mother–infant interaction: Experience and central nervous system plasticity across development and generations. *Neuroscience and Biobehavioral Review*, 23: 673-685.

Fonagy, P. (2001): *Attachment Theory and Psychoanalysis*. New York. (2003): *Bindungstheorie und Psychoanalyse*. Übers. von M. Klostermann. Stuttgart.

Fraiberg, S./Adelson, E./Shapiro, V. (1975): Ghosts in the nursery. A psychoanalytic approach to the problems of impaired infant-mother relationships. *Journal of the American Academy of Child Psychiatry*, 14 (3): 387-421. (2011): Gespenster im Kinderzimmer: Probleme gestörter Mutter-Säugling-Beziehungen aus psychoanalytischer Sicht. In: S. Fraiberg (Hrsg.): *Seelische Gesundheit in den ersten Lebensjahren. Studien aus einer psychoanalytischen Klinik für Babys und ihre Eltern*. Übers. von E. Vorspohl. Gießen: 227-271.

Freud, S. (1916-1917): *Vorlesungen zur Einführung in die Psychoanalyse*. GW 11.

Golse, B. (2006). *L'être-bébé* (The baby – a Being). Paris.

Grotstein, J. S. (2008): *A Beam of Intense Darkness. Wilfred Bion's Legacy to Psychoanalysis*. London.

Kloesel, C./Houser, N. (Hrsg.) (1998): *The Essential Peirce, vol. 2: 1893–1913*. Bloomington, IN:

Langer, S. (1942): *Philosophy in a New Key*. 3. Aufl. Cambridge, Mass. (1965): *Philosophie auf neuem Wege. Das Symbol im Denken, im Ritus und in der Kunst*. Übers. von A. Löwith. Frankfurt a. M.

Laplanche, J. (1995): Seduction, persecution, revelation. *International Journal of Psycho-Analysis*, 76: 663-682.

Laplanche, J. (1997): The theory of seduction and the problem of the other. *International Journal of Psycho-Analysis*, 78 (4): 653-666.

Laplanche, J. (2007): *Sexual. La sexualité élargie au sens Freudien* (»Sexual«. Sexuality enlarged in the Freudian sense). Paris.

Laplanche, J./Pontalis, J. B. (1973): *The Language of Psychoanalysis*. London: Hogarth Press. (1973): *Das Vokabular der Psychoanalyse*. Übers. von E. Moersch. Frankfurt a. M.

Lieberman, A. F./Silverman, R./Pawl, J. H. (2000): Infant-parent psychotherapy: Core concepts and current approaches. In: Zeanah, C. H. (Hrsg.): *Handbook of Infant Mental Health*. 2. Aufl. New York: 472-484.

Lieberman, A. F./Van Horn, P. (2008): *Psychotherapy with Infants and Young Children – Repairing the Effects of Stress and Trauma on Early Development*. New York.

Maiello, S. (1995): The sound-object: A hypothesis about prenatal auditory experience and memory. *Journal of Child Psychotherapy*, 21 (1). 23-41.

McDonough, S. C. (1995): Promoting positive early parent-infant relationships through interaction guidance. *Child and Adolescent Psychiatric Clinics of North America*, 4 (3): 661-672.

Meltzer, D. (1986): *Studies in Extended Metapsychology. Clinical Application of Bion's Ideas*. Perthshire. (2009): *Studien zur erweiterten Metapsychologie. Bions Denken in der klinischen Praxis*. Übers. von M. Noll. Frankfurt a. M.

Murray, L./Cooper, P. J. (1997): Effects of postnatal depression on infant development. *Archives of Disease in Childhood*, 77 (2): 99-101.

Norman, J. (2001): The psychoanalyst and the baby: A new look at work with infants. *International Journal of Psychoanalysis*, 82 (1): 83-100.

Norman, J. (2004): Transformations of early infantile experiences: A 6-month-old in psychoanalysis. *International Journal of Psychoanalysis*, 85 (5): 1103-1122.

Reck, C./Hunt, A./Fuchs, T./Weiss, R./Noon, A./Moehler, E. et al. (2004): Interactive regulation of affect in postpartum depressed mothers and their infants: an overview. *Psychopathology*, 37 (6): 272-280.

Rochat, P. (2007): Intentional action arises from early reciprocal exchanges. *Acta Psychologica*, 124 (1): 8-25.

Salomonsson, B. (1989): Music and affects: Psychoanalytic viewpoints. *Scandinavian Psychoanalytic Review*, 12 (2): 126-144.

Salomonsson, B. (2007a): Semiotic transformations in psychoanalysis with infants and adults. *International Journal of Psychoanalysis*, 88 (5): 1201-1221.

Salomonsson, B. (2007b): »Talk to me baby, tell me what's the matter now«. Semiotic and developmental perspectives on communication in psychoanalytic infant treatment. *International Journal of Psychoanalysis*, 88 (1): 127-146.

Spitz, R. (1965): *The First Year of Life*. New York: IUP Inc. (1989): *Vom Säugling zum Kleinkind*. Übers. von G. Theusner-Stampa. Stuttgart.

Stern, D. N. (1985): *The Interpersonal World of the Infant: A View from Psychoanalysis and Developmental Psychology*. New York. (1992): *Die Lebenserfahrung des Säuglings*. Übers. von W. Krege, bearbeitet von E. Vorspohl. Stuttgart.

Stern, D. N. (1995): *The Motherhood Constellation*. New York. (1998): *Die Mutterschaftskonstellation. Eine vergleichende Darstellung verschiedener Formen der Mutter-Kind-Psychotherapie*. Übers. von E. Vorspohl. Stuttgart.

Stern, D. N. (2008): The clinical relevance of infancy: A progress report. *Infant Mental Health Journal*, 29 (3): 177-188.

Trevarthen, C./Aitken, K. J. (2001): Infant intersubjectivity: research, theory, and clinical applications. *Journal of Child Psychology & Psychiatry & Allied Disciplines*, 42 (1): 3-48.

Tronick, E. Z. (2005): Why is connection with others so critical? The formation of dyadic states of consciousness and the expansion of individuals' states of consciousness: coherence governed selection and the co-creation of meaning out of messy meaning making. In: Nadel, J./Muir, D. (2005): *Emotional Development*. Oxford.

Weinberg, M. K./Tronick, E. Z. (1998): Emotional characteristics of infants associated with maternal depression and anxiety. *Pediatrics*, 102 (5 Suppl E): 1298-1304.

Zepf, S. (2006): Attachment theory and psychoanalysis: some remarks from an epistemological and from a Freudian viewpoint. *International Journal of Psychoanalysis, 87(6):* 1529-1548.

Campbell Paul / Frances Thomson-Salo

Die Sexualität von Säuglingen im Kontext ihrer Beziehungen verstehen[1]

In diesem Beitrag erläutern wir, dass wir das Baby als Person mit eigenem Körper und eigener Sinnlichkeit, vielleicht sogar eigener Sexualität, anerkennen müssen, um die normale Entwicklung verstehen und die klinische Arbeit vertiefen zu können. Auf der Grundlage der klinischen Arbeit mit Säuglingen und beeinflusst vom Werk Winnicotts, in dem das Baby als Person das eigentliche Objekt/Subjekt der Intervention ist, halten wir es für unbedingt notwendig, weiteren entscheidenden Dimensionen sowohl des Säuglings selbst als auch der Beziehung zwischen ihm und seiner Mutter Rechnung zu tragen, nämlich der essenziellen Sexualität des Kindes. Die Sexualität des durchschnittlichen Babys und der »hinreichend guten« Baby-Mutter-Beziehung wurden von den Modellen der klinischen Arbeit mit Säuglingen derart weitgehend vernachlässigt, dass zu fragen ist, ob wir es womöglich mit einem Tabuthema zu tun haben. Wir betonen, dass die emotionale Besetzung des Körpers des Babys durch die Eltern vor allem in den ersten Jahren von maßgeblicher Bedeutung ist: Normale, hinreichend gute Eltern können den Körper ihres Kindes besetzen, ohne dass es zu einer Überstimulation des Säuglings oder zu Distress kommt (siehe z. B. die Beschreibung der Mütter in dem unten erläuterten Video »Baby Crazy«). Diese emotionale Besetzung durch die Eltern betrifft sämtliche Aspekte des Körpers: In der klinischen Arbeit mit Babys, die mit sichtbaren Auffälligkeiten oder körperlichen Anomalien geboren werden, besteht ein Groß-

---

[1] Der Beitrag beruht auf einem Klinischen Teach-In im Rahmen des 11. Weltkongresses der World Association of Infant Mental Health, Yokohama 2008. Wir danken den Teilnehmern für ihre Beiträge und vor allem Björn Salomonsson für seine Kommentare auf der Veranstaltung und später. Eine frühere Version dieses Beitrags erschien in *The Signal*, 19(2)/2011: 7-12.
Einen besonderen Dank sprechen wir Ann Morgan, Kinderärztin und Mutter-Baby-Psychotherapeutin, sowie den Mitgliedern der multidisziplinären Infancy Group of The Royal Children's Hospital, Melbourne, aus.

teil der Aktivität des Mutter-Kind-Psychotherapeuten darin, den Müttern (und Vätern) zu helfen, eine normale, hinreichend gute Besetzung des kindlichen Körpers zu entwickeln und dem Gefühl der Enttäuschung oder Scham, das andernfalls überwiegen könnte, vorzubeugen. Ein Baby, das mit starken sichtbaren Auffälligkeiten zur Welt kommt, ist auf die Begleitung durch einen Kliniker angewiesen, bis die Familie eine Lösung gefunden hat.

Ein Baby entsteht zumeist in einer Paarbeziehung. Es ist das Produkt der normalen sexuellen Paarung seiner Eltern – gewöhnlich wohlüberlegt, geplant und mit unmittelbarer Lust verbunden. Doch wenn ein Säugling an einen Psychotherapeuten überwiesen wird, bleiben die Erinnerungen an den Kontext seiner Empfängnis, die mit der erwachsenen Sexualität der Eltern zusammenhängt, und die Art und Weise, wie diese sie verstehen, zumeist unberücksichtigt. Bedeutet dies, dass wir auch die Art und Weise, wie der Säugling seinen eigenen Körper erlebt und ihn sinnlich besetzt, ignorieren und in Bezug auf das Baby eine Entsexualisierung praktizieren, wie dies in der jüngeren Geschichte der Psychoanalyse zu einem gewissen Grad der Fall gewesen ist (Fonagy, 2007)? Diese Frage ist wichtig, wenn Babys durch konventionellen heterosexuellen Geschlechtsverkehr empfangen werden; sie ist aber nicht weniger wichtig in Bezug auf die Vielzahl von Babys, die im Kontext gleichgeschlechtlicher Beziehungen von Ersatzmüttern ausgetragen oder durch künstliche Befruchtung gezeugt werden (Raphael Leff, 2007). Manche Eltern sind bestrebt, jede mit der Empfängnis verbundene Sexualität zu verleugnen, doch dies kann sich für den Säugling, der zu einem gesunden sexuellen Erwachsenen heranwachsen soll, als reales Problem erweisen.

Vieles spielt sich in der Beziehung zwischen einem Baby und seinen Eltern ab. Winnicott (1965) betont, dass eine der Hauptaufgaben der durchschnittlich guten Mutter darin bestehe, dem Baby Gelegenheit zu geben, in seinen Körper »einzuziehen« und ihn zu »bewohnen«. Er betont, dass ein Säugling im emotionalen wie auch im physischen Sinn sensibel gehalten und behandelt werden muss. Normalerweise haben Eltern unweigerlich eigene sexuelle Gefühle; und tatsächlich wird erst durch ihre intime Beziehung und den sexuellen Akt aus dem Baby, das in ihrer Phantasie existiert, eine reale, lebendige und leibliche Person. In seine Leiblichkeit geht auch die Sinnlichkeit seiner Eltern ein, die von der Sexualität nicht zu trennen ist. Dies berührt die problematische Definition von Sexualität und Sinnlichkeit und insbesondere die der infantilen Sexualität und der Konzepte infantiler Sexualität.

In unseren Interaktionen mit Säuglingen und ihren Eltern geschieht vieles, worüber nicht gesprochen wird. Über die Thematisierung unbewusster Konflikte der Eltern, die zusammen mit ihren Babys um eine Psychotherapie nachsuchen, gibt es eine Fülle an Literatur. Dass es wichtig ist, den Säugling, ja schon das Neugeborene, direkt als eigenständige Person in die therapeutische Beziehung mit hereinzuholen, kommt in der Literatur weit seltener zur Sprache. Wir können die Eltern mit unserem therapeutischen, verbalen Narrativ und durch nonverbale Kommunikationen ansprechen. Wir müssen uns mit dem gesprochenen Wort, dessen semantische Bedeutung sehr kleine Kinder noch nicht verstehen können, und mit unseren körperlichen, nonverbalen Mitteilungen aber auch direkt an das Baby wenden. Dies geschieht durch den Einsatz unserer Stimme, durch Spielsachen und Spielangebote und, so unsere Überzeugung, unweigerlich durch angemessene und abgestimmte Berührungen. Babys erfahren einen Großteil der Welt durch ihren Körper, durch Geräusche, visuelle Eindrücke, Gerüche und Berührungen. Babys kommunizieren durch Nachahmung, und sie lernen auch durch Nachahmung, wer sie sind, wie ihr Körper und ihr Geist funktionieren und wie Körper und Geist zusammengehören (Shai/Belsky, 2011; Trevarthen et al., 1998).

Vom Augenblick der Geburt an nehmen die meisten Eltern den Körper ihres Babys wahr, sind stolz auf ihn und verlieben sich in ihn. Sobald das Baby aus dem Geburtskanal geschlüpft ist, gilt ihre Aufmerksamkeit seinem Körper: Sind die Zehen und Finger vollständig, ist es ein Junge oder ein Mädchen? Welche Genitalien hat der Säugling? Das Baby wird vom Augenblick der Geburt an als ein geschlechtliches, vielleicht sexuelles Wesen gesehen. Die Eltern beschäftigen sich mit der Vorstellung, dass das Baby zu einem jungen erwachsenen Menschen mit eigenen Beziehungen heranwachsen und womöglich selbst Kinder gebären oder zeugen wird.

In der Fachliteratur wird dies selten erörtert, für frischgebackene Eltern aber ist es ein Thema lebhafter Diskussionen. Die Erfahrungen durchschnittlicher Familien illustriert das Begleitvideo zu Helen Townsends (1990) Buch *Baby Crazy*, in dem die Autorin das Leben von sechs Familien, beginnend mit der Schwangerschaft bis zum ersten Geburtstag des erstgeborenen Kindes, dokumentiert. Der Drehbuchautor und Regisseur S. Ramsay (1992) schildert die Erfahrungen alltäglicher, durchschnittlicher Familien, Erfahrungen, die zeigen, dass Gedanken der Eltern über die Sexualität in Bezug auf geliebte Babys normal sind und dass die Sexualität in das Familienleben einbezogen werden sollte. Zwei Väter und ihre Frauen sprechen mit dem Interviewer vor der Kamera über die Geburt ihrer Kinder.

Als ein gebildetes Paar aus der Mittelschicht von der Geburt der ersten Tochter erzählte, war unverkennbar, dass Empfängnis und Geburt für den Vater eine überaus große Bedeutung hatten. Sex war etwas, auf das er im Kontext einer sicheren, harmonischen und liebevollen Paarbeziehung stolz war. Der Vater hielt das Baby zärtlich im Arm und küsste ihm auf sinnliche Weise den Kopf. Er schilderte, wie er zugeschaut hatte, als die Kleine aus dem Körper ihrer Mutter geboren wurde. Er habe ihren Kopf kommen sehen, den Körper und die Füße. Dann sagte er: »Ich dachte, irgendetwas stimmt nicht! Ich war mir nicht sicher, was es war! Es sah aus, als ob etwas fehlte! Und plötzlich begriff ich, dass es ein Mädchen war!« Bei diesem Witz über die Anatomie seiner Tochter, die sich von seiner eigenen so deutlich unterschied, blickte er verlegen und kess zugleich drein. Als das Baby zum ersten Mal gebadet werden sollte, war es »der Papa«, der zur Tat schritt. Seine Frau und die Säuglingsschwestern hatten das Bad vorbereitet, und er tauchte das Baby vorsichtig ins Wasser. Seine Frau sagte: »Vergiss nicht, ihr kleines Zuckerschneckchen zu waschen, da unten, da ist das Zuckerschneckchen.«

Diese Eltern konnten über die Genitalien ihres kleinen Mädchens ebenso unbefangen und lebhaft sprechen wie über andere Aspekte seines Körpers. Nicht ihre Worte sagten der Kleinen, dass sie stolz auf sie und ihren Körper waren; vielmehr vermittelte ihr die Art und Weise, wie sie sie Tag für Tag hielten, wuschen und massierten, dass ihr Körper etwas war, worauf sie stolz sein konnte, und nicht etwas, das es zu verleugnen galt oder dessen sie sich hätte schämen müssen. Für dieses Paar war es offensichtlich völlig unproblematisch, die Genitalien ihrer kleinen Tochter anzuerkennen. Sie hatten die Geburt noch lebhaft in Erinnerung und konnten über die Geschlechtsorgane sprechen. Schließlich hatte der Vater die Geburt miterlebt und gesehen, wie seine Tochter auf wundersame Weise durch denselben Kanal, über den sie empfangen worden war, zur Welt kam. Die Beziehung dieser Eltern wirkte sehr harmonisch und liebevoll, und in ebendiesem Kontext konnten sie unbefangen über genitalen Sex, sogar in Bezug auf ihr Baby, sprechen. Diese Eltern waren auch extrem stolz auf ihre kleine Tochter.

Ein anderer Vater war italienischer Herkunft. Er und seine Frau stammten ebenfalls aus der Mittelschicht und waren beruflich erfolgreich. Die Ehefrau erklärte, dass sie sich die Geburtsschmerzen regelrecht gewünscht habe; sie habe genauso, wie ihre Großmutter und Urgroßmutter es getan hatten, schreien und kreischen und alle Welt wissen lassen wollen, dass sie ein Baby zur Welt bringe! Der Vater war außerordentlich stolz; er sprach über die Geburt seines Sohnes und schilderte, wie er sich das Baby, als es auf der Entbindungsstation in seinem Bettchen lag, angeschaut habe. Er machte Videoaufnahmen, und als jemand das Tuch wegzog, das den Unterleib des Babys bedeckt hatte, pinkelte der Kleine in hohem Bogen in die Luft. Begeistert rief der Vater beim Anblick des erigierten Penis seines Sohnes aus: »Genau wie bei seinem Alten, schau nur, ganz wie sein Alter!«

Im Kontext dieser freudigen Erregung über das Baby scheint die Sexualität nichts Fremdes oder Entwertendes zu sein, sondern etwas, das als wesentlicher Bestandteil des Lebens respektvolle Anerkennung verdient hat, wenngleich man spielerisch damit umgeht. Offenbar fühlten diese beiden Paare sich mit ihrer Sexualität sehr wohl, was es ihnen leicht machte, den gesamten Körper ihres Babys auf eine kreative Weise anzunehmen. Sie waren gut angepasste, aufmerksame Eltern. Unsere Hypothese lautet, dass ihre gesunde Sichtweise des gesamten Körpers ihres Babys dem Kind dabei helfen wird, seine eigenen »Triebe« erfolgreich zu integrieren und zu kontrollieren. Durch ihre Haltung erleichtern sie es dem Baby, in seinen Körper – wie Winnicott es nannte – »einzuziehen«.

Vergleichen wir dies mit dem Einfluss, den Eltern auf ihren Säugling und das heranwachsende Kind ausüben, die den kleinen Körper als abstoßend und angsterregend empfinden. Die Art und Weise, wie der Säugling mit seinem Körper bekanntgemacht wird, beeinflusst wahrscheinlich die Beziehungen sowohl der Erwachsenen als auch des Kindes, ihre Sexualität und ihr Verhältnis zum eigenen Körper. Sie kann langfristige Folgen haben: Am Anfang zahlreicher psychosexueller Störungen und Entwicklungshemmungen steht die Unfähigkeit der Eltern, dem Kind eine gesunde Freude an der sexuellen Besetzung seines Körpers zuzugestehen. Wenn Eltern den Körper des Babys in solch hohem Maße entsexualisiert haben, dass er ihnen Unbehagen oder Ekelgefühle bereitet, droht die Gefahr, dass das Kind keine Einheit von Psyche und Soma entwickeln kann. In welcher Beziehung steht dies zu der aktuell hohen Prävalenz von Problemen mit der erwachsenen Sexualität (z. B. Perversionen)? Welches Bild vermitteln solche Eltern dem Baby und Kleinkind von seinem eigenen Körper? Vermitteln sie ihm, dass es sich vor ihm fürchten muss? Wie ist es um die Bandbreite an neurotischen Lösungen der heranwachsenden Kin-

Die Sexualität von Säuglingen im Kontext ihrer Beziehungen verstehen

der bestellt, die spüren, dass ihre Eltern ihren Körper als abstoßend empfunden haben?

Hinreichend gute Eltern werden durch außergewöhnliche Krisen mit der schwierigen Aufgabe konfrontiert, ihrem Baby zu helfen, in seinen Körper »einzuziehen« und ihn zu »bewohnen« (Winnicott, 1965). Im Kontext der Baby-Mutter-Psychotherapie kann der Behandler den Eltern helfen, Gefühle des Stolzes auf ihr Baby zu entwickeln. Joey z. B. wurde ohne Gliedmaßen geboren. Seine Eltern waren todunglücklich, sie schämten sich, hatten Angst und meinten, ihn verstecken zu müssen. Es schien, als müssten sie seine Existenz verleugnen. In solchen Fällen müssen Eltern in der Lage sein, den Körper ihres Babys stolz und sinnlich zu berühren, z. B. wenn sie es massieren, es baden oder bei allen übrigen Verrichtungen. Joey und seine Eltern kamen acht Jahre lang in die Eltern-Kind-Therapie; er wuchs zu einem lebhaften Kind heran und kam mit seinen Arm- und Beinprothesen gut zurecht. Die emotionale Versorgung eines Babys mit sichtbaren Auffälligkeiten ist besonders schwierig (und geht mit komplexen Phantasien, die verarbeitet werden müssen, einher), wenn die Missbildung auch den Urogenitaltrakt betrifft.

Die These, dass eine Beeinträchtigung oder Störung der elterlichen Sexualität Einfluss auf den sich entwickelnden Säugling ausübt, betont, wie wichtig es ist, dass die Eltern die Sexualität ihres Babys verstehen. Ihre Einstellung beeinflusst, wie das Kind seinen eigenen Körper zu verstehen lernt, und hat Auswirkungen auf sein integriertes Selbst- und Identitätsgefühl. Im Folgenden schildern wir den Fall einer Mutter, die sexuell missbraucht worden war, sich emotional von ihrem Säugling distanzierte und eine schwere Zwangsstörung entwickelte. Schon wenige Tage nach der Geburt ihrer kleinen Tochter entfaltete sie eine obsessive Beschäftigung mit den Genitalien des Babys, fühlte sich gezwungen, sie immer wieder anzusehen und zu reiben, und hielt eine geringfügige, physiologisch normale vaginale Blutung für einen Beweis dafür, dass mit ihrer Tochter und deren Sexualität etwas nicht stimmte. Die Intensität dieser Obsession bewirkte, dass das Selbstgefühl des Mädchens signifikant beeinträchtigt wurde; das Kind fühlte sich »nicht erkannt«; es entwickelte eine Persönlichkeit mit autismus-ähnlichen Zügen, empfand seinen Körper als etwas extrem Beängstigendes und war innerlich unausgesetzt mit ihm beschäftigt. Der Definition von »Sexualität« in *The Shorter Oxford Dictionary* (1973) folgend, bezeichnen wir mit dem Begriff die Eigenschaft, sexuell zu sein oder ein körperliches Geschlecht zu besitzen, sowie das Bewusstsein, über sexuelle

Potenz und über die Fähigkeit zu verfügen, sexuelle Gefühle und Bedürfnisse zu empfinden. Wir halten es für wichtig, dass das Individuum sich sowohl »vergeschlechtlicht« fühlt als auch eine sexuelle Identität besitzt, d. h. fähig ist, schon früh sexualisierte und erotische Gefühle zu empfinden. Weil wir den Zeitraum ihrer Entwicklung oder den normalen Prozess, in dessen Verlauf sich ein Baby oder Kleinkind seines eigenen Geschlechts, seiner Genitalien und seiner lustvollen Besetzung des eigenen Körpers einschließlich der Genitalien bewusst wird, hier aus Platzgründen nicht beschreiben können, verweisen wir den Leser auf aktuelle Studien über normale Kleinkinder, ihr Verständnis ihres Geschlechts und ihr Gewahrsein der Genitalien (Van Heughten/Shi, 2009). Sie stützen sich auf den Bericht von Eleanor Galenson und Herman Roiphe (1971, 1974) über die »infantilen Ursprünge der sexuellen Identität«, dem Beobachtungen von 70 Säuglingen und Kleinkindern in einer New Yorker Tagesstätte zugrunde lagen.

Wir vertreten die Ansicht, dass im Frühbereich wichtige Konzepte, nämlich die Konzepte der *Sexualität der Eltern* sowie der *infantilen sinnlichen Erregung* und der *normalen Gier* vernachlässigt werden. Wir halten dies für eine signifikante Lücke und beschreiben einige Manifestationen im ersten Lebensjahr, die psychoanalytischen Klinikern möglicherweise weniger vertraut sind. Psychotherapeuten, die im Frühbereich tätig sind, und klassische Psychoanalytiker scheinen häufig verschiedene Theorien über die Sexualität in den ersten Lebensjahren zu beschreiben; im Allgemeinen aber nehmen die auf den Frühbereich spezialisierten Therapeuten Äußerungen kindlicher Zorn- und Wutgefühle (vor allem im Zusammenhang mit Fütterschwierigkeiten) aufmerksamer wahr als die Manifestationen der Sexualität.

Als »elterliche Sexualität« bezeichnen wir die Eigenschaft einer Mutter/ eines Vaters, sexuell zu sein und sexuelle Gefühle empfinden zu können. Unter »infantiler sinnlicher Erregung« verstehen wir die erregte Befriedigung, die in höchstem Maß lustvoll ist und gelegentlich auch einen Anstrich von Wollust haben kann. Unter »infantiler Gier« verstehen wir ein starkes Verlangen oder Begehren, das z. B. in heißhungrigem Trinken Ausdruck findet. Winnicott (1975) betrachtete die Gier zwar als einen normalen Bestandteil der menschlichen Ausstattung, doch Eltern und auch Therapeuten stehen ihr oft ambivalent gegenüber. Wenn die Sexualität der Eltern sowie die infantile sinnliche Erregung und Gier im Frühbereich größere Anerkennung fänden, könnten Kliniker vermutlich eine resonantere Gegenübertragung (an der auch ihre eigene Sexualität beteiligt wäre) entwickeln und zu einem umfassenderen Verständnis der Geschichte und der Erfahrungen der Eltern wie auch des Babys gelangen. Unter diesen Voraussetzungen könnte das Baby als Subjekt mit seinen eigenen intensiven Bedürfnissen deutlicher in Erscheinung treten (Paul/Thomson-Salo, im Druck).

Was das Konzept der infantilen Sexualität im ersten Lebensjahr betrifft, so vertreten wir die Ansicht, dass die Verbindung zwischen Mutter und Baby für beide Beteiligte sehr erregend sein kann. Diese Verbindung ist eine Voraussetzung für einen guten Start des Babys als Person (Fonagy/Target, 2007). Damit die Prozesse der Separation/Individuation und des reflektierenden Denkens sich entwickeln können, müssen sich Mutter und Säugling gelegentlich voneinander zurückziehen. Die Verbindung kann von der Mutter als erotisch empfunden werden, doch die erregenden und funktionalen Aspekte des Stillens müssen vor allem für die Mutter porös getrennt bleiben, damit sie ihre erwachsene Beziehung zu ihrem Partner wiederaufnehmen kann.

Wenn gravierende Probleme in der alltäglichen Versorgung des Babys eine gesunde Besetzung seines Körpers erschwert oder unmöglich gemacht haben, sind eine Reihe bedeutsamer klinischer Konsequenzen denkbar. Bei Babys, die zunächst auf einer Neugeborenenintensivstation versorgt werden müssen, führen die zahlreichen schmerzhaften und traumatischen oralen Interventionen häufig zu Trinkschwierigkeiten. Wenn Therapeuten die Gesamtheit der körperlichen Ausstattung des Säuglings anerkennen, können sie sich auch darauf konzentrieren, ihm zu helfen, die mit dem Trinken verbundene *Erregung* zu entwickeln, statt sich auf Fragen der Stilltechnik und der Bindung zu beschränken. Der Anschaulichkeit halber illustrieren wir dies anhand einer Fallvignette. Sie betrifft ein Kleinkind mit Fütterschwierigkeiten. Am Ende des Beitrags greifen wir die Fütterschwierigkeiten erneut auf.

Harry, 17 Monate alt, ist das zweite Kind eines jungen Paares, deren Herkunftsfamilien in Übersee bzw. weit entfernt leben. Harry wurde überwiesen, weil er außer der Brust keinerlei andere Nahrung akzeptierte. Er verweigerte die Flasche und alle festen Speisen und führte auch keine Spielsachen und anderen Gegenstände zum Mund. Vergeblich hatte die Mutter versucht, ihn mit der Flasche zu füttern. Als er etwa 13 Monate alt war, fiel seine Wachstumskurve dramatisch ab. Er verlor an Gewicht und hing ständig an der Brust. Bis zu 25 Mal am Tag verlangte er, gestillt zu werden. Es schien, als hielten Mutter und Kind die Brust in jeder Situation für unverzichtbar: Sie diente als Beruhigungsmittel, half Harry einzuschlafen, spendete Nahrung und vermittelte Nähe.

Der Mutter diente die Brust vielleicht als Möglichkeit, Harry »verschwinden« zu lassen. Auch für das Kind war die Brust keine Quelle der Erregung und Stimulation, kein Energie- oder Vitalitäts- oder Lebensspender, sondern ein Ort, an dem er andockte und verschwand. Die therapeutische Intervention musste daher u. a. die Aufgabe erfüllen, Harry zu helfen, ein eigenes Verlangen zu entwickeln. Seine Mutter war sehr niedergeschlagen und litt unter einer postpartalen Depression; sie war auch traurig, weil sie in ihrer Beziehung zu ihrem Ehemann seit einiger Zeit manches vermisste. Bestimmte Aspekte der Paarbeziehung blieben unverstanden und im Dunkeln, doch war klar, dass das Verhältnis zwischen den Eheleuten angespannt und schwierig war. Die Mutter schien auch Harry gegenüber ambivalente Gefühle zu empfinden; möglich schien, dass sie lieber ein Mädchen bekommen hätte. Als Harry während einer Fütterintervention nach der Brust verlangte, wollte sein Vater einen Witz über die »Besitzverhältnisse« machen: Die Brüste gehörten ihm, erklärte er, aber seine Frau fand die Bemerkung keineswegs witzig. Sie wollte ihrem Mann gegenüber die Tiefe ihrer Depression nicht eingestehen, weil sie Angst hatte, dass er sie verlassen würde: Sie glaubte, dass eine nicht perfekte, psychisch kranke Frau für ihn unerträglich wäre. Harry wurde einerseits zu einem inadäquaten Ersatz für den verlorenen erotischen Ehemann; andererseits repräsentierte er die Verfolgungsangst, von ihm verlassen zu werden – es blieb kein Raum für Harry, in dem er die lustvolle Erregung, Freude und Sinnlichkeit des Gestilltwerdens hätte genießen können. Weil ihm sein eigener Körper keine Freude bereitete, konnte er ihn nicht besetzen.

Die Psychotherapie mit Harry und seinen Eltern bewirkte, dass er wieder Freude am Trinken empfand und eine lustvolle Beziehung dazu entwickelte. Dass sie ihn ermunterte, sein Gefühl, lebendig zu sein, wiederzufinden, zeigte sich, als er seiner Mutter in Gegenwart mehrerer Kliniker einen langen, genussvollen Kuss gab. Seine Ernährung wurde schon bald einfacher. Sally Moskowitz (persönliche Mitteilung, 2011) schilderte eine ganz ähnliche Beobachtung: Die Babys und Kleinkinder in ihrer Mutter-Baby-Therapiegruppe wirkten nicht wirklich lebendig, solange die Mütter keine tiefe, intensive Freude an ihren Kindern empfanden, eine sexuelle Lust, die einen Zyklus in Gang zu setzen schien, zu dem Küsse und Liebkosungen gehörten, die es zuvor nicht gegeben hatte.

Elterliche Sexualität

Wir räumen ein, dass wir keine Phantasien beschreiben, sondern äußere Beobachtungen über die elterliche und die infantile Sexualität. Die Sexualität der Mutter kann gegenüber ihrem Baby in ihrer Lust am Stillen Ausdruck finden, das für beide – so Swain (2008) im Zusammenhang mit der Aktivität von Hirnschaltkreisen – hocherregend sein kann. Die freudige Lust, die in der Mutter beim Anblick des Kindes aufwallt, vermittelt dem Baby einen guten Start. Babys, die sich an den mütterlichen Körper schmiegen und mit ihm zu verschmelzen scheinen, werden als niedliche und positiv besetzte Säuglinge beschrieben. Manchmal ist der Mutter-Kind-Kontakt hochsexualisiert, z. B. in Situationen, in denen sie einander am liebsten »auffressen« würden; für die Mutter kann dies erregender und wichtiger sein als alles, was sie in anderen Zusammenhängen erlebt. So sagte Ann Morgan (persönliche Mitteilung, 23.4.2008): »Es ist eine so intensive Erfahrung, weil sie sich in der Abgeschiedenheit des Kinderzimmers abspielt.« Friedman (1996) wies darauf hin, dass das Stillen aufgrund der damit einhergehenden Oxytocinausschüttung nicht nur lustvolle Verschmelzungsphantasien in der Mutter anregt, sondern unter Umständen auch die erotische oder sadomasochistische Vorstellung, an einen unersättlichen Säugling gefesselt zu sein. Ein Vater schrieb: »Ich hatte den Eindruck, dass die sinnlichen Bedürfnisse meiner Frau zeitweise durch die Kleine befriedigt wurden. Man hätte die Verbindung der beiden fast als erotisch bezeichnen können, so körperlich und intim war sie. Manchmal wurmte es mich, aber mir ist klar geworden, dass im Grunde alles genauso war, wie es sein sollte« (Molitorisz, 2007: 237). Das Baby erregt die Mutter, »frustriert sie aber auch – sie darf es nicht vor Liebe auffressen oder sich sexuell mit ihm befassen« (Winnicott, [1949] 1983: 88). Die mütterliche Präokkupiertheit mit ihrem Baby kann anfangs den Eindruck erwecken, als lehne sie den Vater ab.

Ann Morgan (persönliche Mitteilung, 4.9.2007) hat das Dilemma näher erläutert:

> Wenn zwischen der Mutter und dem Baby eine echte Verbindung besteht, dann ist sie hochsexuell. Die Schwierigkeit besteht darin, dass das Baby sie braucht, aber wie geht die Mutter damit um? Denn sie muss diese Verbindung entsexualisieren. Alles beginnt mit der sexuellen Erregung der Mutter, und das Baby muss dem Vater Platz machen, und dieser muss es von der Mutter für sich einfordern. Für die Mutter ist alles sexuell, aber sie verdrängt es. Ihre einzige

Möglichkeit, sich zurückzuziehen, besteht darin, die sexuelle Verbindung zum Kindsvater wiederzubeleben. Sie muss die Verbindung durchbrechen, zurücknehmen, was so erregend ist, ohne dadurch die Lust und Bemeisterung, die das Baby beim Gestilltwerden und in seiner Beziehung zum Körper empfindet, zu beeinträchtigen. Das Baby muss Verzicht leisten und damit ringen, vor allem in den anschließenden zwölf Monaten seines Lebens. Damit der Prozess der Separation-Individuation und der Prozess des Denkens in Gang kommen können, müssen Mutter und Baby sich voneinander zurückziehen. Dem liegt unter anderen das Gewahrsein zugrunde, dass sie den Verzicht leisten müssen, wenn das Baby einst in die Welt hinausgehen soll.

Doch in vielen Kulturen wird die Mutterschaft mehr oder weniger enterotisiert, weil die erotische Mutter-Säugling-Dyade Angst erzeugt (Mann, 1997; siehe auch Lebovici/Kestemberg, 1993, zur Unterscheidung zwischen »geheiligten« und erotischen Brüsten).

Die Sexualität des Vaters und das Baby

Der Vater möchte seine Frau als Sexualpartnerin zurückerobern, und häufig bringt das Paar schon sehr früh den Wunsch zum Ausdruck, möglichst bald ein weiteres Baby zu zeugen. In der Erregung, die die junge Vaterschaft mit sich bringt, hat das Baby für den Vater zahlreiche Bedeutungen. Er muss die Gefühle, die er empfindet, wenn er erotische Aspekte des Stillens beobachtet, mit den funktionalen, lebenserhaltenden Aspekten des Stillens integrieren. Britton (1989) beschreibt die Verbindung zwischen den Eltern als Liebespaar als die »fehlende Verbindung«, die mit der elterlichen Sexualität im Ödipuskomplex zusammenhängt: Sie fungiert als Schablone einer Beziehung, von der das Baby ausgeschlossen bleibt und die es nur beobachten kann, während es gleichzeitig selbst je eigenständige Beziehungen zu beiden Elternteilen unterhält. Wenn die Beziehung zwischen Mutter und Säugling allzu eng wird, muss der Vater diese erregende Verbindung aufbrechen. James Herzog (1980), Psychoanalytiker aus Boston, erläutert, dass Väter auf andere Weise als Mütter mit ihren Babys interagieren; er bestätigt die häufige Beobachtung, dass Väter ihre Babys hoch in die Luft werfen, sie wieder auffangen, sie kitzeln, auf ihre Haut prusten oder mit den Bartstoppeln über ihren Bauch reiben. Laut Herzog neigen Väter dazu, ihre Babys zu »überstimulieren« (siehe auch Lamb, 1995; Pruett, 1998). Darüber hinaus erläutert er, dass der Umgang mit dem eigenen Baby im Vater auch sinnliche Erfahrungen auslösen kann, die jedoch nur selten thematisiert werden. Die israelische Psychoanalytikerin Abigail Golomb (persönliche Mitteilung 24.7.2008) hat allerdings mit Vätern gesprochen, auf die der Anblick des Stillpaares nach eigener Aussage erregend wirkte.

Manche Eltern erinnern sich liebevoll scherzend an die Empfängnis als einen kurzen Moment der Lust, der dann die Verpflichtung nach sich zieht, jahrelang für das Kind da zu sein. Joshua, 49 Jahre alt, hat einen 14 Monate alten Sohn, Daniel. Der Junge ist an Leukämie erkrankt und verbrachte den Großteil seines bisherigen Lebens im Krankenhaus. Joshua und Daniels Mutter waren kein Paar mehr, als sie Daniel zeugten. Joshua besuchte seine Expartnerin aber gelegentlich, weil die beiden gemeinsamen älteren Kinder bei ihr lebten. Bei einem dieser Besuche entstand Daniel. Seine Mutter hatte mit der Versorgung der älteren Geschwister alle Hände voll zu tun, so dass es ihr schwerfiel, den durch die Leukämie bedingten hohen Pflegeanforderungen gerecht zu werden. Joshua kündigte seinen Job und übernahm die Hauptverantwortung für Daniel. Auf die Frage nach seinen Beweggründen gab er zur Antwort: »Mein Sohn ist das Ergebnis meiner Lust: Er hat nicht darum gebeten, geboren zu werden. Die Verantwortung liegt ganz und gar bei mir.« Für diesen Vater wurden der Zeugungsakt und die daraus resultierende Verantwortung durch die Präsenz seines Sohnes bestätigt. Wenn er an Daniel dachte, blieb ihm die gemeinsame sexuelle Aktivität mit seiner Frau gewärtig.

Infantile sinnliche Erregung

Über die sinnliche Erregung des Säuglings im ersten Lebensjahr gibt es nur wenig Literatur. Die Anerkennung der Sexualität im zweiten und dritten Jahr hingegen fällt offenbar weniger schwer. »Babys sind wunderbar sinnliche Wesen: niedlich, sanft, verschmust, laden sie zum Küssen und Streicheln ein und verzaubern uns nach zwei Monaten mit ihrem Lächeln, ihrem Krähen und Gurgeln. Sie spielen und albern und saugen und nuckeln voller Zufriedenheit.« (Diamond et al., 2007) Zwei Monate nach der Geburt werden Opioide ausgeschüttet, sobald Mutter und Säugling einander anschauen, und verwandeln diesen Blickkontakt in eine ungemein eindrückliche Erfahrung. Diese fundamentale sinnliche Erregung kann so intensiv sein – die Liebe in den Augen des vier Monate alten Babys kann einen Betrachter fast verlegen stimmen. Sinnliche Erregung im gesamten Körper des Kindes unterscheidet sich von masturbatorischer Erregung, denn sie ist Teil der Freude darüber, die Andere oder den Anderen zu finden.

Hauterotik

Die Sexualität des Babys wird durch die sinnliche, einhüllende Stimulation durch die Mutter geweckt, durch ihr Spiel, ihr Streicheln, Massieren, das Wickeln, Schmusen, Küssen und Umarmen und durch ihren Blick (Diamond et al., 2007: 9, 16). Die Freude, die es ihr bereitet, seinen Körper zu versorgen und zu pflegen, entfacht das Verlangen des Säuglings, der dabei eine zutiefst sinnliche Lust empfinden kann, vor allem in den erogenen Zonen der Haut, des größten Körperorgans. Zu sehen ist dies beispielsweise, wenn eine Massage Erektionen auslöst. Der erotische Umgang der Eltern mit dem Körper des Kindes trägt zur Entwicklung eines persönlichen Raumes bei. Eine mechanische Massage vermag dies nicht.

Stillen

Die intensive Lust, die das Baby beim Stillen in den Armen der Mutter empfinden kann, wird gelegentlich bemäntelt, indem der Bezug zur Brust sprachlich verschleiert wird und man neutral vom »Trinken« spricht. Uns geht es nicht darum, die Ernährung mit der Flasche zu entwerten. Vielmehr verfolgen wir hier eine spezifische Linie der körperlichen Sinnlichkeit. Babys können an der Flasche gleichermaßen genüsslich und gierig saugen wie an der Brust.

Das Stillen ist eine Interaktion zwischen zwei Menschen. Winnicott ([1947] 1964) hat sie unter dem Blickwinkel des Babys beschrieben: »Das Baby hat schließlich die Illusion, dass diese reale Brust genau das ist, was es aus Bedürftigkeit, Gier und dem ersten Impuls seiner primitiven Liebe heraus geschaffen hat. Anblick, Geruch und Geschmack werden irgendwo abgespeichert, und nach einer Weile erschafft das Baby wahrscheinlich so etwas wie die Brust, die seine Mutter anzubieten hat« (90). Eine Mutter sagte, ihr sechs Monate altes Baby sei »dermaßen wild« auf ihre Brüste, dass es geradezu sexuell wirke. Ein Baby, das erregt, fast ekstatisch und mit halb geschlossenen Augen an der Brust trank, wuchs zu einem sinnlichen, bewegungsfreundlichen Kleinkind heran. Wir wissen zwar nicht, was Winnicott über sexuelles Verlangen und über die Sinnlichkeit der Eltern eines Neugeborenen sagte, doch Adam Phillips ([2007] 2009) schreibt: »Es ist, als hätte er erkannt, dass das Reden über Mütter und Babys eine Möglichkeit darstellt, etwas über Paare zu sagen« (8). (Die Vermischung mit aggressiven Wünschen des Babys lässt sich beim erregten Beißen in die Brust, auf das wir hier nicht näher eingehen, einfacher beobachten.)

Für die Mutter kann das Stillen ähnlich starke sexuelle, sinnliche Assoziationen annehmen wie für ihr Baby. Wie verarbeitet sie diese Empfindungen, ohne sich ihretwegen schuldig zu fühlen oder zu glauben, dass das Stillen verboten oder schmutzig sei? Eine Mutter berichtete, sie habe nicht stillen können – ihr Mann hatte seinen ganzen Einfluss ausgespielt und darauf bestanden, dass ihre Brüste *ihm* und nicht dem Baby gehörten. Ihre Brüste hatten in der Paarbeziehung eine Bedeutung, die es unmöglich machte, dass das Baby sie lustvoll genießen konnte. Dieser Vater wollte verhindern, dass irgendjemand, das eigene Baby inbegriffen, seiner Frau sexuelle Lust bereitete – er duldete keine Nebenbuhler. Für Frauen, die sexuell missbraucht wurden und die einen signifikanten Prozentsatz der Mütter ausmachen, die in therapeutische Behandlung überwiesen werden, sind die Brüste manchmal unauflöslich mit der Missbrauchserfahrung und der damit zusammenhängenden Scham und Verwirrung verbunden.

Sinnliches Daumenlutschen

Während viele Babys am Daumen lutschen, um sich zu beruhigen und zu erden, hören wir gelegentlich von sehr kleinen Säuglingen, die das Daumennuckeln sinnlich genießen. Piontelli (1992) berichtete von einem kleinen Mädchen, das intrauterin an der Plazenta zu lutschen und zu lecken pflegte und nach der Geburt mit solcher Leidenschaft am Daumen lutschte, dass es einer Liebesaffäre gleichkam. Gelegentlich wurde das Daumenlutschen auch als kreative Abwehr beschrieben.

Masturbation

Therapeuten und Säuglingsbeobachter berichten nur selten über masturbatorische Aktivitäten im ersten Lebensjahr; gleichwohl entdecken Babys irgendwann in diesem Zeitraum ihre Genitalien und erforschen sie, sofern sie Gelegenheit finden, voller Lust, indem sie sie anfassen und mit ihnen spielen. Ultraschallaufnahmen zeigen männliche Feten mit winzigen Erektionen, und auch bei weiblichen Säuglingen lässt sich ein unwillkürliches

Arousal beobachten. Fonagy (2008) berichtet von einer Umfrage, in der sämtliche Mütter kleiner Jungen angaben, dass ihre Söhne von Geburt an Erektionen hatten; 80% der Mütter von Mädchen gaben an, bei ihren Töchtern ab dem dritten bis sechsten Lebensmonat genitale Erregung beobachtet zu haben. Einem Beobachter zufolge reagieren sechs Monate alte Jungen auf das Massieren des Hodensacks anders als auf das Massieren anderer Körperteile. Eine Mutter berichtete, dass ihr zwölf Monate alter Sohn nicht nur »genüsslich mit der Brustwarze spielte«, sondern gleichzeitig und mit unverkennbarem Entzücken auch mit seinen Genitalien. Ben Bradley (persönliche Mitteilung, 23.4.2008) berichtete von einem acht Monate alten Mädchen aus einer seiner Dreier-Babygruppen, das einen Jungen voller Verlangen ansah und sich dabei geschickt und mit irgendwie sexueller Anmutung an die Genitalien fasste. Fonagy (2008) schreibt, dass Mütter die sexuelle Erregung ihrer Säuglinge im Gegensatz zu anderen Emotionen nicht spiegeln oder mit markiertem Affekt darauf reagieren. Gleichwohl übt auch diese scheinbare Nichtreaktion einen Einfluss aus: Weil das Erleben des Babys ungespiegelt bleibt und nicht anerkannt wird, empfindet das Kind es unter Umständen als beschämend und versucht, es zu verleugnen. Wahrscheinlich ist dies Teil des Bremsens der »aufwallenden« Sinnlichkeit und ihrer diskreten Kontrolle während des Stillens.

Angst kann sich bei Säuglingen und Kleinkindern in selbststimulierenden Verhaltensweisen äußern. Manche Eltern sind darüber sehr beunruhigt. Ihre Bemühungen, das Spielen mit den Genitalien zu verhindern, können die Angst des Kindes verstärken und es verwirren. Ein sehr sensibler und aufmerksamer zwanzig Monate alte kleiner Junge, dessen Vater in tiefer Trauer über den Tod seiner eigenen Mutter war, empfand es als erleichternd, seine Genitalien an den Beinen von Familienangehörigen und Freunden zu reiben. Auch beim Therapeuten suchte er auf diese Weise ein Gefühl der Sicherheit und Geborgenheit. Die therapeutische Intervention sollte den Eltern helfen, sich mit der Angst des Kleinen zu identifizieren und gemeinsam und ohne dramatische Sanktionen Möglichkeiten zu finden, auf andere Weise ein Gefühl der Verbundenheit mit und Geborgenheit bei seinen Bezugspersonen zu finden.

Kichern, kitzeln und das Baby zum Höhepunkt der Erregung treiben
Manchmal scheint die so provozierte Erregung an Intensität mit einem Orgasmus vergleichbar zu sein. Zuzusehen, wie jemand anderer gekitzelt wird, vermittelt dem Betrachter nicht selten ein höchst unbehagliches Gefühl. So auch, wenn ein Baby gekitzelt wird. Projizieren wir etwas Sexuelles in die Situation? Ist die Sinnlichkeit ebenso intensiv wie ein sinnlicher Höhepunkt bei einem Erwachsenen? An einem lachenden Baby haben Erwachsene oft ihre helle Freude; in dem You-Tube-Video »Laughing Baby« aber wird das Gelächter dermaßen »hysterisch«, dass es den Säugling selbst überfordert und eine hinreichend gute Mutter »einen Gang herunterschalten« würde (http://www.youtube.com/watch?v=HttF5HVYtlQ).

Infantile Gier

Halten Therapeuten die Gier für etwas Negatives, für eine der »sieben Todsünden«? Kürzlich meinte eine Mutter, ihr Wunsch nach einem Baby, das sie lieben und um das sie sich kümmern könnte, sei so intensiv gewesen, dass er ihr selbst Unbehagen bereitet habe. Sie habe diese Gier und die Selbstsucht ihres Babywunsches wie eine Sünde empfunden.

Winnicott (1975) betrachtete die Gier hingegen als Teil der positiven, normalen menschlichen Anlagen. Auch Mütter halten sie manchmal für »gut«. Man könnte die Gier als eine Lust auf das Leben verstehen, als einen potenziell lebensbereichernden Aspekt der Leidenschaft, die ein Baby mit auf die Welt bringt, und als Ausdruck seines Verlangens nach Beziehungen zu anderen Menschen. Antoine Guedeney (persönliche Mitteilung, August 2008) bezeichnet sie als »gute« Aggression.

In einem Gespräch mit Alexander McCall Smith ([2007] 2011) über seine Romanfigur Bertie erinnerte uns der Schriftsteller an eine Bemerkung der Mutter: »Als du selbst noch ein kleines Baby warst – und vergiss nicht, das ist erst sechs kurze Jahre her – ja, sechs! –, warst du ein wenig – wie soll ich es ausdrücken? – gierig, und du hast Mummy ein bisschen fest gebissen, so dass Mummy ein bisschen empfindlich geworden ist. Das weißt du nicht mehr, oder?« (45)

Diskussion

Therapeuten und Ärzte, die im Frühbereich tätig sind, gehen nicht selten davon aus, dass Babys mit einer Vielzahl kognitiver Fähigkeiten und quasi »fertig programmiert« wie ein Apple-Computer zur Welt kommen; diese Ausstattung ist zu unterscheiden von der Sexualität, mit der Säuglinge der klassischen psychoanalytischen Sicht zufolge geboren werden, und von der Sinnlichkeit, die wir hier untersuchen.

Wenn Babys Freude am Gestilltwerden und an ihrem Körper haben, verfügen sie über eine gute Grundlage für die Entwicklung ihres Identitätsgefühls, ihres Selbstwertgefühls und einer erfüllenden Sexualität. So schrieb die britische Psychoanalytikerin Rosine Perelberg (2007): »Entscheidend ist der ›richtige‹ Anteil an Erotik, das heißt, nicht zu viel, weil das Kind sonst übererregt wird, aber auch nicht zu wenig, denn die erotische Besetzung des Babys ist ungemein wichtig für die Beziehung, die es zu seinem eigenen Körper entwickelt.«

Man hat postuliert, dass im ersten Lebensjahr ein »sinnlich-sexuelles System« als Signalsystem aktiv ist, das den Aufbau einer sicheren Bindung unterstützt (Diamond/Blatt/Lichtenberg, 2007). Lichtenstein (1977) schrieb über den Zusammenhang von Sinnlichkeit und Identität: »Die ›nicht-prokreative Sexualität‹ trägt mit ihrer emotionalen Erotik zwischen Mutter und Säugling zur Entwicklung der Identität des Kindes bei, indem sie das *Gefühl zu sein*, das aus sinnlichem Erleben hervorgeht, intensiviert.« Manche Therapeuten nehmen eine wechselseitige Beeinflussung zwischen Sexualität und Bindung an. Die Sicherheit oder Unsicherheit in einem der beiden Systeme wirkt sich auf das jeweils andere aus (Holmes, 2007; Lieberman, 2007).

Häufig ist es einfacher, den relationalen Aspekt der dyadischen und triadischen Beziehungen von Babys zu erkennen als die Sinnlichkeit ihrer leidenschaftlichen Bindung: »Ich brauche und liebe DICH«. Ein Vater fragte die Kinderkrankenschwester, ob sie es für möglich halte, dass sein vier Monate alter Sohn eifersüchtig werde, wenn die Eltern »intim« seien. Wenn das Baby neben ihnen im Bett liege, beginne es laut zu schreien, sobald er (der Vater) die Brüste seiner Frau berühre (McWilliams, persönliche Mitteilung, 14.8.2007). Männliche Beobachter berichteten, das 15 Wochen alte Mädchen aktiv mit ihnen flirteten. Das Geschlecht wird im Bereich der psychischen Frühversorgung zwar häufig mehr oder weniger vernachlässigt, doch Kleinkinder geben spätestens mit 14 Monaten ein entsprechendes Gewahrsein zu erkennen (Galenson/ Roiphe, 1974). Sie identifizieren das Geschlecht anderer Kleinkinder ab dem Alter von etwa sechs Monaten; ebenfalls mit sechs Monaten lässt sich oft ein Unterschied in der Qualität der sinnlichen Erregung beobachten, mit der Säuglinge auf männliche und weibliche Therapeuten reagieren. Dies legt die Vermutung nahe, dass die Kerngeschlechtsidentität höchst wichtig und tendenziell festgelegt ist. (Manche Studien lassen darauf schließen, dass nicht weniger als eine von 200 Müttern Besorgnis über die Art und Weise äußert, wie das Kleinkind seine Geschlechtsidentität im Spiel und allgemeinen Verhalten äußert.)

Gegenübertragung

Ein geschärftes Bewusstsein für die elterliche Sexualität, die sinnliche Erregung des Säuglings und die infantile Gier könnte ein nuancierteres Verständnis der Geschichte und Entwicklung der Eltern und ihres Kindes ermöglichen. Kliniker hätten unter diesen Umständen seltener den Eindruck, dass die frühen sinnlichen Manifestationen unerklärlich oder aber »*nur* Autoerotik« seien. Ein Arzt wollte nicht darüber nachdenken, dass er gesehen hatte, wie eine Mutter beim Windelwechseln scheinbar geistesabwesend die Genitalien ihrer zehn Monate alten Tochter massierte und dies offenbar als lustvoll empfand. Wenn wir aber darüber nachdenken können, werden wir die Erfahrung, die Mutter und Baby in einer solchen Situation machen, vielleicht besser verstehen.

Mit einem geschärften Bewusstsein für elterliche Sexualität, infantile Sinnlichkeit und Gier fällt es uns auch leichter, uns präziser auf unsere Gegenübertragung einzustimmen und auf dieser Grundlage zu deuten. Die Kinderpsychotherapeutin Stella Acquarone (1987) beschrieb z. B. ihre sexuellen Gedanken über ein winziges Baby; sie fasste sie in eine Deutung, die die Mutter affektiv erreichte und eine hilfreiche Intervention einleitete. Baby Janet war fünf Tage alt, wollte an der Brust nicht trinken und verlor Gewicht. Acquarone schaute das Baby an und dachte: »Was für ein sexy Gesicht!« Sie beschloss, ebendiesen Gedanken auszusprechen. Mit Tränen in den Augen fragte die Mutter, ob das normal sei. Vom ersten Moment an, als das Baby an ihrer Brust zu saugen begann, sei sie sexuell erregt worden. Dies sei sehr verwirrend und frustrierend für sie. Sie lehnte das Baby ab und hatte das Gefühl, dass ihre kleine Tochter sie daraufhin hasste und ebenfalls ablehnte und die Brust verweigerte. Acquarone nahm die Mutter als sehr verletzlich wahr und verspürte den Impuls, sie in den Arm zu nehmen. Sie sagte zu ihr, dass sie vielleicht gern gehalten werden und sich an jemanden anschmiegen würde. Acquarone sagte auch, dass das Baby möglicherweise die gleichen sexuellen Gefühle empfinde wie seine Mutter. Das Baby begann sofort, besser zu trinken, und nach und nach entwickelten beide Freude am Stillen. Die Gesundheitsschwester berichtete, dass die Mutter ihr Baby besser zu verstehen lerne. Wir erkennen hier eine Demonstration der Auswirkungen der Schamschranke; als diese herabgesetzt wurde, war eine allgemeine Verbesserung des Spiegelns die Folge.

Wenn ein Säugling von Geburt an freudig sinnlich zu sein scheint, reagieren Kliniker alarmiert und betrachten die Triebhaftigkeit bestimmter Symptome, etwa das exzessive Daumenlutschen oder andere selbststimulierende Verhaltensweisen, als Abwehr oder als Zeichen einer gescheiterten Abwehr. »Was wichtig ist, ist die Trennung des Kindes von der Mutter, und zwar auf einer sexuellen Grundlage – der gemeinsamen Erregung. Das Baby hält sie nicht für sexuell, es ist die Verbindung mit dem Körper und der Brustwarze im Mund und die Freude daran, die einem Höhepunkt zustrebt, und beide müssen darauf verzichten. Die absolut dynamische und wichtige Weise, wie diese Trennung zustande kommt – wie trennst du dich und liebst dennoch weiter und wirst weiter geliebt? Eine Mutter sagte: ›Es ist so ... erschreckend‹.« (Morgan, persönliche Mitteilung, Dezember 2007)

Säuglinge, die aufgrund von Trennungsangst oder Misshandlung verzweifeln, setzen die Sinnlichkeit unter Umständen defensiv ein, um sich die Möglichkeit der Gesundheit zu erhalten. Ein kleiner Junge trank 18 Monate lang nur an einer Brust, um seine Angst zu bewältigen. Wenn Säuglinge an einem autoerotischen Muster (z. B. dem Saugen an der eigenen Zunge oder Haut) festhalten, dient ihnen dies vielleicht als Möglichkeit, emotional lebendig zu bleiben, bis eine Therapie verfügbar wird (siehe McDougall, 2000, zu ähnlichen Überlegungen in Bezug auf erwachsene Patienten).

Schwierigkeiten auf dem Entwicklungspfad der infantilen Sinnlichkeit

Die Depression greift die Erregung des Anderen an. Wenn die Mutter nicht in ihr Baby und das Baby nicht in seine Mutter verliebt ist, fühlen sie sich einander nicht nahe, und der Säugling wendet sich ab. Wenn das Baby nicht erwartet, dass ihm das Zusammensein mit der Mutter Freude bereiten wird, werden seine Gefühle gedämpft, und die Interaktion wird asexuell. Diese Enttäuschung über die Mutter kann die spätere Sexualität beeinträchtigen.

Der britische Psychoanalytiker Malcolm Pines (1985) diskutierte einen Zusammenhang mit der Entwicklung eines falschen Selbst:

> Depressive Mütter können lediglich eine freudlose Leblosigkeit widerspiegeln und aktivieren aufgrund ihrer Unfähigkeit, andere Gefühle zu spiegeln, im Säugling ein falsches Selbst, das im Einklang mit der Mutter ebenfalls depressiv ist. [...] Später im Leben kann sich diese Spaltung zwischen dem wahren und dem falschen Selbst in Form sexueller Schwierigkeiten äußern. [...] Der Kern des »wahren Selbst« ruft dann unter Umständen nach Anerkennung, und zwar häufig durch eine symptomatische sexuelle Schwierigkeit, welche die Sexualität in sich enthält, die für das begrabene zentrale verlorene Selbst spricht. (24)

Die Mutterschaft kann einer Frau die Tür zu einer perversen Entwicklung öffnen, indem sie sie veranlasst, den Säugling – ganz gleich, ob Junge oder Mädchen – als Sexualobjekt zu benutzen, mit dem sie sich selbst Erregung verschafft. Wenn ihr die erneute Hinwendung zum Kindsvater nicht gelingt, bleibt sie womöglich in einem perversen inneren Zustand gefangen (Welldon, 1980). Es ist möglich, dass die Erektionen, die manche Väter, wie Fonagy (2008) berichtet, in Anwesenheit ihres neugeborenen Babys erleben, eine ähnliche Tür öffnen.

Eine weitere wichtige klinische Konsequenz besteht in den Auswirkungen, die die mütterlichen oder väterlichen Schwierigkeiten mit Sexualität und Aggression auf die sich entwickelnde Geschlechtsidentität des Babys haben. Sie können eine langfristige Dysphorie der Geschlechtsidentität in Gang setzen (siehe Coates/Moore, 1997, über die Entwicklung von Störungen der Geschlechtsidentität).

Mütter, die selbst sexuell missbraucht wurden, leiden bisweilen unter signifikanten Brüchen in ihrer Sexualität und Identität; diese Verzerrungen können in das Baby projiziert werden. Die eigene Angst bezüglich der Bedeutung des Körpers und seiner Funktionen manifestiert sich in der alltäglichen Versorgung des Babys und beeinflusst, wie dieses seinen Körper und seine Sexualität erlebt.

Neue Untersuchungen belegen, welch wichtigen Beitrag die Umwelt, die genetische Ausstattung und epigenetische Faktoren zum Temperament und zur Persönlichkeit des sich entwickelnden Selbst leisten. Die Kultur übt zweifelsfrei einen gewichtigen Einfluss darauf aus, wie Eltern ihre Rolle als Versorger ihres Babys ausfüllen, und die Kultur der Eltern beeinflusst auch ihr sexuelles Erleben. In manchen Kulturen kann man offen und gelassen über Sexualität sprechen, in anderen ist sie schambesetzt und wird versteckt.

Das Baby spürt, dass die reflektierte Essenz seiner selbst fehlt, wenn sich die Eltern seiner Sinnlichkeit und Sexualität – und ihrer eigenen – schämen. Ausführlicher erläutert wurden die Entwicklung des frühen Schamgefühls, seine Zusammenhänge mit der elterlichen Wahrnehmung der Sexualität ihres Babys und die Art und Weise, wie das Kind selbst daraufhin seinen Körper erlebt, von Michael Lewis (1995). Moderne neurobiologische Studien über die Spiegelneuronen lassen vermuten, dass eine lebendige Widerspiegelung der gesamten Affektbandbreite notwendig ist, damit der Säugling sich gesund entwickeln kann (Fonagy et al., 2007; Gallese, 2003). Das Baby nimmt den niedergeschlagenen, abgewendeten, leeren Blick der Mutter und die Scham, die sie bei den körperlichen Pflegeverrichtungen empfindet, mit all seinen Sinnesmodalitäten wahr. Es reagiert auf den ständig ablaufenden Prozess ihres verkörperten Mentalisierens (Shai/Belsky, 2011).

Wie können die Konzepte der Sinnlichkeit und Gier bei gravierenden Fütterschwierigkeiten helfen?

Die Liebe einer Mutter zu ihrem Baby findet Ausdruck in der Stillerfahrung. Wenn sich Trinkschwierigkeiten einstellen, ist das Schicksal der Erotik des Babys entscheidend. Welchen Zweck erfüllt es, dass bestimmte Körperteile besetzt werden, andere hingegen nicht? Erotik und die Biologie der Sinnlichkeit, neurophysiologische Stimulation und psycho-physiologische Reaktion – bezogen auf den Säugling: die Lust am Gestilltwerden und das dämmernde Gewahrsein der Haut sowie der wichtigen Rolle der Genitalien – bilden die Grundlage der normalen Erotik, die für eine »erwachsene« Sexualität und für die Fortpflanzung unabdingbar ist.

Wenn wir uns diese Zusammenhänge deutlich bewusst machen, steht uns eine größere Anzahl an Interventionsmöglichkeiten zur Verfügung.

– Eine Mutter fragte z. B., weshalb ihr kleiner Sohn nicht aus der Flasche trinke. Der Therapeut fragte zurück: »Warum sollte er? Er vermisst die Weichheit und Wärme der Brust.« Die Mutter erwiderte: »Guter Junge«, streichelte das Baby, und die Schwierigkeiten ließen nach (Meehan, persönliche Mitteilung, 2007).

- Wenn Mütter beim Stillen Scham, Ekel, Angst, Ablehnung, Ungeduld oder Wut empfinden, kann ein Ziel darin bestehen, die Entwicklung eines gewissen Grades an Lust und Freude zu fördern. Eine therapeutische Intervention könnte der Mutter beispielsweise vermitteln, dass das Stillen durchaus genussvoll sein kann, und ihr implizit Hoffnung machen, dass auch sie künftig Freude daran haben wird.
- Eine wichtige klinische Anwendung ist die Arbeit mit Babys auf Neugeborenenintensivstationen, denn häufig sind die sinnliche Erregung und Gier der dort behandelten Säuglinge beeinträchtigt. Medizinische Eingriffe und Verrichtungen haben unter Umständen ihre gesunde Besetzung des eigenen Körpers verhindert oder entgleisen lassen: Sie waren einer Vielzahl traumatischer Manipulationen des Mundes ausgesetzt und entwickeln, wenn die Mütter sie anlegen, eine so schwache Erregung, dass häufig Trinkschwierigkeiten die Folge sind. Statt sich lediglich auf Fragen der Technik des Anlegens zu konzentrieren, können Kliniker versuchen, dem Baby zu helfen, orale Erregung und Erregung beim Trinken zu entwickeln. »Der Säugling, der durch eine nasogastrale Sonde ernährt wird, muss nicht arbeiten, um an die Milch zu kommen. Das heißt, er muss sich der Mutter nicht zuwenden. Die Sonde macht ihm diese Hinwendung zur Mutter schwer, denn er muss (ähnlich wie beim Masturbieren) nicht an die Andere denken und ist nicht auf sie angewiesen.« (Morgan, persönliche Mitteilung, Dezember 2007)
- Wenn ein Baby mit uneindeutigen Genitalien zur Welt kommt, mit angeborenen Missbildungen der Geschlechtsorgane, oder wenn Störungen in der Sexualentwicklung auftreten, ergeben sich bedeutsame klinische Konsequenzen. Der Mutter fällt es unter Umständen schwer, am Stillen Freude zu empfinden oder den Körper des Babys »hinreichend gut« zu besetzen (siehe Elizabeth Loughlins [1993] tanztherapeutische Arbeit mit Familien, deren Babys mit Störungen der Sexualentwicklung geboren wurden, sowie Suzi Tortoras [2010] Arbeit in New York).

Schluss

Die Bindung ist lebensrettend, doch es kann gefährlich sein, wenn Therapeuten die Sexualität des Säuglings und seiner Eltern ignorieren. Das heißt nicht, dass wir über Sexualität sprechen, ohne uns dies genau zu überlegen! Oder dass es nicht auch Säuglinge und Familien gäbe, mit denen wir keineswegs darüber sprechen. Notwendig aber ist, dass die Sexualität dem Therapeuten in seinem inneren geistigen Raum zugänglich ist und von ihm benutzt werden kann. In der Mutter-Säugling-Therapie müssen wir an diesen offensichtlichen Gedanken und Wünschen des Babys und der Eltern nicht zwangsläufig unser Verhalten orientieren, wenngleich es manchmal sehr hilfreich ist, eine Verbindung zum Baby aufzunehmen und seine Wahrnehmung von Aggression oder Arousal in Gegenwart der Eltern zu unterstützen. Wir sollten also bereit und fähig sein, über das Thema Sexualität auf eine Weise nachzudenken, die für den individuellen Säugling und die Mutter/den Vater, mit denen wir arbeiten, hilfreich ist.

Säuglinge benötigen ein gesundes Konzept ihres eigenen, sich entwickelnden Körpers, und zwar von Anfang an. Das bedeutet, dass ihre Erregung, ihr Überschwang, ihre Aggression, Sinnlichkeit und Sexualität zugelassen werden müssen. Diese Gefühle müssen erlebt und integriert werden; sie dürfen nicht gefürchtet und aus Angst verdrängt werden, denn in diesem Fall tauchen sie im späteren Entwicklungsverlauf wieder auf. Sie sollten so integriert werden, dass Verlangen und Begehren nicht als desorganisierend (oder sündhaft) erlebt werden. Deshalb ist es keine rein akademische Übung, wenn wir dafür eintreten, das Bewusstsein für diese Wünsche, die als Triebkraft von Interaktion und Beziehungen dienen, zu schärfen. Ein solches Verständnis hilft Säuglingen und ihren Eltern, die mit den Höhen und Tiefen der Entwicklung in einer Umwelt zu kämpfen haben, in der Sexualität und Aggression auf starke Ambivalenz und – bei ausgeprägter Doppelzüngigkeit – auf noch schockierendere Reaktionen treffen. Wenn wir die manifesten wie auch die verborgenen Äußerungen der Sexualität in unserer Arbeit mit Säuglingen und Eltern vermeiden, liefern wir die Eltern unter Umständen einer unnötigen Belastung aus, die nicht ausgesprochen wird und deshalb nicht durchgearbeitet werden kann. Dies kann zur Folge haben, dass der Säugling eine verzerrte Sexualität in sie hineinprojiziert. Die Verdrängung von Erregung, Gier und ähnlichen Gefühlen steht ebenso wenig wie die Verdrängung der »Triebe« automatisch im Dienst des Individuums und der Gesellschaft.

Fassen wir zusammen: Ein schärferes Bewusstsein für das Zusammenwirken von elterlicher Sexualität, kindlicher sinnlicher Erregung und infantiler Gier sowie der Art und Weise, wie sie einander positiv und negativ wechselseitig beeinflussen und verstärken, könnte zu einer Erweiterung unseres Verständnisses und unserer Beurteilungen führen; dabei denken wir insbesondere an Informationen, die uns unsere emotionalen Reaktionen und unsere Gegenübertragung liefern. Es könnte uns, wenn wir klinisch mit dem Säugling als Subjekt in Gegenwart der Eltern arbeiten, auch helfen, Interventionen zu entwickeln, die von den Eltern nicht nur als hilfreicher erlebt werden, sondern die auch empathischer auf die gesamte Persönlichkeit des Säuglings und die seiner Eltern abgestimmt sind (Paul/Thomson-Salo, im Druck).

Übersetzung: Elisabeth Vorspohl, Bonn

Literatur

Acquarone, S. (1987): Psychotherapeutic interventions in cases of impaired mother/infant relationships. *Journal of Child Psychotherapy,* 13: 45-64.

Britton, R. (1989): The missing link: parental sexuality in the Oedipus complex. In: Britton, R./Feldman, M./O'Shaughnessy, E. (1988): *The Oedipus Complex Today.* Hrsg. von J. Steiner. London: 83-101. (1998): Die fehlende Verbindung. In: *Der Ödipuskomplex in der Schule Melanie Kleins.* Übers. von E. Vorspohl. Stuttgart: 95-115.

Coates, S. W./Moore, M. S. (1997): The complexity of early trauma: Representation and transformation. *Psychoanalytic Inquiry,* 17: 286- 311.

Diamond D./Blatt, S./Lichtenberg, J. (Hrsg.) (2007): *Attachment and Sexuality.* New York/London.

Fonagy, P. (2008): A genuinely developmental theory of sexual excitement and its implications for psychoanalytic technique. *Journal of the American Psychoanalytic Association,* 56: 11-36. (2011): Eine genuine entwicklungspsychologische Theorie des sexuellen Lustempfindens und deren Implikationen für die psychoanalytische Technik. In: *Analytische Kinder- und Jugendlichentherapie,* 152 (4): 469-498.

Fonagy, P./Target, M. (2007): The rooting of the mind in the body: New links between attachment theory and psychoanalytic thought. *Journal of the American Psychoanalytic Association,* 55: 411-456.

Fonagy, P./Gergely, G./Target, M. (2007): The parent–infant dyad and the construction of the subjective self. *Journal of Child Psychology and Psychiatry,* 48: 288-328.

Friedman. M. E. (1996): Mother's milk: A psychoanalyst looks at breastfeeding. *Psychoanalytic Study of the Child,* 51: 475-490.

Galenson, E. (1971): The therapeutic nursery school. A contribution to the study and treatment of emotional disturbances in young children. *Psychoanalytic Quarterly,* 40: 682-685.

Galenson, E./Roiphe, H. (1974): The emergence of genital awareness during the second year of life In: Friedman, R. C./Richart, R. M./Van de Wiele, R. L. (Hrsg.): *Sex Differences in Behavior.* New York: 223-231.

Gallese, V. (2003): The roots of empathy: The shared manifold hypothesis and the neural basis of intersubjectivity. *Psychopathology,* 36: 171-180.

Herzog, J. M. (1980): Sleep disturbance and father hunger in 18- to 28-month-old boys – The Erlkönig Syndrome. *Psychoanalytic Study of the Child,* 35: 219-233.

Holmes J. (2007): Sense and sensuality: Hedonic intersubjectivity and the erotic imagination. In: Diamond,D./Blatt, S./Lichtenberg, J. (Hrsg.): *Attachment and Sexuality.* New York/London: 137-159.

Lamb, M. (1995): *The Role of the Father in Child Development.* Hillsdale, NJ.

Laughing baby. Available at http://www.youtube.com/watch?v=HttF5HVYtlQ. Accessed 19.5.13.

Lebovici, S./Kestemberg, E. (1993): The breast or breasts. J*ournal of Child Psychotherapy,* 19: 5-13.

Lewis, M. (1995): *Shame: The Exposed Self.* New York.

Lichtenstein, H. (1977). *The Dilemma of Human Identity.* New York.

Loughlin, E. E. (1993): »Why was I born among mirrors?« Therapeutic dance for teenage girls and women with Turner syndrome. *American Journal of Dance Therapy,* 15: 107-124.

Mann, D. (1997): *Psychotherapy: An Erotic Relationship. Transference and Countertransference Passions.* London. (1999): *Psychotherapie: Eine erotische Beziehung.* Übers. von E. Vorspohl. Stuttgart.

Molitorisz, S. (2007): *Sunday Life, The Sunday Age Magazine.* 22. Juli 2007: 21-23.

McCall Smith, A. (2007): *The World According to Bertie.* Edinburgh. (2011): *Tür an Tür in der Scotland Street 44.* Übers. von U. Brammertz. München.

McDougall, J. (2000): Sexuality and the neosexual. *Modern Psychoanalysis,* 25: 155-166.

Perelberg, R. (2007): Space and time. Vortrag in der British Psychoanalytical Society.

Onions, C. T. (Hrsg.) (1973): *The Shorter Oxford English Dictionary.* Oxford.

Paul, C./Thomson-Salo, F. (im Druck). *The Baby as Subject: Clinical Studies in Infant Mental Health.* London.

Phillips, A. (2007): *Winnicott.* London: Penguin Books. (2009): *Winnicott.* Übers. von F. Langegger. Göttingen.

Pines, M. (1985): Mirroring and Child Development. *Psychoanalytic Inquiry,* 5: 211-231.

Piontelli, A. (1992): *From Fetus to Child. An Observational and Psychoanalytic Study.* London/New York. (1996): *Vom Fetus zum Kind – die Ursprünge des menschlichen Lebens. Eine psychoanalytische Beobachtungsstudie.* Übers. von E. Vorspohl. Stuttgart.

Pruett, K. D. (1998): Role of the father. *Pediatrics* 102 No. Supplement E1 November 1: 1253-1261.

Ramsay, S. (1992): *Baby Crazy.* Video recording written and directed by Stephen Ramsey. Linfield, New South Wales: Film Australia.

Raphael Leff, J. (2007): Femininity and its unconscious »shadows«: gender and generative identity in the age of biotechnology. *British Journal of Psychotherapy,* 23: 495-515.

Shai, D./Belsky, J. (2011): When words just won't do: Introducing parental embodied mentalizing. *Child Development Perspectives,* 5: 173-180.

Swain, J. (2008): Brain basis of parent-infant bonding: Primary parental preoccupation: Reorganisation of circuits involved in worry, reward and habit formation. Vortrag auf dem 11. Weltkongress der World Association of Infant Mental Health, Yokohama.

Tortora, S. (2010): *How young children communicate distress nonverbally: a developmental perspective.* Vortrag auf der Pediatric Psychological Trauma in Infants and Young Children from Illness, Injury and Medical Intervention Conference. Los Angeles, CA.

Townsend, H. (1990). *Baby Crazy: The Funny, Emotional, Extraordinary Experience of Having a Baby.* Pymble, Australia.

Trevarthen, C./Kokkinaki, T./Fiamenghi, G. A. (1998): What infants' imitations communicate: With mothers, with fathers and with peers. In: Nadel, J./Butterworth, G. (Hrsg.). *Imitation in Infancy.* Cambridge.

Van Heugten, M./Shi, R. (2009): French-learning toddlers use gender information on determiners during word recognition. *Developmental Science,* 12: 419-425.

Welldon, E. V. (1980): *Mother, Madonna, Whore. The Idealization and Degradation of Motherhood.* New York and London. (1992): *Mutter, Madonna, Hure. Die Verherrlichung und Erniedrigung der Mutter und der Frau.* Übers. von D. Rybotycky. Waiblingen.

Winnicott, D.W. (1947): Further thoughts on babies as persons. In: *The Child, the Family, an the Outside* World 1964. Harmondsworth. (1969) Der Säugling als Person. In: Ders.: *Kind, Familie und Umwelt.* Übers. von U. Seemann. München: 42-46.

Winnicott, D. W. (1949): Hate in the counter-transference. *International Journal of Psycho-Analysis,* 30: 69-74. (1983): Hass in der Gegenübertragung. In: *Von der Kinderheilkunde zur Psychoanalyse.* Übers. von G. Theusner-Stampa. Frankfurt a. M.: 77-90.

Winnicott, D.W. (1965): *The Maturational Processes and the Facilitating Environment: Studies in the Theory of Emotional Development.* London. (1984) *Reifungsprozesse und fördernde Umwelt.* Übers. von G. Theusner-Stampa. Frankfurt a. M.

Winnicott, D. W. (1975): *Through Paediatrics to Psycho-Analysis.* The International Psycho-Analytical Library, 100: 1-325. London.

Barbara von Kalckreuth / Christiane Wiesler
Wolfgang von Kalckreuth

Vom Mann zum Vater der frühen Kindheit
Klinische Beobachtungen und Erfahrungen
aus der Freiburger Babyambulanz

Wo sind die Väter?

Diese Frage haben wir uns immer wieder während der knapp 10-jährigen Arbeit in der Freiburger Babyambulanz gestellt, denn die Väter waren und sind bei den Anmeldungen und als Teilnehmer an den Therapiestunden deutlich unterrepräsentiert. Dennoch waren sie immer anwesend: durch das Kind und durch den Bericht der Mutter, selbst dann, wenn der Vater darin zunächst ausgespart wurde. Wir hatten den Eindruck, dass es den Vätern schwerer fiel, sich in ihre neue Rolle zu finden, schwerer fiel, sich darüber auszutauschen.

Diesem Eindruck sind wir nachgegangen, indem wir unsere Beobachtungen der Väter und Informationen über die Väter gesammelt und geordnet und versucht haben, die Phänomene besser zu verstehen. Bei den Vätern der über 400 Patienten zeichneten sich Themen- und Konfliktfelder ab, die für uns den spezifischen Weg des Mannes in die Vaterschaft markieren.

Auf der Suche nach theoretischen Grundlagen fanden wir überwiegend Beschreibungen zur Entwicklung von der Frau zur Mutter. Außerdem haben wir das ordnende Prinzip einer Vaterschaftskonstellation in Analogie zur Mutterschaftskonstellation von Stern (1995) vermisst und den Versuch unternommen, eine entsprechende Formulierung für den Vater zu finden. Das Gleiche gilt für die Mutterschaftstrilogie, zu der analog eine Vaterschaftstrilogie formuliert wurde.

Barbara von Kalckreuth / Christiane Wiesler / Wolfgang von Kalckreuth

Die Rolle des Vaters in der deutschen Familie und innerhalb der Psychoanalyse

Der Vater hatte über viele Jahrhunderte mit der frühen Kindheit emotional wenig zu tun. Diese Zeit war die Domäne der Frauen. Auf einem Fresko von Menabuoi, das den neugeborenen Johannes den Täufer und seine Mutter Elisabeth im frühen Wochenbett zeigt, sind dreizehn Frauen versammelt. Fünf sorgen für Elisabeth, drei sind mit dem Kind beschäftigt. Der Vater gehörte nicht zu diesem Szenario. Er sorgte vielmehr für den materiellen Unterhalt. So gehörte zu seinen Aufgaben auch die Bezahlung der Hebamme bei der Geburt (Weber-Kellermann, 1976).

Eine andere wichtige Aufgabe des Vaters war der Schutz nach außen. Es wurde erwartet und idealisiert, dass er als Soldat in Kriege zog und vorübergehend oder dauerhaft nicht bei Frau und Kind sein konnte. Die beiden Weltkriege der letzten hundert Jahre hatten schreckliche emotionale Folgen, die im impliziten Gedächtnis aufbewahrt werden und sich bis in die Gegenwart auswirken (Radebold, 2000; Wettig, 2006). Aus euphorisch-siegesgewissen Männern wurden gefallene Helden. Und wenn sie zurückkamen, hatten sie sich oft verändert, wurden fremd, unzugänglich, enttäuschend und ängstigend erlebt. Im Dritten Reich war der Vater hauptsächlich Erzeuger und Soldat, von der fernen Front oft sehnsüchtig bei Frau und Kind Halt suchend (Schoffit, 2009).

Aber nicht nur räumlich war er von der Familie getrennt, auch inhaltlich hatte er zur frühen Kindheit nicht viel beizutragen, wie aus dem Buch *Die deutsche Mutter und ihr erstes Kind* von Haarer (1934) hervorgeht. Dort ist die Mutter die Einzige, die das Kind gut versorgen kann. Wie lange sich diese einseitige, ideologische Rollenzuschreibung gehalten hat und bis heute im kulturellen Gedächtnis erhalten ist, zeigt sich u. a. am Erfolg dieses Buches, das noch bis 1987 unter dem Titel *Die Mutter und ihr erstes Kind* verlegt und verkauft wurde. Erst in den letzten Jahrzehnten haben Forschungsergebnisse die Bedeutung des Vaters als Bezugsperson in der frühen Kindheit ins Bewusstsein gerückt und eine folgenreiche Entwicklung in Gang gesetzt. Sie zeigt sich ganz unmittelbar im Straßenbild des Alltags, das zunehmend mehr Väter, die mit ihren kleinen Kindern unterwegs sind, bevölkern. Ermöglicht wurde dies auch durch die politische Entscheidung für eine großzügig bemessene Elternzeit, auch für Väter.

In den Anfängen der psychotherapeutischen Arbeit mit Kindern von null bis drei Jahren stand die Mutter-Kind-Beziehung ganz im Mittelpunkt (Lebovici, 1994; Stern, 1995). Seit den späten 1960er Jahren sind die Väter zunehmend wahrgenommen worden, nachdem ihnen Versorgungs-, Beziehungs- und Erziehungsaufgaben übertragen wurden, die sonst von den Müttern erwartet wurden. Ein entscheidender Schritt auf diesem Weg war das Zulassen der Väter zur Geburt vor 40 Jahren, was von Lind (1973) als »Geburt der Familie in der Frauenklinik« bezeichnet wurde. Diese individuellen und gesellschaftlichen Veränderungen wurden psychoanalytisch reflektiert und fanden ihren Niederschlag u. a. in Arbeiten über die frühe Triangulierung. Durch den Blick auf den Vater wurde die Mutter-Kind-Dyade erweitert und die Bedeutung der verschiedenen Beziehungen in der Triade sichtbar. Grundlegende Arbeiten dazu stammen von Abelin (1971), Schon (1995), von Klitzing (1998), Bürgin (1999), Fivaz-Depeursinge (2001). Die GAIMH[1] hat ihre Jahrestagung 2002 der Bedeutung des Vaters in der frühen Kindheit gewidmet (Steinhardt/Datler/Gstach, 2002). Eine wachsende Zahl von Veröffentlichungen spiegelt die Dringlichkeit des Themas wieder. Stellvertretend sei das Väter-Handbuch genannt, das den aktuellen Wissensstand wiedergibt (Walter/Eickhorst, 2012).

Zunehmend wurde auch in der analytischen Säuglings-Kleinkind-Eltern-Psychotherapie, SKEPT, die Bedeutung des Vaters in der frühen Kindheit theoretisch und praktisch weiterentwickelt und seine Rolle für die Psychodynamik der Familie in den Vordergrund gerückt. Selbst wenn Väter nicht präsent sind, werden sie durch Wünsche und Phantasien der Mütter dargestellt und einbezogen. Außerdem repräsentiert das anwesende Kind die Beziehung seiner Eltern. Väter erweisen sich oft als eine bedeutende Ressource oder können sich in diese Richtung entwickeln. Es gibt aber auch nicht erreichbare Väter. Bereits das Zulassen eines Therapeuten in die Mutter-Kind-Dyade stellt eine erste Triangulierungserfahrung dar, die im therapeutischen Prozess aufrechterhalten und weiterentwickelt werden kann. Die entlastende und klärende Erfahrung in der Therapie regt die Beteiligten zum triadischen Denken an, was sich u. a. darin zeigt, dass der anfangs abwesende Vater zu den Sitzungen kommt und zum aktiven Teilnehmer wird.

---

[1] GAIMH: German speaking Association for Infant Mental Health – Gesellschaft für Seelische Gesundheit in der frühen Kindheit e.V.,1996 als Tochtergesellschaft der WAIMH: World Association for Infant Mental Health gegründet.

Vom Mann zum Vater –
eine Entwicklung mit Hindernissen

Der Kinderwunsch des Mannes wird wie bei der Frau primär als triebhaft bestimmt angesehen. Bewusste und unbewusste Wünsche spielen eine Rolle. Beim Mann dürften narzisstische Wünsche nach Männlichkeit und Fruchtbarkeit von zentraler Bedeutung sein, nach einem Kind, mit dem man sich identifizieren kann und, wie bei der Frau, den Drang nach Unsterblichkeit befriedigt. Der Vater kann sich als wichtiger Beschützer, treuer Freund und vertrauter »Kumpel« erleben, der das Kind begleitet, von dem er uneingeschränkt bewundert wird. Wie bei der Frau ist der Wunsch nach Wiederbelebung der eigenen Kindheit von Bedeutung (Brazelton/Cramer, 1991).

Der Übergang vom Mann zum Vater kann als normative Entwicklungskrise (Erikson, 1973) beschrieben werden. Die Vaterrolle stellt neue Anforderungen. Einerseits muss die Verantwortung für ein hilfloses, schutzbedürftiges Kind übernommen und integriert werden, andererseits soll die nun veränderte Paarbeziehung weiterhin einen Platz im Leben der Eltern behalten. Die Veränderung wird von vielen Vätern als Verlust der ausschließlichen Zuwendung der Frau erlebt. Irritierend ist oftmals eine veränderte Sexualität. Das Miterleben der Geburt und das Wahrnehmen der starken Beanspruchung und oftmals Verletzung der Frau im Genitalbereich kann Ängste auslösen und in einen wortlosen Rückzug führen.

Die aktuelle gesellschaftliche Erwartung an einen Vater, über die materielle Versorgung hinaus auch emotional zur Verfügung zu stehen und Alltagsaufgaben übernehmen zu können, kann als nicht aushaltbarer Druck erlebt werden. Die Schwangerschaft der Frau löst bei einem mit ihr emotional verbundenen Mann hormonelle Veränderungen aus, die insgesamt fürsorgliches Verhalten fördern. Es wurde nachgewiesen, dass Testosteron abfällt und Prolactin und Oxytocin ansteigen. Das Testosteron kann um ein Drittel abfallen, wodurch typisch männliche Verhaltensweisen wie Aggression, motorische Aktivitäten, riskantes und rivalisierendes Verhalten, gemildert werden (Gettler et al., 2011). Prolactin, das bei der Mutter für die Milchbildung sorgt, kann um ein Fünftel ansteigen (Delahunty et al., 2007). Dadurch wird fürsorgliches Verhalten ermöglicht und die Bindung zum kommenden Kind bereits während der Schwangerschaft unterstützt. Wenn das Baby geboren ist, löst sein Schreien und sein

Anblick beim Vater die Prolactinausschüttung aus (Gettler et al., 2011). Dieser Effekt wurde noch bei Vätern im Kontakt mit ihren 22 Monate alten Kindern nachgewiesen (Storey et al., 2011).

Die eigene biografische Erfahrung mit Mutter und Vater ist wie bei der Frau eine Voraussetzung für die Entwicklung vom Mann zum Vater. Um emotional Vater werden zu können, brauchen Männer innere Bilder von Vater und Mutter, die sie anstreben oder von denen sie sich distanzieren. In der Paarbeziehung fällt auf, dass der Mann gerne die Fürsorglichkeit der Frau annimmt, also eine Mutter-Kind-Konstellation besteht, die unbewusst ist. Das ändert sich im Lauf der Schwangerschaft. Die Aufmerksamkeit der Frau gilt dann zunehmend dem kommenden Kind und der Mann fühlt sich oft ausgeschlossen, sexuell zurückgewiesen und narzisstisch gekränkt. Oft fehlt ihm die Möglichkeit, sich mit der Partnerin als werdender Mutter identifizieren zu können. Das ist eine schwere Belastung für die Partnerschaft. Immer wieder trennen sich Paare bereits während der Schwangerschaft oder in den ersten drei Lebensjahren des Kindes. Es entsteht also ein Widerspruch: Einerseits ist das Kind die Erfüllung des narzisstischen Wunsches des Mannes, andererseits entzieht es ihm die narzisstische Bewunderung seiner Frau. Die Empathie mit der werdenden Mutter kann pflegende und versorgende Fähigkeiten aktivieren. Gleichzeitig tauchen in der Erinnerung eigene Versorgungserfahrungen auf, die unterstützend, aber auch destabilisierend wirken können. Besonders belastend wirken sich traumatische Erlebnisse aus, Verluste von emotional bedeutsamen Familienmitgliedern, psychische Erkrankungen bei den Eltern, Migration, Armut. Fraiberg (1975) hat den Begriff der »Gespenster in der Kinderstube« geprägt und meint damit, dass unverarbeitete Kindheitserfahrungen den emotionalen Austausch zwischen Kind und Eltern stören. Dadurch kann es zu unangemessenen Verhaltensweisen bei den Eltern kommen. Bereits in der Schwangerschaft können diese »Gespenster« die Beziehungsentwicklung zum Kind und die Veränderung der Paarbeziehung beeinträchtigen. Wiederbelebte Gefühle aus der Kindheit, wie z. B. entthront worden zu sein, teilen und verzichten zu müssen, können die Freude des Vaters auf sein kommendes Kind trüben. Nicht selten tauchen Abwehrreaktionen auf, wie Regression, Sucht- und Risikoverhalten, Flucht in außerhäusliche Aktivitäten (Sport, Vereine, Stammtisch) oder auch Untreue und das Verlassen der Partnerin.

Bei den biografischen Daten unserer Väter fällt auf, dass viele von ihnen schwere emotionale Belastungen und Entbehrungen erlebt hatten, über die bisher nie gesprochen worden war. Das ganze belastende Szenario von unerwünschtem Kind, unbekanntem Vater, alleinerziehender, überforderter Mutter, psychisch kranker Mutter oder Vater, Aufwachsen bei wenig empathischen Großeltern, entfernt von den Eltern, Heimaufenthalt oder Verlassen-Sein in einem Internat, sexuellem Missbrauch, Scheitern in Schule und Beruf ist in den Anamnesen zutagegetreten. Als starke Belastung mit Beeinträchtigung der intuitiven Väterlichkeit stellt sich immer wieder der Verlust einer bedeutsamen Bezugsperson, eines Geschwisters oder auch der Heimat heraus. Um den Schmerz nicht spüren zu müssen, wird der Verlust totgeschwiegen, bagatellisiert, durch Anpassung und Leistungsbereitschaft verdrängt. Vergleichsweise harmlos erscheint in diesem Zusammenhang ein Umzug, der aber im Erleben einem schwerwiegenden Verlust gleichkommen kann, oder durch den ein früheres Verlusterlebnis reaktiviert werden kann. Ein vertrautes kulturelles Umfeld wirkt wie ein guter Nährboden, der z. B. bei einer Migration verloren geht und die Menschen destabilisiert. Traumatische Erlebnisse erschweren auch hier die Entwicklung der intuitiven Fähigkeiten. Der starke Anpassungs- und Erfolgsdruck kann die kulturell geprägte intuitive Elterlichkeit erheblich stören. Die unangefochtene Stellung des Vaters bei muslimisch geprägten Familien wird immer wieder durch mehr westlich orientierte Frauen bedrohlich erschüttert und kann zu gefährlichen Konflikten führen. Die Großfamilie in allen Kulturen kann als unterstützendes emotionales Netz den Vater stärken, aber auch Druck ausüben und wenig oder keinen Spielraum für seine eigenen Lösungen bieten.

Die transgenerationale Transmission von Verlusten durch die Weltkriege ist in Deutschland bei genauem Nachspüren und Nachfragen immer noch präsent. Die erste Generation war mit dem Wiederaufbau und dem Herstellen von Normalität beschäftigt, sodass erst in der zweiten und jetzt dritten Generation die Möglichkeit der Bearbeitung zu bestehen scheint. Es sind verschlüsselte Hinweise, die den Zugang zu den verschütteten Erinnerungen, oft der Großeltern, ermöglichen.

In den 1970er Jahren gab es eine große Neuerung: Die Väter wurden zur Geburt zugelassen. Dahinter stand die Vorstellung, dass das gemeinsame Erleben dieses Naturereignisses die Bindung innerhalb der Familie stärken kann. Lind sprach von der Geburt der Familie in der Klinik (Lind, 1973). Die Anwesenheit bei der Geburt erfordert aber eine gute Vorbereitung für alle. Die Fragen und Ängste der Väter werden dabei oft noch nicht ausreichend berücksichtigt. Auch das Team im Kreißsaal sollte auf den anwesenden, aufgeregten, ängstlichen, wenig belastbaren Vater vorbereitet sein und in seiner Haltung die Integration des Vaters für sinnvoll erachten. Das erleichtert dem Vater die nicht einfache Aufgabe, in dieser fremden Umgebung und in der Aufregung einen guten Platz zu finden. Die Reaktionen der Väter auf das Erleben der Geburt sind sehr unterschiedlich. Das Dabei-Sein ist eine zugleich aktive und passive Rolle, die Durchhaltevermögen braucht und eine eigene Stabilität, denn es geht um das Aushalten großer Schmerzen einer geliebten Frau, ohne eingreifen und entlasten zu können. Das löst starke eigene Gefühle aus, die schwanken zwischen Ohnmacht, Angst, großer Freude und dem Gefühl, einen schöpferischen Akt miterlebt und unterstützt zu haben. Entsprechend traumatisch kann ein schwieriger, dramatischer Geburtsverlauf mit Gefahr für Mutter und Kind wirken und die Beziehungsaufnahme zum Kind erschweren (Thiel-Bonney, 2004). Bei einer Sectio kann es vorkommen, dass der Vater das Neugeborene als Erster in den Armen hält und eine primäre intensive Bindung mit ihm erlebt. Daraus kann eine Rivalität von Seiten der Mutter entstehen, weil ihm der erste Moment im Erleben des Neugeborenen gehört und sie das Gefühl hat, etwas Unwiederbringliches verpasst zu haben. Verschärft werden kann das durch seine Fähigkeit, das Kind anfangs besser beruhigen zu können.

Spezifisch männliche Reaktionen auf die Vaterschaft: Beobachtungen in der Babyambulanz

In der Freiburger Babyambulanz sehen wir Kinder von null bis drei Jahren und ihre Eltern. Überwiegend werden sie wegen unstillbarem Schreien, Schlafstörungen, Trinkschwierigkeiten und Fütterstörungen, Trennungsangst und heftigen Trotzreaktionen angemeldet. In der Mehrzahl sind die Kinder körperlich gesund. Von 2003 bis 2012 haben wir 430 Patienten während der Schwangerschaft und bis zum dritten Lebensjahr gesehen. Die Themen und Reaktionen der Väter, die wir durch direkten Kontakt oder indirekt durch die Berichte der Mütter erhalten haben, sollen im Folgenden dargestellt werden.

Die Präsenz des Vaters in der Babyambulanz

Bei der Anmeldung überlassen wir es den Eltern, wer kommen möchte, bestellen also den Vater nicht explizit ein. Kommt die Mutter zum ersten Termin allein, wird sich immer die Frage stellen, welchen Platz die Mutter dem Vater, bewusst und unbewusst, einräumt und welchen Platz er in der Familie tatsächlich einnimmt. Bereits im ersten Gespräch wird er präsent, nicht zuletzt durch das anwesende Kind.

Ein Drittel der Väter kam spontan zum ersten Termin. Die Mehrzahl der zunächst abwesenden Väter kam in eine der nächsten Stunden, vielleicht ermutigt durch die entlastende Erfahrung der Mutter und das oftmals rasche Verschwinden des Symptoms beim Kind. Nicht selten konnte eine Mutter nach ihren ersten Erfahrungen ihren Mann auffordern oder überzeugen, an einer Therapiestunde teilzunehmen. Seine Bedeutung als Vater wurde dadurch betont und wertgeschätzt. Fehlten die Väter, lagen schwerwiegende psychische und soziale Gründe vor. Allerdings bestanden einige Mütter darauf, allein kommen zu wollen. Einzelne hielten die Psychotherapie anfangs geheim, »weil der Mann von Psychotherapie nichts hält«. Durch diese Haltung brachten die Mütter bereits einen zentralen Konflikt in die Psychotherapie.

Ablehnung der Schwangerschaft

Immer wieder berichteten die Eltern, dass für den Vater die Schwangerschaft überraschend kam, er kein Kind wollte, während die Frau das Kind austragen wollte. Aus seiner Perspektive erschien eine Interruptio als einfache Lösung, während sich die Frau verlassen, abgewertet und nicht verstanden gefühlt hat. Darauf folgten verschiedene Verläufe: Wenn der Vater sich wirklich nicht mit dem Wunsch der Frau identifizieren konnte, hat er sie verlassen. In manchen Fällen konnte nach der Geburt die Existenz des Kindes anerkannt und auch befürwortet werden. Dabei blieb offen, ob der Vater auch unbewusst die Bedürftigkeit und Lebendigkeit annehmen konnte. Es fiel auf, dass die Übernahme von Verantwortung schwer fiel und eine tragfähige, dauerhafte Partnerschaft von seiner Seite aus nicht angestrebt wurde. Der erwünschte Umgang mit dem Kind diente dann dem Narzissmus des Vaters und wurde von der Mutter als enttäuschend erlebt. Diese Väter waren nicht erreichbar. In wenigen Fällen hat der Mann sich kurz nach der Zeugung eines Kindes getrennt und wenig später mit einer neuen Partnerin ein weiteres Kind gezeugt, so als würde er die Situation reinszenieren, aus der er gerade geflohen ist. Diese spezielle Konstellation konnte nicht weiter geklärt werden, da die betreffenden Männer sich völlig abgewandt hatten.

*Außergewöhnliche Belastung der Paarbeziehung
und Abwehrreaktionen*

Die erheblichen psychischen und körperlichen Belastungen und die notwendigen Veränderungen der beruflichen und sozialen Lebensführung beim Übergang in die Elternschaft können eine ohnehin fragile Paarbeziehung so stark belasten, dass Trennung als einziger Ausweg gesehen wird. Viele Väter haben Schwierigkeiten, ihren Platz in der Triade, bestehend aus der Mutter-Kind-Dyade und ihm, zu finden. Oft werden die Frauen als »gate-keeper« (Brazelton/Cramer, 1991) erlebt, die ihn ausschließen, ihm das Kind aus verschiedenen Gründen nicht überlassen. Das wird von vielen Müttern bestätigt. Dabei hat er keine Chance, sich allein mit dem Kind zu erleben. Er fühlt sich kritisch beobachtet, wird unsicher und verliert das Zutrauen in seine intuitive Väterlichkeit. Diese narzisstische Kränkung kann in einen Teufelskreis aus Rückzug, Enttäuschung und Wut führen. Hier brauchen junge Mütter oft konkrete Anleitung, um den Vater zuzulassen, selbst wenn das Kind sich anfangs schlechter beruhigen lässt.

Wenn der Vater aus verschiedenen Gründen nicht zum Zug kommt, werden Anerkennung und Befriedigung anderswo gesucht. Dazu eigenen sich, wie bereits erwähnt, excessive sportliche Aktivitäten, die unaufschiebbar abends und an Wochenenden stattfinden müssen, zu den Zeiten, in denen die Frau sehnlich auf Entlastung und die Übernahme des Kindes wartet. »Ich brauche meinen Sport« ist eine häufige Antwort. Wie in der Adoleszenz wird die Zugehörigkeit zu einer Clique wichtiger als das Kind, das aber gleichzeitig dort gerne stolz präsentiert werden kann. Riskantes Verhalten in Extremsport, Tauchen, Klettern, Motorradfahren, Konsum von Alkohol, Drogen, Nikotin vermitteln den Kick, der den verunsichernden Alltag hinter sich lässt. Es hat den Anschein, als fehle die Fähigkeit zu Verzicht und Aufschub eigener dringender Wünsche und Bedürfnisse. Dieses Verhalten kann als Abwehr der neuen, verunsichernden Rolle gesehen werden, ein Ungeschehenmachen des irreversiblen Schritts in die Vaterschaft, eine Flucht in altgewohnte Aktivitäten mit erprobter Wirksamkeit, um wieder Sicherheit zu gewinnen.

Ebenfalls als Regression anzusehen ist das Verharren im Status eines Kindes, das sich von der Partnerin als Mutter versorgen lässt. Die angenehme Versorgungsgemeinschaft gerät durch die Anwesenheit des Kindes aus dem Gleichgewicht. Unbewusste Erwartungen an die Frau, diesen Status aufrechtzuerhalten, können erhebliche Spannungen erzeugen.

Destruktives Verhalten mit Entwertung bis hin zu häuslicher Gewalt auch gegenüber dem Kind wird meist als Ich-synton erlebt oder dissoziativ abgespalten und ist daher therapeutisch schwer oder nicht zugänglich. In solchen schweren Fällen muss sich die junge Mutter gesondert Hilfe holen oder sich und das Kind in Sicherheit bringen.

Psychische Krankheit der Eltern, insbesondere postpartale Depression

Psychische Krankheiten bei Eltern werden oftmals schamhaft versteckt. Depressionen oder Borderline-Störungen können sich in der labilisierenden Peripartalzeit manifestieren. Sie haben sehr häufig Vorläufer in früheren Jahren, überwiegend in der Adoleszenz, durchaus auch mit therapeutischen Interventionen.

Die postpartale Depression kann auch Männer betreffen. Die statistischen Angaben reichen je nach Studie von 1 bis 26% (Paulson et al., 2010; Ramchandani et al., 2005). In unserer Patientengruppe waren es 5%. Neben den klassischen Symptomen von Antriebslosigkeit, Schlafstörung, Selbstentwertung und Zwangsgedanken können psychosomatische Beschwerden auftreten, die zunächst nicht weiter beachtet wurden. Bei Bluthochdruck, Ess- und Schlafstörungen, Gebrauch von Suchtmitteln, bei exzessivem Fernsehkonsum, Internet- und Spielsucht sollte auch an eine postpartale Depression gedacht werden und nach Stimmung und Gefühlen gefragt werden. Pausenlose berufliche oder andere Aktivitäten wie bei Workaholics können als Abwehr einer Depression verstanden werden. Aus unserer Perspektive hat es den Anschein, als ob die Depression beim Mann stärker abgewehrt und insbesondere somatisiert wird. Die Diagnostik ist oft nicht einfach.

Neid und Eifersucht

Gebärneid und Eifersucht aufs Baby sind zwei Befindlichkeiten, die die Triangulierung und die Entwicklung zur Familie erschweren. Das Entwickeln von Vorstellungen, welchen Beitrag der Mann aus seiner äußerlich betrachtet peripheren Position beitragen kann, und das Zulassen seiner Andersartigkeit seitens der Frau ermöglichen dem Mann den Zutritt in die zunächst von der Mutter-Kind-Dyade bestimmte frühe Zeit, ermöglichen seine eigenständige Aktivität und den Aufbau seiner spezifischen Beziehung zum Kind. Die Andersartigkeit des Vaters ist für das Baby interessant und stimulierend. Außerdem kennt es ihn durch seine Stimme bereits intrauterin. Diese innere Vorbereitung auf die Vaterschaft sollte bereits während der Schwangerschaft stattfinden oder angeleitet werden, wobei spezifisch männliche Fragen Raum bekommen sollten.

Die lange Zeit der Schwangerschaft ist auch für den Mann geeignet, sich über die Art der Partnerschaft, die Veränderungen und die Zeit zu Dritt Gedanken zu machen und reife Formen der Kommunikation, Kooperation und Entlastung zu finden. Als nachhaltig effektiv erwiesen haben sich in einer dänischen Studie drei Gespräche mit dem Paar während der Schwangerschaft und zwei nach der Geburt. Das hat zur Sicherheit und Zufriedenheit der Eltern beigetragen und die Erkrankungen an postpartaler Depression deutlich verringert (Munk, 2002). Über Paargespräche und Vätergruppen hinaus ergibt sich dabei immer wieder auch die Indikation zu einer Psychotherapie.

Von der Mutterschaftskonstellation zur Vaterschaftskonstellation

Stern hat in seinem Buch *Die Mutterschaftskonstellation* (Stern,1995) grundlegende Forschungsergebnisse, theoretische Gedanken, klinische Beobachtungen und therapeutische Methoden und Erfahrungen zur Elternschaft und Eltern-Kind-Interaktion beschrieben. Der Vater hat darin überraschenderweise eine relativ periphere Rolle. Stern hat den Begriff der Mutterschaftskonstellation geprägt und versteht darunter ein theoretisches Konzept, das ein breites Spektrum klinischer Phänomene erklärbar macht, die aufseiten der Mutter auftreten. Es sind zentrale Themen, die durch die Schwangerschaft und die Aufgabe, ein Baby zu versorgen, ausgelöst werden, und mit denen sich die werdende und junge Mutter in Bezug auf ihre neue Rolle beschäftigt. Diese Konstellation wirkt wie ein psychischer Organisator, der Handlungstendenzen, Sensibilitäten, Phantasien, Ängste und Wünsche entstehen lässt. Diese psychobiologischen Einflüsse werden von den soziokulturellen Bedingungen mit geformt. Das könnte ein Grund sein, weshalb Stern die Mutterschaftskonstellation nur für die Mütter formuliert hat, weil der Vater seinen Platz als Vater erst seit kurzem selbstverständlicher einnimmt.

Stern hat vier Themen genannt:

- Leben und Wachstum
- primäre Bezogenheit
- unterstützende Matrix
- Reorganisation der Identität.

Diese grundlegenden Themen der psychischen Neuorganisation betreffen auch den werdenden und jungen Vater.

Innerhalb der Mutterschaftskonstellation hat er eine Mutterschaftstrilogie formuliert und damit versucht, die innere Welt der werdenden und jungen Mutter darzustellen. Er nennt drei innere und äußere Diskurse:
- Sie wird sich an ihre Mutter und die mit ihr verbundenen Erfahrungen und Gefühle erinnern, insbesondere an die Mutter ihrer Kindheit.
- Sie wird über sich in ihrer neuen Rolle als Mutter nachdenken.
- Sie wird über ihr Baby und sich selbst als Baby nachdenken.

Stern hat dies ausschließlich auf die Mutter bezogen, aber für den Vater scheint diese Trilogie ebenfalls zuzutreffen. Es handelt sich dabei entsprechend um drei Diskurse, die der werdende und junge Vater führen kann:
- Er wird sich an seinen Vater und die mit ihm verbundenen Erfahrungen und Gefühle erinnern, insbesondere an den Vater seiner Kindheit.
- Er wird über sich in seiner neuen Rolle als Vater nachdenken.
- Er wird über sein Baby und sich selbst als Baby nachdenken.

Leben und Wachstum

Das Baby verkörpert die Fruchtbarkeit des Vaters. Es braucht seinen körperlichen und emotionalen Schutz und seine materielle Unterstützung. Nach Winnicott (1984) ist er die schützende Hülle um das Mutter-Kind-Paar.

Primäre Bezogenheit

Die Fähigkeit des Vaters, eine Beziehung zum Kind aufzubauen ohne die langdauernde körperliche Verbundenheit durch die Schwangerschaft, wird auf verschiedenen Wegen gebahnt.

Die Wirkung der hormonellen Veränderung zu fürsorglichem Verhalten wurde oben beschrieben. Die Spiegelneuronen ermöglichen es dem Vater, sich empathisch zu verhalten, sowohl mit der Frau als auch mit dem Baby. Dazu gehört auch, eigene Wünsche und Impulse zurückstellen zu können (Bauer, 2005). Emotionale Erfahrungen mit den eigenen Eltern und bedeutsamen Bezugspersonen des bisherigen Lebens sind innere Bilder, die Orientierung geben. Unbearbeitete schwierige oder traumatische Erfahrungen können als »Gespenster« beunruhigen und die intuitiven Handlungen blockieren.

Unterstützend für die intuitive Elterlichkeit und Beziehungsfähigkeit wirkt eine verlässliche Partnerschaft. Dass diese gerade jetzt auch labilisiert ist, neu organisiert werden muss und nicht verlässlich ist, kann zu einer kritischen Belastung werden. Väter brauchen Zeiten, in denen sie allein mit dem Kind, ohne Anleitung oder Kontrolle durch die Frau, diese primäre Bezogenheit entwickeln, ausprobieren und erleben können. Untersuchungen zeigen, dass die Anwesenheit der Frau das intuitive väterliche Verhalten des Mannes hemmt.

Unterstützende Matrix

Der Vater ist neben einer erfahrenen mütterlichen Person die Hauptquelle von Schutz und Unterstützung für Mutter und Kind. Seine Fähigkeit, sich aktiv an der Versorgung des Kindes zu beteiligen, stärkt nicht nur die Vater-Kind-Bindung, sondern auch die Partnerschaft und die erotischen Gefühle, die ihrerseits zu einer sicheren Bindung beitragen. Es ist wichtig, dass die Umgebung die Aktivitäten des Vaters für Kind und Familie wertschätzt.

Während es Müttern meist leicht fällt, sich mit anderen Müttern auszutauschen, sind Väter daran nicht gewöhnt. Vätergruppen sind im Entstehen und wichtig, da Väter anders mit den Fragen rund ums Kind und sich selbst umgehen.

Verschiedene Programme wenden sich bereits in der Schwangerschaft auch an die Väter und regen zur Konstruktion einer unterstützenden Matrix an, die sowohl im Äußeren als auch im Inneren zu finden ist (z. B. SAFE, Familienhandbuch Bayerisches Institut für Frühpädagogik).

Reorganisation der Identität

Die neue Rolle als Vater mit Verantwortung für ein Kind und die Familie kann negative Gefühle von Freiheitsverlust, Begrenzung und Abhängigkeit hervorrufen. Es geht um den Verlust des alten Lebens und einen körperlich und psychisch anstrengenden, oft frustrierend erlebten Neubeginn zu Dritt mit ungewissem weiteren Verlauf. Dieser Übergang kann auch als Trauerprozess angesehen werden, der für die neuen Aufgaben als Vater frei machen soll.

Die glücklichen Momente mit dem Baby werden durch zahlreiche aktuelle Belastungen schnell überschattet: Der Schlafentzug, die Unsicherheit mit dem oft schreienden und schwer zu beruhigenden Baby, die von ihm abgewandte, sehr auf das Baby gerichtete Aufmerksamkeit der Mutter, die Veränderung und Einschränkung der sexuellen Aktivität. Die Zeit um die Geburt ist also eine Phase großer Unsicherheit und Frustration mit psychischer Labilität und körperlicher Erschöpfung. Mit welchem Vaterbild kann und will sich der junge Vater identifizieren? Ist er noch mit der Ablösung vom eigenen Vater beschäftigt oder dauerhaft konflikthaft verstrickt? Wie findet er sein eigenes Vaterbild, ohne sich maternalisiert zu fühlen? In dieser Unsicherheit suchen Väter nicht selten Bestätigung in der äußeren Welt, in exzessiven, oft gefährlichen sportlichen Aktivitäten, Vereinsposten, Männerrunden oder einer neuen erotischen Beziehung. Eine neue Einteilung der Zeit zwischen Familie, Beruf und Freizeit muss gefunden werden. Dabei wird oft die Arbeit der Mutter mit dem Kind zu Hause nicht als vollwertige Arbeit, eher als Freizeit angesehen und von Seiten des Mannes Versorgung und Erholung erwartet, wenn er nach seinem Arbeitstag nach Hause kommt. Ein Missverständnis, das zu erheblichen Spannungen führen kann. Das Zulassen eines Dritten, der den Männern ermöglicht, über sich nach zu denken oder von denen sie sich dazu herausfordern lassen, ist eine große Chance für alle Beteiligten.

Die Väter in der psychoanalytischen Säuglings-Kleinkind-Eltern-Psychotherapie

Die psychoanalytische Säuglings-Kleinkind-Eltern-Psychotherapie (SKEPT) bietet eine Möglichkeit, die spezifischen Konflikte der frühen Kindheit auch für den Vater zu identifizieren und zu bearbeiten. Szenisches Geschehen, Interpretation und Intervention sind die Zugangs- und Lösungswege, die die »Gespenster in der Kinderstube« identifizieren und den Weg für die Entwicklung zum Vater ebnen können. Die SKEPT richtet sich an die inneren und äußeren Bindungspersonen, an die inneren Repräsentanzen der Eltern der Kindheit. Sie kann den Blick für diese inneren Bilder vom Mutter- und Vater-Sein öffnen und den Raum für eigene, neue Vorstellungen entwickeln.

Unser Ausgangspunkt waren die mehrheitlich abwesenden Väter, die in vielen Fällen dennoch durch die SKEPT indirekt erreicht werden konnten. Der Weg dabei ging über die Mutter, bei der, nicht zuletzt durch das anwesende Kind dieses Mannes, eine triadische Sichtweise angeregt werden konnte. Sie konnte über den realen, symbolischen und inneren Vater ihrer Vergangenheit und den aktuellen Vater ihres Kindes sprechen. Diese innere Arbeit war unabhängig von der Anwesenheit des Vaters. Diese Chance sollte genutzt werden, um den konflikthaft besetzten Vater in der Vorstellung der Mutter zu einem realen Vater werden zu lassen, zu dem das Kind Zugang bekommen sollte.

Dazu gehört im Therapieverlauf auch die therapeutische Arbeit direkt mit dem Vater, um dessen innere Welt kennenzulernen und von psychischen Lasten zu befreien. Die historischen Rollenzuschreibungen werden langsam umgearbeitet, und es zeigt sich, dass auch Väter feinfühlige Fähigkeiten besitzen, gut genug für die Bedürfnisse des Kindes. Sie sollten dies unbeobachtet von der Frau entdecken dürfen, wozu Vater-Kind-Stunden eine erste Möglichkeit bieten können.

Väter können nur Väter werden, wenn die Mütter es zulassen. Über den Zugang zu ihrem eigenen inneren Vater kann eine Mutter den Zugang zum Vater ihres Kindes finden und die Triade zulassen. Das eröffnet oder erweitert auch den Entwicklungsraum für das Kind.

Eltern sind Erwachsene in einer psychischen Ausnahmesituation, verletzlich und oftmals psychisch labil. Das kann zu anhaltenden psychischen Störungen führen und vorbestehende psychische Krankheiten reaktivieren. Eltern sind aber andererseits durch die psychische Labilisierung besonders offen für eine therapeutisch eingeleitete und begleitete Veränderung.

In vielen Fällen ist zusätzlich eine psychiatrische Einschätzung und Behandlung notwendig. Insbesondere Depressionen werden oft abgewehrt und sind dann nicht leicht zu diagnostizieren. Es ist empfehlenswert, bei Verdacht auf eine Depression, Suchterkrankung oder Borderlinestörung einen Psychiater hinzuzuziehen. Die Indikation zur medikamentösen Therapie fällt in sein Fachgebiet.

Alle Berufsgruppen, die mit Eltern und Kindern in der frühen Kindheit in Kontakt kommen, sollten über deren spezifische Befindlichkeiten Bescheid wissen. Bedürfnisse und Belastungen können von Eltern und Kind oft nur szenisch oder in Symptomen ausgedrückt werden. Die SKEPT bietet den Raum für das Verstehen der zugrunde liegenden Konflikte, deren Lösung und das Öffnen neuer Entwicklungsräume. Die Grundhaltung dabei ist primäre Wertschätzung und Respekt, denn alle Eltern wollen gute Eltern sein und haben bisher getan, was sie konnten.

Literatur

Abelin, E. (1971): The role of the father in the separation-individuation process. In: McDevitt, J. et al.: *Separation-Individuation.* New York: 229-252.

Bauer, J. (2005): *Warum ich fühle, was du fühlst.* Hamburg.

Bayerisches Staatsministerium für Arbeit, Sozialordnung, Familie und Frauen – Institut für Frühpädagogik (2010): *Familienhandbuch.*

Bergmann, R. L./Kamtsiuris, P./Bergmann, K. E./Dudenhausen, J. W./Huber, M. (2000): Kompetente Elternschaft: Erwartungen junger Eltern an die Beratung. *Zeitschrift für Geburtshilfe/Neonatologie,* 204: 60-67.

Brazelton, T./Cramer, B. (1991): *Die frühe Bindung.* Stuttgart.

Brisch, K. H. (2012): *SAFE® – Sichere Ausbildung für Eltern: Sichere Bindung zwischen Eltern und Kind.* Stuttgart.

Bürgin, D. (1999): *Triangulierung: Der Übergang zur Elternschaft.* Stuttgart.

Bundeszentrale für gesundheitliche Aufklärung, Informationen für Väter: *Beifahrer-Kleiner Tourenplaner für werdende Väter. Ich bin dabei! – Vater werden*

Chamberlain, S. (1997): *Adolf Hitler, die deutsche Mutter und ihr erstes Kind.* Gießen.

Cierpka, M./Windaus, E. (Hrsg.) (2007): *Psychoanalytische Säuglings-Kleinkind-Eltern-Psychotherapie.* Frankfurt a. M.

Dammasch, F./Metzger, H.-G./Teising, M. (Hrsg.) (2009): *Männliche Identität – Psychoanalytische Erkundungen.* Frankfurt a. M.

Delahunty, K. M./Mc Kay, D. W./Noseworthy, D. E./Storey, A. E. (2007): Prolactin responses to infant cues in men and women: effects of parental experience and recent infant contact. *Hormones & Behavior,* 51 (2): 213-220.

Erikson, E. (1973): *Identität und Lebenszyklus.* Stuttgart.

Feldman, R. (2012): *The neurobiological basis of intersubjectivity: Oxytocin, brain, and interactive synchrony.* Frankfurt a. M.

Fivaz-Deupeursinge, E./Corboz-Warnery, A. (2001): *Das primäre Dreieck.* Heidelberg.

Fraiberg, S./Adelson, E./Shapiro, V. (1975): Ghosts in the nursery. *J. Am. Acad. Child Psychiatry*, 14 (3): 387-421.

Gettler, L. T./McDade, T. W./Feranil, A. B./Kuzawa, C. W. (2011): Longitudinal evidence that fatherhood decreases testosterone in human males. *Proc. Nat. Acad. Sci. USA*, 108 (39): 16194-9.

Haarer, J. (1934): *Die deutsche Mutter und ihr erstes Kind.* München.

Haarer, J. (1956): *Die Mutter und ihr erstes Kind.* Nürnberg.

von Klitzing, K. (1998): Die Bedeutung des Vaters für die frühe Entwicklung. In: von Klitzing, K. (Hrsg.): *Psychotherapie in der frühen Kindheit.* Göttingen: 119-131.

Lebovici, S. (1994): *Der Säugling, die Mutter und der Psychoanalytiker.* Stuttgart.

Lebovici, S. (1988): Fantasmatic interaction and intergenerational transmission. *Infant Mental Health Journal,* 9: 10-19.

Lind, J. (1973): Die Geburt der Familie in der Frauenklinik. *Med. Klinik* 68: 1597-1599.

Mahler, M./Pine, F./Bergmann, A. (1975): *Die psychische Geburt des Menschen. Symbiose und Individuation.* Frankfurt a. M.

Munk, H. (2002): Mitteilung am WAIMH-Kongress in Amsterdam.

Paulson, J. F./Sharnail, D./Bazemore, M. S. (2010): Prenatal and postpartum depression in fathers and its association with maternal depression. *JAMA,* 303: 1961-1969.

Pedrina, F. (2001): Vaterschaft im Kontext postnataler familiärer Krisen. In: Walter, H./Eickhorst, A. (Hrsg.): *Das Väter-Handbuch. Theorie, Forschung, Praxis.* Gießen: 243-264.

Radebold H (2000): *Abwesende Väter. Folgen der Kriegskindheit in der Psychoanalyse.* Göttingen.

Ramchandani, P./Stein, A./Evans, J./O'Connor, T. G. (2005): Paternal depression in the postnatal period and child development: a prospective population study. *Lancet,* 365: 2201-05.

Schoffit, R. (2009): *Väter und die Wahrnehmung der Vaterrolle im Spiegel von Feldpostbriefen 1939-1945.* Dissertation. Tübingen.

Schon, L. (1995): *Die Entwicklung des Beziehungsdreiecks Vater-Mutter-Kind.* Stuttgart.

Schon, L. (2000): *Sehnsucht nach dem Vater. Die Dynamik der Vater-Sohn-Beziehung.* Stuttgart.

Steinhardt, K./Datler, W./Gstach, J. (Hrsg.) (2002): *Die Bedeutung des frühen Vaters.* Gießen.

Stern, D. (1995): *The Motherhood Constellation.* New York. (1998): *Die Mutterschaftskonstellation. Eine vergleichende Darstellung verschiedener Formen der Mütter-Kind-Psychotherapie.* Übers. von E. Vorspohl. Stuttgart.

Storey, A. E./Walsh, C. J./Quinton, R. L./Wynne-Edwards, K. E. (2000): Hormonal correlates of paternal responsiveness in new and expectant fathers. *Evol. Hum. Behav.,* 21 (2): 79-95.

Thiel-Bonney (2004): Die Geburt als Belastungserfahrung bei Eltern von Säuglingen mit Selbstregulationsstörungen. *Praxis der Kinderpsychologie und Kinderpsychiatrie,* 53: 601-622.

Walter, H./Eickhorst, A. (2012): *Das Väter-Handbuch. Theorie, Forschung, Praxis.* Gießen.

Weber-Kellermann, I. (1974): *Die deutschen Familie.* Frankfurt a M.

Wettig, J. (2006): Eltern-Kind-Bindung: Kindheit bestimmt das Leben. *Dt. Ärztebl.* 103 (36), A: 2298-2301.

Winnicott, D. W. (1984): *Reifungsprozesse und fördernde Umwelt.* Frankfurt a. M.

Internet

Babyambulanz Freiburg: http://www.babyambulanz.de

Beifahrer. Kleiner Tourenplaner für werdende Väter: Ich bin dabei!– Vater werden. http://www.bzga.de/infomaterialien/?sid=-1&idx=802

Familienhandbuch, Staatsinstitut für Frühpädagogik, Bayern, 15.12.2010: https://www.familienhandbuch.de/

GAIMH: http:// www.gaimh.org

Frank Dammasch

Die frühen Beziehungsmuster von Jungen
Entwicklungstheorie und Fallbericht
aus einem tiefenhermeneutischen Forschungsprojekt

Jungen sind in die Krise geraten. Das wird in der schulischen Realität sichtbar, in der sie sich immer schwerer tun, den beschleunigten Bildungserfordernissen der Moderne zu genügen. Das wird in der psychotherapeutischen Realität erfahrbar, in der sie, solange die Eltern sie anmelden, mit ihren psychosozialen Störungsbildern weit überproportional die kinderpsychotherapeutischen und kinderpsychiatrischen Ambulanzen füllen. Die Diagnose eines Aufmerksamkeits-Hyperaktivitäts-Syndroms (ADHS) erhielten laut neuester Erhebung einer der größten deutschen Krankenkassen (Barmer GEK, Arztreport 2013) bereits 20% aller im Jahr 2000 geborenen Jungen mindestens einmal in ihrem noch kurzen Leben. Auch wenn diese statistische Zahl auf einer ungenauen Diagnosestellung basiert, so ist doch für die meisten Lehrer, Pädagogen, Kinderärzte, Kinderpsychiater und Kinderpsychotherapeuten evident, dass es eine Steigerung bei den psychosozialen Störungsbildern und eine Zunahme von Ruhelosigkeit bei Jungen gibt. Die immer früheren kognitiven Bildungsanforderungen, der zunehmend unbegrenzte Einzug von Spielekonsolen, Computern und Smartphones in die Kinderzimmer mögen dabei eine ebenso wichtige Rolle spielen wie eine von weiblichen Erziehungs- und Beziehungsvorstellungen dominierte institutionelle Erziehung in Kindertagesstätten und Schulen.

Auch wenn wir die sich rasch wandelnden Außenwelteinflüsse nicht vernachlässigen dürfen, sehen wir bei den Kindern in kinderanalytischen Praxen jedoch nach wie vor, dass vor allem die inneren Lebens- und Beziehungsentwürfe der Eltern den psychischen Bildungsprozess der Kinder beeinflussen. Ich gehe davon aus, dass auch die unbewussten und bewussten Geschlechterkonzepte von Mutter und Vater die frühen Beziehungsmuster mitbestimmen.

Ausgehend von der statistisch erhärteten größeren psychosozialen Störanfälligkeit des männlichen Geschlechts in der Kindheit habe ich gemeinsam mit dem Sozialarbeiter Marian Kratz am Fachbereich Soziale Arbeit und Gesundheit der Fachhochschule Frankfurt und zahlreichen Beobachtern unter psychoanalytisch-tiefenhermeneutischer Perspektive in 25 Familien die Interaktionen von Jungen im Alter von einem bis vier Jahren näher untersucht. Bei zwei Einzelfällen haben wir zusätzlich mithilfe der am Projekt beteiligten Kollegin Ulrike Zach das Instrumentarium der Bindungsforschung eingesetzt. Der gemeinsame Nenner beider Forschungsperspektiven ist die Überzeugung, dass frühe Interaktionserlebnisse mit den primären Bezugspersonen verinnerlicht werden und die bewusste und unbewusste Basis handlungsrelevanter innerer Beziehungsmuster bzw. Arbeitsmodelle bilden.

Bevor die Beobachtungen eines unsicher gebundenen Jungen mit Migrationshintergrund und einige allgemeine Forschungsergebnisse dargestellt werden, entfalte ich zunächst unseren theoretischen Hintergrund zur Entwicklung des Jungen aus bindungstheoretischer, biologischer und psychoanalytischer Perspektive.

Theorie zur männlichen Identitätsbildung

Obwohl Pädagogen die deutliche Erhöhung von psychosozialen Störungen von Jungen im Vergleich zu Mädchen im Kindergarten, in Kindertagesstätten und Schulen permanent zu spüren bekommen, wird die Geschlechtsspezifität in der Entwicklungspsychologie kaum betrachtet. Die Theorien der frühen Entwicklung fokussieren nach wie vor auf das geschlechtslose Baby und auf die Abstimmungsverhältnisse in der frühen Mutter-Kind Dyade. Die Rolle des Geschlechts wie die Bedeutung des Vaters werden von wenigen Ausnahmen abgesehen in Bindungs-, Selbst- und Mentalisierungstheorien kaum systematisch thematisiert. Auch die aufbauend auf Abelin (1971, 1975) erarbeiteten Konzepte zur frühen Triangulierung von Rotmann (1985), Buchholz (1990), Schon (1995), Bürgin (1998), Metzger (2000), von Klitzing (2002), Dammasch (2008) und anderen haben wenig daran geändert, dass in entwicklungspathologischen Perspektiven die präödipale Phase oft exklusiv für die Mutter-Kind-Dyade reserviert bleibt.

Bindung und Geschlecht

Die Grundlage der Bindungstheorie nach Bowlby bildet die Annahme, dass jeder Mensch nach der Geburt Bindungen an die ersten Pflegepersonen aufnimmt, um phylogenetisch den Schutz und die Erhaltung der Art zu sichern. Bindung ist ein angeborenes instinktives Verhaltenssystem, das überlebenssichernd ist und hilft, Trennungsängste zu modulieren. Wird das Bindungsbedürfnis ethologisch als natürlich gegeben angesehen, so ist die Ausgestaltung der Bindung von den frühen Beziehungserfahrungen des Säuglings und Kleinkindes abhängig. Da die Bindungstheorie im Gegensatz zur Psychoanalyse, die auf der Ausleuchtung von Einzelfällen basiert, ein übersichtliches Kategoriensystem, das in standardisiertem Laborsetting erhoben wird, besitzt, ist sie für die empirische Forschung gut geeignet.

Es werden sichere Bindung (B), unsicher-vermeidende Bindung (A), unsicher-ambivalente Bindung (C) und desorganisierte Bindung (D) unterschieden. Die Frage nach der geschlechtsspezifischen Verteilung der Bindungsmuster wird bisher wenig behandelt.

> Da Situationen, die das Überleben bedrohen, wahrscheinlich ähnlich für Frauen wie für Männer waren, haben sich wohl auch ähnliche Strategien für beide Geschlechter entwickelt, auf Lebensbedrohungen zu reagieren. Das auffallendste Merkmal der Bindungsforschung ist der Mangel an systematischen Geschlechtsunterschieden. (Grossmann 2002: 264)

Die Bindungstheorie betrachtet das Bindungsbedürfnis als ein allgemein menschliches, das sich aus einem geschlechtsunabhängigen physiologischen Grundbedürfnis heraus erklärt.

Im ersten Lebensjahr besteht ein geschlechtsunabhängiger enger Zusammenhang zwischen der Feinfühligkeit der Mutter und der Bindungssicherheit des Kindes. »Auch die Feinfühligkeitswerte der Mütter der Bielefelder Längsschnittuntersuchung, die im Laufe des 1. Lebensjahres des Kindes in Hausbeobachtungen gemessen wurden, zeigten keine signifikanten Effekte in Abhängigkeit des Geschlechts des Kindes« (Keppler, 2003: 604). So »finden sich im Bereich der frühen Mutter-Kind-Vertrauensbeziehung weder im Hinblick auf die Bindungsqualität noch im Hinblick auf die mütterlichen Feinfühligkeit, Hinweise auf grundlegende Unterschiede in Abhängigkeit vom Geschlecht des Kindes« (Kindler, 1995: 285).

Über das zweite Lebensjahr gibt es einzelne Studien, die eine Differenz in der mütterlichen Feinfühligkeit bei Jungen und Mädchen beobachten. So fand eine Studie von Lindahl und Heimann bei 14 Monate alten Kindern »moderate Unterstützung für die Hypothese, dass Mutter-Tochter-Dyaden höhere Werte für soziale Nähe in der Interaktion erhalten als Mutter-Sohn-Dyaden« (zit. in Keppler, 2003: 605). Andere Studien zeigen, dass sich Mütter ab dem zweiten Lebensjahr Mädchen gegenüber eher anleitend, Jungen gegenüber eher gewährend verhielten. Eine Studie zeigt, dass Mädchen eher und kontinuierlicher als Jungen ermutigt werden, »bei emotionaler Beunruhigung Trost und Zuwendung bei Bezugspersonen zu suchen, während bei Jungen Ärger als Ausdruck emotionaler Belastung eher akzeptiert« (Kindler, 1995: 287) wird.

Bei Kindern ab drei Jahren werden die Geschlechtsunterschiede im Verhalten schon deutlicher. Während sich bei sicher gebundenen Kindergartenkindern nur leichte Differenzen z. B. in der höheren Spielkompetenz und sozialen Bezogenheit bei den Mädchen zeigen, kann bei unsicher gebundenen Kindern eine starke Tendenz zu geschlechtsspezifischen Verhaltensmustern beobachtet werden. Insbesondere die Studie von Patricia Turner mit Vorschulkindern wird in der deutschen Literatur als Beleg für die Bedeutung des Geschlechts bei unsicher gebunden Kindern herangezogen. Sie beobachtet:

> Insecure boys showed more aggressive, disruptive, assertive, controlling, and attention-seeking behavior than secure children. Insecure girls showed more dependent behavior than secure children but less assertive and controlling behavior, and more positive expressive behavior and compliance. Secure girls and secure boys did not differ significantly. (Turner, 1991: 1475)

So scheinen Jungen mit unsicherer Bindung eher zu einem männlich-aggressiven, Mädchen mit unsicherer Bindung eher zu einem weiblich-passiven Verhaltensmuster zu tendieren.

Obwohl für das erste Lebensjahr keine Geschlechterdifferenzen ermittelt wurden, belegen also einzelne Studien der Bindungstheorie, dass ab dem zweiten Lebensjahr und verstärkt im Kindergartenalter bei unsicher gebundenen Kindern die Geschlechtsdifferenz eine handlungsleitende Funktion übernehmen kann. Es scheint ein Zusammenhang zwischen der Rigidität geschlechtsspezifischer Verhaltensmuster und Bindungsunsicherheit zu bestehen. Aus psychoanalytischer Perspektive könnten wir daraus die weitergehende Hypothese ableiten, dass möglicherweise Jungen frühe narzisstische Kränkungen durch eine wenig einfühlsame Mutter später durch eine feste Bindung an kulturelle

Männlichkeitsstereotype zu kompensieren trachten. Die durch frühe Distanzierungen der Mutter aktivierte Wut könnte sich in männlicher Aggression und der Gegenbesetzung eigener weiblich-mütterlicher Selbstanteile ausdrücken.

Biologie des männlichen Geschlechts

Schon Sigmund Freud hat auf die innere Bisexualität des Menschen hingewiesen. Biologisch ist nun erforscht, dass der Mensch von Beginn an bisexuell, d. h. mit zwei kompletten Anlagen ausgestattet ist: den Wolff-Gängen und den Müller-Gängen. Die Genitalanlage der Müller-Gänge führt in der weiteren Reifung zur Ausbildung der inneren weiblichen Genitalien. Die müssen beim Jungen durch das Anti-Müller-Hormon unterdrückt werden, damit die Wolff-Gänge sich zur Bildung von Samenleiter und Penis weiterentwickeln können. Das Zusammenwirken des Y-Gens, des Anti-Müller-Hormons und des Testosterons macht aus dem Embryo ein männliches und fördert die Ausgestaltung der Genitalien.

Im medizinisch-biologischen Kontext besteht weitgehende Einigkeit, dass Testosteron auch die Spezifität der Gehirnreifung und männliche Verhaltensmuster beeinflusst. Die Höhe des pränatalen Testosteronspiegels gilt manchem Forscher als zentraler Einflussfaktor für die Ausprägung der späteren männlichen Eigenschaften und auch für die Struktur des männlichen Denkens und Fühlens. So unterscheidet der englische Autismusforscher Baron-Cohen (2009) zwei Gehirnstrukturen und Denkmuster: das empathische, einfühlsame Muster und das systematische, sachorientierte Muster. Auch wenn beide Geschlechter im Normalfall über die Fähigkeit verfügen, beide Denkmuster integrativ zu nutzen, so sieht er dennoch auch aufgrund der Tatsache, dass Asperger-Autisten zu 90% männlichen Geschlechts sind und sie aufgrund eines Empathiedefizits zur intersubjektiven Bezogenheit unfähig sind, dafür aber über ein erhöhtes punktuelles systematisches Denken verfügen, eine bedeutsame Geschlechtsverteilung. Insgesamt besteht weitgehende Einigkeit unter den Naturwissenschaftlern, dass der Testosteronspiegel schon im Mutterleib die Prädisposition für männliche Verhaltens- und Denkmuster mitbestimmt. Aber auch manche Entwicklungspsychologen rekurrieren zunehmend auf die Bedeutung des Testosterons beim männlichen Verhalten. Maccoby (2000) und Bischof-Köhler (2006) gehen davon aus, dass das aggressivere rivalisierende Verhalten kleiner Jungen wesentlich vom erhöhten Testosteronspiegel mit bestimmt wird.

Wenn wir die Einstellungen der Eltern unseres Forschungsprojekts betrachten, so ist zu unserer Überraschung in den Interviews von 22 der 25 Elternpaare mit Kindern im Alter zwischen ein und vier Jahren in unterschiedlicher Weise die Meinung geäußert worden, dass die Verhaltens- und Erlebnisweisen ihrer Söhne wesentlich von der Biologie – »den Genen« – bestimmt werden und nur moderat durch die spezifische Erziehung beeinflusst werden können. Die von uns erforschten Eltern würden wahrscheinlich die Annahme der Entwicklungspsychologin Doris Bischof-Köhler hilfreich finden:

> Die Wirkung natürlicher Dispositionen ist appellativer Art; sie legen bestimmte Verhaltensweisen näher als andere. Bestimmte Tätigkeiten und Aufgabenbereiche kommen einfach den im Durchschnitt vorherrschenden Neigungen, Interessen und Begabungen des einen Geschlechtes mehr entgegen als denen des anderen, verschaffen jenem daher mehr Befriedigung, lassen sich bequemer realisieren und tragen besser zum Gefühl der Erfüllung bei. (Bischof-Köhler, 2006: 40)

Insgesamt zeigt die pädiatrische Erfahrung, dass männliche Säuglinge häufig unruhiger und krankheitsanfälliger als Mädchen zur Welt kommen. Die beschriebenen vorgeburtlichen Zustände führen dazu, dass der Junge vulnerabler als das Mädchen ist. Einerseits wächst er im Mutterleib schneller, hat meistens ein höheres Geburtsgewicht, andererseits kommt er nicht so weit entwickelt wie das Mädchen auf die Welt. So ist z. B. der Atemapparat oft nicht so ausgereift. Das hat zur Folge, dass die Säuglingssterblichkeit bei Jungen um 22% höher liegt als bei Mädchen. Die stärkere Vulnerabilität des männlichen Säuglings wird neben der labilisierenden Wirkung des Testosterons auf die Immunabwehr in zwei weiteren Faktoren gesehen. Erstens: Der männliche Säugling hat einen Chromosomenmangel:

> Wenn dieses nur einmal vorhandene X-Chromosom oder Teile davon oder bestimmte in den Chromatiden komprimierte DNA-Sequenzen aus irgendeinem Grund nicht optimal beschaffen sind, existiert dafür – im Gegensatz zu den Bedingungen in einer weiblichen Zygote – kein Ersatz. Defizitäre Anlagen auf dem X-Chromosom sind also nicht kompensierbar. Das ist umso bemerkenswerter, als auf dem X-Chromosom besonders viele Gene lokalisiert sind, die für die Entwicklung von Intelligenz und geistiger Leistungsfähigkeit von Bedeutung zu sein scheinen. (Hüther, 2008: 31)

Zweitens: Das Immunsystem der Mutter kann einen männlichen Fötus leicht schädigen.

Seine Zellen bilden, veranlasst vom Y-Chromosom, ein als HY-Antigen bezeichnetes Protein. Dieses Protein, das im Körper einer Frau bei einer Transplantation von männlichem Gewebe eine Abstoßungsreaktion hervorruft, löst bei der Mutter möglicherweise eine leichte Immunreaktion aus, die dem männlichen Fötus leichte Schädigungen zufügt und ihn so anfälliger für Infektionen, Mangelernährung, Drogeneinwirkung und andere pränatale Risikofaktoren macht. (Eliot, 2010: 80ff.)

Alle drei Faktoren führen dazu, dass Männlichkeit als ein wichtiger Risikofaktor bei Frühgeborenen gilt und der männliche Säugling insgesamt als vulnerabler als der weibliche gilt.

Psychoanalytische Entwicklungstheorie des Jungen

In psychoanalytischer Perspektive, gestärkt durch neurobiologische Erkenntnisse über die soziale Lernfähigkeit des menschlichen Gehirns, wird die Entwicklung des kleinen Kindes als ein Wechselspiel von biologischem Erbe und körperlichen Bedarf einerseits und den sozial wirksamen bewussten und unbewussten Beziehungsmustern, die Mutter und Vater an das Kind herantragen, andererseits gesehen. Die Matrix der elterlichen Interaktionsformen wird auch durch ihre verinnerlichten Geschlechtszuschreibungen mitbestimmt. So löst die Aussicht, einen Jungen zu bekommen, schon in der Schwangerschaft bei den Eltern neben allgemein menschlichen und kulturspezifischen auch geschlechtsspezifische Vorannahmen und unbewusste Phantasien aus. In der Mutter werden die eigenen Weiblichkeits- und Männlichkeitsbilder aktiviert. Das innere Männlichkeitsbild setzt sich dabei zusammen aus den Erlebnissen z. B. mit dem eigenen Vater, dem Bruder, dem ersten Freund, dem Vater des Kindes, aber auch aus der Identifikation mit dem Blick der eigenen Mutter auf den Mann. Bei der Geburt eines Sohnes wird in der inneren Erlebniswelt der Mutter eine trianguläre ödipale Struktur aktiviert. Chodorow betont die Bedeutung der Erfahrung des sexuell anderen als frühe Differenzerfahrung:

> Weil sie sich von ihren Söhnen geschlechtlich unterscheiden, erleben Mütter diese als männliche Gegenstücke. Die Besetzung ihrer Söhne ist von Anfang an eher die Objektbesetzung eines sexuell anderen, möglicherweise durch narzisstische Komponenten ergänzt. Söhne werden eher als von der Mutter differenziert erlebt, und Mütter betonen diese Differenziertheit. (Chodorow, 1985: 144)

An einem Beobachtungsfall hat Daniel Stern herausgearbeitet, wie die Unzufriedenheit einer Mutter mit der passiven Grundeinstellung ihres Mannes unbewusst dazu führte, dass sie ihren neun Monate alten Sohn lebendiger und aktiver formen wollte. Dazu stimmte sie sich entgegen ihrer lebhaften Persönlichkeit eher zurückhaltend dämpfend auf die affektiven Äußerungen ihres Kindes ab. Das zurückhaltende Abstimmungsverhalten hätte langfristig im Gegensatz zur bewussten Intention der Mutter, dem Jungen eher den Schwung geraubt und »dazu beigetragen, den Sohn seinem Vater ähnlicher zu machen« (Stern, 1992: 298). Das Geschlecht des Sohnes wirkt über die Phantasien der Mutter unmittelbar in die frühen Interaktionsmuster ein. Dies gilt insbesondere bei traumatisierten, z. B. sexuell missbrauchten Müttern. Bei ihnen besteht die Gefahr, dass sie von Beginn an eine ambivalente Beziehung zu ihrem Sohn entwickeln, weil sie unbewusst schon im männlichen Säugling den bedrohlich heterosexuellen Mann erkennen.

In unserem Fallbeispiel aus dem Forschungsprojekt werden wir über eine Mutter und einen Vater berichten, die schon mit sechs Monaten im Sohn den heterosexuell agierenden kleinen Mann gesehen haben. Auch bei anderen Beobachtungsfamilien fanden wir sehr frühe elterliche Verknüpfungen des kindlichen Verhaltens mit heterosexuellen Zuschreibungen. Der Sohn wird durch die heterosexuellen Phantasien von Mutter und Vater in einen ödipalen Raum hineingeboren. Allerdings macht es einen erheblichen Unterschied, ob dies eine unbewusst bleibende Matrix im Sinne der Allgemeinen Verführungstheorie von Laplanche (1988) ist oder ob die Eltern intentional und an der Schwelle zum Bewusstsein ihren Säugling schon als einen potenziell heterosexuellen Mann betrachten. Allgemein kann man sagen: Anders als bei der homologen Abstimmung mit der Tochter erkennt die Mutter im Sohn das kleine abhängige Kind und den zukünftigen Mann. So wird im psychischen Innenraum der Mutter in der Schwangerschaft und nach der Geburt eines Sohnes eine heterosexuelle Triade aktiviert. Ob diese frühe triadische Erfahrung die Entwicklung positiv oder negativ bestimmt, hängt auch davon ab, welche Beziehung die Mutter zum Vater hat. Das Vaterbild in der Mutter wird dabei unbewusst durch die innere Repräsentanz des eigenen Vaters der Kindheit und der Beziehung zum zeugenden Vater des Kindes geprägt. Die liebevolle Anerkennung der männlichen Differenz durch die Mutter ist der Basisbaustein für eine gelingende männliche Identitätsentwicklung.

Aber nicht nur von der Mutter aus geht es darum, die Fremdheit des anderen Geschlechts liebevoll anzuerkennen und genügend gut zu integrieren, auch der kleine Junge selbst erlebt sich früher als das Mädchen als von der Mutter und deren Weiblichkeit unterschieden. Im Wechselspiel zwischen Körpererfahrungen und affektiven Regulierungserfahrungen mit den primären Bezugspersonen bildet sich die männliche Identität. Schon im Alter von sechs Monaten nimmt der Junge seinen Penis wahr und verinnerlicht die liebevolle Anerkennung oder Nichtanerkennung seines Genitals im Spiegel des mütterlichen Blicks (Tyson/Tyson, 1997: 281). Die Art und Weise, wie die Mutter das Genital des Jungen anerkennt, prägt die Art und Weise der libidinösen Besetzung und dessen Integration in das Körperbild. Die konkreten körpernahen Pflegehandlungen und die mütterliche Fähigkeit zum einfühlsamen Halten und Spielen werden als Spiegelungserfahrungen Bestandteil der Selbstrepräsentanz des Kindes. Im weiteren Entwicklungsverlauf kommt es zur Lösung von der Mutter. Der Junge nimmt sich nun nicht nur zunehmend als eigenständig wahr, sondern auch als zu einer anderen Kategorie menschlicher Wesen gehörig. Während das Mädchen über ihr eigenes Weiblichsein und die Perspektive, später mal selbst Brüste und Kinder haben zu können, sich identifizierend in die weiblich mütterliche Generationenfolge einreihen kann, ist dies dem Jungen verwehrt. Er kann nie wieder eins werden mit der Mutter, niemals später so werden wie sie. Die zentrale Differenzerfahrung des Jungen basiert dabei auf der Wahrnehmung des Geschlechtsunterschiedes. Im gesunden Normalfall wird er am Ende des zweiten Lebensjahres damit beginnen, seinen Penis libidinös zu besetzen und als körperliches Symbol seiner Männlichkeit auch psychisch in Besitz nehmen. Der Phallus steht für das Eigene und damit auch für die Separation von der Mutter. Über die positive Spiegelung der Mutter erhält er aber auch die Funktion eines Verbindungsgliedes zu ihr. Der männliche Phallus ist bei gelungener Abstimmung sowohl Symbol für die Autonomie als auch für die Bindung. Die bewusste und unbewusste mütterliche Einstellung zum Männlichen beeinflusst diesen körpernahen Identitätsbildungsprozess.

Wenn Jungs keine einfühlsame Affektregulation erleben und wenn das beruhigende Objekt nicht als sichere Bindung verinnerlicht werden kann, dann zeigt sich das häufig in unruhigem Verhalten oder einem männlich aggressiven Interaktionsstil, der die Unabhängigkeit betont. Jungen haben oft frühe, zu frühe Fremdheitserfahrungen mit der Mutter erlebt. Sie wurden zu früh in die Selbständigkeit entlassen und erleben dies als narzisstische Kränkung (Hopf, 2008). Einige Jungen müssen dann später immer und immer wieder durch aggressiv kontrollierendes Verhalten ihre Unabhängigkeit und Distanz zum Mütterlich-Weiblichen zur Schau stellen. Sie selbst versuchen sich dadurch zum Herrn einer Situation zu machen, der sie früher abhängig ausgeliefert waren. Die Erfahrung der zu frühen Trennung kann auch darin bestehen, dass der Junge nicht als abhängiges, bedürftiges Kleinkind gesehen wird, sondern schon früh zum Partnerersatz wird. Die Gefahr, dass der Sohn unbewusst den Mann ersetzen soll, ist bei alleinerziehenden Müttern besonders groß. Das reale oder psychische Fehlen des Vaters fördert in der Partnerersatzfunktion einerseits die Größenphantasien des Sohnes, andererseits konfrontiert es sie mit der Labilität des Inzesttabus. Dies kann vor allem in der Adoleszenz zu psychotischen Ängsten, aggressiven Ausbrüchen oder depressiven Rückzügen führen (Dammasch, 2012).

Die Bedeutung des Vaters als Dritter und als Spiegel der Männlichkeit

Für den Jungen ist der Vater zunächst vor allem bedeutsam als der Andere, der körperlich Nichtmütterliche, der Dritte. Dieser Dritte wird als der Geschlechtsgleiche, als der erwachsene Spiegel der eigenen Männlichkeit erkannt. Jungen brauchen früher als Mädchen den männlichen Dritten – zur Spiegelung ihres männlichen Selbstanteils. Jungen brauchen die positive Spiegelung ihrer Differenz von der Weiblichkeit der Mutter durch den Vater. Sie suchen vor allem ein basales Gemeinsamkeitsgefühl mit dem Vater, der das sich entwickelnde Männliche seines Sohnes schätzt und dabei hilft, es im »Penis-Penis-Dialog« (Herzog, 1998) zu formen. Körperlich konkret erfährt der Junge den Vater nicht nur als einen ihm gleichenden Penisträger, sondern erfährt auch, dass dessen Muskeltonus, dessen Lust an der liebevoll aggressiven Auseinandersetzung, am Balgen, am körperlichen Sich-Messen, am Boxkampf, eine andere ist als bei der Mutter. In unseren Familienbeobachtungsstudien konnten wir das in der Forschung benannte »rough and tumble play« der Väter beobachten. Sie gehen häufig spielerischer, motorischer, aggressiver und kämpferischer mit ihren Kindern um. Ihre raue Art des Spielens formt interaktiv die Affekte und Triebimpulse der kleinen Jungen. Stimulation und Begrenzung sind die beiden Pole, die der Sohn im motorisch kämpferisch lustvollen, leidenschaftlich herausfordernden Spiel mit dem Vater verinnerlicht. Der Junge lernt im spielerischen Gegenüber und im imitierenden Gleichsein auch das Zielen – mit dem Fußball, mit der Pistole, mit dem Schwert und mit dem Penis in das

Pissoir. So wird ungestüme – auch testosteronbedingt – ausufernde Motorik in der sinnlich konkreten Interaktion mit dem Vater zu konstruktiver Rivalitätsaggression geformt, die im Verlauf der Entwicklung weiter differenziert und ausgebaut wird und – wenn alles gut geht – im Spiel symbolisch transformiert werden kann. Die wohlwollende Anerkennung der Männlichkeit durch die Mutter und die motorisch körperlichen und sinnlich-symbolischen Spiele mit dem Vater stärken im Sohn das Gefühl, zum Kollektiv der Männer zu gehören (Diamond, 2009). Die gemeinsame Nutzung der kulturell zur Verfügung gestellten geschlechtsstereotypen Spielzeugangebote wie Pistolen, Schwerter, Bälle, Baukräne, Autos, symbolisch-phallische Figuren und Spielkarten aller Art stärken das Gefühl, zur Gruppe der Jungen zu gehören. Exhibitionistisches stolzes Zeigen des Penis bzw. symbolisch des Schwertes oder der Pistole stärken den phallischen Narzissmus des kleinen Jungen. Er fühlt sich stark und großartig als Junge.

Die wohlwollende Begleitung und Protegierung des andersartigen männlich-spielerischen Dialogs durch die Mutter ist essenziell für die Bildung einer flexiblen Geschlechtsidentität, welche die Integration männlicher und weiblicher Anteile beinhaltet. Die Wertschätzung der männlichen Differenz des Vaters durch die Mutter begründet dabei genauso die Entwicklung einer reifen Triangulierung wie die Wertschätzung der mütterlichen Beziehungsmuster durch den Vater. Die Wahrnehmung, dass das Mütterliche bzw. Weibliche auch im Inneren des Vaters einen anerkannten Raum hat, bereitet das Feld für die Integration weiblicher und männlicher, mütterlicher und väterlicher Objektrepräsentanzen in die männliche Identität vor. Die liebevolle Beziehung des Vaters zur Mutter und zur Weiblichkeit der Mutter signalisiert dem Sohn, dass weiblich und männlich zusammengehören und integriert werden können. Der Sohn identifiziert sich auch mit der Beziehung des Vaters zur Mutter und zu deren Weiblichkeit. Ein Vater, der die Mutter bzw. das Weibliche entwertet, wird es auch dem Sohn erschweren, wieder den Weg zu seinen femininen Anteilen, zur Identifizierung mit der eigenen inneren Mutterrepräsentanz zurückzufinden. Die Qualität der Beziehung der Eltern untereinander beeinflusst die Qualität und Stabilität der intrapsychischen Triangulierung und die bisexuelle Flexibilität der männlichen Geschlechtsidentität.

Der Übergang des Jungen in die ödipale Phase wird erleichtert durch eine Mutter, die dem Sohn den Vater lässt, weil sie ihn selbst als libidinöses Objekt in sich trägt.

Ogden problematisiert die Schwierigkeit, sich auf ödipalem Niveau in das gleiche Objekt zu verlieben, das bereits das primäre präödipale Liebesobjekt war. Der Schatten der präödipalen Mutter bedroht die ödipale Triangulierung.

> Der Eintritt in eine erotische und romantische Beziehung mit der ödipalen Mutter ist mit großer Angst verbunden, zum Teil, weil letztere der omnipotenten präödipalen Mutter unheimlich ähnlich ist. (Ogden, 1995: 148)

Der Eintritt in die ödipale Triade gelingt dem Jungen durch einen Übergang, der in seiner Beziehung zum inneren ödipalen Dreieck der Mutter besteht. Wie Green (1996) geht Ogden davon aus, dass der ödipale Dritte als Vater-in-der-Mutter im Innenleben der Mutter präsent sein muss, bevor er als realer Vater für den Knaben Bedeutung erlangt: »Die Mutter bringt den phallischen Vater in die entstehende ödipale Beziehung mit ihrem Sohn ein, und zwar durch ihren eigenen inneren ödipalen Vater, mit dem sie identifiziert ist.« (Ogden, 1995: 155) Das Fehlen des begrenzenden phallischen Vaters-in-der-Mutter und des realen ödipalen Vaters konfrontiert den Jungen mit dem Inzest, mit dem Schrecken der unbegrenzten weiblichen Sexualität. Die Folgen für die Entwicklung des Jungen sind dramatisch:

> Es ist eine Sexualität, die von der Katastrophe der Zerstörung des phallischen Vaters nicht getrennt werden kann, und insofern eine Sexualität, die den Eintritt des kleinen Knaben in die sexuelle und emotionale Reife blockiert und eine reife, maskuline Geschlechtsidentität verhindert. (Ogden, 1995: 168)

Die Abwesenheit oder Verwerfung des Vaters und die damit einhergehende Unmöglichkeit der Verinnerlichung des begrenzenden mit der Mutter libidinös verbundenen männlichen Dritten aktiviert in der ödipalen Phase ängstigende Inzestphantasien beim Jungen, die kaum neutralisiert und überwunden werden können. In der Adoleszenz kann es bei solcherart basal vaterlosen Jungen zu regressiven Entstrukturierungen bis hin zu psychotischen Halluzinationen kommen.

Reife Geschlechtsidentität

Eine reife Geschlechtsidentität basiert auf der Stabilität und Flexibilität der intrapsychischen Triangulierung. Die Wertschätzung der männlichen Differenz des Vaters durch die Mutter begründet dabei genauso die Entwicklung einer reifen Triangulierung wie die Wertschätzung der mütterlichen Beziehungsmuster durch den Vater. Die Wahrnehmung, dass das Mütterliche bzw. Weibliche im Inneren des Vaters (die Mutter-im-Vaters) einen anerkannten Raum hat, bereitet das Feld für die Integration weiblicher und männlicher, mütterlicher und väterlicher Objektrepräsentanzen in die männliche Identität des Sohnes vor.

Das Forschungsprojekt[1] – Zum Zusammenhang von elterlichen Geschlechtervorstellungen und kindlichen Beziehungsmustern am Beispiel von Murat, drei Jahre

Forschungsdesign

Wir haben in einem aufwändigen Studiendesign bei insgesamt 25 Familien jeweils fünf Interaktionsbeobachtungen im häuslichen Rahmen durchgeführt. Hinzu kamen jeweils zwei Beobachtungen in den Kindertageseinrichtungen und ein ausführliches narratives Interview mit den Eltern zu ihrem biografischen Hintergrund, den bisherigen Erfahrungen mit dem Aufwachsen ihres Kindes und ihren Konzepten in Bezug auf die Männlichkeit ihres Kindes. Jeder Fall wurde in tiefenhermeneutischen Gruppendiskussionen eingehend szenisch diagnostisch ausgewertet und im Hinblick auf die jeweiligen Beziehungsmuster und Geschlechtervorstellungen eingeschätzt. In drei Fällen wurden von einer Bindungsforscherin zusätzlich deren Methodeninventar (Fremdensituation und AAI mit Mutter und Vater separat) durchgeführt und ausgewertet. Im Rahmen dieses Aufsatzes werden wir die Methodik einer tiefenhermeneutischen und bindungstheoretischen Erhebungs- und Auswertungsmethodik nicht diskutieren und uns anhand eines Einzelfalls auf die inhaltliche Frage beschränken: Welche Beziehungsmuster zeigen Jungen im Kleinkindalter und welchen Einfluss haben dabei die elterlichen Vorstellungen über das Geschlecht? Wir beschreiben dazu die Interaktionsmuster und verbalisierten Einstellungen einer Familie mit Migrationshintergrund, bei denen das männliche Geschlecht eine besonders auffällige Rolle spielt.

---

[1] An dem dreijährigen Projekt waren neben meiner Kollegin, der Bindungsforscherin Ulrike Zach, und mir als wissenschaftliche Mitarbeiter Marian Kratz, Raissa Bohnstaedt und Sandra Schnee federführend beteiligt. Hinzu kamen studentische Forscher, Beobachter und Interviewer. Das ganze methodisch aufwändige Projekt wurde durch die finanzielle Förderung der Köhler Stiftung ermöglicht.

Die Falldarstellung[2]

Wir stellen den Fall des dreijährigen Murat vor, dessen Eltern auf unterschiedlichen Wegen und über verschiedene andere Länder aus dem muslimisch vorderasiatischen Raum schon vor vielen Jahren nach Deutschland eingewandert sind. Während der Vater ein Heimatland angeben kann, benennt die Mutter kein einzelnes Land als ihre Heimat, was auf eine gewisse Entwurzelung hinweist. Vater und Mutter leben sozial gut integriert und situiert, sprechen gutes Deutsch und gehen unterschiedlichen akademischen Berufen nach. Murat hat eine acht Monate alte Schwester, die häufig auf dem Arm der Mutter ist.

Die Mutter selbst nimmt von sich aus Kontakt zu unserem Forschungsprojekt auf. Den Familienbeobachter beeindruckt sie gleich durch ihre aktive Art der Beziehungsgestaltung. Beim ersten Treffen an der Hochschule fühlt er sich überrumpelt durch die schnelle aktive Kontaktaufnahme, die fehlende Unsicherheit oder Fremdheit der Mutter, die sofort mit ihm in die Mensa gehen und so schnell wie möglich mit den Beobachtungen anfangen will und alles auch schon mit ihrem Mann abgesprochen habe. Die Kontrolle und Gestaltung übernimmt die Mutter.

Die Familienbeobachtungen

Die Terminabsprache mit der Mutter ist problemlos. Ohne wahrnehmbare Vorsicht oder Distanz wird der Beobachter in die Familie hineingelassen. Der Junge ignoriert ihn zunächst eher und nimmt erst allmählich Kontakt auf. Der dreijährige Junge schaut häufig TV oder spielt auch am Computer, während die Mutter und auch der nur beim ersten Mal anwesende Vater sich bemühen, pädagogisch wertvolle Aktivitäten durchzuführen, z. B. Lesen, Memory, die aber auf wenig anhaltende Resonanz treffen. Es ist wenig Kontinuität und Ruhe in der Familie spürbar. Der Beobachter empfindet spontan wenig Sympathie für den kleinen Jungen. Im Fortlauf der Familienbesuche steigern sich Diskontinuität und unruhig-aggressive Stimmungen von Murat. Sowohl die wechselhafte, oft zurechtweisende Art der Mutter, die weitgehende Zurückhaltung des Beobachters bei Abwesenheit des Vaters als auch die Rivalität mit der

---

[2] Die Familienbeobachtungen und die Elterninterviews wurden von Marian Kratz durchgeführt und protokolliert. Ihm verdanke ich auch eine erste Verschriftlichung unserer gemeinsamen Auswertung, die in den vorliegenden Text eingegangen ist.

kleinen Schwester, die mit der Mutter liebevoll verbunden scheint, können als Ursachen für die aggressive Unruhe benannt werden.

Beispielhaft für die schwierige Beziehung zum männlichen Dritten und für Auseinandersetzungen mit der Mutter werden Situationen aus dem fünften Beobachtungsprotokoll zitiert. Beim fünften Familienbesuch hat sich in den meisten Familien in Bezug auf den zunächst fremden Beobachter bereits eine Gewohnheit und Natürlichkeit hergestellt:

> Um kurz vor fünf klingele ich an der Haustür. Die Mutter lässt mich herein und murmelt ein »Ja, komm«, nachdem ich meinen Namen gesagt hatte. An der Wohnungstür sehe ich Murat, der mich anschaut. Als er sieht, dass ich ihn auch sehe, rennt er weg. Ich betrete die Wohnung ohne Begrüßung. Ich ziehe meine Schuhe aus und laufe durch den Flur. Am Ende des Flurs kommt mir Murat langsam entgegengelaufen und sagt: »Ich habe dich gar nicht gesehen.« »Ich habe dich schon gesehen«, antworte ich. Er fragt mich, ob ich mit in sein Zimmer kommen wolle. Ich gehe darauf ein. In diesem Moment wäre es mir wie eine starke Zurückweisung vorgekommen, hätte ich abgelehnt. In seinem Zimmer zeigt mir Murat seine Spielsachen. Erst führt er mich zu seiner Werkbank, dann zu seinem Hochbett. Ich bestaune seine Spielsachen, behalte aber meine Sachen an. Ich habe nicht vor, hier mit ihm zu bleiben. Er öffnet eine Truhe und holt eine Actionfigur nach der anderen heraus. »Ich habe Spiderman, noch einen Spiderman, hier einen Supermann und noch einen Spiderman.« »Du magst Spiderman, mh?« »Ja«, antwortet er. Ich ziehe mich aus der Situation und gehe ins Wohnzimmer und treffe dort auf die Mutter. Sie ist mit der Schwester beschäftigt und begrüßt mich. Ich lege meine Sachen ab.

Obwohl der Beobachter schon zum fünften Mal die Familie besucht, ist es eine vergleichsweise unverbindliche Art der Begrüßung. Die Mutter lässt den Mann nach Namensnennung am Haustelefon gleich rein, begrüßt ihn aber nicht am Wohnungseingang. Stattdessen wartet der dreijährige Junge, der aber sofort wegläuft. Die Tür ist offen, aber der Beobachter muss seinen Weg alleine finden. Dann kommt ihm Murat entgegen und behauptet, dass er B., den Beobachter, nicht gesehen hätte. B. fühlt sich genötigt, die Realität seiner Wahrnehmung auszusprechen. Der Junge zieht ihn mit in sein Kinderzimmer. B. geht nur darauf ein, weil er glaubt, eine Ablehnung wäre eine zu starke Kränkung. »Ich bestaune seine Spielsachen, behalte aber meine Sachen an. Ich habe nicht vor, hier mit ihm zu bleiben.« B. beschreibt seine Ambivalenz in der Beziehung. Er geht mit, wendet sich emotional aber nicht wirklich dem kleinen Jungen zu, bleibt angezogen quasi mit einem Bein draußen. Murat versucht, B. durch das Vorzeigen von starken männlichen Helden zu beeindrucken und festzuhalten. Der bleibt aber neutral, entzieht sich der Beziehung mit dem Jungen und geht zur Mutter ins Wohnzimmer. Erst dort bei Mutter und Tochter macht er es sich wohnlich und zieht seine Oberkleidung aus. Nun erst ist er angekommen – bei Mutter und Tochter. Murat konnte den männlichen Dritten mit dem, was er vorzeigen konnte, nicht an sich binden. Der Junge bleibt alleine in seinem Zimmer. Aber nicht lange.

> Murat kommt dazu und fordert mich auf, mit ihm zu spielen. Er will, dass ich einen Kampf mit den Spiderman-Figuren austrage. Die Mutter sagt: »Du wolltest doch Buch lesen mit mir, Murat.« Murat sagt nichts und geht wieder in sein Zimmer. »Jetzt holt der was anderes, besseres!«, sagt die Mutter voraus. Kurz darauf kommt Murat mit zwei Tischtennisschlägern zu mir und fordert mich auf, mit ihm zu spielen. Er sagt: »Du musetzen erst.« Ich verstehe nicht, was er meint und frage: »Was muss ich?« Er wiederholt sein Gesagtes. Ich ahne, dass ich mich erst hinsetzen muss und tue dies auch. Verständlicher war seine Wiederholung nicht. Es fällt mir sehr schwer, seine konkreten Interaktionsforderungen abzulehnen, und so sitze ich jetzt vor ihm und halte einen Schläger in der Hand.

Murat gibt nicht so schnell auf, ein gemeinsames Zweierspiel mit B. herzustellen. Er kann sich nicht richtig verständlich machen und der Beobachter reagiert wieder zwiespältig. Er erlebt Murat als fordernd, nicht als wünschend und gibt den Forderungen lustlos nach. Während die spielerische Beobachter-Sohn-Beziehung scheinhaft bleibt und sich nicht wirklich entwickelt, machen es sich Mutter und Tochter gemütlich.

> Die Mutter hat sich inzwischen mit der Tochter auf die Couch gesetzt und beobachtet uns. Wir spielen uns den Ball hin und her. Es klappt überhaupt nicht. Der Ball springt durch das halbe Wohnzimmer und macht dabei viel Lärm. Es ist mir fast schon unangenehm, weil es so laut ist. Nach fünf Minuten sage ich, dass ich jetzt keine Lust mehr hätte und noch lesen müsse. Ich bediene mich meines Schreibblockes, um einen Vorwand zu finden, nicht mehr mit ihm spielen zu müssen. Ich fühle mich nicht gut, weil ich Murat anlüge und das auch noch vor der Mutter.

Murat versucht mithilfe eines Ball-hin-und-Her mit Tischtennisschlägern, den Mann für sich zu gewinnen. Er macht sich dabei größer als er ist. Der Versuch kann nur misslingen, da das Spiel mit Schläger die Koordinationsfähigkeiten eines Dreijährigen objektiv überfordert. Wieder gelingt es ihm nicht, B. für sich zu gewinnen. Mit einem Vorwand versucht B. sich aus dem unangenehm misslingenden Spiel mit dem Jungen herauszuziehen, aber Murat gibt nicht auf.

Murat kann sich nur schwer von mir lösen und versucht zu verhindern, dass ich mich setze. Er springt auf meinen Platz, bevor ich sitzen kann. Als ich mich auf einen anderen Stuhl setzten will, besetzt er diesen ebenfalls. Ich wechsele automatisch in einen Spielmodus und sage erstaunt »Och« und »Oh«, wenn er immer vor mir auf den Stühlen sitzt, die ich anstrebe.

»Komm Murat, wir lesen jetzt«, sagt die Mutter ernst. »Hast du nicht gesagt, wir lesen Buch, wenn ich kurz mit dir gespielt habe? Komm jetzt.« Murat geht zu ihr, bleibt stehen, dreht um und rennt in sein Zimmer. Mit Spielfiguren kommt er zurück und legt sie neben der Mutter auf die Couch. »Ich muss kämpfen!«, ruft er und rennt wieder in sein Zimmer. Mit noch mehr Figuren kommt er zurück. Das wiederholt er noch zweimal. »Es reicht jetzt!«, sagt die Mutter ernst. »Wie viele willst du noch holen? Die musst du alle später wieder wegräumen!«

Murat fängt an zu spielen. Brüllend fallen die Figuren übereinander her. »Der ist jetzt tot und der auch!« »Was ist tot?«, fragt die Mutter in einem Ton, der mir so vorkommt, als wüsste sie, dass Murat die Bedeutung von tot nicht kenne. Ihr Blick hat etwas Feindseliges, fast Verachtendes. Murat antwortet nicht.

Nach dem Misslingen einiger Spielversuche wird der kleine Junge immer fordernder und produziert so in einem sich wiederholenden Teufelskreis die Ablehnung des Anderen. Das Misslingen der Herstellung einer Beziehung scheint in ihm bereits eine sich wiederholende Interaktionsform zu sein. In Form einer selbsterfüllenden Prophezeiung inszeniert er durch sein forderndes Auftreten die Ablehnung. Sicherlich ist Murat mit drei Jahren noch zu jung, den mentalen Zustand seines Gegenübers zu erkennen, dennoch ist hier seine Tendenz, Ablehnungserfahrungen mehrfach zu wiederholen, auffallend.

Anstatt die Wünsche oder Enttäuschungen von Murat wahrzunehmen und zu benennen, versucht die Mutter, ihn durch Lesen abzulenken. Murat aber muss kämpfen und holt unter den feindseligen, fast verachtenden Blicken der Mutter immer mehr Figuren aus seinem Zimmer und beginnt zu töten. Man kann förmlich spüren, wie die destruktiven Impulse mehr und mehr Besitz von ihm ergreifen. Er versucht aber nochmal, seine wachsende Aggression in spielerisch, männlich rivalisierende Bahnen zu lenken und den männlichen Dritten als affektregulierendes Hilfs-Ich zu mobilisieren.

Murat steht auf und geht in sein Zimmer. Mit zwei Schwertern kommt er zurück. Er bietet mir eins an und will mit mir kämpfen. Ich lehne ab. Mir fällt wieder kein guter Grund ein, und ich sage wie auswendig gelernt: »Ich muss noch lesen« und schaue wieder auf mein Blatt. Ich denke dabei an den Vorteil, wenn man mitschreibt. Da ist man sichtbar beschäftigt. Murat versucht mich zu überreden, in dem er sagt: »Du willst mit mir spielen, hast du gesagt!« »Das habe ich nicht!«, antworte ich. Er rennt zur Mutter und zur Schwester, die inzwischen auf dem Teppich liegen und spielen. Er springt um sie herum und schreit von Monstern, die er bekämpfen müsse. Knapp an Mutter und Schwester vorbei haut er fest auf den Teppich und tötet Monster. Die Mutter schaut sehr genervt und sagt ernst, er solle aufpassen. Murat macht weiter und der Blick der Mutter wird wieder feindselig. Er will jetzt, dass die Mutter ein Schwert nimmt. Erstaunt und bestimmt sagt sie, dass sie sicher nicht mit dem Schwert spiele. »So was kannst du mit dem Papa machen!« Murat wendet sich ab und schaut hoch in die Lampe, welche das Wohnzimmer ausleuchtet. Er greift mit dem Schwert nach ihr. Es sind gut 150 cm zwischen der Schwertspitze und der Lampe. Murat versucht jetzt, das eine Schwert auf das andere zu stecken, um ein längeres Schwert zu bekommen. Sein Vorhaben scheitert und er geht in sein Zimmer.

Wir sind in den kurzen Familienszenen Zeuge des Misslingens eines konstruktiven Beziehungsaufbaus geworden. Murat hat versucht, den männlichen Dritten aus seiner neutralen Position in eine mitspielende Position zu bringen, was ihm nicht gelungen ist, enttäuscht und unter mehr Druck wiederholt wird, misslingt und schließlich zur Entfaltung einer anwachsenden aggressiven Zerrissenheit führt. Er wollte quasi eine spielerisch kämpferische Vater-Sohn-Dyade mit dem Beobachter herstellen, verfügt aber nicht über die inneren Mittel, ein gemeinsames Spiel zu entwickeln und ihn für sich zu gewinnen. Durch das Misslingen der männlich kämpferischen Dyade wurde er mit der einvernehmlich wirkenden Mutter-Tochter-Dyade konfrontiert, die seine Rivalitäts- und Hassgefühle angestachelt hat. In stereotyper männlich-aggressiver Weise versucht er mithilfe phallisch-aggressiver Symbole vergeblich Herr der Situation zu werden. Die unsichtbaren Monster, die er mit dem destruktiven Phallus-Schwert bekämpft, scheinen die virtuellen Personifizierungen seines projizierten und verschobenen Hasses zu sein. Er versucht, die Mutter in das Schwerterspiel hineinzuziehen, sie zu einem Mann zu machen, sie zu entmütterlichen, auch um sie von der Schwester zu lösen. Ihre Ablehnung und ihr Hinweis auf den Vater führen dazu, dass er sein Schwert noch weiter vergrößern und in die Lampe stecken will. Mithilfe einsamer phallischer Größeninszenierungen versucht er, die Enttäuschungs- und Traurigkeitsgefühle, von der Mutter und auch vom Beobachter-Vater nicht angenommen worden zu sein, loszuwerden. Während bei diesen Enttäuschungserfahrungen ein Mädchen möglicherweise weinen und dadurch die Fürsorge der Erwachsenen an sich binden würde, kämpft der Junge virtuell und geht schließlich als geschlagener phallischer Held mit der Gewissheit seines Abgelehntwerdens in sein Zimmer und ist alleine.

In den Beobachtungen konnte man sehen, dass die Mutter über keine emotionale und reflektierende Responsivität verfügt, mit ihrem Sohn verstehend und spiegelnd umzugehen. Sie kritisiert häufig und versucht, ihn auch in anderen Beobachtungen immer wieder vergeblich zu beschränken, lässt aber gleichzeitig seinem aggressiven Agieren einen unbegrenzten Raum. Sie verweist ihn letztlich an den abwesenden Dritten: »So was kannst Du mit dem Papa machen!« Wir müssen uns vor Augen führen, dass dieser Junge gerade erst drei Jahre alt geworden ist und nun schon vor der phallisch-ödipalen Phase zu rigide fixierten männlich-aggressiven Beziehungsmodi mit phallischen Größenvorstellungen einerseits und zum Rückzug und Alleinsein andererseits tendiert, um Enttäuschungs- und Ausschlusssituationen zu bewältigen. Der Kampf um die Beziehung wird aktiv, aber mit den falschen Mitteln geführt und entgleist dann zusehends aggressiv.

Woher kommt diese frühe Entwicklung männlich-aggressiver Muster bei einem erst dreijährigen Jungen?

Das Elterninterview

Das leitfadengestützte narrative Interview mit Mutter und Vater findet in der Wohnung statt. Die Aussagen der Eltern werden hier nach inhaltlichen Kriterien geordnet in signifikant erscheinenden Ausschnitten dargestellt.

Beide Eltern wollten ein Kind, weil

> »bei uns, unserem Kulturkreis war das klar ... selbstverständlich. Wenn man heiratet, bekommt man automatisch auch ein Kind.«

Erwartet wurde ein Mädchen, die Mädchennamen haben den Eltern besser gefallen und die Mutter hatte auch schon ein süßes Kleidchen. So wurde Murat ambivalent empfangen. Der Vater erinnert:

»Stell dir vor dieser erste Moment, als er geboren war. Und es war keine Freude, sondern es war neutral eigentlich. Erst nach einiger Zeit habe ich erkannt, das ist mein Kind und dann habe ich mich sehr gefreut.«

Während der Vater angibt, insbesondere nach einem siebenwöchigen Aufenthalt von Mutter und Kind in der Türkei eine gute Bindung zu seinem Sohn zu haben, fühlt die Mutter sich unsicher gebunden und sieht die Ursache beim Kind:

»Es war nicht so, dass er früher stärker an mich gebunden war. Erst waren es wir beide, dann mehr er. Das war also nicht so, dass er jemals bei mir so gebunden war, deshalb hat es mich nicht überrascht. Es ist aber auch eine Erleichterung für mich. Ich sehe das positiv. Auf der anderen Seite frage ich mich, warum macht er das nicht mit mir? Ich sehe das manchmal, dass er mich komplett ignoriert. Dann sagt er: Dann geh doch! Da denk ich mir, upps, was ist denn hier los? Aber sonst nicht.«

Die Mutter beschreibt ohne schlechtes Gewissen ganz offen, dass es nicht so war, »dass er jemals bei mir so gebunden war«. Sie sieht wie der Vater auch die engere Bindung zum Vater, die in den Familienbeobachtungen gar nicht sichtbar wurde, als eher positiv, fragt sich aber auch, warum Murat das mache. Die Ursache der schwachen Bindung sieht sie beim Sohn. Sie scheint sich, ohne darunter zu leiden, als Opfer der Bindungsverweigerung ihres Sohnes zu verstehen und erlebt ihn dabei wie einen Täter, der sie aktiv loswerden wolle. »Upps« – ist eine merkwürdig banalisierend lockere Reaktion auf eine Beziehungsaufkündigung ihres Kindes. Erstaunlich, dass die Mutter ihre Bindungsschwierigkeiten mit dem Sohn hier so selbstverständlich darstellt. An anderer Stelle beschreibt sie, dass sie schon den kleinen Jungen gar nicht baden konnte und das dem Vater überlassen habe. Haben die Bindungsprobleme, die bei der Mutter-Tochter-Dyade nicht erkennbar sind, etwas damit zu tun, dass es ein Junge ist?

Bei der Frage des Interviewers nach der Einstellung zum männlichen Geschlecht glauben beide Eltern daran, dass es die Hormone seien, die den Unterschied machen und die das frühe Interesse für Autos wachrufen. Schwerter wollten sie ihm nie kaufen, weil sie es zu brutal fänden. Eigentlich wollte die Mutter immer, dass der Junge auch eine Küche bekommt, was der Vater, der selbst gerne kocht, aber nicht wollte. Obwohl der Vater an die Gestaltungskraft der Hormone glaubt, denkt er aber auch, dass er durch seine Einstellungen das Spielverhalten mitbestimmt:

> »Ich habe so Vorstellungen, dass mein Sohn eigentlich mit Schwertern, Pistole, Autos, solchen Sachen, spielen muss. Vielleicht kommt das automatisch, dass mein Kind das auch macht.«

Die Mutter steht zur geschlechtsspezifischen Ausstattung ihres Sohnes, die schon im Mutterleib begann:

> »Die ersten drei, vier Monate haben wir schon losgelegt damit, Sachen einzukaufen und das waren immer neutrale Farben. Grün, Orange und solche Sachen. Aber nach der Feststellung des Geschlechts habe ich angefangen, typische Jungensachen zu kaufen.«

Die Eltern beginnen mit der aktiven positiven Spiegelung der männlichen Heterosexualität schon sehr früh. Der Vater sagt voller Stolz:

> »Wir freuen uns, wenn er Frauen anschaut.«

Die Mutter dazu:

> »Ja, wenn er eine hübsche junge Frau sieht, der läuft er hinterher. Ja, letztens ist eine halb nackte Dame nach rechts abgebogen und wir sind gerade aus. Da ist er ihr hinterhergelaufen und ich so: Hallo, Murat, wir gehen doch da lang. Aber dieses hübsche Mädchen ist doch da langgegangen. Solche Sachen, solche Sprüche von Anfang an schon. Er war sechs Monate, ein halbes Jahr da schaute er schon Frauen an und hat ihnen schöne Augen gemacht. Das macht er gerne bis heute.«

Hier liegt bei beiden Eltern eine merkwürdige Realitätsverleugnung kindlicher Bedürfnisse und Entwicklungswünsche vor. Die Suche des ganz kleinen Jungen nach den schönen, liebevollen Augen der anderen Mütter, die er wahrscheinlich bei seiner Mutter nicht finden konnte, wird in eine aktive, intentionale heterosexuelle Partnersuche des kleinen Kindes umdefiniert. Die Freude über die Blicke des Sohnes scheint auch daher zu rühren, dass Murat durch seine erotisch verstandenen Blicke den Eltern die Gewissheit gibt, dass er nicht homosexuell ist. Hier wird der kleine Junge ganz manifest nicht nur in einen ödipalen Kontext, sondern gleich in einen erwachsen-sexuellen Kontext hineinkonstruiert. Die Mutter und auch der Vater sehen schon im männlichen Baby den heterosexuell begehrenden Mann. Soll also die bereitwillig zur Verfügung gestellte Ausstattung des kleinen Jungen unbewusst der spielerischen Einübung in die aggressive Phallizität und der Entwicklung der Fähigkeit zum Eindringen in weibliche Räume dienen.

Diese frühe heterosexuelle Sozialisation hat einen manifesten Grund: die Einübung in die Generationenfolge. So wie es für die Eltern in ihrer Kultur klar ist, dass man heiratet und Kinder kriegt, so ist es klar, dass der Sohn dafür da ist, Nachkommen zu zeugen. Damit wird Murat seine Mutter glücklich machen, wie sie am Ende des Interviews sagt:

»Ich wünsche mir für die Zukunft, dass ich meine Enkelkinder sehe.«

Psychodynamische Überlegungen

Das sechs Monate alte Baby wird im Spiegel der Eltern manifest zum begehrenden heterosexuellen Mann, um die Generationenfolge zu sichern. Wenn die Mutter aber ganz bewusst ihren ganz kleinen Sohn als sexuell begehrend erlebt, wird dann nicht zwangsläufig die sinnlich körpernahe Beziehung zum Sohn schon zu früh durch Inzestphantasien beeinflusst? Inzestphantasien, die aufgrund des Inzesttabus gegenbesetzt werden müssen und dann zur Distanzierung der Mutter von ihrem Sohn als sexuell Anderem führen können? Hier haben wir einen konkreten Fall vorliegen, bei dem die Mutter sich schon im vierten Schwangerschaftsmonat auf die Geburt des sexuell Anderen, der ihr später mal Enkelkinder liefern soll, einstellt. Schon bei der frühen, offensichtlich misslungenen Einigungssituation hält sie den Jungen für den Aktiven, der eine Bindung zu ihr herstellt oder nicht. Sie überlässt ihm die Gestaltung, was zu einer ambivalenten Mutter-Sohn-Dyade führt. Die Mutter kann nicht erkennen, dass die unsichere Bindung durch ihre Schwierigkeit, sich emotional auf den kleinen männlichen Säugling einzustimmen, herrühren könnte und die Reserviertheit von Murat auf emotionalen Mangelerfahrungen beruhen könnte. Der frühe Hass, der primär durch die nicht genügend gute Bindung und die zu frühe Fremdheitserfahrung von der Mutter entstanden ist und durch Ausschlusserfahrungen in Zusammenhang mit der Geburt der Schwester verstärkt wurde, wird schon im Alter von drei Jahren mit externalisierenden, männlich-aggressiven Verhaltensstereotypen verknüpft.

Es wird klar, dass dem kleinen Jungen im alltäglichen Zusammenleben häufig der Vater fehlt, der ihn aus dem Wechsel von Ausschlusserfahrungen und Wut herausholen könnte. Der dreijährige Junge ist schon in einem Kreislauf gefangen, in dem er mit untauglichen Mitteln Beziehungen herstellen will, die nicht gehen, sich ausgeschlossen fühlt, und die daraus entstehende Enttäuschung und den Hass in phallisch-aggressiver Weise abzuwehren versucht. Depressive Gefühle werden vermieden durch ein Festhalten an der paranoiden Position, in der der Hass auf bedrohlich virtuelle Objekte projiziert wird, die er immer wieder bekämpfen muss, um nicht von seiner Angst aufgefressen zu werden. »Ich muss kämpfen«, sagt er und beschreibt dadurch den psychischen Imperativ, der sein Verhalten steuert.

Ich gehe davon aus, dass diese externalisierende Abwehrform eine typisch männliche ist, die durch die zu frühe elterliche Formung zur heterosexuellen Männlichkeit mitgestaltet wird. Die frühe Versagung durch die zu frühe Fremdheitserfahrung durch die Mutter basiert auch auf der gleichen Ursache: Im kleinen Jungen wird schon der heterosexuelle Mann gesehen, was die Mutter mit Inzestphantasien konfrontiert, die sie durch die Distanzierung vom Sohn abzuwehren trachtet. Dadurch wird eine unsichere Bindungserfahrung erzeugt, die sekundär zu männlich externalisierendem Abwehrverhalten und später zu einem chronischen Mutter- und Frauenhass führen kann. Im weiteren Entwicklungsverlauf kann der unbewusste Hass auf die Mutter zur Abwehr eigener weiblicher Seiten führen und die Ausbildung einer reifen männlichen Identität erschweren. Jungen mit solchen Erfahrungen werden in höherem Alter immer und immer wieder damit beschäftigt sein, in stereotyp externalisierender Weise ihre Männlichkeit unter Beweis zu stellen oder sich aus der Welt der realen Objekte in die Welt der virtuellen Objekte hinter Computer und Ego-Shooter-Spiele zurückziehen. Dort kann man immer wieder kämpfen und töten, ohne jemandem wirklich zu schaden.

Ergebnisse zur Geschlechterfrage

In den 25 Interviews mit den Eltern unseres Forschungsprojekts zeigte sich, dass – entgegen unserer Erwartung – die Mehrheit der Mütter und der Väter kulturübergreifend meinen, dass die Geschlechtsidentität einschließlich der spezifischen Verhaltensweisen ihrer Söhne im Kern biologisch bedingt sind. Mehrere Mütter und Väter gaben an, dass sie vor der Geburt der Kinder eigentlich davon ausgingen, dass geschlechtsspezifisches Verhalten durch Erziehung geprägt würde, dass sie aber im Laufe der Entwicklung ihrer Kinder doch immer stärker zu der Überzeugung gekommen sind, dass »viel wohl auch genetisch« oder »hormonell« festgelegt sei. Eine typische Aussage einer Mutter zu der Frage, ob es Unterschiede zwischen Mädchen und Jungen gäbe, lautet:

> »Also bevor ich Kinder hatte, hätt ich ›Nein‹ gesagt. Seitdem ich Kinder habe, sag ich ›Ja‹ (lacht).«

Ein Vater sagt:

> »Ich war früher der festen Überzeugung, dass sich Jungs für Autos interessieren und, äh, Mädels für Puppen, ist ausschließlich Erziehung. Und das glaub ich inzwischen nicht mehr so. Also, da ist irgendwie auch noch was eingebrannt, sag ich jetzt mal von Anfang an ...«

Gab es bei den 17 deutschen Familien aus der Bildungsmittelschicht immerhin drei Elternpaare, die eine soziale Konstruktion des Geschlechterverhaltens annahmen, so waren alle acht Elternpaare mit Migrationshintergrund und muslimischer Religion der Meinung, dass das Geschlechterverhalten biologisch von vorneherein festgelegt sei. Auch wenn nicht alle Eltern sich so deutlich ausdrücken wie in dem dargestellten Fall, so wird in diesen Familien das Geschlechterverhalten doch häufig im Kontext einer naturgegebenen Generativität gesehen. Man reiht sich selbst und die Kinder in die Generationenfolge ein.

Abschließende Gedanken

In dem ausführlich dargestellten Einzelfall Murat wird aus psychoanalytischer Sicht aber auch deutlich, dass das Beharren auf einer klar definierten männlich heterosexuellen Geschlechtsidentität schon des ganz kleinen Sohnes auch mit dem Erleben vielfältiger biografischer Diskontinuitäten zusammenhängen kann. Wenn man in der eigenen Lebensgeschichte viele Orts- und Beziehungswechsel erlebt hat, sich innerlich entwurzelt fühlt, dann besteht vielleicht die psychische Notwendigkeit, die Biologie – die Arterhaltung – als einzig sichere Wurzel der Selbsterhaltung zu betrachten. Die Natur des Geschlechts und das Vertrauen in die Generationenfolge vermitteln bei instabilen Lebenserfahrungen anscheinend ein sicheres Gefühl der Kontinuität des Seins in unsicheren Zeiten. So kann das Festhalten an rigiden Geschlechtsstereotypen beim eigenen Kind den Eltern auch eine Art Pseudosicherheit suggerieren. Allerdings kann dies für den kleinen Jungen fatale Folgen haben. So haben wir am Einzelfall zeigen können, wie der zu frühe manifest ödipale mütterliche Blick auf das kleine Kind als heterosexuellen, Frauen begehrenden Mann die frühe Bindungsbeziehung schädigen kann. Dabei ist es schwer zu entscheiden, ob die Bindungsprobleme der Mutter primär sind und die scheinbare Wertschätzung der heterosexuellen Männlichkeit des Sohnes einen Kompensationsversuch darstellen oder ob aufgrund eigener traumatischer Erfahrungen das männliche Geschlecht des Sohnes so in den Vordergrund rückt, dass sich eine einfühlsame »primäre Mütterlichkeit« (Winnicott, 1983) aufgrund bedrängender Inzestphantasien, die abgewehrt werden müssen, gar nicht erst entwickeln kann. Der biografische Hintergrund liegt in eigenen vielfältigen Entwurzelungserfahrungen vor allem der Mutter.

Wie die frühen Probleme im Aufbau einer genügend guten Beziehung zur Mutter – verstärkt durch die Geschwisterrivalität – die Suche des Jungen nach dem männlichen Dritten aktiviert, konnten wir bei Murat sehen. Die Quelle des ausgeprägten und nicht gestillten Vaterdurstes des Jungen gründet auf der Verschiebung der frühen Wünsche an die Mutter auf den Vater. Die Enttäuschung und der Hass, der aus der frühen Mangelerfahrung und der Geschwisterrivalität herrührt, werden verleugnet und transformiert in ein männlich aggressives Verhalten, das durch Mutter und Vater unbewusst unterstützt wird.

Obwohl es sich hier um die Darstellung eines nichtrepräsentativen Einzelfalls mit Migrationshintergrund handelt, ist anzunehmen, dass auch in anderen Fällen der spezifisch männliche Abwehrmechanismus der phallisch-aggressiven Externalisierung durch die familialen Interaktionserfahrungen und die darauf einwirkenden spezifischen Geschlechtervorstellungen von Mutter und Vater mitgeformt werden. Möglicherweise gibt es aufgrund evolutionsbiologischer Vorstellungen und der damit zusammenhängenden elterlichen Angst vor der männlichen Homosexualität einen stärkeren unbewussten inneren Druck, den weiblichen Anteilen des Jungen schon früh die positive Anerkennung zu verweigern. Dies erschwert die Entwicklung einer reifen männlichen Identität, die auf der Basis einer sicheren phallisch-männlichen Identität zwischen weiblichen und männlichen, mütterlichen und väterlichen Identifizierungen changieren können sollte. Die sinnlich konkreten Erfahrungen mit dem Vater und seiner libidinösen Beziehung zur Mutter und deren Weiblichkeit bilden den psychischen Übergangsraum, in dem der Junge die Verknüpfung seiner bisexuellen Anteile mit seiner phallisch männlichen Identität vornehmen kann.

Literatur

Abelin, E. L. (1971): Role of the Father in the Separation and Individuation Process. In: Mc Devitt, J. B./Settlage, C. F.: *Separation – Individuation, Essays in Honour of Margaret Mahler.* New York.

Abelin, E. L. (1975): Some Further Observations and Comments on the Earliest Role of the Father. *International Journal,* 56: 293-302. Dt.: (1985): Beobachtungen und Überlegungen zur frühesten Rolle des Vaters. In: Bittner, G./Harms, E.: *Erziehung in früher Kindheit.* München.

BARMER GEK Arztreport 2013. http://presse.barmer-bek.de/barmer/web/Portale/Presseportal/Subportal/Presseinformationen/Archiv/2013/130129-Arztreport-2013/PDF-Arztreport-2013,property=Data.pdf. 22.5.2013.

Baron-Cohen, S. (2009): *Frauen denken anders. Männer auch.* München.

Bischof-Köhler, D. (2006): *Von Natur aus anders. Die Psychologie der Geschlechtsunterschiede.* 2. Aufl. Stuttgart.

Buchholz, M. B. (1990): Die Rotation der Triade. *Forum Psychoanalyse,* 6: 116-134.

Bürgin, D. (1998): Vater als Person und Vater als Prinzip. In: Bürgin, D. (Hrsg): *Triangulierung – Der Übergang zur Elternschaft.* Stuttgart.

Chodorow, N. (1985): *Das Erleben der Mütter.* München.

Dammasch, F. (2008): Triangulierung und Geschlecht – Das Vaterbild der Psychoanalyse und die Entwicklung des Jungen. In: Dammasch, F./Katzenbach, D./Ruth, J. (Hrsg.): *Triangulierung.* Frankfurt a. M.

Dammasch, F. (2012): Vaterlose Jungen zwischen Größenphantasien und Verfolgungsangst. In: Dammasch, F. (Hrsg.): *Jungen in der Krise.* Frankfurt a. M.

Diamond, M. (2009): Das Unbehagen an der Männlichkeit – Die Internalisierung und Anerkennung der Mutter im Mann. In: Dammasch, F./Metzger, H.-G./Teising, M. (Hrsg.): *Männliche Identität.* Frankfurt a. M.

Eliot, L. (2010): *Wie verschieden sind sie? Die Gehirnentwicklung von Mädchen und Jungen.* Berlin.

Green, A. (1996): Analytiker, Symbolisierung und Abwesenheit im Rahmen der psychoanalytischen Situation. *Psyche,* 29. Jg.: 503-541.

Grossmann, K. E. (2002): Geschlechtsunterschiede in der Bindungsforschung. In: Keller, H.: *Handbuch der Kleinkindforschung.* Bern.

Herzog, J. M. (1998): Frühe Interaktionen und Repräsentanzen: Die Rolle des Vaters in frühen späten Triaden; der Vater als Förderer der Entwicklung von der Dyade zur Triade. In: Bürgin, D. (Hrsg.): *Triangulierung – Der Übergang zur Elternschaft.* Stuttgart/New York.

Hopf, H. (2008): Die unruhigen Jungen, Externalisierende Störungen, Philobatismus und Männlichkeit. In: Dammasch, F. (Hrsg.): *Jungen in der Krise*, Frankfurt a. M.

Hüther, G. (2008): Das schwache Geschlecht und sein Gehirn. In: Dammasch, F. (Hrsg.): *Jungen in der Krise*. Frankfurt a. M.

Keppler, A. (2003): Bindung und geschlechtsspezifische Entwicklung. *Monatsschrift Kinderheilkunde*, 151: 601-607.

Kindler, H. (1995): Geschlechtsbezogene Aspekte der Bindungsentwicklung. In: Spangler, G./Zimmermann, P. (Hrsg.): *Die Bindungstheorie*. Stuttgart.

Klitzing, K. v. (2002): Frühe Beziehungswelt im Längsschnitt – Von der Beziehungswelt der Eltern zur Vorstellungswelt des Kindes. *Psyche*, 56. Jg.: 863-887.

Laplanche, J. (1988): *Die allgemeine Verführungstheorie und andere Aufsätze*. Tübingen.

Maccoby, E. (2000): *Psychologie der Geschlechter. Sexuelle Identität in den verschiedenen Lebensphasen*. Stuttgart.

Metzger, H. G. (2000*): Zwischen Dyade und Triade*. Tübingen.

Ogden, T. (1995): *Frühe Formen des Erlebens*. Wien/New York.

Rotmann, M. (1985): Frühe Triangulierung und Vaterbeziehung. *Forum der Psychoanalyse*, 1. Jg.: 308-317.

Stern, D. (1992): *Die Lebenserfahrung des Säuglings*. Stuttgart.

Turner, P. (1991): Relations between Attachment, Gender, and Behavior with Peers in Preschool. *Child development*, 62: 1475-1488.

Tyson, P./Tyson, R. L. (1997): *Lehrbuch der psychoanalytischen Entwicklungspsychologie*. Stuttgart.

Winnicott, D. W. (1983): Die primäre Mütterlichkeit. In: Ders.: *Von der Kinderheilkunde zur Psychoanalyse*. Frankfurt a. M.

Fernanda Pedrina

Posttraumatische Störungen bei Mutter und Kind

Grundlagen vernetzter Interventionen

Vernachlässigung und Misshandlung von Kleinkindern ist ein heute bekanntes, in der Fachliteratur ausführlich behandeltes Problem, das, sobald erkannt, zur Abklärung und wenn nötig zur Anordnung von Kindesschutzmaßnahmen führt. Im Zentrum steht die Herstellung eines sicheren und förderlichen Umfelds für das Kind. Im Falle der außerfamiliären Platzierung wird das Grundbedürfnis des Kleinkindes nach haltgebenden, einfühlsamen Bezugspersonen anerkannt und der Gestaltung neuer Beziehungen sowie dem Erhalt seiner bisher bedeutendsten Beziehung zu den Eltern werden viel Aufmerksamkeit geschenkt. Häufig wird erst nach der Beruhigung der akut belastenden und gefährdenden Situation das Ausmaß der psychischen Störung des Kindes sichtbar, mit der sich Pflegeeltern konfrontiert sehen. Auch die betroffenen Eltern können bei der Bewältigung der neuen Situation Schwierigkeiten bekunden. So entsteht ein weites Feld der Unruhe. Spannungen, gegenseitige Verdächtigungen und Schuldzuweisungen führen zur Konfusion unter den Beteiligten, in die unter Umständen auch mitbetreuende Pädagogen, begleitende Sozialarbeiter/innen sowie die Kinderschutzbehörde einbezogen werden.

Die vorliegende Arbeit beruht auf der Erfahrung mit Neubegutachtungen von platzierten Kleinkindern. Die Fragen der Auftrag gebenden Behörde beziehen sich (1) auf die Beurteilung des Umfeldes und der Beziehungen in Hinblick auf die Gestaltung des Besuchsrechts oder des Unterstützungsbedarfs von Eltern und Pflegeeltern. Im Extremfall soll der Platzierungsentscheid neu diskutiert werden. Die Fragen beziehen sich (2) auf die Beurteilung der Befindlichkeit und der Bedürfnisse des Kindes, und ob es therapeutische oder pädagogische Maßnahmen braucht, damit es zu einem besseren psychischen Gleichgewicht findet und sich altersgemäß entwickeln kann. Die Verwirrung im Betreuungsumfeld ist daran abzulesen, dass einzelne Betreuer im Helfersystem Gegenteiliges befürworten, z. B. Einschränkung der Besuche der Eltern versus Rückplatzierung zu den Eltern. Anhand eines solchen Falles soll gezeigt werden, wie die sorgfältige Untersuchung des Kindes die Komplexität der posttraumatischen Störung aufspüren kann, welche in der akuten Situation nicht erkennbar war, sowie das Potenzial der Eltern (hier der Mutter) bezüglich ihrer Fähigkeit, das Kind in seiner Rekonvaleszenz zu unterstützen, besser eingeschätzt werden kann. Eine prozessorientierte gutachterliche Vorgehensweise, in der allen Beteiligten die neu eingeschätzten Entwicklungsbedürfnisse des Kindes aufgezeigt werden, erweist sich als wesentlicher Anstoß zur Konfliktlösung.

Die kinderpsychiatrische und entwicklungspsychologische Sichtweise wird als Grundlage einer umfassenden klinischen Beurteilung dargestellt. Diese ist in der fachübergreifenden Kommunikation und bei der Koordinierung einer multimodalen Intervention notwendig. Sie ist auch in der Evaluation der für die Behandlung posttraumatischer Störungen anerkannten Therapieverfahren maßgebend. Die psychoanalytische Sichtweise mit ihrer Orientierung am Subjekt im Kontext von Beziehungen bildet den roten Faden unseres therapeutischen Vorgehens von Anfang an. Sie verleiht auch dem diagnostischen Prozess, in dem sich der Untersucher nicht nur als Beobachter, sondern auch als am Versuch der psychodynamischen Veränderung Beteiligter einlässt, den inneren Zusammenhang.

Komplexes Trauma in der frühen Kindheit

Obwohl es dank klinischer Fallberichte seit langem bekannt ist, dass Säuglinge und Kleinkinder eine zuweilen gravierende Symptomatologie nach traumatischen Erfahrungen aufweisen können, kam die systematische Forschung der posttraumatischen Belastungsstörung (PTBS) in dieser Altersgruppe erst Mitte der 1990er Jahre in Gang. Weil auch bei schwer traumatisierten Kleinkindern diese Störung aufgrund der üblichen, zu sehr an Introspektionsfähigkeit und Sprache gebundenen DSM-IV- bzw. ICD-10-Diagnosekriterien nicht gestellt werden konnte, wurde zunächst an der Entwicklung anderer, altersangepasster Kriterien gearbeitet. Die Untersuchungen von Michael Scheeringa und Mitarbeiter haben schließlich zur Publikation alternativer Kriterien für die PTBS im Säuglings- und Kleinkindalter geführt, die seither in der Forschung angewendet werden (Scheeringa et al., 2001, 2003). In Anlehnung an die bekannten

DSM-IV-Kriterien wird erstens verlangt, dass die Person einem traumatischen Ereignis ausgesetzt war, und zweitens, dass sie einzelne Symptome aus der Trias (1) Wiedererleben, (2) Vermeiden und (3) erhöhte Erregung aufweist. Anders als bei älteren Kindern und Erwachsenen werden aber nur Symptome berücksichtigt, die durch Beobachtung des Verhaltens der betroffenen Kleinkinder erfassbar sind. So zeigt sich z. B. intrusives Wiedererleben in zwanghaften Inszenierungen im Spiel und dessen Vermeidung in eingeschränktem Spielverhalten; die psychische Belastung bei Konfrontation mit Hinweiszeichen (»trigger«) muss unter Umständen an körperlichen Stresszeichen (Veränderungen der Hautfarbe, der Atmung, der Magen-Darm-Aktivität), an der veränderten Motorik und am sicherheitssuchenden Verhalten abgelesen werden. Einige zusätzliche entwicklungsspezifische Symptome, wie der Verlust bereits erworbener Fähigkeiten oder neu auftretende Ängste und Aggressionen, unterstützen die Diagnose, sind aber dazu nicht unbedingt erforderlich (Übersicht in Graf et al., 2008). Es ist zu bedenken, dass für die Ausbildung einer so definierten posttraumatischen Störung eine gewisse Fähigkeit zur Erinnerung vergangener Ereignisse, welche die Voraussetzung für das Wiedererleben oder Vermeiden traumaassoziierter Situationen und Affekte ist, vorhanden sein muss. Erste Ansätze des expliziten bzw. autobiografischen Gedächtnis, das an die Sprachentwicklung gebunden ist, sind gemäß der Entwicklungsforschung frühestens mit 18 Monaten vorhanden; Anzeichen für das implizite, an das Verhalten sowie an emotionale und sensorische Erfahrungen gebundene, weitgehend unbewusste Gedächtnis sind ab dem 8.-9. Monat nachweisbar. Die Diagnose kann also frühestens ab dem Alter von neun Monaten gestellt werden; unter diesem Alter zeigen Kinder unter Belastung wohl Stresszeichen, es ist aber unklar, ob sich Gedächtnisspuren überhaupt mit Auslösereizen verbinden; zudem verschwinden die Symptome nach dem Aufheben der Belastung ziemlich schnell (Scheeringa, 2009: 351).

Mit der Anwendung dieser angepassten Diagnostik konnte in nachfolgenden Studien eine bessere Übereinstimmung mit der klinischen Erfahrung sowohl hinsichtlich des Erscheinungsbildes als auch der Häufigkeit der Störung hergestellt werden. Scheeringa macht darauf aufmerksam, dass die PTBS aber weiterhin häufig unerkannt bleibt, weil sowohl Eltern als z. T. auch professionelle Betreuer aus unterschiedlichen Gründen die einzelnen Symptome unterschätzen und nicht im Zusammenhang sehen. Einerseits sind bei Eltern Ängste und Schuldgefühle im Spiel, andererseits besteht die verbreitete Meinung, dass

Kleinkinder noch nicht genügend verstehen und nicht alles mitbekommen, was ihnen Sorgen bereiten könnte. Im Zentrum des Abklärungsvorgehens steht das Interview mit der nächsten Bezugsperson des Kleinkindes, wobei der Untersucher wegen den erwähnten Widerständen gründlich und insistierend vorgehen, d. h. die Umstände des Ereignisses genau erforschen und alle Symptome abfragen muss (Scheeringa, 2009: 353f.).

Während die PTBS-Diagnose die Reaktionen und Veränderungen des Kleinkindes nach einem umschriebenen traumatischen Ereignis erfasst, wurde zugleich erkannt, dass das Erleiden wiederholter oder chronischer, schwerer Belastungssituationen, insbesondere wenn diese gerade von den engsten Bezugspersonen des Kindes verantwortet wurden, eine weitergehende Beeinträchtigung der kindliche Entwicklung zur Folge hatte. Ebenfalls ab den 1990er Jahren bemühten sich Forscher und Kliniker, die Langzeiteffekte von frühkindlicher Misshandlung und Verwahrlosung, die sie aus entsprechenden Literaturrecherchen gewannen, zu systematisieren und prospektiv zu untersuchen. Erste Untersuchungen zeigten, dass bei früh und chronisch Traumatisierten Symptome vor allem aus den Bereichen der Affektregulation, der Aggression gegen sich und andere, dissoziative Symptome und Somatisierungen, meist zusätzlich zu den PTBS-Symptomen zu finden waren (van der Kolk et al., 2005). Integrative Modelle der Entwicklungspsychopathologie sowie Befunde der neurobiologischen Traumaforschung unterstützten in der Folge den Begriff des komplexen Traumas bei Kindern (Cook et al., 2005). Nicht zuletzt im Hinblick auf die Behandlung wird auf die Erfassung des ganzen vielschichtigen psychopathologischen Bildes nach chronischer früher Traumatisierung Wert gelegt und vor der leichtfertigen Einstufung eines Teils der Symptomatik als komorbide Störung neben einer Hauptdiagnose PTBS gewarnt. In einem Editorial zu diesem Thema führen Bessel van der Kolk und Christine Courtois aus, dass in diesen Fällen die Anwendung der empirisch validierten PTBS-Interventionen, die aus dieser Bewertung hervorgeht, nicht erfolgreich ist. Vielmehr ist hier eine Abfolge von auf die Phasen des Verarbeitungsprozesses abgestimmten Behandlungssequenzen angezeigt (van der Kolk/Courtois, 2005). Eine amerikanische Arbeitsgruppe um van der Kolk hat deshalb die neue Diagnose »developmental trauma disorder« – traumabedingte Entwicklungsstörung – mit folgenden Hauptkriterien ausgearbeitet und vorgeschlagen: (1) Exposition an wiederholten Erfahrungen von entwicklungsbeeinträchtigenden interpersonalen traumatischen Episoden, (2) wiederholte Episoden von (bestimmten Mustern von) Dysregulierung als Reaktion auf Hinweiszeichen (»triggers«), (3) dauerhaft veränderte (negative) Zuschreibungen und Erwartungen und (4) funktionelle Behinderungen (van der Kolk, 2005).

In der entwicklungspsychopathologischen Perspektive werden die Fähigkeiten und Behinderungen chronisch traumatisierter Kinder als jeweils individuelles Resultat des Zusammenspiels verschiedener Faktoren angesehen: die biologische Ausstattung und Reifung, die ersten Erfahrungen mit der Umwelt, die Art der überfordernden Ereignisse, die Anpassung oder Fehlanpassung in einem Kontext von Beziehungen, die Halt geben können oder aber ebenfalls in einer traumatischen Erfahrung mitgerissen sind. Auch der posttraumatische Verlauf ist in diesem Netz von Einflüssen eingebettet, die Erholung des Kindes bzw. seine Art der Anpassung werden von neuen Erfahrungen mitbestimmt und durch mögliche Retraumatisierungen durch getriggerte Zustände gefährdet (Pynoos et al., 1999). Dem interpersonalen emotionalen Austausch in den Beziehungen des kleinen Kindes mit seinen engsten Bezugspersonen wird sowohl beim Aufbau von Bewältigungskompetenzen als auch bei der Verarbeitung der akuten Stresssituation eine zentrale Rolle zugeschrieben. Besondere Aufmerksamkeit verdient im Zusammenhang mit den hier besprochenen Fällen die Fähigkeit des Kindes, mit verschiedenen Personen Beziehungen einzugehen, und die Bereitschaft helfender Menschen aus dem familiären oder extrafamiliären Umfeld, sich ihm als Ersatzeltern zur Verfügung zu stellen, wenn die Primärbetreuer plötzlich wegfallen oder nur noch teilweise ihre Betreuungsaufgabe wahrnehmen können. Von Bedeutung sind ebenfalls Ressourcen und Belastungen im weiteren institutionellen Umfeld, auf das Kind und Eltern in Not angewiesen sind.

Interaktionen und Beziehungsdynamik bei traumatisierten Kleinkindern und Eltern

Zahlreiche Studien weisen darauf hin, dass im Falle von interpersonaler Traumatisierung die Täter sehr häufig selbst in ihrer Kindheit Opfer von Gewalt waren. Wenn wir mit Misshandlung oder Vernachlässigung von Kleinkindern konfrontiert sind, ist es wahrscheinlich, dass auch der involvierte Elternteil Folgen einer posttraumatischen Entwicklung aufweist. Die Frage der transgenerationalen Weitergabe ungünstiger Beziehungsmuster und Entwicklungsschicksale wurde bereits in den Anfängen der Eltern-Kind-Therapien thematisiert (Fraiberg et al., 1975; Pedrina, 1994). Erste gezielte Studien dazu stammen aus der Bindungsforschung. Ausgehend von der Untersuchung von Kindern, die es nicht schaffen, eine organisierte – sichere oder unsichere – Bindung zu ihren Betreuern herzustellen, stellen Main und Hesse fest, dass ein Zusammenhang zwischen dem gezeigten desorganisierten Verhalten und den ungelösten Erfahrungen von frühen Verlusten, Misshandlungen oder auch späteren traumatischen Erfahrungen dieser Betreuer besteht. Sie stellen die Hypothese auf, dass dies durch ein besonderes Verhalten der Eltern in Stresssituationen vermittelt wird, welches sie als beängstigend oder verängstigt (»frightening and/or frightened«) beschreiben und bezeichnen. Dies würde die Kinder, die Schutz und Halt suchen, verwirren und in Konflikte stürzen (Main/ Hesse, 1990). Lyons-Ruth und Mitarbeiter beschreiben in einer späteren Arbeit detaillierter die Zusammenhänge zwischen kindlichen und mütterlichen Verhaltensweisen sowie die interaktionellen Teufelskreise, die die Entwicklung bis ins Schulalter charakterisieren. Sie unterscheiden bei den Kindern zwischen desorganisierten Bindungsstrategien, die durch Vermeidung oder starke Ambivalenz und solchen, die eher durch zwanghafte Kontrolle gekennzeichnet sind. Die Mütter dieser Kinder weisen alle einen hohen Anteil an so genannten atypischen mütterlichen Verhaltensweisen auf, wobei die emotionale Fehlabstimmung, das Nichtverstehen von kindlichen Zeichen (die für den Beobachter klar sind) und inadäquate Reaktionen allen gemeinsam sind. Mit den konfus agierenden Kindern reagieren sie eher intrusiv (frightening), gegenüber den kontrollierenden Kindern zeigen sie vermehrt Rückzug und ängstliche Stimmung (frightened). Auch diese Autoren bestätigen aber, dass die interaktionelle Dysfunktion der Eltern nicht ganz aus dem schwierigen Verhalten der Kinder zu erklären ist, sondern dass sie durch ihre eigene Geschichte gespeist ist (Lyons-Ruth et al., 1999). Daniel Schechter, ein Kliniker und Forscher, der in der Folge des terroristischen Anschlags auf das World Trade Center in New York mit dem Problem akuter Traumatisierung konfrontiert war und entsprechende Erfahrungen sammeln konnte, fragt sich weiter, warum eine Geschichte mit interpersonaler Gewalt sich so spezifisch auf die Fähigkeit der Betroffenen, für ihre Kleinkinder Eltern zu sein, niederschlägt. In jener Zeit der intensiven Krisenbewältigung an der Seite vieler Familien wurde ihm klar, dass ein Kind für traumatisierte Eltern einen posttraumatischen Auslösereiz darstellen kann (Schechter/Rusconi Serpa, 2011; Schechter/Willheim, 2009). Kleinkinder, weil sie sich emotional noch nicht genügend selbst regulieren können, können extreme Zustände von verzweifelter Hilflosigkeit oder Wut zeigen, die für traumatisierte Eltern erschreckend sind. Sie können Erinnerungen an die eigene früher erlebte Hilflosigkeit oder an die unterdrückte Wut gegen den Misshandelnden wecken. Dies mag so unerträglich sein, dass – aus Schutz vor Retraumatisierung – die Gefühle auf das Kind projiziert werden, wie Selma Fraiberg postulierte. Dies drückt sich z. B. in der Erwartung einer Mutter nach stetiger Zuwendung durch das eigene Kind oder/aber in der Vorstellung, von ihm tyrannisiert zu werden, aus. Schechter hat eine zweite psychodynamische Figur erarbeitet: Die traumatisierte Mutter unterdrückt die Wahrnehmung der inneren Verfassung (mental state) ihres Kindes oder spaltet sie ab, mit derselben Folge wie im Falle der Projektion, dass sie für Trost und Unterstützung nicht weiter verfügbar ist.

Auch die früh entstehenden Beziehungsauffälligkeiten des Kindes wurden in den letzten Jahrzehnten genauer untersucht. Liebermann und Zeanah beschrieben auffällige Verhaltensmuster bei sehr jungen Kindern, die im Kontext einer spezifischen Bindungsbeziehung auftreten, die sie als Verzerrungen des sicherheitssuchenden Verhaltens bezeichneten (»secure-base distortions«) (Liebermann/Van Horn, 2008: 117-119; Liebermann/Zeanah, 1995). Ein Kind kann sich impulsiv in Aktivitäten stürzen, ohne sich um Rückhalt zu kümmern, und sich gar in Gefahr bringen; es kann aggressiv handeln sowohl gegen sich selbst als auch gegen andere. Ein anderes Kind würde sich hingegen an die Bezugsperson klammern und sie nicht mehr loslassen. Wieder andere werden überaufmerksam gegenüber der Bezugsperson, reagieren sehr angepasst, unterwerfen sich im Voraus deren Wünschen und zeigen kaum eigene Gefühle. Einige Kinder übernehmen im Sinne einer Rollenumkehr die Betreuung ihrer Betreuer. Die beschriebenen Auffälligkeiten sind nicht genügend validiert und sind keine Diagnosen, sie erfassen aber häufig beobachtbare interaktionelle Phänomene von belasteten Eltern-Kind-Beziehungen und regen damit den Therapeuten zu weiterem Denken und Handeln an.

Das Bindungsverhalten des etwas älteren Kindes, das sich in einem Kontext chronischer Traumatisierungen entwickelt, ist hingegen ein klassisches Thema der Kinderpsychiatrie. Neuere Verlaufsstudien zu den unter deprivierenden Bedingungen in Heimen aufgewachsenen Kleinkindern haben unsere Kenntnisse dazu aktualisiert (z. B. Publikationen vom »English and Romenian Adoptees Study Group« um O'Connor und Michael Rutter ab den 1990er Jahren (Beckett et al., 2002; Pedrina, 2009). Zentral in diesem klinischen Bild ist der Aspekt der Bindungsstörung, ein Begriff der in der Literatur mit unterschiedlichen Bedeutungen gebraucht wird. Um definitorische Verwirrungen zu vermeiden, empfiehlt von Klitzing diesen Ausdruck restriktiv im Sinne der diagnostischen Klassifikationen ICD-10 und DSM-IV zu gebrauchen (von Klitzing, 2009). Dabei werden zwei Typen von so genannten reaktiven Bindungsstörungen unterschieden: eine gehemmte Form mit emotionalem Rückzug und eine enthemmte mit indiskriminierter Beziehungsaufnahme. Mit diesen Diagnosen ist allerdings nicht das ganze Spektrum an möglichen kognitiven und affektiven Störungen erfasst, die auch bei den erwähnten Langzeitstudien beschrieben wurden und im »developmental trauma disorder« berücksichtigt sind. Es scheint mir zudem wichtig festzuhalten, dass zwischen diesen klinisch diagnostizierten Bindungsstörungen und einer früheren, durch entsprechende Untersuchungen erfassten unsicheren oder gar desorganisierten Bindungsqualität keine lineare Beziehung besteht. In einer englischen Studie, in der Bindungsnarrative mittels einem Geschichtenergänzungstest (dem Manchester Child Attachment Story Task) bei Kindern mit einer diagnostizierten Bindungsstörung untersucht wurden, zeigten 30% von ihnen sichere Bindungsrepräsentanzen (Minnis et al., 2009). Je älter das Kind, desto mehr ist Vorsicht geboten bei der Interpretation des Beziehungsverhaltens mit Bezug auf die Bindungsgeschichte allein. Die psychoanalytische Sichtweise greift hier einen wichtigen Aspekt auf, indem sie auf die durch intrapsychische Abwehr verarbeiteten Phantasien als mitbestimmend für das kindliche Verhalten hinweist.

In therapeutischer Hinsicht hat der Einfluss der Bindungsforschung zur aufmerksamen Berücksichtigung des Bedürfnisses des Kleinkindes nach einigen wenigen verlässlichen, empathischen Bezugspersonen geführt, die imstande sind, ihm Schutz zu bieten und psychische Entwicklung zu ermöglichen. Die Kontinuität der Beziehung zu den Eltern soll nach Möglichkeit erhalten werden. Die differenzierten Beschreibungen des Bindungsverhaltens mit der Zuordnung vieler Verhaltensweisen zur Grundmotivation von Schutzsuche bzw. Exploration hat unseren Blick für Reaktionen, die Ausdruck von Verunsicherung, Stress und Dekompensierung sind, geschärft. Eine große Herausforderung für den Therapeuten, der traumatisierte Kinder untersuchen muss, ist die Aufgabe, für die Nöte von Kind und Eltern gleich offen zu sein, um neben der für das Kind unerträglichen Last auch das verschüttete Potenzial der Eltern, für es wieder Gutes zu tun, zu sehen. In schweren Fällen ist es hilfreich, die Abklärung zu zweit durchzuführen, wobei die Untersuchungen des Kindes bzw. der Eltern aufgeteilt werden. In der gemeinsam erarbeiteten Gesamtbeurteilung kann man so am ehesten beiden Seiten gerecht werden.

Psychische Konstitution, Elternschaft und Übertragung

In den bisherigen Ausführungen wurde die beobachtbare Seite der Symptomatik und der Eltern-Kind-Interaktion eingehend erörtert. In psychotherapeutischer Perspektive und für die Formulierung weitergehender Betreuungs- und Behandlungsvorschläge steht das Verständnis der inneren Prozesse der Integration und Persönlichkeitsentwicklung beim Kind in ihrer Abhängigkeit und Verstrickung mit der Vorstellungs- und Gefühlswelt seiner wichtigen Bezugspersonen im Vordergrund. Um mit diesen inneren Prozessen in Kontakt zu kommen, braucht der Therapeut Einfühlung sowie die Fähigkeit, die in ihm ausgelösten Gefühle auszuhalten, das Erlebte zu reflektieren und in sinngebenden Episoden zu integrieren. Der Therapeut oder der Untersucher befindet sich dem Kleinkind gegenüber in einer ähnlichen Position wie die Eltern: Er muss sich berühren lassen, von seinen Gefühlen und Bedürfnissen betroffen sein und diese erwidern können. Bevor er dies tut, lässt er der Mutter oder dem Vater den Vortritt und nutzt seine (zurückgehaltene) Reaktion, um vergleichend den Austausch zwischen Eltern und Kind einzuschätzen. Gegenüber den Eltern ist der Therapeut, gemäß einem oft hergestellten Vergleich, wenn der Fokus der Intervention die elterliche Funktion ist, in der Position der Großeltern, d. h., er unterstützt sie darin, ihr Kind zu verstehen und sich ihm einerseits anzupassen und andererseits zugleich eine Position als Erwachsene zu bewahren und im Kontext der Elternschaftsaufgaben ein neues Gleichgewicht zu finden. In der klinischen Praxis hat sich in den letzten Jahren das von Fonagy und Mitarbeitern eingeführte Konzept der Mentalisierung und der reflexiven Funktion der Eltern in der Behandlung früher Beziehungsstörungen als zentral erwiesen, wobei die Eltern gezielt darin unterstützt werden, ihr Kind als eine Person mit eigenen Gefühlen, Wünschen und Gedanken wahrzunehmen (Fonagy et al., 1991; Slade, 2005). Schechter argumentiert aufgrund seiner neurophysiologischen Studien, dass besonders bei traumatisierten Eltern die Mentalisierungsfunktion mangelhaft ausgebildet ist und in Belastungssituationen versagt, weil

Stress die Verbindung zwischen den limbischen (mit unverarbeiteten Affekten und Hypervigilanz assoziierten) Hirnregionen und den vorderen kortikalen (mit Reflexionsfähigkeit assoziierten) Hirnregionen behindert (Schechter/Rusconi Serpa, 2011). Wenn Eltern bei der Konfrontation mit ihrem Kind Retraumatisierungen erleben, genügt die gemeinsame Reflexion über das kindliche Erleben nicht, der Therapeut muss auch ihnen zuerst Halt bieten und ihnen bei der Affektregulation beistehen können sowie die Gründe ihres Aufruhrs erkennen helfen.

Die Auseinandersetzung mit dem Kind selbst leitet den Therapeuten in seinem Handeln inmitten des komplexen Umfeldes und steht im Zentrum seiner Meinungsbildung. Mit welcher Art der Beziehungsaufnahme durch diese Kinder sind wir konfrontiert? Häufig sind es verwirrende Begegnungen, die bei uns heftige, manchmal wechselnde Gegenübertragungsgefühle auslösen. Die zwei Muster der selten anzutreffenden reaktiven Bindungsstörungen sind in Ansätzen häufig erkennbar. Das Kind zeigt sich misstrauisch, verschlossen, macht eventuell alles, um Ablehnung hervorzurufen; wenn es sich mit der Zeit etwas mit dem Therapeuten einlässt, bleibt es kontrolliert, lässt keine Gefühlsregung erkennen und versucht, auch das Gegenüber unter Kontrolle zu halten. Oder andernfalls: Das Kind ist überaus herzlich, gewinnend, aber auch flüchtig, unpersönlich; bei beginnender Annäherung scheint es auf der Lauer zu sein und reagiert empfindlich, bisweilen aggressiv auf Stimmungsänderungen. So klare und durchgehende Muster sind aber selten. Solche Kinder können von einem Zustand in einen anderen kippen oder plötzlich in unerwarteter Weise auf unsere Gesten oder Fragen reagieren. Es kann leicht vorkommen, dass man ihre Fähigkeiten und Befindlichkeit zunächst fehl einschätzt. Bei einem Kind, das anscheinend als klug und besonders schlau imponiert, wird seine Schwierigkeit, die Realität zu erfassen, übersehen oder bei einem anderen Kind, das sich nach anfänglicher Verunsicherung schnell als kompetent im Einordnen der Ereignisse und kontrolliert im Verhalten zeigt, fallen die emotionale Abflachung und die fehlende Fähigkeit zur Freude aus dem Blickfeld. Der Therapeut muss sich fragen, inwiefern die Unausgeglichenheit des Kindes im Umgang mit ihm als Folge selektiver Entwicklungsverzögerungen in einzelnen Bereichen zu werten ist. Er kann sie als situativ entwickelte Beziehungsstrategie im Umgang mit potenziell gefährlichen Fremden verstehen; er kann sie darüber hinaus als Ausdruck einer gewachsenen, nicht unbedingt funktionalen, defensiven Struktur verstehen, in der die sich entfaltende Phantasietätigkeit und die dadurch bewusst und unbewusst verarbeiteten Erfahrungen enthalten sind. Unerträgliche affektive Zustände können primär nicht integriert werden. Es bleiben zersplitterte Inseln der Erinnerung zurück, die außerhalb des Kontextes und störend auftauchen können und in jeweiligen Fällen mit Abwehrmechanismen wie Spaltung, Verdrängung, Projektion, Identifikation mit dem Aggressor in Schach gehalten werden und die die weitere Entwicklung behindern. Wegen der frühen Entstehung der Störung muss der Therapeut darauf gefasst sein, dass sich ein wichtiger Teil zum Verständnis des Kindes durch Identifikation mit seinen unausgesprochenen Nöten und durch Verständnis der Gegenübertragungsdynamik erschließt und ein wichtiger Teil der Behandlung in seinem Bemühen zur Affektregulation und seiner Mentalisierungsleistung zu den gemeinsam erlebten Beziehungssequenzen besteht. Bei älteren Kleinkindern, die sich im Spiel mitteilen können, imponiert zuweilen das Ausmaß an aggressiven Vorstellungen (s. auch Günter, 2012; Pedrina, 1990). Erst auf der Basis einer beständigeren therapeutischen Beziehung kann man erleben, wie sich einzelne Bilder zu kongruenteren Figuren verdichten und den Zugang zur deutenden narrativen Rekonstruktion eröffnen.

Eine Spezifität der posttraumatischen Störung besteht im plötzlichen Auftauchen von dissoziierten Zuständen nach dem Aussetzen an einem Auslösereiz. Das Kind zeigt eine volle Stresssymptomatik, verliert viele seiner Fähigkeiten, verfällt in Panik. Manchmal (wie im folgenden Fallbeispiel) manifestiert sich aber seine Überforderung nicht so akut. Das Kind zeigt keine Stresszeichen vor der gefürchteten Bezugsperson, sondern ein leicht erzwungenes Verhalten, wie z. B. Überanpassung; erst nach der Begegnung flippt es aus, wird unruhig und desintegriert. Therapeutisch steht die Gewährung von Schutz in einer sicheren Situation und Beziehung im Vordergrund. Vorsichtig wird erkundet, inwiefern eine kontrollierte Exposition an den traumatisierenden Reiz erträglich ist und ob eine beginnende Verarbeitung des traumatischen Ereignisses möglich ist. Auch das Kind kann selbst Hinweise auf die beginnende Symbolisierung seines Traumas geben, wenn es im Spiel Aspekte davon inszeniert.

Prozesshaftes Vorgehen bei der Begutachtung traumatisierter Kleinkinder

Bei der Fragestellung im Gutachtenauftrag lassen sich häufig bereits traumatisierende Umstände erahnen. Spätestens beim Erheben der Vorgeschichte können die Dynamik der wiederholten Traumatisierung und die Gefahr, dass die Untersuchung zu einer retraumatisierenden Erfahrung ausarten könnte, erkannt werden. Dies gilt es zu vermeiden. Die Idee der prozesshaften Begutachtung ist ganz besonders in diesen Situationen wichtig. Nicht das Beobachten des reproduzierten leidvollen Zustandes, um es dokumentieren und analysieren zu können, steht hier im Vordergrund, sondern es wird – wenn möglich – die Inszenierung eines aus dem Leid herausweisenden Prozesses angestrebt. Dieser therapeutische Prozess wird dokumentiert, gemäß dem dargestellten kinderpsychiatrischen Wissensstand diagnostisch analysiert und die konkrete, im Ansatz schon angewendete Behandlungsstrategie als Empfehlung formuliert.

Außer der Frage eines dem traumatisierten Kind angemessenen therapeutischen Vorgehens, das in diesem Aufsatz diskutiert wird, braucht es bei der Frage der Platzierung den Bezug auf ein anderes Wissen, in dem Untersuchungen zur Entwicklung von Kindern in Pflegeverhältnissen, Langzeiterfahrungen mit Pflegebeziehungen, Erfahrungen mit verschiedenen Handhabungen seitens der Behörden des Spannungsverhältnisses zwischen Ursprungs- und Pflegefamilie und der Besuchsregelungen, etc. einfließen. Auf diesen Aspekt wird hier unter anderem aus dem Grund der im deutschsprachigen Raum regional stark unterschiedlichen Praxen nicht näher eingegangen.

Fallbeispiel

Jimmy hat mit seinen 3½ Jahren auf spektakuläre Weise die außerfamiliäre Öffentlichkeit auf sich aufmerksam gemacht und selbst Hilfe gesucht. Eine Polizeipatrouille läutete aus einem zufälligen Anlass an der Wohnung, in der er damals mit seiner Mutter und seinem 7-monatigen Halbruder lebte. Ein Mann, der sich bei einer Routinekontrolle im Quartier verdächtig verhalten hatte, hatte diese Adresse als seinen Aufenthaltsort angegeben. Bei der Konfrontation mit diesem Mann geriet Jimmys Mutter, Frau J., unmittelbar außer sich, wurde aggressiv und musste von zwei Beamten überwältigt und zu Boden gedrückt werden. Der dritte Polizist wurde inzwischen von Jimmy in Beschlag genommen. Er zeigte ihm seine Hämatome und Striemen auf dem Bauch und sagte dazu wiederholt: »mama«. Er führte ihn zum Zimmer und zeigte den Gurt und die Sandale, mit denen er geschlagen wurde. Frau J. gab den Tatbestand sofort zu, so landeten sie und beide Kinder auf dem Polizeiposten. Nach einem kurzen Aufenthalt im Krankenhaus, wo bei Jimmy – anders als beim Bruder – Zeichen neuer und alter Verletzungen festgestellt wurden, wurden beide Kinder in einer SOS-Pflegefamilie untergebracht.

Während der kleine Halbbruder bald in die Obhut der Mutter zurückgehen konnte, machte der zuständigen Beiständin der Ablauf ihrer vierzehntäglichen Besuche bei Jimmy Sorgen, die in einem begleiteten Familienbegegnungszentrum stattfanden und für Jimmy sehr belastend waren. Beim ersten Besuch klammerte er sich an die Pflegemutter und war versteinert. Die Mutter verhielt sich ungeschickt mit ihm, indem sie ihn unvermittelt dazu aufforderte, für ein Foto in die Kamera zu schauen und am Telefon mit dem Onkel zu sprechen; dann zog sie sich zurück. In den weiteren Besuchen entspannte sich die Situation kaum. Die Mutter wandte sich ihm kaum noch zu, sondern beschäftigte sich vielmehr mit ihrem jüngeren Kind. Jimmys Widerstand und seine ablehnende Reaktion vor den Besuchen wurden größer; im Anschluss daran war er verstört, aggressiv, nässte ein und konnte nicht mehr schlafen. Die Beiständin erwirkte eine geringere Frequenz der Besuche. Dagegen wehrte sich die inzwischen mit dem dritten Kind schwangere Mutter mit ihrem Anwalt. Diese Situation war der Anlass für den Gutachtenauftrag.[1]

Die kurze Lebensgeschichte von Jimmy ist bewegt: Er war ein gewünschtes Kind. Seine 20-jährige Mutter, Schweizerin mit Migrationshintergrund, hatte damals eine Beziehung zu einem älteren Mann aus ihrem Herkunftsland, von dem sie sich noch während der Schwangerschaft wegen seines Fremdgehens trennte. Nach der subjektiv beschwerlichen Geburt und den ersten Monaten in einer für sie zu sehr einschränkenden Mutter-Kind-Einrichtung entschied sich Frau J. dazu, Jimmy bei einer Verwandten, bei der sie selbst zum Teil

---

[1] Die Untersuchung wurde von zwei Fachleuten durchgeführt: Frau Maria Mögel (MM), Psychologin und Psychoanalytikerin, hat die Gespräche mit der Mutter und Beobachtungen im Mutter-Kind-Heim durchgeführt, die Autorin (FP) hat Jimmy mit den Pflegeeltern und allein untersucht. Beide waren bei den therapeutisch begleiteten Mutter-Kind-Begegnungen dabei.

aufgewachsen war, im Herkunftsland unterzubringen. Frau J. besuchte ihn dort wenige Male und stellte fest, dass er sie als Mutter nicht erkannte. Über Jimmys Entwicklung ist wenig zu erfahren, einige Daten weisen aber auf eine verzögerte Entwicklung hin: Er konnte erst mit zwei Jahren frei gehen, mit drei Jahren sprach er nur wenige Worte. Frau J. holte Jimmy zu sich zurück, als sie mit dem zweiten Kind schwanger war, da sie hoffte, ihm nun eine Familie bieten zu können. Der Übergang war für den knapp dreijährigen Jimmy völlig unvorbereitet, erst am Flughafen verstand er, dass er seine bisherige Familie verlassen musste. Er weinte immer wieder heftig und wurde traurig. Bei der baldigen Geburt des Bruders platzierte ihn die Mutter bei Bekannten auf dem Land. Sie holte ihn nach einem erneuten Umzug zurück und war bald durch die Doppelbelastung und insbesondere durch das massiv regressive und provozierende Verhalten von Jimmy, der nicht folgte und in der Wohnung herumkotete, überfordert. Nur einmal, so beteuert Frau J., gab es eine Eskalation, bei der sie ihn heftig schlug – kurz vor dem Ereignis, das die Notfallplatzierung auslöste. Die heftige und unvermittelte Reaktion von Frau J. bei der anfangs geschilderten Szene deutet auf eine traumatische Reminiszenz hin; der miterlebte Kampf der Mutter mit den Polizisten wird sich seinerseits als traumatische Erinnerung bei Jimmy einschreiben, wie wir später sehen werden. Als Jimmy zur Pflegefamilie kam, zeigte er viel auf seine Wunden und ließ sie von der Pflegemutter, Frau P., behandeln. Im Alltag zeigte er ein extrem überangepasstes Verhalten, z. B. verließ er morgens sein Bett nicht, bis er dazu aufgefordert wurde. Er wirkte passiv und willenslos, als ob er Angst vor den Folgen seiner Willensäußerungen hätte. Jimmy konnte nicht schlafen, rief aber nicht nach Hilfe. Er war schnell verängstigt, er klammerte sich an Frau P. und zugleich versteifte er sich. Mittlerweile geht es ihm in der Pflegefamilie viel besser. Jimmy orientiert sich sehr an der Pflegemutter, aber auch an allen anderen Mitgliedern der Pflegefamilie: Frau P. sagt, dass er im Grunde so unsicher sei, dass er mit jedem, der nett zu ihm ist, mitgehen würde. Er verhält sich wie ein jüngeres Kind, das seine Grenzen sucht, ist emotional instabil und braucht geregelte Tagesstrukturen und Rituale. Dies bestätigt die Kindergärtnerin, die ihn seit wenigen Monaten kennt und ebenfalls seine Entwicklung als verzögert einschätzt.

Beim Erkunden der Vorgeschichte von Frau J. fallen eindrückliche Parallelen zur Geschichte ihres Erstgeborenen auf. Frau J. wurde im Alter von einem Jahr bei einer Verwandten zurückgelassen, als ihre Mutter in die Schweiz emigrierte. Sie wuchs in der kinderreichen Familie dieser Verwandten auf, die für sie eine zuverlässige und stützende Bezugsperson bedeutete. Frau J. beschreibt sich als empfindliches, sprachgehemmtes Kind – »ähnlich wie Jimmy« – und hatte später Mühe in der Schule. Mit zehn Jahren wurde sie gegen ihren Willen in die Schweiz gebracht und hatte große Probleme, sich zu integrieren, sowohl im mütterlichen Haushalt als auch im Schweizer Ausbildungssystem. Sie brach eine begonnene Lehre ab und arbeitete unregelmäßig, bis sie Jimmys Vater kennenlernte. Nach den geschilderten Wirren in der frühen Betreuung von Jimmy kann Frau J. mittlerweile die Hilfe, die ein Mutter-Kind-Heim derzeit bietet, akzeptieren und hat zum zweiten und zum neugeborenen dritten Kind eine bessere Beziehung etablieren können. Ihr Leiden an Jimmy scheint nicht nur mit den Symptomen und Entwicklungsproblemen des Jungen verbunden zu sein, sondern auch mit der Bedeutung, die Jimmy für sie hat: Sie erkennt sich in ihm.

Die erste Begegnung der Untersucherin (FP) mit Jimmy erfolgt in Anwesenheit der Pflegeeltern. Jimmy, jetzt 4½-jährig, hält sich ganz nah bei Frau P., der Pflegemutter, und weigert sich, mir die Hand zu geben. Ich erkläre ihm in einfachen Sätzen mein Anliegen, nämlich ihn kennenzulernen, damit ich einen Rat geben kann, wie man es mit den Besuchen der Mutter am besten weitermachen könne. Jimmy schüttelt heftig den Kopf (ich interpretiere: Über die Mutter will er nichts hören); kurz darauf – und das ist eine eindrucksvolle, klare Geste – blickt er mich an und streckt mir direkt die Hand hin (ich interpretiere: Er lässt sich doch mit mir ein, mal sehen, ob ich helfen kann). Im weiteren Austausch im Spiel merke ich bald, dass die verbale Verständigung kaum möglich ist. Er murmelt Unverständliches; meist verneint er, auch wenn er offenbar, gemäß den Situationskenntnissen der Pflegemutter, ja sagen sollte. Jimmy spielt ohne Zögern mit den angebotenen Spielsachen. Er beginnt, kleine Puppen eine Rutschbahn runtersausen zu lassen; bald fallen die Puppen vom Dach des Puppenhauses, ohne dass er Gefühle dazu zeigen würde. Dann steckt er die Puppen in den Kasten: Hier sagt Frau P., dass Jimmy derzeit gerne »Versteckis« mit dem gleichaltrigen Pflegebruder spiele, dabei verstehe er nicht, dass er leise sein soll, vielmehr mache er auf sich aufmerksam, damit er schnell gefunden werde. Ich folge dem Hinweis von Frau P., die Szene als realitätsnah zu verstehen, und schlage dementsprechend den Namen des Pflegebruders für eine am Spiel beteiligte Puppe vor, aber das Spiel zerfällt. In anderen Spielen, wie das Autorennen, das er später veranstaltet, bleibt der symbolische Gehalt nur angedeutet. Je länger er spielt, desto deutlicher wird, dass Jimmy zwar ein Miteinander sucht (»welches Auto willst du?«), den Mitspielenden aber kontrollieren will (er weigert sich, meine Spielansätze entgegenzunehmen). Das Spiel kann sich nicht entfalten. In Hinblick auf das von mir begleitete Treffen mit der Mutter lasse ich die Pflegemutter probeweise den Raum verlassen. Jimmy ist einverstanden (er nickt deutlich), und doch will er kurze Zeit später gar nicht mehr spielen – ein Zeichen dafür, dass er ihre sicherheitsgebende Anwesenheit vermisst. Ich lade ihn ein, im Warteraum nachzuschauen, ob Frau P. wirklich auf ihn warte. Das will er nicht und geht stattdessen ein Buch aussuchen. Ich helfe ihm dabei, ein geeignetes Bilderbuch zu finden; er betrachtet die Bilder ruhig und duldet meine darauf bezogenen gelegentlichen Kommentare. So suche ich mit ihm Ansätze, wie ich ihm bei der zu erwartenden Angst- und Stressbewältigung bei der geplanten Begegnung mit der Mutter beistehen kann.

Um als Gutachterinnen der Frage nach dem Besuchsrecht nachgehen zu können, standen nämlich Treffen zwischen Jimmy und seiner Mutter an. Es fanden in diesem Sinne zwei Treffen statt, die im Wissen der potenziell sehr belastenden Wirkung sorgfältig vorbereitet wurden. Die Vorbereitung hatte einen wichtigen Stellenwert in unserem Vorgehen. Sie hatte den Zweck, einerseits Jimmy einen sicheren zeitlichen und örtlichen Rahmen zu bieten und ihm zu vermitteln, dass, falls er in Not geraten würde, ich intervenieren oder ihn gar aus der belastenden Situation befreien würde. Jimmy wusste, dass ich dabei sein werde, dass seine Mutter auch ängstlich und unsicher war und durch eine Kollegin von mir begleitet würde. Ich versicherte ihm, dass er nach dem kurzen oder längeren Treffen zurück zu Frau P. gehen würde. Bei der Ankündigung des Treffens sagt mir Jimmy »nein« und wendet sich ab. Im Vorfeld des Treffens freut er sich aber und bringt einige Zeichnungen für Mama mit. Anderseits soll sich auch die Mutter unterstützt fühlen. Bei ihr tauchen vor der Begegnung Gefühle und Wünsche auf, die sie zu überwältigen drohen. Sie drückt aus, dass sie Jimmy so schnell wie möglich wieder zu sich nehmen möchte, und ist sehr enttäuscht von uns zu hören, dass wir uns nur über die Besuche äußern werden und dass die Rückplatzierung gar nicht zur Diskussion steht. Die Untersucherin (MM) bereitet sie darauf vor, in der kurzen Zeit der Begegnung ihr Kind in seiner Realität zu sehen. Sie legt ihr nahe, sich die Rückkehr als Prozess der Annäherung vorzustellen.

Zum ersten Treffen erscheint zuerst Jimmy wie geplant mit einem ihm vertrauten Begleiter. Ich stelle ihm meine Kollegin (MM) vor und erkläre ihm nochmals den Ablauf. Er zeigt sich unsicher. Er gibt mir dann die mitgebrachte Zeichnung und sagt, ich sei die Person, die er unter dem Regenbogen gezeichnet hat. Als ich ihm das Bild zurückgebe, das ja für seine Mutter bestimmt sei, sehe ich, dass auf der Hinterseite des Blattes die Erklärung steht, Jimmy selbst sei diese Figur. Der Begleiter verlässt uns nun und wird im Nebenraum auf Jimmy warten; Jimmy beginnt sein bevorzugtes Autospiel mit mir. Nun kommt MM mit Frau J. herein. Mutter und Sohn sind kurze Zeit verlegen, dann findet eine hastige Begrüßung statt und Jimmy übergibt abrupt seine Zeichnung. Auf die Frage der Mutter hin, sagt er, sie sei die Figur unter dem Regenbogen – für mich ein Ausdruck seines Reflexes, sich unter Belastung dem anderen anzupassen (als Gegensatz zum beschriebenen Kontrollbedürfnis im ruhigeren Spiel). Nun sagt Frau J., auch sie habe ein Bild für ihn: Sie packt ihn, nimmt ihn auf ihren Schoß und zeigt ihm Fotos seiner Geschwister auf dem Handy. Beide sind Kopf an Kopf, fast wie eine Person, im kleinen Bildschirm versunken. Für beide Beobachterinnen ist das eine zu schnelle, vereinnahmende und überfordernde Annäherung. Jimmy ist erstarrt, der Mutter laufen inzwischen die Tränen runter. Wir intervenieren: MM lädt Frau J. ein, sich auf dem bequemen Sessel hinzusetzen und sich zu beruhigen, während ich Jimmy zurück zum Autospielen einlade und zugleich verbalisiere, dass seine Mama wahrscheinlich aufgeregt ist, wie er auch, und vielleicht traurig.

Nachdem beide beruhigt sind, lade ich die Mutter ein, am Straßenbau im Autospiel mitzumachen. Bald geht das gemeinsame Spiel los und die Begleiterinnen können sich zurückziehen. Doch Frau J. braucht offensichtlich Anregung und Anleitung; ihr wird es schnell langweilig und sie schaut sich nach einem anderen Spiel um. MM versucht, sie auf Aktionen von Jimmy aufmerksam zu machen; Jimmy hat aber bereits die Andeutung der Mutter aufgenommen und rennt zum Spielsachengestell, etwas Neues holen. Er bringt die Kasse und anderes Material zum Verkäuferspiel. Die Mutter steigt ein und nimmt diesmal eine erzieherische Rolle ein, sie möchte ihm das Zahlen mit Geld beibringen. Es entstehen Missverständnisse, die Mutter insistiert und merkt nicht, dass Jimmy überfordert ist. Wir Therapeutinnen intervenieren wieder vermittelnd. Die Mutter nimmt sich ein wenig zurück; Jimmy, der sich zuvor dem Wunsch der Mutter gefügt hat, bringt sie nun dazu, Autos zu verkaufen und dann nur noch Auto zu fahren, sein Lieblingsspiel. Es entstehen einige ruhige Sequenzen, in der beide nebeneinander – nicht miteinander – spielen. Die Mutter schafft es nicht, Ansätze von Jimmy zum weiteren Ausbau seines Spieles aufzunehmen, vielmehr verliert sie sich selbst wie ein Kind im Erforschen interessanter Details eines Spielzuges.

Doch dann ergibt sich eine Szene, die beide Therapeutinnen als bedeutungsvoll wahrnehmen: Die Mutter fährt einen kleinen Zug auf die soeben aufgestellten Schienen, Jimmy fährt mit seinem Auto neben her. Plötzlich fällt der Lokführer aus seinem Wagen; die Mutter hält inne und sagt: »Wir brauchen doch einen Pilot.« Jimmy: »Nein, er hat sich verletzt.« Mutter: »Sollen wir die Ambulanz holen?« Jimmy: »Nein, es ist schon wieder gut.« Mutter: » Also steigt er wieder ein?« Jimmy: »Nein, jetzt bleibt er dort.« Hier ist die Mutter bezogen und rücksichtsvoll, Jimmy kann sich gut abgrenzen. Erzählt er ihr mit der Szene, dass er nicht mit ihr nach Hause gehen wird? Jimmy leitet die Mutter an, mit dem Zug vor dem Bahnübergang zu warten, bis er mit seinem Auto durchgefahren ist.

Die Zeit ist nun fortgeschritten, die Therapeutinnen kündigen den baldigen Abschluss des Treffens an. Jimmy wendet sich schnell ab, wirft sein Auto in eine Ecke und geht weg. Ich lade ihn ein, sich von der Mutter zu verabschieden. Er kommt zurück und gibt ihr die Hand. Auf ihre Frage hin lässt er sich küssen. Mama fragt weiter, ob auch er sie küssen möchte; das will er nicht. Erst draußen im Nebenraum, wo seine Vertrauensperson auf ihn wartet, zeigt sich Jimmy sehr unruhig, er geht hin und her, rennt plötzlich in den anderen Raum zur Mutter zurück, ganz verwirrt. Ich leite ihn zu einem zweiten kurzen Abschied an und führe ihn wieder raus. Ich nehme ihn dabei an die Hand und merke, dass sie nass und kalt ist. Jimmy ist aufgeregt, sein Begleiter nimmt ihn jetzt auf den Schoß und beruhigt ihn, während ich den Verlauf der Begegnung schildere, mit der Bitte, dies der Pflegemutter zu berichten.

Einige Tage später erzählt diese bei meiner telefonischen Erkundigung, dass Jimmy aufgeregt und aggressiv vom Besuch zurückkam, dass er jedoch weniger aufgewühlt als bei früheren Treffen mit der Mutter wirkte. Am Abend konnte er nicht schlafen und wollte ganz viel reden; dabei teilte er Konfuses mit: dass Mami wegen dem Polizisten weinte, dass der Polizist ihn gerettet habe, warum hat ihn Mami so fest geschlagen, ... er wolle nie mehr nach Zürich. Er hat auch vom Abschiedskuss gesprochen, den er verweigert habe. Darüber ist die Pflegemutter für ihn stolz, da er früher willenlos alles mit sich habe machen lassen. Jimmy hat seit dem Treffen wieder begonnen, tags und nachts einzunässen. Am Sonntag war er wie häufig bei der Pflegegroßmutter; bei ihr hat er seine Hautnarben wieder gezeigt und über das Geschlagenwerden gesprochen. Erst nach vier bis fünf Tagen konnte er wieder wie gewohnt im Kindergarten mitmachen. Bei diesem Telefongespräch wird deutlich, wie wenig die Pflegeeltern über die Vorkommnisse, die zur Notplatzierung geführt haben, informiert worden sind und wie wenig sie imstande sind, dem Jungen aktuelle Informationen und Bilder zu seiner Mutter und seinen Geschwistern zu vermitteln, da sich die Mutter ihren diesbezüglichen Anfragen widersetzt.

Die Episode mit der Polizei erzähle ich Frau P., damit sie dem konfusen und dissoziierten kindlichen Bericht eine real stattgefundene Szene entgegensetzen kann. Die Mutter, so berichtete sie an MM, erlebte ihrerseits die Begegnung als Entlastung und freute sich besonders, dass Jimmy beim Abschied ein zweites Mal zu ihr kam. Sie schätzte die Begleitung der Therapeutinnen und wünscht einen weiteren Termin im gleichen Rahmen. Als sie erfährt, dass Jimmy mit großer Aufregung reagiert hat und deshalb das Treffen erst in zwei Monaten stattfinden wird, ist sie enttäuscht, kann es aber akzeptieren.

Zur zweiten Begegnung bringt die Mutter wie geplant Jimmys Halbbruder mit, der anfänglich für kurze Zeit mit ihm in der Pflegefamilie war. Jimmy erwähnt ihn häufig und scheint ihn zu vermissen. Frau J. wird überraschenderweise vom Vater dieses Geschwisters begleitet, den sie in den Vorgesprächen nie erwähnt hatte und den Jimmy noch nie gesehen hat. Die Therapeutinnen raten davon ab, Jimmy mit so viel Neuem zu konfrontieren, und bitten um Verschiebung dieses Kennenlernens. Als Jimmy eintrifft, erweist sich die Kontaktaufnahme mit Mutter und Bruder als schwierig, alle stehen steif und ratlos im Raum, alle brauchen Ermutigung. Frau J. packt als erste ein mitgebrachtes Geschenk aus; es sind Kleider, die sie gleich an Jimmys Körper hält, um die Größe zu kontrollieren; dann packt sie sie wieder ein. Sie übersieht, dass auch Jimmy ihr ein Geschenk übergeben möchte. Er versucht es nochmals. Die Mutter nimmt es entgegen, gibt es ihm aber gleich zurück mit der Aufforderung, es auszupacken. Sie betrachtet dann flüchtig und freudlos die Bildcollage aus Fotos von Jimmy in seinem aktuellen Umfeld. Sie kann, wie sie später auch selbst sagen wird, die Realität der Pflegesituation kaum ertragen. Den Therapeutinnen fällt es schwer, die Szene mitzuerleben.

Das Zusammenspielen zu dritt ist viel herausfordernder als zu zweit. Immer wieder schert der kleinere Bruder aus und holt neues Spielmaterial, das ihn nur kurz interessiert. Jimmy versucht, am bekannten Autospiel mit der Mutter anzuknüpfen, wird aber dabei vom Kleinen gestört. Die Mutter hat keine Ideen, um Spiele zu dritt anzuregen. Sie ist auf die Hilfe der Therapeutinnen angewiesen, die Vorschläge bringen und danach ab und zu strukturierend intervenieren. Am besten gelingt eine Spielsequenz, in der wir ein »Zvieri«[2] am Tisch inszenieren. Der kleine Bruder bleibt nur kurz dabei, er beginnt den Clown zu machen. Jimmy lässt sich von ihm einbinden, beide lachen herzlich. Bald sind sie überdreht, werfen Plastikfrüchte herum, müssen von den Therapeutinnen beruhigt und zu einem geregelten Ballspiel übergeführt werden. Bei diesem Spiel ist es die wieder von uns einbezogene Mutter, die zum wilden Ballspiel verführt, bis

---

[2] Schweiz. für Nachmittagsimbiss.

sie sich plötzlich, nachdem der nahende Abschluss angekündigt worden ist, an der Kante der Couch so stark anschlägt, dass sie von MM mit einem Umschlag versorgt werden muss. Jimmy scheint sich in der belebten Aktivität nicht bedrängt zu fühlen. Er verabschiedet sich aktiv von dem in dem Moment mit sich selbst beschäftigten Bruder und der Mutter, er küsst sie beide und geht wortlos und selbstsicher zum wartenden Begleiter.

Für ihn war diese zweite Begegnung weniger belastend, er konnte zu Hause bei den Pflegeeltern gut schlafen und wollte nichts erzählen. Die Mutter reagierte mit gemischten Gefühlen. Sie hatte Freude, dass die Brüder Spaß miteinander hatten, war aber zunehmend gespannt vor dem Urteil der Untersucherinnen betreffend den Besuchen und bedrängt von der Vorstellung, Jimmy ohne weitere Einmischung von Fremden in die Familie zurückzuhaben.

Die Empfehlungen der Untersucherinnen gingen vom diagnostischen Urteil aus, dass bei beiden – bei Jimmy und bei der Mutter – komplexe posttraumatische Entwicklungen vorlagen. Frau J. fühlte sich auf besonderer Art mit ihrem ersten Sohn verbunden, sie sah in ihm ein Abbild ihrer selbst und wollte ihm, als sie ihn zu sich zurückholte, das Schicksal der Entwurzelung ersparen, das sie aus ihrer Lebensgeschichte kannte. Die Schwierigkeiten, die sich dabei ergaben, waren überwältigend. Noch immer befand sich die Beziehung zwischen Mutter und Kind in einer Eskalationsspirale. Die dank der behördlichen Intervention nur noch selten stattfindenden Besuche bedeuteten jedes Mal eine Erneuerung einer traumatischen Erfahrung, die beide gefangen hielt und beiden Entwicklungsräume raubte. Die Einschätzung, dass die Mutter-Kind-Treffen eine retraumatisierende Wirkung hatten, wurde aufgrund der anamnestischen Daten gefällt. Deshalb war der erste Anspruch an die psychiatrischen Fachleute derjenige, ein Mutter-Kind-Treffen so zu gestalten, dass die Betroffenen dabei nicht dekompensieren und an positive Aspekte ihrer Beziehung anknüpfen konnten; und desweiteren abzuklären, ob eine positive Entwicklung dieser Beziehung durch weitergehende therapeutische Unterstützung möglich wäre. Beide Therapeutinnen waren sich nach den zwei geschilderten Sitzungen einig, dass die Beziehungspathologie so schwer war, dass die restriktive Haltung der Beiständin gegenüber den mütterlichen Besuchen gerechtfertigt war, dass es sich aber lohnte, diese weiterhin durch eine erfahrene Mutter-Kind-Therapeutin begleiten zu lassen, damit sich ihre Beziehung bessern könnte und ihre Begegnungen gegebenenfalls wieder häufiger werden könnten. Dabei soll sowohl das Kind als auch die Mutter genügend Aufmerksamkeit im Vorfeld der Begegnung und bezüglich deren Verarbeitung danach erhalten: das Kind durch Anleitung und Beratung der Pflegemutter, die Mutter durch Rücksprachen und Koordination mit der sie betreuenden Sozialpädagogin der Mutter-Kind-Einrichtung. Es würde zur Aufgabe der Mutter-Kind-Therapeutin gehören, Kontakte zwischen Mutter und Pflegefamilie soweit anzubahnen, dass es für alle leichter würde, mit Jimmy im Alltag (er war im Kindergarten gerade mit Fragen über seine Herkunft konfrontiert) über seine Situation zu sprechen.

Zur Strategie der multimodalen Behandlung platzierter Kinder mit posttraumatischen Störungen

Die psychiatrische Empfehlung konnte sich in diesem Fall und in anderen ähnlich gelagerten nicht auf die Frage des Besuchsrechts beschränken. Was das Kind betrifft, folgen wir darin den Autoren, die für eine gesamthafte Erfassung der verschiedenen Aspekte der Entwicklungsstörung plädieren, auf die gegenseitige Bedingtheit derselben hinweisen und auf die Notwendigkeit, die für das jeweils anstehende Problem angemessenen Maßnahmen im Rahmen einer umfassenden Entwicklungseinschätzung einzusetzen. Die Erholung aus einer so schwerwiegenden psychischen Krise braucht Zeit, und es ist angebracht, einen längerfristigen Genesungsprozess ins Auge zu fassen. Im Verlauf können zunehmend die Mitteilungen des Kindes selbst, das alleine weiß, was es als Trauma erlebt hat (manchmal sind es Nebensächlichkeiten, die niemand für wichtig gehalten hätte), mitberücksichtigt werden.

Da bei Jimmy das traumatische Erlebnis selbst noch so nahe war, stand die Errichtung eines protektiven und sicherheitsgebenden Beziehungsrahmens immer noch im Vordergrund. Seine Vertrauenspersonen hatte er jetzt in seiner Pflegefamilie – eine SOS-Familie, die sich angesichts des Befundes mit der Situation konfrontiert sah, den schwierigen Jungen für längere Zeit mit großer Zuwendungsbereitschaft bei sich zu behalten.

Jimmy hatte seit einem halben Jahr den Kindergartenbesuch begonnen. Auf seinem ohnehin schwierigen Sozialisierungsweg wurde er jeweils durch die Besuche der Mutter zurückgeworfen, er wurde zeitweise extrem unruhig und verlor die körperliche Kontrolle, sodass er untragbar war. Seine Fähigkeit, im Kindergarten und in der Pflegefamilie an Lernprozessen mitzumachen, musste durch die Ausdünnung der Besuche geschützt werden. Im Kindergarten wurde neben der emotionalen Unausgeglichenheit ein kognitiver Entwicklungsrückstand vermutet (die beschränkte sprachliche Kompetenz war schwer zu deuten, da er nur das für ihn neue Deutsch sprechen wollte und sich der Muttersprache verweigerte). So wurde die seitens des Kindergartens bereits geplante Entwicklungsabklärung in Hinblick auf sonderpädagogische Unterstützung eingeleitet. Eine Psychotherapie wäre ebenfalls indiziert gewesen, wurde aber zugunsten der anderen, ebenso notwendigen eingeleiteten Schritte ausgesetzt. Die Voraussetzungen dafür, nämlich eine voraussichtlich stabile äußere Situation und Verständnis und Motivation seiner wichtigsten Bezugspersonen, waren zudem noch zu erarbeiten.

Auf Seiten der Mutter war eine Psychotherapie ebenfalls indiziert. Frau J. konnte im Mutter-Kind-Heim mit Unterstützung ihrer Betreuerinnen eine viel entspanntere Beziehung zu ihren zwei jüngeren Kindern entwickeln. Die akute Episode bei der Konfrontation mit dem Polizisten spricht für noch unverarbeitete eigene Traumaerfahrungen. Frau J. war bereits in einer Behandlung gewesen und nahm nur noch unregelmäßig Therapiesitzungen wahr. Die Mutter-Kind-Therapie wird ausloten, welchen Beitrag dieser auf die Beziehung fokussierte Zugang zur Entwicklung einer besser abgegrenzten mütterlichen Haltung gegenüber Jimmy leisten kann.

Schlussbemerkung

In dieser Fallgeschichte wird einerseits ersichtlich, wie komplex und individuell sich die Symptomatik einer traumabedingten Entwicklungsstörung gestalten kann. Von der Therapeutin werden gute Kenntnisse des klinischen Bildes verlangt. Gleich nach der Platzierung wird Jimmy als überangepasst, passiv, willenlos beschrieben; er reagiert auf Neues mit Erstarrung oder ängstlicher Anklammerung. Bei beginnender Erholung werden sein Entwicklungsrückstand und die Neigung zu enthemmtem Bindungsverhalten sichtbar. Die Begegnungen mit der Mutter stellen eine retraumatisierende Inszenierung dar, in der beide, Mutter und Kind, akute Belastungssymptome aufweisen.

Andererseits sind bei der vorgestellten Form der Begutachtung, die zugleich als Krisenintervention durchgeführt wird, die therapeutische Beziehung zum

Kind und seinem Umfeld sowie die Berücksichtigung psychodynamischer Prozesse handlungsleitend. Jimmy zeigt seine Angst vor der Begegnung, aber auch seinen Wunsch, die Mutter und vor allem seinen Bruder wiederzusehen. Er braucht dazu Schutz und Sicherheit durch seine neuen Vertrauenspersonen, darunter die Therapeutin. Das einfühlsame Miterleben der wechselhaften Episoden dieser Begegnung leitet ihre aktiv strukturierenden Interventionen. Auch die Mutter, deren Traumafolgestörung ebenfalls erkannt wurde, braucht therapeutische Unterstützung, damit sie ihr Kind realistisch sehen kann und ihn nicht vorschnell in die Teufelskreise ihrer eigenen Pathologie einbindet. Die Vorschläge des Gutachtens für die weitere Unterstützung für Mutter und Kind zu einer besseren Beziehung und Entwicklung entspringen den therapeutischen Erfahrungen in diesen ersten Abklärungsstunden, in denen versucht wird, die negative Spirale der Retraumatisierungsdynamik – der »frightened and frightening« Interaktionen – zu brechen.

Literatur

Beckett, C./Bredenkamp, D./Castle, J./Groothues, C./O'Connor, T. G./Rutter, M./ E.R. A. S.-Team (2002): Behavior patterns associated with institutional deprivation: a study of children adopted from Romania. *J. Dev. Behav. Pediatr.,* 23 (5): 297-303.

Cook, A./Spinazzola, J./Ford, J./Lanktree, C./Blaustein, M./Cloitre, M./Van der Kolk, B. A. (2005): Complex trauma in children and adolescents. *Psychiatric Annals,* 35 (5): 390-398.

Fonagy, P./Steele, M./Moran, G./Steele, H./Higgit, A. (1991): The capacity for understanding mental states: the reflective self in parent and child and its significance for security of attachment. *Infant Mental Health Journal,* 13: 200-216.

Fraiberg, S./Adelson, E./Shapiro, V. (1975): Ghosts in the nursery. *J. Amer. Acad. Child Psychiatry,* 14: 387-422.

Graf, A./Irblich, D./Landolt, M. A. (2008): Posttraumatische Belastungsstörungen bei Säuglingen und Kleinkindern. *Praxis der Kinderpsychologie und Kinderpsychiatrie,* 57: 247-263.

Günter, M. (2012): Überall Krokodile. Identifikation, Projektion, Verleugnung, Hass und Ohnmacht in der therapeutischen Arbeit mit traumatisierten Kindern. *Kinderanalyse,* 20 (4): 282-304.

Liebermann, A. F./Van Horn, P. (2008): *Psychotherapy with infants and young* children. *Repairing the effects of stress and trauma on early attachment.* New York.

Liebermann, A. F./Zeanah, C. (Hrsg.) (1995): *Disorders of attachment in infancy.* Philadelphia.

Lyons-Ruth, K./Bronfman, E./Parsons, E. (1999): Maternal frightened, frightening or atypical behavior and disorganized infant attachment patterns. In: Vondra, J./ Barnett, D. (Hrsg.): *Atypical attachment in infancy and childhood among children at developmental risk.* Malden MA: 67-96.

Main, M./Hesse, E. (1990): Parents' unresolved traumatic experiences are related to infant disorganized attachment status: is frightened and/or frightening parental behavior the linking mechanism? In: Greenberg, M. T./Cicchetti, D./Cummings, E. M. (Hrsg.): *Attachment in the preschool years.* Chicago: 161-182.

Minnis, H./Green, J./O'Connor, T. G./ Liew, A./Glaser, D./Taylor, E./Sadiq, F. A. (2009): An exploratory study of the association between reactive attachment disorder and attachment narratives in early school age children. *J. Child Psychol. Psychiatry,* 50 (8): 931-942.

Pedrina, F. (1990): Verdeckte Gewalt. Zwei Bemerkungen. *arbeitshefte kinderpsychoanalyse,* 11/12: 87-94.

Pedrina, F. (1994): Sexueller Missbrauch. Eine transgenerationale Betrachtung. *arbeitshefte kinderpsychoanalyse,* 19: 21-38.

Pedrina, F. (2009): Emotionale Deprivation heute: Therapeutische Arbeit im institutionellen Kontext. *undKinder, Zeitschrift des Marie Meierhofer Institut Zürich,* 83: 89-96.

Pynoos, R. S./Steinberg, A. M./Piacentini, J. C. (1999): A developmental psychopathology model of childhood traumatic stress and intersection with anxiety disorders. *Biol. Psychiatry,* 46: 1542-1554.

Schechter, D. S./Rusconi Serpa, S. (2011): Applying clinically-relevant developmental neuroscience towards interventions that better target intergenerational transmission of violent trauma. *The Signal, Newletter of WAIMH,* 19 (3): 9-16.

Schechter, D. S./Willheim, E. (2009): When parenting becomes unthinkable: intervening with traumatized parents and their toddlers. *Journal of the American Academy of Child and Adolescent Psychiatry,* 48 (3): 249-254.

Scheeringa, M. S. (2009): Posttraumatic stress disorder. In: Zeanah, C. H. (Hrsg.): *Handbook of infant mental health.* New York.

Scheeringa, M. S./Peebles, C. D./Cook, C. A./Zeanah, C. H. (2001): Toward establishing procedural, criterion, and discriminant validity for PTSD in early childhood. *Journal of the American Academy of Child and Adolescent Psychiatry,* (40): 52-60.

Scheeringa, M. S./Zeanah, C. H./Myers, L./Putnam, F. W. (2003): New findings on alternative criteria for PTSD in preschool children. *Journal of the American Academy of Child and Adolescent Psychiatry,* 42: 561-570.

Slade, A. (2005): Parental reflective functioning: an introduction. *Attachment & Human Development,* 7 (3). 269-281.

Van der Kolk, B. A. (2005): Developmental trauma disorder: towards a rational diagnosis for chronically traumatized children. *Psychiatric Annals,* 35 (5): 401-408.

Van der Kolk, B. A./Courtois, C. A. (2005): Editorial comments: complex developmental trauma. *Journal of traumatic stress,* 18 (5): 385-388.

Van der Kolk, B. A./Roth, S./Pelcovitz, D./Sunday, S./Spinazzola, J. (2005): Disorders of extreme stress: the empirical foundation of a complex adaptation to trauma. *Journal of traumatic stress*, 18 (5): 389-399.

von Klitzing, K. (2009): *Reaktive Bindungsstörungen.* Heidelberg.

Tessa Baradon

Das Reframing traumatisierter und traumatisierender Beziehungen durch Mutter-Kind-Psychotherapie

Einleitung

Schwangerschaft und Geburt bilden eine zentrale Entwicklungsphase im Zyklus unseres Lebens. Zusammen mit den in die Zukunft gerichteten Hoffnungen taucht auch psychisches Material aus der Vergangenheit auf (Erinnerungen, Wünsche, Enttäuschungen), das dazu anregen kann, habituelle Weisen des Denkens über das Selbst und das Selbst in Beziehung zu anderen unter einem neuen Blickwinkel zu betrachten. Dies gilt für Väter nicht weniger als für Mütter (Trowell/Etchegoyen, 2002). Allerdings kann der Prozess der psychischen Reorganisation auch ins Stocken geraten oder entgleisen, z. B. wenn das aktivierte »Material« das Selbst überwältigt (siehe z. B. Bradley, 2000; Raphael-Leff, 2000). In diesem Fall werden die Beziehung zum Säugling und manchmal auch die Beziehung zum Partner-als-Vater bzw. zur Partnerin-als-Mutter häufig in einen intergenerationellen Zyklus von Beziehungstraumata verstrickt, weil sie nicht anders als durch das Prisma der Vergangenheit gesehen werden können.

In diesem Beitrag untersuche ich das durch den Prozess der Mutter-Kind-Psychotherapie herbeigeführte »Reframing« von Beziehungen, die durch die Linse des Traumas gefiltert wurden. Der Begriff »Reframing«[1] bezeichnet einen Prozess der Umdeutung, das Einnehmen einer neuen Perspektive, die die Dinge in ein anderes Licht rückt. Ich verwende ihn hier in Bezug auf alle Beteiligten der therapeutischen Begegnung.

Ich beginne mit einer kurzen Darstellung des Modells der Mutter-Kind-Psychotherapie, das am Anna Freud Centre vom »Parent and Infant Project«

---

[1] Das Konzept findet vor allem in der Strukturellen Familientherapie Verwendung. Siehe z. B. Colapinto (1982).

entwickelt wurde, und mit einigen Überlegungen zum therapeutischen Prozess unter besonderer Berücksichtigung intergenerationeller Beziehungstraumata.

Im Anschluss daran stelle ich Fallmaterial vor, das die Psychotherapie einer Mutter und ihres vier Monate alten Sohnes illustriert. Die junge Frau war als Kind von ihrer eigenen Mutter körperlich und emotional misshandelt worden; der passive Vater hatte die Augen vor dem Geschehen verschlossen. In ihrer inneren Welt hatten sich nie Repräsentationen sicherer und hilfreicher Beziehungen entwickeln können. Angst und Feindseligkeit überschatteten ihre Hoffnung, mit ihrem eigenen Sohn etwas anderes erleben zu können. Der negative Einfluss auf die Entwicklung des Babys machte sich zum Zeitpunkt der Überweisung bereits bemerkbar.

Abschließend gehe ich der Frage nach, wie die spezifische Modalität der psychoanalytischen Mutter-Kind-Psychotherapie zur Entwicklung einer anderen Erfahrung beitragen und die Repräsentationen von Beziehungen verändern, d. h., die Linse des Traumas »reframen« kann.

Das AFC-Modell
der psychoanalytischen Mutter-Kind-Psychotherapie

Das Mutter-Kind-Projekt wurde 1997 ins Leben gerufen, um Störungen der frühesten libidinösen Beziehung – der Bindungsbeziehung – zu untersuchen und zu behandeln, die die Entwicklung des Säuglings zu beeinträchtigen drohen oder sie bereits beeinträchtigt haben. Vor dem Hintergrund des traditionellen Interesses an der Kinderentwicklung, das auf Anna Freuds und Dorothy Burlinghams Arbeit in den War Nurseries (A. Freud/Burlingham, 1943; 1944) zurückgeht, steht die Art und Weise, wie das Baby seine ersten Beziehungen erlebt, im Mittelpunkt. Dieses AFC-Modell ist angewandte, um bindungs- und entwicklungspsychologische Forschung ergänzte Psychoanalyse, die sich auf einen theoretischen Bezugsrahmen der normativen Entwicklung und frühester Beziehungsstörungen stützt. Die von Anna Freud (1965) ausgearbeitete entwicklungspsychologische Perspektive dient unseren psychoanalytischen Formulierungen über die Entwicklung des Babys im Kontext fördernder bzw. übergriffiger Beziehungsinteraktionen als Orientierung. Besondere Betonung liegt auf den Prozessen, die der Selbstentwicklung zuträglich sind, also auf den mütterlichen/väterlichen vorbewussten Prozessen des Haltens und des Umgangs mit dem Kind (Winnicott, 1965) sowie auf dem Mentalisieren (Fonagy/Target, 1997).

Traditionell konzentrieren sich psychodynamische und bindungsgestützte Modelle der Mutter-Kind-Psychotherapie in erster Linie auf das Verstehen und Durcharbeiten der Erfahrung der Mutter (vgl. z. B. Fraiberg, 1980; Cooper/Hoffman/Powel/Marvin, 2005; Cohen/Muir/Parker/Brown/Lojkasek/Muir, 1999; McDonough, 1995). Diesem Vorgehen liegt die Annahme zugrunde, dass die Bearbeitung von Faktoren, die einen feinfühligen Umgang mit dem Kind beeinträchtigen, die Qualität der kindlichen Bindung verbessern und somit einen positiveren Entwicklungsverlauf anbahnen kann (Lieberman/Weston/Pawl, 1991). Diese Perspektive wird auch von dem am AFC praktizierten Verfahren geteilt, das der Lebensgeschichte und den Bindungsrepräsentationen der Mutter/der Eltern, ihren Schwierigkeiten, responsiv auf die Signale des Säuglings einzugehen, und ihrem gemeinsamen Umgang mit dem Kind als Paar, so wie er sich im Hier und Jetzt des Behandlungszimmers zeigt und beobachtet wird, große Aufmerksamkeit widmet. Ein weiterer Fokus der Arbeit sind die Geneigtheit der Mutter/der Eltern, über die Beziehung zum Baby nachzudenken, und ihre entsprechende Reflexionsfähigkeit (Slade/Grienenberger/Bernbach/Levy/Locker, 2005). Dieser Fokus impliziert auch verbale Interventionen, die das reflektierende Nachdenken der Mutter über den mentalen Zustand, der dem Verhalten ihres Babys zugrunde liegt, unterstützen (z. B.: »Mir ist aufgefallen, dass das Baby quengelig wurde, als Sie mir von ... erzählten. Ich frage mich, was in diesem Augenblick in ihm vorging, was es wohl fühlen mag ...«). Die Therapeutin kann das verkörperte Mentalisieren (Shai/Belsky, 2010) der Mutter, das für die Art und Weise, wie das Baby ihre Intentionen ihm gegenüber erlebt, ausschlaggebend ist, unterstützen, indem sie ihr hilft, sich ihren nonverbalen und zumeist nicht-bewussten körperlichen Austausch mit dem Kind bewusst zu machen.

Ein aktuelles Beispiel stammt aus der Arbeit mit einer Mutter, deren vier Wochen altes Baby sich außerordentlich vermeidend verhielt. Für die Art und Weise, wie Mutter und Kind einander wahrnahmen und erlebten, war eine traumatische Geburt prägend, die zunächst einen Großteil der Reaktionen des Babys erklärte. Als die Geburt mit der Mutter durchgearbeitet wurde, begann das Baby, sie häufiger und länger anzuschauen; nun fiel allerdings auch auf, dass die Mutter den Blickkontakt regelmäßig abbrach. Sobald dies thematisiert wurde, konnten Therapeutin und Mutter beginnen, die mütterliche Ambivalenz zu untersuchen.

Ein weiteres Charakteristikum des AFC-Modells ist neben der direkten Arbeit mit den Repräsentationen der Mutter/der Eltern und deren Manifestationen im Umgang mit dem Baby die zentrale, aktive Position des Säuglings im therapeutischen Prozess. Die unmittelbare Arbeit mit dem Baby kann seine Beziehungen innerhalb des Zeitplans seiner Entwicklung verändern (Fonagy/Sadie/Allison, 2002; Baradon/Fonagy/Bland/Lenard/Sleed, 2008; Sleed/James/Baradon/Newbery/Fonagy, 2011). Es wird als treibende Kraft des Prozesses betrachtet, als Katalysator von Veränderungen und als eigenständiger Patient. Die Therapeutin richtet ihr Augenmerk auf seine Gefühle und sein Erleben sowie auf die Qualität der Bindungsrepräsentationen, die es nach und nach konstruiert (Baradon/Broughton/Gibbs/James/Joyce/Woodhead, 2005; einen sehr ähnlichen Ansatz beschreiben Salo/Campbell, 2010). Indem die Therapeutin traumatisierende Erfahrungen und die Reaktionen, die das Baby darauf zeigt, direkt mit ihm bearbeitet, kann sie ihm überdies helfen, sein Hyperarousal zu regulieren und das Bindungssystem weiterhin aktiv aufrechtzuerhalten, wodurch Dissoziationszustände vermieden werden. Z. B. wird die Therapeutin seinem Erleben (»Quält dich gerade ein großer Kummer?«) und seinen Gefühlen (»Du siehst, dass deine Mama weint, und das ist sehr beunruhigend für dich«) einen Namen und eine Form geben; sie stellt Verbindungen zwischen Ereignis, Gefühlen und Verhalten her (»Du möchtest jetzt von Mami auf den Arm genommen werden.« »Du hast Angst bekommen, als Mami so aufgeregt war, doch jetzt geht es ihr ein bisschen besser, und sie kann dir helfen, dich wieder sicher zu fühlen.«). Schritt für Schritt wird die Therapeutin auch nonverbal mit dem Baby arbeiten. Die Therapeutin aus dem oben erwähnten Beispiel einer extrem traumatischen Geburtserfahrung pflegte das Baby häufig zu streicheln, wobei sie ihre Bewegungen auf ihren Sprechrhythmus und Tonfall abstimmte. Sie näherte ihr Gesicht dem des Säuglings an, achtete aber darauf, die für das Baby optimale Distanz einzuhalten, wobei sie nicht nur dessen natürliche Fokussierungsfähigkeit, sondern auch die zahlreichen intrusiven medizinischen Eingriffe bedachte, die es erlitten hatte. Solche Interventionen, die sich die frühkindliche Fähigkeit zur transmodalen Stimulusverarbeitung zunutze machen (Stern, 1985), können das Baby unmittelbar stützen und führen gleichzeitig seiner Mutter eine sowohl verbale als auch verkörperte reflexive Haltung vor Augen.

Die Therapie findet auf dem Boden statt: Mutter/Eltern und Therapeutin nehmen auf großen Kissen Platz. Das Baby liegt zwischen ihnen auf einer Matte. Von entscheidender Bedeutung dafür, dass die Mutter sich einlässt und Hoffnung auf Veränderung schöpfen kann, ist das Gefühl des Zusammenseins, ganz gleich, was im Laufe der Sitzung auftaucht. Die Mutter/die Eltern kommunizieren ihre Geschichte verbal, körperlich und über ihre Interaktionen mit dem Baby im Zimmer. Das Baby wiederum »spricht« durch seine Gefühle und Verhaltensweisen, und aus dem Gesamt dieser Kommunikationen taucht das Familiennarrativ auf.

Zur Illustration zitiere ich im Folgenden aus den Notizen über die erste Sitzung der oben schon erwähnten Mutter und ihres Babys:

> Mila legte den vier Monate alten David vorsichtig auf den Boden, so dass er sie anschauen konnte. Sie lächelte ihm sanft zu, wie um ihn zu beruhigen, doch Davids Blick blieb auf einen Bereich rechts vom Gesicht der Mutter fixiert, so dass kein eigentlicher Blickkontakt stattfand.

Indem David seinen Blick starr auf einen Bereich seitlich des mütterlichen Gesichts fokussierte, schien er unmissverständlich mitzuteilen, dass er seine Mutter nicht als beruhigende Präsenz erlebte, die ihm in Anwesenheit der fremden Person und in einer fremden Umgebung als sichere Basis dienen könnte, um diese Umwelt zu erforschen und in sich aufzunehmen. Tatsächlich gab er schon mit vier Monaten eine körperliche Erwartung zu erkennen, dass auf die Hilfe der Mutter nicht zu zählen war und er sich deshalb selbst zusammenhalten musste. Ich fragte mich, ob David ihr leises Lächeln – die scheinbare Beruhigung, die sie ihm anbot – womöglich als narzisstisch und somit als feindselig oder nicht authentisch empfand. Umgekehrt wiederum schien Mila durch das ablehnende Verhalten ihres Babys augenblicklich als schlechte Mutter »bloßgestellt« zu werden. Innerhalb weniger Minuten war ich als Therapeutin über die Einsamkeit, die sie beide miteinander erlebten, im Bilde.

Beziehungstrauma und Mutter-Säugling-Therapie

Traumatische Erfahrungen in einer Bindungsbeziehung können die individuelle Selbstheit über mehrere Generationen hin untergraben. Vorläufige Forschungsergebnisse von Schechter et al. (2008) zeigen beispielsweise, dass nicht anders als kindliche Beziehungstraumata auch interpersonale Traumatisierungen im Erwachsenenalter die Versorgung und Bemutterung sehr kleiner Kinder stärker beeinträchtigen als traumatische Erfahrungen, die ihren Ursprung nicht in einer bedeutsamen interpersonalen Beziehung haben, sondern auf äußere Ursachen zurückgehen. Mütter, die häuslicher Gewalt ausgesetzt sind oder waren, entwickeln mit höherer Wahrscheinlichkeit atypische Verhaltensweisen im Umgang mit ihrem Baby, z. B. intrusive, feindselige, negative (angsterregende), gehemmte und hilflose (verängstigte) Verhaltensweisen oder ein Rückzugsverhalten (Lyons-Ruth/Bronfman/Parsons, 1999); auf einen Säugling wirkt sich all dies traumatisierend aus.

Was intergenerationelle Traumatisierungen betrifft, so nimmt man seit langem an, dass der Säugling für die relational traumatisierte Mutter aufgrund ihrer Projektionen und projektiven Identifizierungen Aspekte früherer Beziehungsobjekte sowie Selbstaspekte repräsentiert, die qua Identifizierung mit der frühen Bezugsperson abgelehnt werden (Fraiberg/Edelson/Shapiro, 1975; Fraiberg, 1980; Lieberman/Pawl, 1993; Silverman/Lieberman, 1999). Als Empfänger negativer mütterlicher Projektionen wird »das Baby mit der gestörten Erfahrung der Mutter überfrachtet; deshalb droht die Gefahr, dass ihm die Gelegenheit, sich zu einem eigenständigen Individuum zu entwickeln, verwehrt bleibt« (Jones, 2010: 75). Die innere Realität des Säuglings ähnelt der inneren Realität seiner Mutter. Dies zeigt auch das Fallmaterial, das ich sogleich vorstellen werde. Die Mutter empfindet das Spielverhalten des kleinen David als gewalttätig; ihre Projektion scheint sich in dem Baby einzunisten und sein auftauchendes Selbstgefühl zu prägen. Die therapeutische Aufgabe besteht in zahlreichen solcher Fälle darin, die »psychische Geburt«[2] des Säuglings im Fühlen und Denken der Mutter zu ermöglichen und ihr dabei zu

---

[2] Dieser Begriff bildet den Titel des wegweisenden Buches, in dem Mahler, Pine und Bergman (1975) die Prozesse der Individuation und Separation beschrieben, die es dem präödipalen Kind ermöglichen, ein klares »Ich«-Gefühl und ein Bewusstsein für »meins/deins« zu entwickeln.

helfen, das intrinsische, singuläre Sein ihres Kindes als (ihr) Baby anzuerkennen. Befreit von ihren verzerrenden Projektionen, kann es dann ein genuines Selbstgefühl finden und aufbauen.

Die gemeinsame Therapie von Mutter und Säugling ermöglicht es, im Hier und Jetzt des Behandlungszimmers zu bearbeiten, wie das Baby traumatisierende Interaktionen erlebt und darauf reagiert. Die Therapeutin benennt beispielsweise seine Furcht und seine Hilflosigkeit, Ängste also, die einen vorzeitigen, übereilten Einsatz von Abwehrmechanismen wie Vermeidung und Dissoziation zur Folge haben und das Baby zu Verhaltensweisen veranlassen, die man als »symptomatisch« verstehen kann. Dieser therapeutische Ansatz ähnelt der von Thompson-Salo, Paul et al. (2007) beschriebenen Arbeitsweise: »Wir verstehen das zentrale Prinzip, mit dem Baby und mit seinen Eltern zusammen zu *sein*, in dem Sinne, dass wir mit dem Baby als eigenständigem Subjekt kommunizieren« (243). Auch Norman (2001) und Salomonsson (2009) betonen, wenngleich sie nicht unbedingt mit Beziehungstraumata arbeiten, dass sie das Baby als Patienten sehen; sie privilegieren allerdings die Dimension der Beziehung des Säuglings zum Therapeuten. Das vom Analytiker bereitgestellte Containment – »die Akzeptanz schmerzvoller Affekte, ihre Fokussierung und Deutung« (Salomonsson, 2010: 14) – erleichtert es dem Baby, die Affekte zu verarbeiten, die seinen Symptomen zugrunde liegen. Mithin verorten diese Autoren die therapeutische Arbeit im Säugling-Analytiker-Dialog, der auch der Mutter hilft, ihr Baby zu verstehen und eine gesündere Beziehung zu ihm aufzubauen.

Gemeinsam ist diesen Vorgehensweisen, *dass sich die Therapeutin/Analytikerin zusammen mit dem Baby direkt der inneren Welt zuwendet.* Das bedeutet, dass sie den Affekten einen Namen gibt, Konflikte deutet und auf diese Weise die auftauchenden Repräsentationen und möglichen Übertragungsmanifestationen des Säuglings in eine neue Perspektive rückt. Die Therapeutin steht sowohl für die Mutter/die Eltern als auch für das Baby als dynamisches Übertragungsobjekt zur Verfügung, das als empathisches, berechenbares, zuverlässiges und reflektierendes Objekt signifikante, einflussreiche emotionale Erfahrungen anzubieten vermag, auf diese Weise Bewegung in die starren, archaischen Übertragungserwartungen bringt und die Entwicklung fördert (siehe Bachant/Adler, 1997).

Fallmaterial[3]

Als ich Mila und David zum ersten Mal begegnete, wirkte die 35-jährige Mutter wesentlich jünger auf mich, als sie tatsächlich war, während David mit seinem üppigen Blondschopf älter als vier Monate aussah. Er ließ seine Mutter, die ihn auf dem Arm ins Behandlungszimmer trug, geradezu klein erscheinen. In meiner Gegenübertragung erfasste ich etwas von Milas Gefühl der enormen, überwältigenden Last, die ihr in Gestalt ihres Babys auferlegt war.

Mila erklärte, dass sie zu mir komme, weil sie Angst habe, »mein Baby zu misshandeln«. Sie liebe ihn, sagte sie, aber »nicht richtig, denn wenn er groß wird, tut er mir womöglich Schreckliches an«. Mit dieser Beschreibung ihrer Ambivalenz ließ Mila mich durch das Prisma ihrer traumatischen Kindheit blicken, durch das sie sämtliche Beziehungen nicht anders denn als gewalterfüllte Interaktionen sehen konnte. Sie stellte die intergenerationelle Verbindung selbst her, indem sie sagte: »Ich möchte einfach nicht so wie meine Mutter sein. Sie war wirklich gewalttätig und gab mir das Gefühl, nichts wert zu sein. Daran hat sich bis heute nichts geändert.«

Mit Davids Vater war Mila nur kurz zusammen gewesen. Er hatte sie noch während der Schwangerschaft wegen einer anderen Frau verlassen. Unterstützung erhielt sie hauptsächlich von einer Tante, die sich bemüht hatte, ihr die Mutter zu ersetzen, nachdem diese in Milas Spätadoleszenz gestorben war. Auf Tante Sheila richtete sich Milas extrem negative Mutterübertragung.

Die ersten Sitzungen

David gab Anlass zu großer Sorge. Seine habituell schlaffe Körperhaltung weckte den Eindruck, als ob seine Lebensenergie von dem täglichen Kampf um Existenz und Koexistenz vollständig absorbiert würde. Er war praktisch unentwegt fehlreguliert, schwankte zwischen Apathie, untröstlicher Verzweiflung und Dissoziation. Das Füttern hatte sich zu einem erheblichen Problem ausgewachsen, weil das Baby die Flasche rasch verweigerte, wenn es unruhig wurde.

---

[3] Unter einer Forschungsperspektive wird dieser Fall von Baradon und Bronfman (2009) diskutiert.

Ein Beispiel für Projektionsprozesse war gleich in der ersten Sitzung zu beobachten, als Mila auf Davids Quengeln reagierte, indem sie ihm die Flasche anbot. Er dockte an und trank mit tiefen Zügen. Doch nur Sekunden später begann er zu schreien, bäumte sich im Arm seiner Mutter auf und drehte das Gesicht von der Flasche weg. Mila wandte sich der Therapeutin zu und sagte mit schwacher Stimme: »Ich weiß wirklich nicht, was ich tun soll.« Sie verkörperte eine typische feindselig-hilflose Position (Lyons-Ruth/Bronfman/Parsons, 1999). Ihre Furcht zeigte sich in ihren Worten, ihrer Mimik, ihrer Stimme und in ihrer Einstellung zu ihrem Baby, das sie für wesentlich stärker und mächtiger hielt, als es naturgemäß sein konnte. Mir erschien der Milchfluss wie ein Symbol für die unregulierten Emotionen und Projektionen, die in David hineinströmten und ihn überwältigten. Sein Aufbäumen bestätigte Mila in der Überzeugung, dass er sie ablehnte und sie nicht gut für ihn sei, und sie selbst wiederum grollte dem Baby, weil es ihr dasselbe Gefühl der Wertlosigkeit vermittelte, wie ihre Mutter es getan hatte. Die wechselseitige Fehlregulation setzte sich fort, bis David in einen Dissoziationszustand verfiel. Es war schockierend zu beobachten.

Meine Gegenübertragung sagte mir in dieser ersten Sitzung, dass sich beide beinahe wie Zwillinge in mir eingenistet hatten; ich empfand einen starken Drang, sie zu retten. Was das Baby betrifft, so ist dies ein altersangemessener Ausdruck seiner Abhängigkeit. Milas Bedürfnis, in anderen Menschen Gefühlszustände hervorzurufen (primitive Kommunikation), hing möglicherweise »mit frühen traumatischen Situationen zusammen, in denen sie intensive Gefühle nicht hatte bewältigen können und auch keine Möglichkeit fand, anderen ihre Hilfsbedürftigkeit zu vermitteln« (McDougall, 1978: 11). Gleichwohl erfolgte die Übertragung sowohl der Mutter als auch des Babys auf ein »nutzloses«, wenn nicht gar gefährliches Objekt. Obwohl ich durch meinen Blick, meine Stimme, meinen Gesichtsausdruck und durch Berührungen Kontakt zu David aufzunehmen versuchte, schottete er sich ab, indem er entweder schrie oder dissoziierte. Seine Mutter zweifelte bereits daran, Hilfe von mir zu bekommen, und fragte, ob sie vielleicht besser mit ihm zum Arzt gehen sollte.

Ein weiteres Beispiel stammt aus der 6. Sitzung. David spielte mit einer hölzernen Rassel, schwenkte sie hin und her und schlug sie sich dabei immer wieder ins Gesicht. Er zeigte auf diese Schläge keinerlei Reaktion, so als nähme er sie gar nicht wahr.

Mila berichtete, dass David beim Spielen mit Gegenständen berserkerhaft zur Sache gehe: »Er verhaut sich selbst.« Ich erinnerte an Milas eigene Gewalterfahrungen und erläuterte, dass es manchmal schwierig sei, zwischen neugierigem Explorieren und Gewalt zu unterscheiden. Daraufhin schilderte sie weitere Details der Misshandlungen durch ihre Mutter. David wurde immer unruhiger und agitierter, so dass ich beruhigend seine Hand ergriff und ihn fragte: »David, brauchst du Hilfe? Irgendetwas klappt nicht, und du hast dir selbst wehgetan, nicht wahr?« Mila warf mit zorniger Stimme ein, dass sie das weiche Stoffkaninchen aus dem Wartezimmer hätte mitbringen sollen. Damit gab sie mir zu verstehen, dass ich Schuld daran hatte, dass David im Behandlungszimmer nicht mit dem Stoffkaninchen, sondern mit anderen Spielsachen spielen musste.

In diesem Austausch richtete Mila die Projektion ihrer Gewalt gegen mich und gegen David. Die Intensität ihrer Gefühle fand in mir eine Resonanz, die in meinem Gefühl, etwas falsch gemacht zu haben, zum Ausdruck kam. David schien dies in sein aufkeimendes Selbstgefühl aufzunehmen und kommunizierte es, indem er sich immer wieder selbst schlug, statt »aus Erfahrung zu lernen«. Die potenzielle Entwicklung einer masochistischen Haltung und eines Zusammenspiels mit dem Sadomasochismus seiner Mutter bereitete mir Sorge. Ich hielt es für notwendig, dass Mila Davids »Symptom« in eine andere Perspektive zu rücken lernte; nur so würde es ihr gelingen, es von ihrer starren Sicht des Babys als potenziellem Täter abzukoppeln. David wiederum war auf die Erfahrung angewiesen, dass sein Ungeschick – »etwas geht schief« – nicht mit Gewalttätigkeit gleichgesetzt wurde. Ebendieses Zusammenkommen von verzerrten Repräsentationen und Verhaltensweisen wollte ich in meinen Worten und durch mein Verhalten aufgreifen.

»Reframing« in der Übertragung und neue Objekterfahrungen

Im Folgenden werde ich klinisches Material aus der 10. Sitzung detaillierter erläutern.

Mila schilderte einen Streit mit ihrer Tante Sheila, die ihr vorwarf, David zu verwöhnen, weil sie ihn zu oft auf den Arm nehme. Ärgerlich sagte Mila zu ihrer Therapeutin: »Sie zwang mich, ihn allein zu lassen, als er schrie und weinte ... Ich habe es nicht ausgehalten, es ging ihm nicht gut.« Die Therapeutin hörte

Das Reframing traumatisierter und traumatisierender Beziehungen

Mila zu und beobachtete David, der auf dem Rücken lag und beide Erwachsenen im Blick behielt. Sie nickte und murmelte: »Hm, hm.« Dann sagte sie in aufmunterndem Tonfall zu David: »Aber du brauchst Hilfe, nicht wahr, du bist sehr klein, du braucht Hilfe, damit du dich beruhigen kannst.« Mila gab zur Antwort, dass sie ihr Baby liebe.

Meine Intervention bestätigte sowohl die Mutter als auch das Baby in ihrer wechselseitigen Bezogenheit: »Ja«, sagte ich, »David ist klein und braucht seine Mutter, er ist ein Baby und hat ein Recht darauf, von seiner Mutter abhängig zu sein, und Mila weiß dies und akzeptiert es, weil sie eine sensible Mutter ist.« Dank dieser emotionalen Unterstützung konnte Mila sich selbst in einer anderen Perspektive sehen – nämlich als gute Mutter[4] –, die eine alternative Selbstrepräsentation ermöglichte; sie konnte zu der Liebe, die sie für ihr Baby empfand, stehen und sie von ihrer Angst abkoppeln.

Wenige Minuten später kam Mila erneut auf das Problem zu sprechen, das sie beschäftigte, und sagte: »Ich fühle mich wie eine Maus, wenn ich bei ihr [Tante Sheila] zu Hause bin.«

Ihre Hilflosigkeit beschämte sie und weckte Selbsthass. Möglicherweise war es die Scham, die sie zu einem abrupten Angriff auf David veranlasste:

Sie bemerkte, dass David seinen Schnuller ausgespuckt hatte und zu quengeln begann. Frustriert sagte sie zu ihm: »Du ziehst ihn dir aus dem Mund, und ich weiß dann nicht, was ich noch tun soll.«
Mit sanfterer Stimme fügte sie hinzu: »Mami weiß nicht, wie eine richtige Mami sein muss, auch wenn sie so tut, als wüsste sie es, nicht wahr?«
Therapeutin (zu Mila): »Sie sind sehr streng mit sich.«
Mila: »Ich weiß nicht ... ich weiß überhaupt nichts über mich.«

Sobald Mila erneut auf die Beziehung zu ihrer Tante zu sprechen kam, übermannte sie abermals der Zorn. Ihrer Identifizierung mit Tante Sheila als An-

---

[4] Mit Rücksicht auf die Tendenz von Müttern, sich selbst die Schuld daran zu geben, wenn in der Beziehung zu ihrem Baby Schwierigkeiten auftauchen, empfiehlt Stern: »Kennzeichnend für die grundlegende therapeutische Haltung, die notwendig ist, um mit der potentiell destruktiven Übertragung einer jungen Mutter arbeiten zu können, sind Unterstützung und eine positive Einstellung« ([1995] 1998: 198f.). Das am Anna Freud Centre praktizierte Therapiemodell sieht zwar vor, dass die Therapeutin sich auch als wohlwollende Großmutterfigur zur Verfügung stellt, arbeitet aber gleichermaßen mit der negativen Übertragung.

greifer hielt der oben beschriebene Regulationszustand nicht stand. Wichtig ist indes, dass sie dank ihrer Selbstbeobachtung von der Selbstbestrafung, Selbstbeschuldigung und Selbstdemütigung abließ; offenbar verstand sie, dass sie sich nicht mit einer wohlwollenden Mutterfigur identifizieren konnte und deshalb nicht wusste, wie sie sich als Mutter verhalten sollte. Sie sagte ausdrücklich, dass ihr Selbstgefühl durch die erlittene Misshandlung so tiefgreifend beeinträchtigt worden sei, dass sie das Gefühl habe, sich selbst nicht zu kennen. Ihre Worte berührten mich, bereiteten mir aber auch ein gewisses Unbehagen. Da die Negativität gegenüber der Mutterfigur in ihrem Material eine so gewichtige Rolle spielte, beschloss ich, die Übertragung anzusprechen.

> Ich hatte während dieses Gesprächs David im Auge behalten, der an seinem Schnuller saugte. Nun wandte ich mich erneut Mila zu: »Manchmal mache ich Ihnen Vorschläge oder stelle Ihnen Fragen, und nun geht mir durch den Kopf, ob Sie dies vielleicht auch als übergriffig empfinden, genauso wie das Verhalten von Sheila.«
>
> Achselzuckend gab Mila zur Antwort: »Ich kenne Sie ja noch nicht. Ich glaube nicht, dass Sie übergriffig sind. Sie versuchen halt, mich zu verstehen, während Sheila mir vorschreibt, was ich zu tun habe und wie alles zu sein hat.«

Ihr Hinweis: »Ich kenne Sie ja noch nicht«, ließ zwar keinen Zweifel daran, dass Mila jederzeit damit rechnete, erneut enttäuscht zu werden, doch sie schien über ihre Ambivalenz nicht nachdenken zu wollen: »Sie versuchen halt, mich zu verstehen.« In Anbetracht ihrer verbesserten Fähigkeit zur Selbstbeobachtung und ihres gleichwohl ungeschmälerten Zorns auf David, Sheila und andere Personen »außerhalb« des Behandlungszimmers beschloss ich, nicht lockerzulassen.

> *Therapeutin:* »Aber manchmal scheine ich mich in eine Sheila zu verwandeln ...«
> *Mila:* »Ich weiß nicht, ich sehe Sie nicht so.«
> *Therapeutin, beharrlich, aber langsam und nachdenklich sprechend:* »Wenn es jemals der Fall sein sollte ..., wenn ich etwas sage, was ...«
> *Mila (beendet den Satz der Therapeutin):* »... dann sage ich es Ihnen.«
> *Therapeutin:* »Und wenn Sie wütend auf mich werden oder verstimmt sind, sagen Sie es mir. Sagen Sie es mir nach Möglichkeit sofort, auf der Stelle, denn dann können wir zu verstehen versuchen, was passiert ist ...«

An diesem Punkt wandte ich mich David zu, um ihn in das Gespräch mit einzubeziehen. Ohne mir dessen bewusst zu sein, verfiel ich in einen singenden Tonfall.[5]
»Lag es an meinem Tonfall? Habe ich zu lange mit dir gesprochen? Lag es an dem, was ich gesagt habe? Wir versuchen zu verstehen, was deine Mami aus der Fassung bringt, so wie wir auch dich zu verstehen versuchen.«
Ich beugte mich tiefer zu ihm hinunter und sah ihm aufmerksam ins Gesicht, das durch den Schnuller teilweise verdeckt war. Dann fragte ich (und nahm erst beim Abspielen der DVD wahr, dass meine Stimme in diesem Moment einen neckischen Unterton bekam): »Sehe ich da ein kleines Lächeln hinter deinem Schnulli?«
Auch Mila blickte zu David hinunter und erwiderte ebenfalls in singendem Tonfall und leicht amüsiert: »Aber ja doch, ein Lächeln.«

Indem ich mehrere mögliche Trigger und ihre körperlichen Aspekte wie den Tonfall und die Mimik in Worte fasste, versuchte ich, sie in die therapeutische Arena einzubeziehen. Ein möglicher Trigger, der vor allem in Mutter-Baby-Psychotherapien von Belang ist und auch in diesem Fall angesprochen wurde, war der mütterliche Neid auf David (»Habe ich zu lange mit dir gesprochen?«). Die Mutter muss die Therapeutin/Mutter mit dem realen Baby teilen; dies kann ihre nach wie vor unbearbeiteten, mit ihrer eigenen Vernachlässigung zusammenhängenden Gefühle aktivieren und ist vor allem bei Müttern von Belang, die früh parentifiziert wurden, sich also als Kinder um die eigenen Eltern oder einen Elternteil kümmern und ihre eigenen Bedürfnisse verleugnen mussten. Unter Umständen entwickelt sich ein intensiver Konflikt mit dem Baby – schließlich sollte Mila ihrem kleinen Sohn etwas geben, das ihr selbst in der Kindheit verwehrt wurde. Gleichzeitig sollte David eine Vorstellung davon in sich aufnehmen, dass die Therapeutin seiner Mutter und auch ihm selbst zu helfen versuchte. Hier kommt die Position der Therapeutin als dritte Person ins Spiel, die die väterliche Funktion wahrnimmt, aber nicht nur Grenzen setzt, sondern sich mit der Mutter wie auch mit dem Baby verbündet.

---

[5] Der Wechsel in den Singsang wurde mir erst bewusst, als ich mir später die DVD-Aufzeichnung der Sitzung ansah.

Diskussion: Aspekte der psychodynamischen Mutter-Baby-Psychotherapie, die ein Reframing des Traumas ermöglichen können

Ich habe das Zusammenspiel erläutert, das sich zwischen der durch das Trauma bestimmten Perspektive der Mutter, den Positionen, die der Säugling in diesem spezifischen interpersonalen Tanz einnimmt, und der Bezogenheit auf die Therapeutin in der Übertragung-Gegenübertragungs-Beziehung, aber auch als neue Bindungsfigur, entwickelt. Ich habe die Ansicht vertreten, dass die psychoanalytische Mutter-Baby-Psychotherapie in besonderem Maße geeignet ist, die Linse des intergenerationellen Traumas neu einzustellen, weil die Therapeutin gleichzeitig mit der Mutter und ihrem Säugling sowie mit der Beziehung zwischen ihnen arbeitet, und zwar in einer für beide Beteiligten kritischen Entwicklungsphase. Ihre Interventionen zeichnen sich dabei durch eine spezifische Qualität aus.

Dass die Therapeutin *aktiv* eine Beziehung fördert, in der sowohl das Baby als auch seine Mutter Containment finden, ist von zentralem Stellenwert. Es setzt ihre Bereitschaft voraus, sich sozusagen mit Leib und Seele auf sämtliche Aspekte der therapeutischen Begegnung einzulassen. Sie muss über die emotionale und professionelle Fähigkeit verfügen, aufrichtiges Interesse, Mitgefühl und Reflektiertheit gegenüber der Vielfalt an Beziehungen und Übertragungen zu entwickeln, die in jedem Augenblick einer Sitzung aktiv sind. Dies mag trivial klingen, weil es sich eigentlich von selbst versteht. Doch der durch Traumata ausgeübte Druck und die Zwänge, die in der Beziehung zu einem abhängigen, verletzlichen Baby, zu seinen Gefühlen und seinem Verhalten, seinen Bedürfnissen, Übertragungen und Anstrengungen agiert werden, sind von entscheidender Bedeutung. Nicht allein die Reflexionsfähigkeit und therapeutische Haltung der Therapeutin sind gefordert; vielmehr wird auch die Organisation ihres eigenen Bindungssystems auf die Probe gestellt.

Aufgrund all dessen ist es in diesem Kontext schwieriger als üblich, eine »hinreichend gute« Therapeutin zu sein. Der Spielraum für Verwirrung, Fehlabstimmungen, Enactments etc. ist größer. Gleichzeitig ergeben sich dadurch Chancen, Missverständnisse zu korrigieren (Tronick, 1998) und Beziehungsbrüche zu heilen (Winnicott, 1963). Viele Mütter mit gestörten und zerbrochenen Bindungen geben sich selbst die Schuld daran, dass ihre Beziehungen regelmäßig scheitern. Wenn sich die Therapeutin zu ihrem Beitrag an der systemischen Fehlregulation – z. B. zu ihren eigenen Missverständnissen, zu ihrer Begriffsstutzigkeit oder Unbeholfenheit – bekennen kann, vermittelt sie der Patientin die Erfahrung eines Selbst-in-genuiner-Interaktion-mit-der-Anderen. Verfolgungs- und Schamgefühle der Mutter können dadurch spürbar gelindert werden; gleichzeitig verbessert sich ihre Reflexionsfähigkeit. Langfristig ist dies Teil eines Prozesses, der sie aus dem Griff der Selbstkritik und Selbstherabsetzung befreit und ihrem Baby das Schicksal erspart, ähnliche Grade der Selbstverachtung zu entwickeln.

Diese affektiven Kommunikationsvorgänge finden in hohem Maße auf der Ebene der Verkörperung statt, d. h., die Kommunikation erfolgt durch Blickkontakt und Mimik, durch Körperhaltung, Bewegungen und Gesten, durch den Tonfall und die Lautstärke der Stimme und durch den Sprechrhythmus. Meiner Ansicht nach kann die Therapeutin in einer Mutter-Baby-Therapie zu Recht davon ausgehen, dass sie, weil die verkörperte Sprache einen so wesentlichen Aspekt der therapeutischen Kommunikation ausmacht, aktiv mit ihren eigenen nonverbalen Fähigkeiten arbeiten kann, statt Aktion und Körper als Medien des Agierens zu betrachten. Die Arbeit auf dieser Ebene wirft interessante Fragen auf. Z. B. möchte die Therapeutin ihr Gesicht ins Blickfeld eines Babys rücken, das rücklings auf dem Boden liegt. Möglicherweise entscheidet sie sich (bewusst oder unbewusst) dafür, sich von oben über das Baby zu beugen, was in vielen Fällen hilfreich sein kann. Es kann jedoch auch passieren, dass sich das Baby dadurch bedroht oder dass die Mutter sich ausgeschlossen fühlt. Eine Alternative, die ich persönlich zunächst unbequem fand, besteht darin, sich dem Baby von der Seite zu nähern, sich also auf eine, wie die DVD-Aufnahme später zeigte, recht unelegante Weise neben den Säugling auf den Boden zu legen.

Ein weiteres wesentliches Merkmal des AFC-Verfahrens besteht darin, dass die »Entwicklungstherapie« (Hurry, 1998), von Anna Freud (1978) als »Entwicklungshilfe« und von Fonagy und Target (1996) als »psychodynamische Entwicklungstherapie« beschrieben, einem Großteil der Interventionen als Matrix dient. Als psychodynamische Entwicklungstherapie bezeichnen wir Techniken der Kinderanalyse, die auf Entwicklungsdefizite oder -entgleisungen zielen, z. B. die Verbalisierung von Gefühlen, das Aufzeigen von Zusammenhängen zwischen Ursache und Wirkung oder das Suchen nach der Bedeutung eigener und fremder innerer Zustände und Verhaltensweisen (Edgcumbe, 2000; Fonagy/Moran/Edgcumbe/Kennedy/Target, 1993). Traumatisierte Mütter weisen häufig Entwicklungsdefizite auf, und zwar vor allem in Bezug auf Affektregulierung, Mentalisierungs- und Symbolisierungsfähigkeit sowie »Als-ob«-Repräsentationen. In der therapeutischen Arbeit mit ihnen müssen solche Defizite sensibel aufgespürt und zur Sprache gebracht werden; dies kommt dem emotionalen Wohlbefinden der Mutter selbst zugute und hilft ihr gleichzeitig, das emotionale/mentale Funktionieren ihres Babys zu unterstützen. Ein Beispiel dafür war mein Versuch, zwischen Milas eigenen frühen Gewalterfahrungen und dem Erleben ihres Sohnes im Hier und Jetzt zu unterscheiden. Das Spiel, ein so bedeutsames Medium in der Säuglings- und Kinderentwicklung, ist häufig eine Seinsweise, die für die Mutter – ein weiteres Kennzeichen der Traumatisierung – unverständlich ist (»Ich weiß nicht, wie man spielt«). In der Vignette aus der 6. Sitzung folgte auf meine verbale Intervention eine kurze Phase des gemeinsamen Spielens zwischen David, der Mutter und mir selbst. Ich spiegelte Davids Verhalten – er schlug sich wiederholt das Holzspielzeug gegen den Kopf –, indem ich so tat, als schüttele ich etwas mit der Hand; dabei half ich ihm gleichzeitig, das harte Spielzeug loszulassen und seine Hände und seinen Kopf einzusetzen, um mit mir zu spielen. Zum Rhythmus des Kinderliedes »Shake shake shake« initiierte ich dann einen rhythmischeren Austausch und lud auch die Mutter zum Mitspielen ein. Für Mila war dies zugleich eine Einführung in Spielverhalten; sie musste erst lernen, sich David als Spielkameradin zur Verfügung anzubieten, statt ihm lediglich Spielsachen in die Hand zu drücken.

Sugarman (2009) hat die Ansicht vertreten, dass man die in Form von Interventionen gefassten Verhaltensweisen des Analytikers als Deutungen auf ebenjener Kommunikationsebene verstehen könne, die dem Patienten aufgrund seines Entwicklungsstands zugänglich ist. Was die Förderung der kindlichen Fähigkeit zur Selbstreflexion und Selbstregulation anlangt, kann das Verhalten des Analytikers laut Sugarman (2003) genauso wichtig sein wie seine Worte (S. 211). Diese Position vertreten wir auch in der Mutter-Baby-Psychotherapie. Verbale Deutungen, die der verhaltensgestützten Kommunikation vorausgehen oder sie begleiten, tragen zur Annäherung des Prozesses an die Ebene der gemeinsamen Symbolisierung bei. Deutungen können auf einen intrapsychischen Konflikt der Mutter zielen (indem sie z. B. deren Neid ansprechen – »Habe ich zu lange mit dem Baby geredet?«) oder auf das Baby

(z. B. die Situation, in der ich Davids Abhängigkeit thematisierte); häufig aber, und dies ist von zentraler Bedeutung, konzentrieren sie sich auf die Beziehung zwischen Mutter und Baby. Ein Beispiel dafür war meine im Singsangton geäußerte, an David und Mila gerichtete Bemerkung: »Wir versuchen zu verstehen, was deine Mami aus der Fassung bringt, so wie wir auch dich zu verstehen versuchen.«

Verbalisierung und Deutung tragen auch maßgeblich dazu bei, die spezifische Art und Weise, wie das Trauma von der Mutter in ihrer Beziehung zum Baby agiert wird, und die vom Baby ausgehenden Trigger für dieses Beziehungsverhalten bewusst zu machen. In der direkten Arbeit mit dem Säugling kann die Therapeutin zudem sein Erleben in Worte fassen und durch ihre Deutungen Verbindungen aufzeigen, die der Mutter einen Einblick in die innere Welt ihres Babys gewähren. Lieberman und Harris (2007) haben sogar die kritische Frage aufgeworfen, inwieweit es die Aufgabe der Therapeutin ist, das Trauma direkt zu thematisieren, um der Mutter zu veranschaulichen, »wie viszeral ausgedrückte Erfahrungen artikuliert werden können, damit die Mutter und das Kind zwischen dem Erinnern und dem Wiedererleben des Traumas unterscheiden und lernen können, überwältigende Reaktionen auf die Erinnerungen zu antizipieren und zu dämpfen« (226).

Zum Schluss: die positive Übertragung und die positive Gegenübertragung

In den Entwicklungsstadien des Modells wurde die Übertragung auf die Therapeutin nur dann thematisiert, wenn sie negativ war und die Behandlung als »Gespenst« behinderte. Im Fall von Mila und David verstand ich die negative Übertragung als einen wesentlichen Aspekt der Identifizierung von Traumatriggern.

Im Lauf der Zeit und mit wachsender Betonung der Entwicklung anderer prozeduraler Umgangsweisen wird auch die positive Übertragung in die Therapie eingebracht. Die Fähigkeiten, zu vertrauen und zu lieben, sind eine relationale Voraussetzung für Gesundheit und Widerstandsfähigkeit. Indem sowohl das wachsende Vertrauen der Mutter und des Babys in die Therapeutin und ihre Zuneigung zu ihr in den therapeutischen Schauplatz einbezogen werden, kann sie als Zeugin der Weiterentwicklung beider Patienten fungieren. Dass diese sich mehr und mehr auf sie verlassen, kann das Durcharbeiten von Konflikten, die mit Abhängigkeit und Separation zusammenhängen und häufig ein typisches Merkmal von Beziehungstraumata sind, erleichtern. Darüber hinaus öffnet sich mit der wachsenden Sorge um das Objekt/die Therapeutin ein Raum der Reflexion, in dem die eigene Destruktivität wahrnehmbar wird (Winnicott, 1963) und eine Weiterentwicklung von der Schuldzuweisung an die »schlechte« intergenerationelle Mutter erfolgen kann. Damit einhergehend entfaltet sich auch die Freiheit zu spielen.

In manchen Fällen wird die Therapeutin von der Mutter in ein starres, tiefverwurzeltes, malignes inneres System verstrickt, das auch dem Baby die Möglichkeit verwehrt, etwas Gutes in ihr wahrzunehmen. Aus mehreren Gründen aber war Mila davon überzeugt, dass die Therapeutin sowohl ihr als auch ihrem Baby helfen wollte. Mit einer solchen Disposition, die die Patientin allen Widrigkeiten zum Trotz in die therapeutische Beziehung und dadurch auch in die Beziehung zu ihrem Baby einbringt, arbeiten zu können ist ein Glücksfall. Er kommt dem heiklen Prozess zugute, in dem die Therapeutin durch authentische, wechselseitige Bindungsprozesse zu einem »Engel« in der Kinderstube der frühen Mutter-Kind-Beziehung werden und intergenerationellen Wiederholungen vorbeugen kann.

Übersetzung: Elisabeth Vorspohl, Bonn

Literatur

Bachant, J. L./Adler, E. (1997): Transference: Co-constructed or brought to the interaction? *Journal of the American Psychoanalytic Association,* 45: 1097-1120.

Baradon, T./Broughton, C./Gibbs, I./James, J./Joyce, A. et al. (2005): *The Practice of Psycho-Analytic Parent-Infant Psychotherapy: Claiming the Baby.* London/ New York. (2011): *Psychoanalytische Psychotherapie mit Eltern und Säuglingen.* Übers. von Maren Klostermann. Stuttgart.

Baradon, T./ Bronfman, E. (2010): Contributions of, and divergences between, clinical work and research tools relating to trauma and disorganisation. In: Baradon, T. (Hrsg.): *Relational Trauma in Infancy: Psychoanalytic, Attachment and*

Neuropsychological Contributions to Parent Infant Psychotherapy. London/ New York.

Baradon, T./Fonagy, P./Bland, K./Lenard, K./Sleed, M. (2008): *New Beginnings* – an experience-based programme addressing the attachment relationship between mothers and their babies in prisons. *Journal of Child Psychotherapy*, 34, 2: 240-258.

Bradley, E. (1990): Pregnancy and the internal world. In: Raphael-Leff, J. (Hrsg.): *Split Milk: Perinatal Loss and Breakdown.* London 2000: 28-38.

Cohen, N. J./Muir, E./Parker, C. J./Brown, M./Lojkasek, M. et al. (1999): Watch, wait and wonder: Testing the effectiveness of a new approach to mother-infant psychotherapy. *Infant Mental Health Journal,* 20, 4: 429-451.

Colapinto, J. (1982): Structural family therapy. In: Horne, A. M./Ohlsen, M. M. (Hrsg.): *Family Counseling and Therapy.* Itasca, Illinois.

Cooper, G./Hoffman, K./Powell, B./Marvin, R. (2005): The circle of security intervention. In: Berlin, L. J/Ziv, Y./Amaya-Jackson, L. M./Greenberg, M. T. (Hrsg.): *Enhancing Early Attachments: Theory, Research, Intervention, and Policy.* New York.

Edgcumbe, R. (2000): *Anna Freud: A View of Development, Disturbance and Therapeutic Techniques.* London/Philadelphia.

Fonagy, P./Target, M. (1996): A contemporary psychoanalytical perspective: psychodynamic developmental therapy. In: Hibbs, E./Jensen, P. (Hrsg.): *Psychosocial Treatments for Child and Adolescent Disorders.* Washington.

Fonagy, P./Target, M. (1997): Attachment and reflective function: their role in self-organisation. *Development and Psychopathology,* 9: 679-700.

Fonagy, P./Sadie, C./Allison, L. (2002): The Parent-Infant Project (PIP) Outcome Study. London: The Anna Freud Centre (unpublished manuscript).

Fonagy, P./Moran, G. S./Edgcumbe, R./Kennedy, H./Target, M. (1993): The roles of mental representations and mental processes in therapeutic action. *Psychoanalytic Study of the Child,* 48: 9-48.

Fraiberg, S./Adelson, E./Shapiro, V. (1975): Ghosts in the nursery: a psychoanalytic approach to the problems of impaired infant-mother relationships. *Journal of the American Academy of Psychiatry,* 14: 387-421.

Fraiberg, S. (1980): *Clinical Studies in Infant Mental Health: The First Year of Life.* New York.

Freud, A./Burlingham, D. (1943): *War and Children.* New York.

Freud, A./Burlingham, D. (1944): *Infants without Families.* New York.

Freud, A. (1965): *Normality and Pathology in Childhood.* London.

Hurry, A. (1998): *Psychoanalysis and Developmental Therapy.* London. (2011): *Psychoanalyse und Entwicklungsförderung von Kindern.* 2. Aufl. Frankfurt a. M.

Jones, A. (2010): The traumatic sequelae of pathological defensive processes in parent-infant relationships. In: Baradon, T. (Hrsg.): *Relational Trauma in Infancy: Psychoanalytic, Attachment and Neuropsychological Contributions to Parent Infant Psychotherapy.* London/New York.

Lieberman, A./Pawl, J. H. (1993): Infant-Parent Psychotherapy. In: Zeanah Jr., C. H. (Hrsg.): *Handbook of Infant Mental Health.* New York: 427-442.

Lieberman, A./Harris, W. W. (2007): Still searching for the best interests of the child: Trauma treatment in infancy and early childhood. *Psychoanalytic Study of the Child,* 62: 211-238.

Lieberman, A. F./Weston, D. R./Pawl, J. H. (1991): Preventive intervention and outcome with anxiously attached dyads. *Child Development,* 62: 199-209.

Lojkasek, M./Cohen, N. J./Muir, E. (1994): Where is the infant in infant intervention? A review of the literature on changing troubled mother-infant relationships. *Psychotherapy: Theory, Research, Practice, Training,* Vol. 31 (1): 208-220.

Lyons-Ruth, K./Bronfman, E./Parsons, E. (1999): Atypical attachment in infancy and early childhood amongst children at developmental risk. Part iv. Maternal frightened, frightening, or atypical behaviour and disorganised infant attachment patterns. In: Vondra, J./Barnett, D. (Hrsg.): *Atypical Patterns of Infant Attachment: Theory, Research and Current Directions. Monographs of the Society for Research in Child Development,* 64, 3: 67-96.

Mahler, M. S./Pine, F./Bergman, A. (1975): *The Psychological Birth of the Human Infant.* London.

McDonough, S. (2004): Interaction Guidance: Promoting and nurturing the caregiving relationship. In: Sameroff, A./McDonogh, S./Rosenblum, K. L. (Hrsg.): *Treating Parent-Infant Relationship Problems.* New York: 79-96.

McDougal, J. (1978): Primitive communication and the use of countertransference – Reflections on early psychic trauma and its transference effects. *Contemporary Psychoanalysis,* 14: 173-209.

Norman, J. (2001): The psychoanalyst and the baby: A new look at work with infants. *International Journal of Psychoanalysis,* 85, 5: 1103-112.

Osofsky, J. D. (2011): Trauma through the eyes of a young child. In: Osofsky, J. D. (Hrsg.): *Clinical Work with Traumatised Young Children.* New York/London: 1-6.

Raphael-Leff, J. (2000): *Split Milk: Perinatal Loss and Breakdown.* London.

Salomonsson, B. (2009): The music of containment: Addressing the participants in mother-infant psychoanalytic treatment. *Infant Mental Health Journal, 32:* 599-612. (2013): Die Musik des Containments. In diesem Band: 77-101.

Salomonsson, B. (2010): Baby worries: A randomised controlled trial of mother-infant psychoanalytic treatment. PhD thesis, KarolinskaInsitutet, Sweden.

Schechter, D. S./Coates, S. W./Kaminer, T./Coots, T./Zeannah, C. H. et al. (2008): Distorted maternal representations and atypical behaviour in a clinical sample of violence-exposed mothers and their toddlers. *Journal of Trauma and Dissociation,* 9, 2: 123-147.

Shai, D./Belsky, J. (2011): When words just won't do: Introducing parental embodied mentalizing. *Child Development Perspectives,* 5: 173-180. doi: 10.1111/j.1750-8606.2011.00181.x.

Silverman, R. C./Lieberman, A. F. (1999): Negative maternal attributions, Projective identification, and the intergenerational transmission of violent relational patterns. *Psychoanalytic Dialogues,* 9: 161-186.

Slade, A./Grienenberger, J./Bernbach, E./Levy, D./Locker, A. (2005): Maternal reflective functioning, attachment and the transmision gap: A preliminary study. *Attachment and Human Development,* 7, 3: 283-298.

Sleed. M./James. J./Baradon, T./Newbery, J./Fonagy, P. (2011): A psychotherapeutic baby clinic in a hostel for homeless families: Practice and evaluation. *Psychology and Psychotherapy: Theory, Research and Practice.* Advance online publication. doi:10.1111/j.2044-8341.2011.02050.x.

Stern, D. N. (1985): *The interpersonal world of the infant: A view from psychoanalysis and developmental psychology.* New York. (1992): *Die Lebenserfahrung des Säuglings.* Übers. Von W. Krege, bearbeitet von E. Vorspohl. 9. Aufl. Stuttgart. Mit neuer Einleitung des Autors 2007.

Stern, D. N. (1995): *The Motherhood Constellation.* New York. (1998): *Die Mutterschaftskonstellation. Eine vergleichende Darstellung verschiedener Formen der Mutter-Kind-Psychotherapie.* Übers. von E. Vorspohl. Stuttgart.

Sugarman, A. (2003): Dimensions of the child analyst's role as a developmental object. *Psychoanalytic Study of the Child,* 58: 189-213.

Sugarman, A. (2009): The contribution of the analyst's actions to mutative action. *Psychoanalytic Study of the Child,* 64: 247-272.

Thomson-Salo, F./Campbell, P./Morgan, A./Jones, S./Jordan, B. et al. (1999): Free to be playful: therapeutic work with infants. *Infant Observation Journal,* 3: 47-62.

Tronick, E. Z (1998): Dyadically expanded states of consciousness and the process of therapeutic change. *Infant Mental Health Journal,* 19, 3: 290-299.

Trowell, J./Etchegoyen, A. (2002): *The Importance of Fathers: A Psychoanalytic Re-evaluation.* London.

Winnicott, D. W. (1963): The development of the capacity for concern. In: *The Maturational Processes and the Facilitating Environment*, London. (1987): 73-82. (1984): Die Entwicklung der Fähigkeit der Besorgnis. In: *Reifungsprozesse und fördernde Umwelt.* Übers. von G. Theusner-Stampa. Frankfurt a. M.: 93-105.

Winnicott, D. M. (1965): The relationship of the mother to her baby at the beginning. In: *The Family and Individual Development.* London: 15-20. (1984): Die anfängliche Beziehung einer Mutter zu ihrem Baby. In: *Familie und individuelle Entwicklung.* Übers. von G. Theusner-Stampa. Frankfurt a. M.: 27-34.

Inge-Martine Pretorius

Psychoanalytische Psychotherapie eines präödipalen Jungen: werden und loslassen
Übergangsprozesse für charmante Prinzen und ihre Therapeutinnen

Einleitung

Diese Arbeit beschreibt, wie ein dreijähriger Junge aus dyadischen Beziehungen in einen schmerzvollen und leidenschaftlichen ödipalen Kampf übergeht, um dann als sensibler »hübscher Prinz« Gestalt anzunehmen, der triangulieren und in seiner Entwicklung tüchtig voranschreiten kann. Ian war wegen seines aggressiven, trotzigen Verhaltens vorgestellt worden. Seine Mutter meinte, er verheimliche oft seine Gefühle. Beispielsweise behauptete er, glücklich zu sein, nachdem er geschimpft worden war. Seine wirren Vorstellungen und Phantasien über seinen Vater machten ihr Sorgen. Nach den diagnostischen Sitzungen begann er eine fast zweijährige psychoanalytische Psychotherapie mit einer Frequenz von zweimal die Woche. Seine Behandlung wurde durch eine Kollegin unterstützt, die regelmäßige Elternstunden durchführte.

Familiärer Hintergrund

Ian lebte bei seiner Mutter. Als Ian zwei Jahre alt war, hörte sein Vater auf, seinen Sohn unregelmäßig zu besuchen. Die Mutter war deswegen sehr gekränkt und wütend. Nach Ians Vater hatte die Mutter einige kurzlebige Männerbeziehungen. Die mütterlichen Großeltern mit ihren strengen moralischen Vorstellungen lehnten die Mutter ab, nachdem sie ihnen ihre Schwangerschaft eröffnet hatte. Erst nach Ians Geburt versöhnten sie sich wieder mit ihr. Ian genießt jetzt eine gute Beziehung zu seinen Großeltern und identifiziert sich mit seinem Großvater, der sein Spielzeug repariert. Nach Aussagen der Mutter kam es während der Schwangerschaft, bei der Geburt und in Ians erstem Lebensjahr zu Schwierigkeiten. Ians Vater war während der langwierigen Geburt abwesend. Zwei Tage nach seiner Geburt erkrankte Ian besorgniserregend an Gelbsucht und musste deshalb noch neun Tage in der Klinik bleiben. Mit zwei Wochen musste er wegen ständiger Brechattacken für weitere drei Tage ins Krankenhaus. Nach diesem schwierigen Start ins Leben verlief seine Entwicklung unproblematisch. Mit sieben Monaten fing er an zu krabbeln, lief mit zehn und nannte seinen Namen mit elf Monaten. Die Mutter war begeistert über seine gute Entwicklung und dokumentierte sie detailliert. Sie habe oft geweint, weil sie mit niemandem ihre Freude über Ian hätte teilen können. Ungern nahm sie ihre Arbeit wieder halbtags auf, als Ian vier Monate alt war, und arbeitete dann Vollzeit, als Ian ein Jahr alt war. Während die Mutter arbeitete, versorgte eine Tagesmutter Ian.

Mit neun Monaten schlief Ian alleine in seinem Bettchen. Allerdings kam er häufig morgens zur Mutter ins Bett, forderte »Bauchireiben« und rieb seinen Bauch gegen ihren. Seine Mutter ließ dies zu, erlebte es eher irritierend, weniger grenzüberschreitend. Ian wurde bis 14 Monate gestillt und nahm anschließend ganz leicht die Flasche an. Er hatte einen guten Appetit. Nach seiner Windpockenerkrankung mit zwei Jahren fing Ian an, einen Schnuller zu benutzen, was die Mutter störte. Als Ian zur Behandlung vorgestellt wurde, tröstete er sich, indem er seinen Schnuller nahm und sich auf seinen Nabel stupste. Letzeres machte er schon seit seiner Säuglingszeit.

Die Sauberkeitserziehung war schwierig für Ian, teilweise wohl deshalb, weil seine Mutter und seine Tagesmutter widersprüchlich damit umgingen. Als er mit drei Jahren seinen voraussichtlichen Kindergarten zur Probe besuchte, kränkte ihn anscheinend eine Kindergärtnerin. Sie nannte ihn ein »Baby«, weil er die Toilette nicht benutzen wollte. Obwohl die Kindergärtnerinnen würdigten, wie besonders intelligent Ian war, fanden sie sein Verhalten unkontrollierbar. Er schubste und haute die anderen Kinder, nahm keinen Blickkontakt auf und ignorierte sämtliche Anweisungen.

Diagnostische Sitzungen

Ian, ein reizender kleiner Junge mit zerzaustem Haar und großen ausdrucksstarken Augen spielte ganz allein in der hintersten Ecke des Wartezimmers. Als ich mich näherte, fing die Mutter an, schnell auf ihn einzureden, nannte meinen Namen und sagte, dass ich im ersten Stock Spielzeug hätte. Ohne auf seine Mutter zu achten, spielte er weiter. Sie sagte ihm, er sollte mich wissen lassen, wenn er zur Toilette müsste. Er ignorierte sie. Sie kam zu ihm, beugte sich zu ihm hinunter, mit ihrem Kopf ganz nahe an seinem, und wiederholte ihre Worte. Ian wandte sich von ihr ab, stand auf und schaute zur Tür. Er fragte, ob er die Lokomotive mitnehmen dürfe. Seine Mutter wiederholte seine Frage, und ich bejahte. Ian ging zur Tür mit einem kleinen Spielzeugflugzeug in der Hand und sagte: »Ich habe ein Flugzeug.« Ich fragte ihn, ob es »die Treppe hinauf zu unserem Zimmer oben fliegen« könne. Ich bot ihm an, die große Lokomotive zu tragen, aber er schüttelte den Kopf. Als Ian mühsam mit der sperrigen Lokomotive und dem Flugzeug die Treppen hinaufstieg, sagte er mit klarer Stimme: »Ich heiße Ian Brown. Mein Vorname ist Ian und mein Nachname ist Brown.« Er machte am oberen Treppenabsatz eine Pause und schaute durch das Fenster auf den Garten. Voller Begeisterung bemerkte er, dass es schneite. Er sagte, er hätte mit seiner Mutter im Schnee »Fußabdrücke hinterlassen«. Mit einem strahlenden Gesichtsausdruck verweilte er, ehe er weiterging.

Ehe Ian das Behandlungszimmer erreicht hatte, signalisierte er schon seine zukünftigen Behandlungsthemen: seine verwickelte dyadische Beziehung mit seiner Mutter zusammen mit mangelndem Raumgefühl, unklaren Grenzen und das daraus resultierende Abwehrverhalten. Dass er darauf bestand, die sperrige Lokomotive selbst zu tragen, verwies auf eine frühreife Selbstgenügsamkeit, die – meiner Hypothese nach – aus der Reaktion auf ein nicht hinreichend sich anpassendes primäres Objekt (Winnicott, 1971) notwendigerweise hervorgegangen war. Ian zeigte mir sein relativ gutes Selbstgefühl und seinen außergewöhnlichen Sinn für das Schöne.

Während der beiden diagnostischen Sitzungen enthüllte Ian weitere zukünftige Themen:

> Er zeigte auf eine Zeichnung an der Wand und sagte mit Begeisterung: »Das ist die Arche Noah«.
> Er fragte: »Wo ist Noah?« und zeigte auf eine Gestalt auf dem Boot. Dann sagte er, aber das sei nicht Noah, und zeigte auf eine andere Figur. Unzufrieden und zunehmend betrübt fragte er erneut: »Aber wo ist Noah?« Schließlich sagte er merklich verwirrt: »Aber wer sind all diese Leute?«

In meiner Gegenübertragung erfasste mich Ians verzweifelte und verwirrende Suche nach seinem Vater, indem ich, selbst zunehmend verwirrt und verzweifelt, ihm helfen wollte, Noah zu finden. Die anderen Gestalten auf der Zeichnung überschatteten den Weg zum Vater. Die schwierigen Männerbeziehungen der Mutter erschwerten es ihr, Ian einen symbolischen Vater zu vermitteln (Lacan, 1956f.).

In der zweiten Sitzung tauchte Ians Angst vor seinen eigenen Aggressionen und vor dem vergeltenden Objekt auf, die seine Vermeidungstendenz bedingte.

> Ian fand eine Kassenpapierrolle. Er quietschte voller Vergnügen, als sie ihm aus den Händen fiel und sich auf dem Boden aufrollte. Aufgeregt rief er: »Schau, wie ich das werfen kann!« Er hob die Rolle auf und schleuderte sie durch den Raum. Mit wachsender Freude reagierte er darauf, wie das Papier ein riesiges Knäuel auf dem Teppich bildete. Plötzlich verlangsamte sich sein Spiel und er sagte ohne mich anzusehen: »Wir machen doch keinen Saustall!«
>
> Nach einer Pause sagte er: »Mami wird nicht wütend sein.« Er erstarrte und sagte mit einer alarmierenden Stimme: »Mami wird wütend sein.« Er sagt, er würde mit seinem Als-ob-Auto »wegfahren«, entschloss sich aber für »Wir müssen nachschauen, ob Mami wütend ist«.
>
> Als er zur Türe lief und die Türe für ihn zu schwer zu öffnen war, machte er ganz schnell den Reißverschluss seiner Hosentasche auf und sagte: »Ich brauche meinen Schnuller«, der in seinen Mund flutschte. Er wiederholte mit gedämpfter Stimme: »Ich muss schauen, ob Mami wütend ist.«
>
> Ich öffnete ihm die Tür, und er fragte seine verblüffte Mutter, ob sie wütend sei.

Während der beiden diagnostischen Sitzungen blickte mir Ian nur flüchtig in die Augen und berührte anscheinend unbemerkt mehrmals mein Knie. Nachdem er mein »Bett« (die Couch) im Behandlungszimmer erklommen hatte, wurde er so verstört – offensichtlich im Konflikt zwischen Loyalität und Intimität –, dass er erneut das Zimmer verlassen musste, um festzustellen, dass seine Mutter ganz in Ordnung war. Nachdem er zur Toilette gegangen war, zeigte seine Bemerkung »Jungen haben einen Pimmel«, wie unsicher er sich seiner Männlichkeit war. Während der Sitzungen berührte er einige Male seinen Nabel.

Behandlungsbeginn

Seine Mutter sagte seine erste Therapiestunde ab, weil er sich erkältet hatte. Dies signalisierte seine Tendenz, vor allem in Übergangssituationen zu somatisieren. Danach versäumte Ian nur selten eine Stunde. In der ersten Woche ignorierte er mich typischerweise stets, wenn ich ihn aus dem Wartezimmer abholte, ging aber eiligen Schrittes die Treppen zum Therapiezimmer hinauf. Im Verlauf der Sitzungen nahm er flüchtig Blickkontakt auf. Aber stets ignorierte er mich in Verleugnung unserer Trennung, wenn ich mich von ihm verabschiedete. Manchmal hörte ich beim Hinausgehen, wie er seiner Mutter zuflüsterte: »Das ist meine Lady.«

Ian fing an, die Tenderlokomotive Thomas mit in die Therapie einzubauen, mit der er sich identifizierte. Seine eigene Therapiespielzeugkiste enthielt eine kleinere Thomas-Lokomotive, die ich fahren durfte. Anfänglich explorierte er weniger mit seinem Spiel, sondern löste Probleme: z. B., um einem Zug zu helfen, dem der Treibstoff ausgegangen war oder um für einen Zug mit kaputten Scheinwerfern einen Tunnel zu beleuchten. Während er Thomas schob, krabbelte Ian unglaublich wie ein Wiesel durch die schmalsten Lücken zwischen und unter den Möbeln. Dabei rief er häufig, er sei in einem Tunnel, versicherte mir aber: »Es ist nur ein bisschen, (k)lein bisschen dunkel. Ich habe meine Scheinwerfer an.«

Bald fing Ian an, mich mit dem kleinen Winnie-the-Pooh-Spielzeugbären in seiner Spielzeugkiste gleichzusetzen. Zu Beginn jeder Sitzung gab er mir unweigerlich Winnie und flüsterte: »Lass ihn sprechen!« Indem Winnie zum Mitspieler und Kommentator wurde, öffnete sich allmählich ein Raum zum Denken zwischen Ian und mir. Thomas, geschoben von Ian, befand sich oft im Rennen gegen Winnie, der den größeren »Fisher Price«-Zug lenkte, der von mir geschoben wurde. Thomas gewann immer, während Ian mir vergnügt sagte: »Ich bin (k)lein, aber ich fahre ganz schnell!« Seine Thomas-Unterhose, die er mir einmal zeigte, nachdem er auf der Toilette gewesen war, verwies darauf, dass sein phallischer Narzissmus aufzutauchen begann.

Objektfindung

In der 8. Stunde schien Ian von mir zum ersten Mal Notiz zu nehmen. Er stand auf dem kleinen Tisch und schaute aus dem Fenster, während ich neben ihm stand. Er drehte sich um und schaute mir in die Augen. Da er auf dem Tisch stand, hatte er fast meine Augenhöhe. Er legte seine Hand zärtlich auf meine Schulter, kam mir sehr nahe, ohne grenzüberschreitend zu sein. Er berührte das Lacoste-Logo auf meinem Hemd und fragte: »Was ist das? Ja, ein Krokodil.« Er nahm erneut Blickkontakt auf. Er berührte meine Hemdentasche und benannte sie. Er schaute mir wieder in die Augen. Er berührte mein Kleid und sagte: »Das ist Dein Kleid.« Er berührte meine Perlen und sagte: »Das ist Deine Halskette.« Er schaute mir wieder tief in die Augen, ehe er vom Tisch sprang, und meinte, es sei wohl Zeit zum Wartezimmer zu gehen.

Ian schien »das Objekt zu finden« und mich als eine getrennte Person wahrzunehmen (Winnicott, 1979: 110). In dieser Sitzung war sein Blickkontakt ungewöhnlich lange. Das ging auch in den folgenden Stunden so weiter. Aber die Intimität, die entstand, als er mich entdeckte, löste einen starken Loyalitätskonflikt aus, sodass er vorschlug, wir sollten die Stunde vorzeitig beenden.

Ian stürmte in die Ambulanz und rief aufgeregt der Empfangsdame zu: »Ich komme wegen Inge.« Er strahlte, nahm vollen Blockkontakt auf und sein kleiner Körper erzitterte, als ich das Wartezimmer betrat. Seine Mutter erleichterte ihm seine wachsende Bindung, indem sie sagte: »Jemand ganz besonderer wartet auf Dich!«, sollte er mich beim Hereinkommen übersehen haben, oder sie sagte: »An Deinem Gesicht kann ich ablesen, dass Du Inge gesehen hast.« Ian übernahm die Kontrolle über das Schild an der Tür. Stets erklärte er: »Ian und Inge sind beschäftigt«, während er es auf »Besetzt« stellte. Am Ende der Sitzung stellte er es wieder auf »Frei« und sagte: »Ian und Inge sind fertig.« Trotzdem war die Beendigung der Sitzung schwierig. Ian machte Ausflüchte oder schaute auf seine imaginäre Uhr, um zu erklären, dass noch Zeit zum Spielen bliebe.

Bald nach Therapiebeginn meldete sein Kindergarten, dass er sich dort angemessener verhielt. Er hatte seltener aggressive Ausbrüche und fing an, Beziehungen zu Gleichaltrigen aufzunehmen.

Somatische Erinnerungsspuren an die Geburt

Ian verhielt sich irgendwie merkwürdig. Ich verknüpfte dies allmählich mit seiner Geburt, der Gelbsucht und den Brechattacken, die ehemals zur Hospitalisierung geführt hatten (Freud, 1926; Greenacre, 1945; Winnicott, 1949). In Anlehnung an Winnicott unterstreicht Wright (1991), wie wichtig Berührungen sind, um die Wirklichkeit zu begreifen, und wie wichtig das Sehen ist, um deren Umrisse auszumachen. Mit zugebundenen Augen war Ian in seinen ersten drei Lebenswochen im Inkubator seiner Möglichkeiten zu sehen und zu berühren beraubt. Dies könnte am Anfang der Psychotherapie zu seinem mangelnden Augenkontakt beigetragen haben.

Immer dann, wenn Ian besonders angstvoll war, hob er sein Hemd hoch und drückte mehrmals auf seinen Nabel. Dieses Verhalten verschwand bald, nachdem er sich dessen bewusst wurde, weil ich es angesprochen hatte. Ein anderes Spiel bestand darin, zwischen uns einen Tesafilm oder eine Papierrolle abzurollen. Oft kam Ian auf mich zu, um sich dann wieder so weit zurückzuziehen, bis der Tesafilm stramm gespannt war. Auch seine ständige Beschäftigung mit Zügen, die im Tunnel steckenblieben, verwies auf seine langwierige Geburt. Eines Tages inszenierte Ian einen »Geburtsvorgang«, der mich in meiner Gegenübertragung zutiefst bewegte: Ian rannte hinter meinen Stuhl und kroch unter den Stuhl. Mit seinem Plastiksäbel stieß er so lange gegen meine Füße, bis ich sie auseinandernahm, um seinen Schlägen auszuweichen. Er warf sich rücklings auf den Boden und erschien mich anlächelnd zwischen meinen Füßen und meinen Knien. Ich lächelte zurück und sagte: »Wie wenn man geboren wird.« Er verharrte eine kleine Weile, lächelte und schaute mich an, ehe er sich nach vorne umkehrte, sich umdrehte und von mir wegkrabbelte. Dreimal wiederholte er diese Sequenz.

Der Sinn für das Schöne

Es war ein Vergnügen, Ians Beobachtungsgabe und seine Begeisterung für seine Umgebung zu beobachten. Eines Tages bemerkten wir, wie sich ein Vogel auf einem Baum in der Nähe niederließ. Er meinte, wir sollten so lange zuschauen, bis der Vogel wieder wegfliegen würde. Das taten wir schweigend und dann drehte er sich mit einem strahlenden Lächeln zu mir. Ein andermal brachte er eine Plastikspirale mit und forderte mich auf, »die wunderschönen Farben anzuschauen«, während er sie hinunter »steigen« ließ. Das Wichtige an diesen Erfahrungen schien für Ian die gemeinsame Betrachtung zu sein. Freude zu zeigen, während er die Erfahrung machte, innerlich vom Anderen gehalten zu werden, schuf ein Übergangsphänomen, die Illusion, für einen Augenblick erhebend eins zu sein (Reid, 1990; Wright, 1991).

Am Ende der 12. Sitzung, zu einem Zeitpunkt und an einem Ort, der jegliche weitere Diskussion unmöglich machte, erwähnte Ian erstmals seinen Vater:

> Als wir die Treppe hinuntergingen, sagte Ian: »Mein Papa heißt Stuart. Das ist ein netter Name für einen Papa.«
> Dabei kamen wir im Parterre an und Ian rannte in das Wartezimmer. Er zeigte seiner Mutter Winnie, drückte den Bären in ihr Gesicht und rieb ihn kräftig hin und her.
> Sie sagte: »Hallo Winnie«, ohne ihn zurückzuschubsen.
> Schließlich gab Ian mir den Bären zurück, ohne Blickkontakt aufzunehmen.

Den Namen seines Vaters erwähnte Ian außerhalb des Behandlungszimmers, weil er dort wahrscheinlich einen größeren Abstand zwischen uns erlebte, um sich dann abwehrend zurückzuziehen. Wann immer er später seinen Vater erwähnte, nannte er gewöhnlich dessen Namen und wechselte schnell das Thema. In den anfänglichen Monaten der Behandlung war es typisch, wie Ian sich eindringlich gegenüber seiner Mutter verhielt, aber auch ihre entsprechenden Reaktionen.

Als ich unsere erste Unterbrechung der Behandlung ankündigte, blockierte Thomas und Winnie wurde krank.

> Ian fütterte Winnie mit Als-ob-Honig und ließ ihn Bauchweh bekommen. Er wiederholte dies mit einer Spielzeugente und tat so, als ob er selbst Honig äße.
> Ich meinte: »Winnie und die Ente möchten so viel Therapie wie möglich.«
> Ian schaute mich an und sagte: »Keine Therapie! Honig, Du Dummkopf!«
> Ian meinte, sie müssten ins Krankenhaus, und legte sich mit Winnie und der Ente auf die Couch.
> Ich sagte dazu. »Die Ente und Winnie machen sich Sorgen, wer ihnen mit ihrem Bauchweh während der Feiertage helfen würde.«
> Ganz verloren antwortete Ian: »Ich weiß nicht ...« Niedergeschlagen lag er auf der Couch.

In Form oraler Bedürfnisse drückte Ian sein Bedürfnis nach Behandlung aus. Dafür benutzte er Honig, aber nicht den Stachel der Biene. Unfähig, sein seelisches Unbehagen »phantasmatisch auszuarbeiten«, drückte er es körperlich aus (Winnicott, 1988). Er wandte seine Aggression gegen sich selbst; seine darunterliegende Depression kam so zum Vorschein (A. Freud, 1936).

Als sie nach zwei Wochen wiederkamen, berichtete die Mutter von einer schönen gemeinsamen Ferienzeit.

> Voller Begeisterung begrüßte mich Ian und rannte die Treppen nach oben.
> »Winnie wird sich toll freuen, dass ich da bin«, und fuhr fort: »Nummer 8 ist doch dein Zimmer.«
> Er drehte das Schild an der Türe um und sagte: »Ian und Inge sind beschäftigt und es macht Spaß.« Im Zimmer fing Ian an, mich mit der Ente zu hauen und lachte dabei.
> Als ich seinen Ärger in Worte fasste, verleugnete er ihn.
> Dann tat er so, als äße er Honig, rollte sich auf die Couch, tätschelte seinen Bauch und sagte, er sei krank.

Indem er unter Verkehrung des Affekts lachte, versuchte Ian, seine emotionale Realität zu verändern und den Trennungsschmerz zu vermeiden (A. Freud, 1936). Sein tiefes Bedürfnis nach Therapie ließ ihn zuviel Als-ob-Honig essen und krank werden. Winnies Kopf riss teilweise ab, weil Ian Winnie benutzte, um mich zu hauen. Er wurde zunehmend um den demolierten Winnie besorgt, bis wir schließlich Winnies Kopf wieder annähten. Ganz ähnlich machte ihn eine tote Fliege am Fenster besorgt. Diese Vorfälle schienen ihm in einer sehr beängstigenden Weise seine aggressiven Phantasien Wirklichkeit werden zu lassen. Wenn Wut und negative Affekte tatsächlich zum Ausdruck kamen, folgte darauf häufig ein Bedürfnis nach Wiedergutmachung. Ian machte das, indem er uns zunächst zusammenspannte gegen und dann mich rettete vor dem schreckenerregenden imaginären »Gruffalo«. Wenn er wütend war, kaute Ian besonders heftig auf seinem Schnuller. Offensichtlich war dieses regressive Verhalten für ihn die sicherste Art und Weise, seine Aggression auszudrücken (A. Freud, 1936). Aber allmählich begann Ian, seine Gefühle deutlicher wahrzunehmen und in Besitz zu nehmen, insbesondere was seine Aggression betraf, wie sich in der 10. Behandlungswoche zeigte:

> Am Ende der Woche ließ Ian Thomas Winnie überfahren.
> Ich meinte, Thomas sei ärgerlich, weil er gehen müsse.
> Ian schaute mich an und sagte: »Nein, ich bin ärgerlich, weil du [Inge] weggehst!«

Seine wachsende Fähigkeit, nachdrücklich, aber nicht verletzend seinen Ärger zum Ausdruck zu bringen, ging damit einher – und wurde dadurch erleichtert –, dass Ians Mutter in einer begleitenden Elternsitzung Zugang zu ihrer Wut auf Ians Vater und auf Ian fand.

Auf dem Weg zum Behandlungszimmer erwähnte Ian wieder den Namen seines Vaters und fing an, ängstlich zu werden: Ian nahm den Schnuller aus dem Mund und sagte: »Ben ist mein Patenonkel und mein Vater heißt Stuart.«
    Er steckte den Schnuller in den Mund zurück, kaute laut darauf herum. Er pausierte am Treppenabsatz und schaute zum Fenster hinaus. Er wiederholte den Namen des Vaters und sagte gleich danach: »Da ist Mamis Auto«, während er auf das Auto zeigte. Er kehrte sich zu mir um und fragte mich: »Wartest Du den ganzen Tag auf mich?«

Seine Gedanken an seinen Vater zeitigten Ärger und einen Konflikt, aus dem er sich in die Dyade mit seiner Mutter zurückzog. Weil ihm dies unbefriedigend schien, erforschte Ian die dyadische Beziehung mit mir, die offensichtlich den ganzen Tag auf ihn wartete. Edgcumbe und Burgner (1975) unterscheiden nach präödipalen (phallisch-narzisstischen) und ödipalen (phallisch-ödipalen) Aspekten der phallischen Entwicklung. Ians vornehmlich dyadische Objektbeziehung ließ vermuten, dass er sich in der phallisch-narzisstischen Phase befand, in der eine dritte Person möglicherweise als unerwünschter Eindringling erscheint, aber noch nicht den vollen Status eines ödipalen Rivalen erlangt.
    Ians Äußerungen wie »Ich hasse Umarmungen« und »Ich mag es nicht, wenn Mami mich küsst« ließen annehmen, dass er seine Mutterbeziehung konflikthaft erlebte. Er tendierte dazu, außerhalb des Behandlungszimmers über seine Mutter zu sprechen wie ehemals über seinen Vater. Ian schien die Zärtlichkeiten seiner Mutter als zudringlich zu erleben, die mehr ihre denn seine Bedürfnisse befriedigten (Winnicott, 1988). Trennungen und Übergänge können schwieriger werden, wenn die Mutter als nicht hinreichend den Bedürfnissen des Kindes entsprechend »da gewesen« erlebt wurde, im Sinne von Anna Freuds Feststellung: »Aufgabe einer Mutter ist es, da zu sein, um verlassen zu werden« (Furman, 1982: 15).

Dyaden, Paare und Neugier auf Babys

Ian ließ mich merken, wie er sich zunehmend für Paare und für Zeugung interessierte und dass er sich wünschte, mit mir ein Baby zu haben (Freud, 1908). Mit fortschreitender Behandlung wurden seine Theorien genauer:

> Schnullerkauend zischte Ian aus dem Warteraum. Als er mir auf der Treppe genügend weit voraus über mir war, drehte er sich um und sagte: »Pssss. Ich mache Pipi auf dich« und zeichnete mit seinem Finger eine Bogenbewegung, die auf meinem Bauch landete. Ian brachte seine Thunderbird-Raketen in die Therapie mit und zeigte mir, wie die kleinere in die größere Rakete eindrang und sie wieder verließ. Er sagte dazu: »Die Baby-Rakete geht zum Gehirn seiner Mami.« Daraufhin schob Ian Winnie unter sein Hemd.

Nach einem Kurzurlaub im Eurodisneyland brachte er ein nettes Foto von sich und einem Winnie-the-Pooh in Erwachsenengröße mit. Voller Aufregung sagte er zu seinem kleinen Bären in seiner Spielzeugkiste: »Schau, Winnie, das ist ein Bild von dir und mir!« In Abwesenheit von der Therapie hatte er sich ein »Übergangsobjekt« (Winnicott, 1971: 10) geschaffen.

Abgesehen von Thomas brachte Ian nun auch komplizierte Lego-Fahrzeuge mit. Aufgeregt erzählte er mir: »Das hab ich alles selbst gebaut« und zeigte sie dem Spielzeug-Winnie mit den Worten: »Schau, Winnie, was ich mitgebracht habe!« Einmal fragte er mich: »Kannst du glauben, dass ich das alles ganz alleine gemacht habe?« Ian nannte sich selbst den »Großen Bauer«: Darin zeigte sich, wie stolz er auf seine Fähigkeit war, zu bauen, auseinanderzunehmen und neu zusammenzubauen. Er war gar nicht bestürzt, wenn das Gefährt in der Stunde auseinanderfiel, sondern baute es einfach ganz sorgfältig wieder zusammen. Auch sein Plastiksäbel, den er gelegentlich zur Therapie mitbrachte, verwies auf seinen phallischen Narzissmus. Ganz lustig vertraute er mir an: »In meinem Garten mache ich Pipi«, und erklärte dazu, dass seine Mutter ihm erlaube, auf ihre Pflanzen zu urinieren.

In der letzten Stunde vor der Sommerpause zeigte mir Ian, dass er schon ein bisschen mehr von Babys verstand:

> Er stubste auf meinen Bauch, und ich meinte, vielleicht sei er etwas besorgt, was ich in den Ferien machen würde.
> Er sagte: »Du bekommst ein Baby. Es wächst und wächst, dann kommt es heraus und wird geboren. Ein Mann wachste [wuchs] es mit Samen.«
> Ich verwörterte ihm seine Angst über die Ferien.

Er warf sich auf die Couch und sagte wehmütig: »Ich geh gar nicht in Ferien.«

Ich erwiderte, die Hoffnung, dass wir in den Ferien aneinander denken, sei so schwer.

Ian sagte: »Morgen komme ich wieder hierher.«

Ich sagte: »Der Gedanke, dass wir uns einige Wochen nicht sehen, ist so schwer.«

Ian fragte daraufhin: »Wirst du hier einfach warten?«

Ich sagte ihm, wie sehr er sich wünscht, dass ich hier sitzen bliebe und auf ihn wartete.

Er nickte und schwieg. Nach einer Weile sagte er zornig: »Ich komm nicht mehr wieder nach den Ferien!«

Schulanfang nach den Sommerferien

Einen Tag nach seinem ersten Schultag kam Ian zurück und erzählte mir stolz: »Ich habe meine Schuluniform an.« Übermütig kippte er seine Spielzeugkiste um und versuchte, mich mit der Ente zu hauen. Dazu rief er: »Enti ist auf dich böse.« Ian konnte seine Aggression nun angstfrei leichter ausdrücken. Aber am darauf folgenden Wochenende bekam er Bauchweh und verpasste dann die Schule und eine Therapiesitzung. Seine Mutter erzählte, sie hätte einer Freundin gesagt, Ian sei »krank und daheim«; da hätte Ian sie korrigiert und hätte gesagt, er hätte »Heimweh«. Als er in die Behandlung zurückkehrte, sagte er: »Ich hatte einen wehen Bauch und eine Fektion [Infektion].« Dann begann er, mir seine schulische Beschäftigungen und Schwierigkeiten zu zeigen.

Er fragte: »Soll ich mit dem Mund meinen Namen buchstabieren?«

Er nahm seinen Schnuller aus dem Mund und sprach die Buchstaben seines Vornamens.

Ich sagte, dass er in der Schule viel lerne.

Er legte sich auf die Couch und sagte mit trauriger Stimme: »Ich kann meinen Familiennamen nicht schreiben, weil ich noch ein bisschen (k)lein bin.«

Ian blieb eine Weile liegen, lutschte am Daumen und sagte dann: »Ich muss arbeiten und arbeiten und arbeiten ... und still sitzen!«

Am Ende dieser Stunde sagte er zum ersten Mal »Auf Wiedersehn« zu mir. Von nun an sagte er jedes Mal Auf Wiedersehen. Das deutete auf seine zunehmende Fähigkeit hin, Getrenntheit anzuerkennen und Trennung auszuhalten.

Ödipales Ringen

Ian warf mir Winnie zu und sagte: »Lass ihn sprechen.« Er nahm die Ente und kam auf mich zu. Er ließ die Ente Winnie küssen und plötzlich küsste mich Ian auf die Wange. Voller Leidenschaft sagte Ian dazu: »Ich liebe dich Inge!« Er kletterte auf die Couch und sagte: »Wenn ich ein großer Mann bin, werde ich dich heiraten.«

Am Ende der Stunde erlaubte er mir erstmals, ihm beim Heruntertragen seiner Spielzeuge zu helfen. Dies war die erste seiner unzähligen Liebeserklärungen und Heiratsversprechen. Vaterlose Kinder sind mit den symbolischen Auswirkungen des Vatermordes konfrontiert: ein abwesender Vater und eine zur Verfügung stehende Mutter (Burgner, 1985). Solche Kinder zeigen nach Burgner (1985) anhaltend präödipale Züge, wie die Angst vor Objektverlust und den angstbedingten Wunsch nach Nähe. Ian drückte sein Dilemma zwischen Streben nach Unabhängigkeit versus Nähe vielfältig aus. Einmal meinte er: »Am liebsten käme ich zehn Mal die Woche«, und schaute mich dabei ganz traurig an. Schmerzvoll kämpfte er mit seinem Wunsch, ein phallischer, schwertkämpferischer Junge zu sein, und mit seinem Bedürfnis nach körperlicher Nähe.

Seinen Plastiksäbel schwingend und Daumen lutschend kam Ian an. Er gab mir als Schwertersatz die Säbelscheide und rief: »En gardé!«
Spielerisch schwenkte er seinen Säbel und forderte mich zum Duell heraus. Schließlich grabschte er sich meine Scheide und erklärte sich zum Sieger. Dabei kam er nahe bei mir zum Stehen und lehnte sich gegen meinen Schoß.
Nach einer kleinen Weile meinte ich, Ian sei heute ein bisschen verwirrt. Stumm lutschte er an seinem Daumen.
Nach einer kurzen Weile sagte ich: »Ian braucht heute eine Umarmung.«
Er richtete sich langsam aufrecht und fragte: »Du machst doch sicher nur ein Spiel mit mir, Inge?«

Nach einem Therapiejahr zeigten sich in Ians Spiel bemerkenswerte Veränderungen seiner sich weiterentwickelnden Konzepte von Familie und von der Rolle des Vaters. In einem Bilderbuch benannte er die Mitglieder einer Fischfamilie und ordnete dem Vater Fisch die wichtigste Stellung zu. Er fing an, mit Tierfamilien zu spielen: ein Löwe, eine Löwin und ein Löwenbaby; Tiger und Tigerbaby. Anfänglich ließ er die Tierbabys sich zusammenrotten, um die ausgewachsenen Tiere zu töten, sozusagen als eine Lösung des ödipalen Konflikts (Freud, 1913). Diese Spiele ließen Ian oft vor seinen Phantasien erschrecken und dazu neigen, frühzeitig aus der Stunde zu gehen. In einem späteren Spiel ließ er Winnie einen toten Löwen wiederbeleben. Dies deutete auf seine Phantasie hin, ich könnte seinen Vater wiederbeleben. Zuweilen nannte Ian die Löwin »Mami«, aber auch »Papi« und machte so die Rolle seiner Mutter offensichtlich. Seine Geschichten entfernten sich vom Vatermord und wurden zusammenhängender und phantasievoller.

   Ian ließ den Spielzeuglöwen sagen: »Ich muss jetzt zur Arbeit.«
   Ich ließ das Löwenbaby sagen, dass es mit seinem Papi mitgehen möchte.
   Ian antwortete dem Löwenbaby: »Du bist noch zu (k)lein. Wenn du mal größer bist, mein Sohn, darfst du mit.«
   Ian schaute mich an und sagte: »Das Baby wird wie sein Vater lange Haare bekommen. Nur Papis bekommen das.«

Die Elternarbeit schien für die Veränderungen in Ians Spiel ähnlich entscheidend wie für seinen Umgang mit seiner Aggression. Die Mutter sprach in ihren Sitzungen über Ians Vater, kontaktierte ihn dann. Dies ermöglichte Ian die Vatergestalt zu konzeptualisieren (Lacan, 195f.; Etchegoyern, 2002). Ian fing an, auf der Treppe zum Behandlungszimmer und von ihm weg zu singen und ließ seine laute, melodische Stimme erklingen. Er sang »You and I have sky hopes« (ein Lied über das Klein-Sein und große Dinge schaffen), oder »Old MacDonald had a farm«. Zuweilen wurde er »Tubi, die Tuba« oder ein Indianer mit Kriegsgeschrei und ergötzte sich am Widerhall seiner Stimme im Treppenhaus. Ähnlich wie bei den Erfahrungen von Schönheit schienen meine Gegenwart und die geteilte Anerkennung wichtig. Wiederholt hörte er auf zu singen und fragte: »Hast du's gehört oder soll ich es nochmals singen?« Sein Singen ging über sein Bedürfnis hinaus, seine Anwesenheit in der Klinik zu markieren, es wurde ein Mittel der Selbstentdeckung. Ian schien sich in sein Sein zu singen und das Treppenhaus als seine spiegelnde Resonanz (Winnicott, 1971; Wright, 2000) zu gebrauchen. Im Wartezimmer veränderte sich sein Verhalten mit seiner Mutter merklich. Sie zeigte mehr Freude an ihm, und wenn Ian ihr Spielzeugtiere präsentierte, ließ er diese sehr zärtlich und gefühlvoll ihre Wange berühren.

   In den Sitzungen spielte Ian ungewöhnlich unorganisiert. Die Lokomotiven machten Zusammenstöße und er steckte seinen Finger in mein Ohr. Bei einer Gelegenheit erzählte er mir, er habe seine Mutter ihren derzeitigen Freund küssen gesehen. Nachdem er das verraten hatte, musste er unmittelbar darauf die Treppe hinunterrennen, um seiner Mutter einen Kuss zu geben, wahrscheinlich ein Wiedergutmachungsversuch, der seine aggressiven Gefühle ihr gegenüber eindämmen sollte. Obwohl er das nie verbalisiert hatte, vermutete ich, dass Ian getrieben war von Neid und Empörung gegenüber dem Partner der Mutter und der gleichzeitigen Furcht, er könnte wie sein Vater wieder gehen. Diese ungelöste Situation leitete enorme Anstrengungen um dyadische und triadische Beziehungen ein (Freud, 1925).

Ian erklärte, Thomas sei krank.
Ich erwiderte, dass sich Thomas nicht wohl fühle, weil er sich nicht sicher sei, ob er gleichzeitig zwei Menschen gern haben könne.
Ian schaute mich an und sagte: »Du meinst wie Annie und Clarabelle?« (zwei weibliche Lokomotiven, die der männliche Thomas gern hatte).

Ian startete eine Phase, in der er auf meine und seine Hand kritzelte. Er stimmte meiner Deutung zu, dies würde uns helfen, zwischen den Stunden aneinander zu denken. Leidenschaftlich und schmerzvoll rang er mit seinem Loyalitätskonflikt und mit Enttäuschung (Winnicott, 1951).

Ian sagte: »Mein Zeichen ist verschwunden. Es ging beim Baden ab.«
Ich entgegnete, dass wir vielleicht auch ohne die Kritzel aneinander denken könnten. Ich sagte: »Ich kann an dich denken und du kannst an mich denken.«
Sofort verbesserte mich Ian: »Nein, ich denke an meine Mami.«
Ich erwiderte: »Es ist schwer zu glauben, dass man gleichzeitig an zwei Leute denken und zwei Leute gern haben kann.«
Ian wurde ganz still.

Bei einer anderen Gelegenheit kritzelte er auf meine Hand, ließ sich neben meinem Stuhl auf dem Teppich gleiten und sagte sanft: »Damit du an einen anderen Jungen denken kannst.« Ich antwortete: »Die Hoffnung ist so schwer, dass ich an dich denken werde.« Ians Fähigkeit, seine Aggression ohne Furcht vor deren Intensität oder Vergeltung auszudrücken, wuchs merklich. So schmiss er beispielsweise manchmal seine Spielzeugkiste um und erklärte: »Was für ein schöner Saustall.«
Als die nächste Therapieunterbrechung bevorstand, konnte Ian seine Traurigkeit darüber äußern, dass seine Großeltern in Urlaub fuhren. Wie nicht anders zu erwarten, wurde Winnie krank und Ian meinte dazu: »Er muss ins Krank(en)haus. Er hat Bauchweh und (In)Fektion.«

Ian verknüpfte seine Gefühle mit körperlichen Zuständen. Später zeigte er mir, wie sich seine Vorstellung von Zeugung entwickelt hatte:

In der Hocke schaute mich Ian an, während er mir eine Geschichte erzählte: »Es war einmal eine Prinzessin und ein König und sie hatten ein Baby, das hieß Dornröschen. Drei Hexen haben es verflucht und sie musste im Wald leben. Da kam ein hübscher Prinz und sagte: ›Willst du mich heiraten?‹ Sie sagte: ›Ja, gerne‹ und so heirateten sie und bekamen ein Baby.« Ian fuhr fort: »Der Mann hatte Samen in seinem Pimmel und die Frau hatte ein Ei in ihrem Bauch. Dann machte sein Pimmel ein bestimmtes Pimmel-Niesen, der Samen kommt heraus, und das Ei mach krk, krk, krk, und das Baby fängt an zu wachsen!«

In Ians Version vom Märchen kam kein schlafendes Dornröschen vor, und der »hübsche Prinz« musste nicht warten, bis ihm sein Wunsch gewährt wurde.

In der letzten Sitzung vor den Ferien zeigte Ian ganz klar seinen Ärger auf mich und seinen dementsprechenden Wunsch, sich von mir zu entidentifizieren. Er war voller Sehnsucht, mein »hübscher Prinz« zu sein, und war sich gleichzeitig schmerzvoll seines Mangels (»manque«) und seiner Unfähigkeit bewusst, mein Begehren (désire) zu befriedigen (Lacan, 1960:139; Kohon, 1999):

Ian zeigte auf das Türschild »Engaged« (besetzt) und sagte: »E für engaged (besetzt), E ist nicht für Ian, I ist für Ian.« Ich bejahte.
Er sagte: »E für Inge«, und lachte mit frech glitzernden Augen.
Ich fragte zurück: »E für Inge?«
Er zeigte auf die Spielzeugkiste mit unseren beiden Namen. Er zeigte auf den letzten Buchstaben meines Namens und sagte: »E für Inge.« Er zeigte auf den ersten Buchstaben und sagte: »Das ist ein L, für Linge (zurückbleiben)«, und lachte aus vollem Herzen.
Ich meinte, Ian wollte heute nicht, dass unsere Namen mit dem selben Buchstaben anfangen.
Er nahm das Löwenbaby und haute damit auf mein Knie.
Ich bemerkte, das Kleine sei wütend, und Ian entgegnete heftig: »Ja, weil du Ferien machst!«
Ich sagte. »Es ist ein schreckliches Gefühl, dass ich Ian und das Kleine verlasse.«
Ian beruhigte sich und setzte sich. Er fing an, eine Geschichte zu erzählen: »Es war einmal ein König und eine Königin. Die hatten ein Baby. Ihre Haut war weiß und ihre Lippen Parfum. Dann starb die Königin und eine ganz Böse verfluchte Schneewittchen. Da erstickte Schneewittchen. Und der hübsche Prinz küsste sie und machte sie wieder lebendig.«
Ian erklärte: »Du bist die Prinzessin und du bist tot. Mach deine Augen zu.«

Ian ging auf mich zu, küsste mich auf die Wange und sagte zärtlich: »Jetzt bist du wieder lebendig.«
Ich sagte: »Ian hätte mich gerne als Prinzessin und sich als den Prinzen, der mich wach küsst.«
Ian verbesserte mich: »Der hübsche Prinz!«
Ich wiederholte: »Ian ist der hübsche Prinz.«
Er rannte auf mich zu und stieß seine ausgestreckten Hände in meinen Bauch.
Ich sagte: »Der hübsche Prinz möchte ein Baby mit mir haben.«
Er rammte weiter, ehe er mir auf die Füße trat. Wie verloren sagte er: »Du wirst an einen anderen Jungen denken.«
Am Ende der Stunde kritzelte er auf meine Hand und lachte triumphierend: »So kannst du nur an mich denken.«

Ian fing an, »andere Jungens« als ödipale Rivalen zu erleben. Das deutete darauf hin, dass er sich eher ödipal (phallisch-ödipal) verhielt (Edgcumbe/Burgner, 1975).

Die Mutter berichtete, dass Ian während der Ferien seinen Schnuller losgeworden sei. Vor seiner ersten Sitzung stürmte er in die Klinik und rief laut: »Ich weiß, wo Inge ist!« Er öffnete die Tür zum Aufenthaltszimmer der Mitarbeiter und strahlte, als er mich sah. Er packte mich an der Hand und zerrte mich ins Wartezimmer, während er der Empfangsdame und seiner Mutter laut zurief: »Ich habe Inge gefunden!« Bis zum Schluss der Behandlung beharrte Ian auf diesem Ritual der »Halluzination«, das Objekt »zu finden« (Winnicott, 1971: 20, 110). Der letzte Abschnitt der Therapie zeichnete sich durch sein wachsendes Verständnis von der Familie und der Rolle des Vaters, von Identifikationen und wachsender Bemeisterung ödipaler Entwicklungsaufgaben aus (Marans et al., 1993).

Ohne mich anzuschauen, berührte er meinen Ring.
Ich sagte: »Du berührst meinen Ring.«
Er zog seine Hand zurück und streichelte dabei meine. Auf dem Tisch schob er das Auto herum und sagte: »Das Auto braucht einen Papa. Jeder braucht einen Papa«, und fuhr fort: »Mein Papa ist in Urlaub gefahren und nie mehr zurückgekommen.«
Er schob das Auto unter den großen Sessel und plötzlich schrie er: »Hilfe, ich stecke fest.«

Indem er meinen Ring berührte, schien Ian anzuerkennen, das ich »einen Anderen« (un Autre) (Lacan, 1960-61: 202) hatte. Er zeigte sein Bedürfnis nach einem

Vater, der bei seiner dyadischen Beziehung zwischen ihm und seiner Mutter interveniert (Lacan, 1956-57; Britton, 1989) und das bedrohliche Verschlingen, das »Festgefahrensein« durch die Mutter mildert (Loewald, 1951). Ian rief mich zur Hilfe und machte mich so zum »Dritten« außerhalb der Mutter-Kind-Dyade. Möglicherweise kamen auch die Angst und Schuld zum Ausdruck, sein großes Bedürfnis nach einem Vater könnte diesen vertrieben haben (Freud, 1929).

Beendigung

Zwanzig Monate nach Therapiebeginn traf ich mich mit der Mutter und ihrer Therapeutin, um zu besprechen, wie die Therapie beendet werden sollte. Die Mutter beschrieb, dass er überall Fortschritte gemacht hatte; er war zuversichtlich, kam gut in der Schule zurecht und seine Beziehungen zu Gleichaltrigen wurden zunehmend besser. Sie zeigte, wie sehr sie sich über seine Gegenwart, über seine merkliche Musikalität, Feinsinnigkeit und seinen Sinn für das Schöne freute. Sie machte sich Sorgen, Ian könnte nach dem Ende der Therapie wieder zurückfallen. Sie kämpfte mit sich, bis sie einem Beendigungstermin zustimmen konnte. Dies ließ darauf schließen, wie stark sie an die erfahrene Unterstützung gebunden war. Als sie Ian von dem bevorstehenden Treffen erzählt hatte, hätte er gemeint: »Sag Inge, dass ich dich liebe.« Als die Mutter fragte, was er damit meinte, sagte er: »Ich liebe euch beide.«

Sobald Ian wusste, wann wir die Therapie beenden würden, gab er seinen Stunden eine neue Struktur. Bezeichnenderweise brachte er irgendein phallisches Spielzeug mit, etwa einen Superman, eine Rakete oder einen Kran, mit dem er geschickt spielte. Nachdem etwa ⅔ der Sitzung vergangen waren, holte er sich ein Buch. Ich sollte ihm vorlesen, während er neben mir saß. Dass er sich sowohl von seiner Mutter wie von mir vorlesen ließ, brachte ihn nicht mehr in Loyalitätskonflikte. Zweimal nannte er mich »Mami«, so als nähme er eine Art von Identität zwischen seiner Mutter und mir wahr. Als ich sein Bedürfnis, ganz nahe bei mir zu sitzen und »sich ganz viele Umarmungen zu holen«, ansprach, antwortete er: »Ja, denn einmal werde ich nie mehr wieder kommen.« Oft wollte Ian am Ende der Stunde mich verlassen und alleine die Treppe hinuntergehen. So als wollte er das Ende selbst bestimmen und vielleicht das Alleinsein üben.

Ian und ich machten einen Kalender zusammen. Ich zeichnete Sternchen auf die Therapietage und er Kreuze auf die Tage, an denen er nicht kam. Auf einen dieser Tage zeichnet er ein Strichmännchen und sagte: »Das ist ein trauriger und zorniger Junge!« Auf einen Therapietag malte er unser beider »lachende Gesichter«. Beim Kalendermachen verwechselte ich Daten und verriet so meinen Widerstand, Ian gehen zu lassen! Meine Supervisorin erinnerte mich an den Satz von Anna Freud: »Aufgabe einer Mutter (einer Therapeutin) ist es da zu sein, um verlassen zu werden« (Furmann, 1982: 15). Es schien, als ob die Mutter, Ian und ich mit dem Verlust kämpften, in dem die unsäglichen Schmerzen des früheren Vaterverlustes widerhallten.

Ian zeigte, wie er zunehmend die ödipalen Entwicklungsaufgaben meisterte; trotzdem oszillierte er zwischen Großwerden und Kleinbleiben-Wollen.

Ian sagte: »Ich weiß, wo der Lichtschalter ist. Der ist für Erwachsene.«
Er streckte sich danach, aber er war zu klein.
Ich bemerkte: »Manche Sachen sind für Erwachsene.«
Und Ian erwiderte: »Und manche Sachen sind für Jungens.«
Die ganze Treppe hinauf sang er diesen Refrain.
Im Behandlungszimmer nahm er sich das Dornröschenbuch und sagte: »Setz dich, Inge, denn ich will ganz nahe bei dir sitzen.«
Wir blätterten das Buch durch und er erklärte mir die Geschichte. Zum Bild des Prinzen, der Dornröschen küsst, sagte Ian: »Der Kuss hat es gemacht.«
Ich meinte: »Beide, der Prinz und die Prinzessin sind jetzt erwachsen.«
Als die Geschichte zu Ende war, blieb Ian sitzen.
Ich verbalisierte seinen Konflikt und sagte: »Es ist schön, manchmal ein großer Junge mit Raketen zu sein, und manchmal ist es schön, ein kleiner Junge zu sein, der bei mir sitzt und sich vorlesen lässt.«
Ian glitt auf den Teppich und sammelte seine Thunderbird-Raketen ein. Er verweilte etwas, schaute aus dem Fenster und sagte sehnsüchtig: »Hoffentlich kann ich groß und ein hübscher Prinz werden. Dann werde ich jemanden heiraten, den ich gerne mag. Ich werde meine Freundin heiraten.«

Ganz anders als in seiner ersten Fassung von Dornröschen begriff Ian, dass er noch klein war und warten musste. Er war voller Hoffnung, dass er erwachsen werden würde wie der »hübsche Prinz«.

Ian begann nun, im Behandlungszimmer (und nicht mehr auf der Treppe) über wichtige Männer zu sprechen. Er erzählte von seinem Fußballtrainer, von seinem Taufpaten und nach kurzem Schweigen sagte er: »Mein Vater heißt Stuart.« Er stieg auf den kleinen Tisch und schaute nachdenklich aus dem Fenster, ehe er sagte: »Mein Papa weiß nicht, wie er Papa sein soll.« Nach längerem Schweigen: »Ein Papa ist fürsorglich und passt auf dich auf.« Ich sagte, dass er sich vielleicht Sorgen macht, er hätte den Papa weggeschickt. Ian meinte: »Nein, mein Papa hat meinen Papa weggeschickt.« Er schaute ganz lange zum Fenster hinaus. Schließlich fragte ich ihn: »Wo bist du mit deinen Gedanken?« Er drehte sich zu mir mit verträumten Augen um und fing an, vom Fensterbrett herunterzuklettern. Ich sagte zu ihm: »Du kannst das gut, Männer wie deinen Taufpaten zu finden, die wie Väter zu dir sein können.«

Es wurde ganz offensichtlich, wie neugierig und lernbegeistert Ian war. Er erklärte mir die Entstehung von Schnee: »Wenn es regnet und kalt wird, geht der Regen in die Wolken und es wird kalt. Da wird er zu Schnee. Wenn der Schnee schmilzt, wird er Wasser.« Ähnlich erklärte er die Schwerkraft: »Auf der Erde fällt alles nach unten. Schau, ich falle nach unten«, und sprang: »Nur im Weltraum fallen die Dinge nicht nach unten, sondern schweben herum.« Sein Wissen über seine Umwelt ergänzte seinen Sinn für das Schöne.

Wie gebannt ging Ian im Behandlungszimmer strikt auf das Fenster zu.

Er zeigte auf den abnehmenden Mond und sagte: »Das ist kein zunehmender Mond, das war ein Vollmond.«

Er klettert auf den Tisch und rief: »Komm und schau, Inge.«

Still beobachteten wir gemeinsam den Mond, bis Ian kommentierte: »Er geht unter, weil es Tag wird.«

Mit seinem Eintritt in die Latenz »gingen« auch einige seiner ödipalen Konflikte »unter«. Als unsere Schlusssitzung bald bevorstand, machte Ian deutlich, dass er realitätsbezogen Illusionen abbauen konnte und seine Stellung in der Generationenabfolge annehmen konnte (Winnicott, 1971). Während einer Sitzung betrachtete er mich nachdenklich und sagte: »Wenn ich ein erwachsener Mann bin, bist du alt, und Mami ist dann alt. Ich werde meine Freundin heiraten!« Er erinnerte sich daran, wie die Therapie begonnen hatte:

Ian sagte: »Am Anfang, als ich hierher kam, war ich ein Baby, so groß«, und hielt seine Hände 20 Zentimeter auseinander. »Ich war erst 3 und konnte nur Raaa sagen und du hast nicht verstanden, was das heißt.«

Ich sagte: »Das stimmt. Nun bist du groß, 5 Jahr alt und kannst mir sagen, was du fühlst und was du denkst.«

Eine Woche vor der letzten Sitzung berichtete die Mutter, dass sie sich von ihrem Freund getrennt hatte. Für Ian bedeutete dies einen doppelten Verlust, den seiner Therapeutin und den seiner »Vaterfigur«. Angeblich hätte Ian darauf reagiert, indem er seiner Mutter sagte: »Nun gut, jetzt kann ich alles machen.« Die Mutter fürchtete deshalb, ihre verwickelte Dyade könnte zurückkommen. Ians Omnipotenzphantasien verhüllten, wie hilflos und traurig er war. Zweimal war er in der Öffentlichkeit von ihr weggelaufen und zeigte damit sein Gefühl von Verlust und Verlorenheit (A. Freud, 1967).

Vor seiner letzten Stunde lief er mit starken, überschäumenden Lauten die Treppe hinauf.

Er drehte das Türschild auf »Besetzt« um und sagte: »Ian und Inge kommen zum Spielen.«

Drinnen gab er mir eine selbstgemachte Karte. Sie war voller farbenfroher Handabdrücke, die aus seinen in Farbe getauchten Handflächen entstanden waren.

Er meinte: »Ich habe deinen Namen geschrieben. Unser beider Namen beginnt mit einem großen I.« Er machte den Vorschlag, wir sollten von seiner Karte drei Fotokopien machen: »Eine für Mami, eine für die Getränkedame (Empfangsdame) und eine für mich!«

Als wir die Treppe hinuntergingen, sagte er: »Inge, ich werde dir einen Brief schreiben, dann wenn ich groß bin und schreiben gelernt habe. Mami hilft mir beim Schreiben-Üben.«

Der »hübsche Prinz« kam mit seinen Loyalitätsgefühlen und seinen ödipalen Konflikten zurecht. Er konnte seine Abhängigkeit und seinen Status als Kind besser annehmen. Er schaute nach vorne, wollte lernen und wachsen.

Ian und Inge hatten Schluss gemacht.

Bemerkungen zur theoretischen Perspektive und deren Auswirkung auf die Behandlungstechnik

Ians Behandlung spiegelt Anna Freuds Entwicklungskonzept wider und zeigt, wie wichtig es ist, Behandlungsform und die Behandlungstechnik den Bedürfnissen und Kapazitäten des Kindes anzupassen (klassische Psychoanalyse und/ oder Entwicklungspsychotherapie). Beim Entwicklungskonzept »gehen Überlegungen zur Entwicklung den Überlegungen zur Symptomatologie und zum manifesten Verhalten voraus« (A. Freud, 1962: 26; Übers. P. B.). In diesem Verständnis spielen die Triebe und die frühen Objektbeziehungen unterschiedliche Rollen bei der Strukturbildung der kindlichen Psyche und bei der Entstehung der Symptomatologie. Die Erfahrungen von Schmerz und Lust, von Versagung und Befriedigung haben direkten Einfluss auf die Ich-Entwicklung des Kindes. Die Rolle der Eltern dagegen besteht darin, die Entwicklung des Kindes zu unterstützen, zu stoppen oder zu unterminieren. Nach Ansicht von Anna Freud würde einem Kind ohne die richtige Erfahrung sich bildender Kerne seines »Lust-Ichs« die Basis fehlen, um ein realitätsbezogenes Ich auszubilden. Ohne hinreichende Bedürfnisbefriedigung fehlte dem Kind die Basis, um Bindungen an seine primären Objekte einzugehen und die grundlegende Fähigkeit für Objektbeziehungen zu entwickeln (Edgcumbe, 2000).

Obwohl Anna Freud davon überzeugt war, dass die Grundprinzipien und Ziele der psychoanalytischen Behandlung von Erwachsenen und Kinder gleich sind, beharrte sie darauf, dass die Technik der Kinderanalyse aufgrund der relativen psychischen Unreife des Kindes verschieden ist (A. Freud, 1965). Die Erwachsenenanalyse zielt darauf, Unbewusstes bewusst zu machen, die Beziehungen zwischen Es, Ich und Über-Ich zu verändern und einen Wandel in der Abwehr herbeizuführen. Der Erwachsenenanalytiker deutet für den Patienten einsichtsfördernd Übertragung und Widerstand (die Abwehr). Diese Techniken sind auch bei neurotischen Kindern anwendbar, erweisen sich aber bei Kindern vom breiten Spektrum der Entwicklungsstörungen als unzureichend.

Kinder mit Entwicklungsstörungen, Defiziten oder Entwicklungsstillstand können von vielfältigen Behandlungstechniken profitieren, die unter den Bezeichnungen »Entwicklungstherapie« oder »Hilfe zur Entwicklung« bekannt geworden sind (Edgcumbe, 2000). Der Kinderanalytiker wird dabei zum »neuen, von den Eltern unterschiedlichen Objekt«, der »Hilfe zur Entwicklung« (A. Freud, 1965) anbietet. Bei diesem Prozess funktioniert der Kinderanalytiker sowohl als Übertragungsobjekt als auch als reales Objekt für das Kind. In seiner Rolle als reales Objekt ergänzt der Kinderanalytiker die Angebote der kindlichen Umwelt und spricht nachträglich die Entwicklungsbedürfnisse des Kindes an.

Ians Behandlung illustriert, wie die Entwicklungspsychotherapie zur Anwendung kommt, damit die kindliche Entwicklung gefördert und das Kind Hilfe zum Spielen erfährt. Die Veränderungen geschehen durch die Beziehung der Therapeutin zum Kind in feiner Einstimmung auf die Entwicklungsbedürfnisse des Kindes. Sie ist nicht einsichtsorientiert: Die Analytikerin deutet Übertragung und Widerstand (die kindliche Abwehr) nicht. Der mutative Faktor ist die therapeutische Beziehung.

Die Analytikerin übernimmt nach Anna Freud eine Doppelrolle in der Arbeit mit kleinen Kindern: »Der Analytiker vereinigt also zwei schwierige und eigentlich einander widersprechende Aufgaben in seiner Person: er muss analysieren und erziehen« (A. Freud, 1927: 72). Mit »erziehen« meint Anna Freud den Eingriff in die kindliche Entwicklung. Diese zweifache Aufgabe fordert Achtsamkeit gegenüber der inneren und der äußeren Welt des Kindes und kann nur durch die Arbeit mit dem Kind und seinen Eltern angegangen werden. Dementsprechend begleitet eine die Kindertherapie unterstützende Elternarbeit die Kinderanalyse bzw. Kinderpsychotherapie. Sie erleichterte die Behandlung Ians ganz entscheidend. Die Elternarbeit ermöglichte es der Mutter, zuzulassen, dass Ian mit seiner Therapeutin eine enge therapeutische Beziehung eingehen konnte, und wirkte möglichen Loyalitätskonflikten zwischen Mutter und Therapeutin entgegen. Sie ermöglichte der Mutter einen besseren Zugang zu ihrem Groll auf Ians Vater, und dies half ihr, besser damit umzugehen, wie Ian seine Wut zum Ausdruck brachte. Insbesondere half ihr die Elternarbeit, ihre Gedanken und Gefühle gegenüber Ians Vater zu klären. Damit wurde ein Raum geschaffen, in dem Ian seinen Vater konzeptualisieren konnte.

Wie die meisten behandlungsbedürftigen Kinder zeigte Ian eine Mischung aus neurotischen und entwicklungsbedingten Schwierigkeiten. Dementsprechend wandte ich entsprechend den Störungen und dem Entwicklungsniveau von Ian eine Kombination aus klassischer analytischer Behandlungstechnik und »Entwicklungspsychotherapie« an. Bei Anna Freud heißt es:

> Die Entscheidung über die Behandlungsmethode scheint nicht beim [Analytiker], sondern bei den Patienten zu liegen. Das Wesen der kindlichen Störung zeigt sich selbst mittels der therapeutischen Elemente, die es sich zum Zwecke der Therapie wählt, wenn ihm das ganze Spektrum der Möglichkeiten angeboten wird, über die die Kinderanalyse verfügt. (A. Freud, 1965: 2340)

Danksagung

Ich widme diese Arbeit meiner Supervisorin Anne Horne, die mich gelehrt hat, dass Kinderpsychotherapie Spaß machen darf.

Übersetzung: Peter Bründl, München

Literatur

Britton, R. (1989): The missing link: parental sexuality and the Oedipus complex. *The Oedipus complex today*. London: 83-101.

Burgner, M. (1985): The Oedipal experience: effects on development of an absent father. *Int J Psyhoanal,* 66: 311-320.

Edgcumbe, R. (2000): *Anna Freud. A View of Development, Disturbance and Therapeutic Techniques.* London.

Edgecumbe, R./Burgner, M. (1975): The Phallic-narcissitic phase: a differentiation between pre-oedipal and oedipal aspects of phallic development.*Pschoanal Study Child,* 30: 161-180.

Etchegoyen, A. (2002): Psychoanalytic ideas about fathers. In: Trowell, J./Etchegoyen, A. (Hrsg.): *The importance of fathers.* Hoove: 20-41.

Freud, A. (1927): *Einführung in die Psychoanalyse. Vorträge für Kinderanalytiker und Lehrer.* AF Schriften, München, I: 3-138.

Freud, A. (1936): *Das Ich und die Abwehrmechanismen.* AF Schriften, München, I: 197.203.

Freud, A. (1962): *Klinische Probleme junger Kinder.* AF Schriften, München, VII: 1943-1958.

Freud, A. (1963): *Die Rolle der Regression in der psychischen Entwicklung.* AF Schriften, München, VII: 1995-2006.

Freud, A. (1965): *Wege und Irrwege in der Kinderentwicklung.* AF Schriften, München, VIII.

Freud, A. (1967): About loosing and being lost. *Pschoanal Stud Child,* 22: 9-19.

Freud, S. (1908): *Zur sexuellen Aufklärung der Kinder.* GW VII: 19-27.

Freud, S. (1913): *Totem und Tabu.* GW IX.

Freud, S. (1925): *Einige psychische Folgen des anatomischen Geschlechtsunterschieds.* GW XIII: 19-30.

Freud, S. (1926): *Hemmung, Symptom und Angst.* GW XIV: 113-205.

Freud, S. (1929): *Das Unbehagen an der Kultur.* GW XIV: 421-506.

Furmann, E. (1982): Mothers have to be there to be left. *Psychoanal Stud Child,* 37: 15-28.

Greenacre, P. (1945): The biological economy of birth. *Trauma, growth, and personality.* London.

Horne, A. (2001a): Brief communication from the edge: psychotherapy with challenging adolescents. *Journal of Child Psychotherapy,* 27 (1): 3-18.

Horne, A. (2001b): Of bodies and babies. In: Harding, C. (Hrsg.): *Sexuality, psychoanalytic perspectives*. East Sussex: 87-103.

Kohon, G. (1999): Hysteria. In: *No lost certainties to be recovered*. London.

Lacan, J. (1956-1957) Le Séminaire, Livre IV. In: Miller, J:-A. (Hrsg.): *La relation d'object*. Paris, 1994.

Lacan, J. (1960-1961): Le Séminaire. Livre VIII. In: Miller, J.-A. (Hrsg.): *Le transfer*. Paris 1991.

Loewald, H. (1952): Ego and Reality. *Papers on psychoanalysis*. New Haven: 3-20.

Marans, S./Dahl, E. K./Marans, W./Cohen, D. J. (1993): Aggressivity in play: discusssions with Oedipal children. In: Solnit/Cohen/Neubauer (Hrsg): *The many meanings of play*. New Haven and London: 275-296.

Reid, S. (1990): The importance of beauty in psychoanalytic experience. *Journal of Child Psychotherapy*, 16: 29-52.

Winnicott, D. W. (1950-1955): Die Beziehung zwischen Aggression und Gefühlsentwicklung. In: *Von der Kinderheilkunde zur Psychoanalyse*. München, 1976: 89-109.

Winnicott, D. W. (1949): Birth memories, birth trauma, and anxiety. In: *Through paediatrics to psycho-analysis*. London, 1992: 174-193.

Winnicott, D. W. (1952): Übergangsobjekte und Übergangsphänomene. In: *Vom Spiel zur Kreativität*. Stuttgart, 1974: 10-36.

Winnicott, D. W. (1971): *Vom Spiel zur Kreativität*: Stuttgart, 1974.

Winnicott, D. W. (1988): *Human nature*. London.

Wright, K. (1991): *Vision and separation: between mother and baby*. London.

Wright, K. (2000): To make experience sing. In: Caldwell, C.(Hrsg.): *Art, Creativity, Living*. London/New York: 75-96.

Maria Mögel

»Wer bin ich und zu wem gehöre ich?«
Entwicklungsprozesse von Zugehörigkeit und Identität bei Pflegekindern im Vorschulalter[1]

Eine andere Art von Beziehungserfahrung

Die psychoanalytische Forschung hat sich von ihren Anfängen bis zu den neusten bindungsorientierten Beiträgen damit befasst, wie frühe Beziehungserfahrungen das menschliche Selbsterleben prägen und damit den sozialen Austausch mit der inneren und äußeren Umwelt mitbestimmen. Diese Kenntnisse haben das Bewusstsein für die Verletzungen geschärft, die Misshandlung und Vernachlässigung in der frühen Kindheit in der psychischen Gesundheit der Betroffenen verursachen. Sie haben gezeigt, dass Gewalt und überwältigende, chronische Angst im frühen emotionalen Austausch zu einem belastenden Selbstanteil der Betroffenen werden kann, der sich transgenerationell noch in den späteren Elternschaften dieser Kinder weiter manifestieren kann (Schechter, 2003). Im Kontext von Fremdplatzierung und den vorausgegangenen Lebensverhältnissen machen Kinder Beziehungserfahrungen, die sich in ihrer emotionalen und sozialen Verbindlichkeit sehr davon unterscheiden, wie die meisten ihrer Altersgenossen Bezugspersonen in Heimen oder Pflegefamilien und auch ihre Psychotherapeuten familiale Beziehungen erleben. Diese Beziehungserfahrungen imponieren klinisch als Bindungsstörungen. Sie können aber auch als wichtige Anpassungsleistungen der Kinder von der Umwelt häufig missverstanden werden, wie das folgende Beispiel illustrieren soll:

> Jan lebt nach der Geburt zusammen mit seiner psychisch schwer kranken Mutter in verschiedenen psychotherapeutischen Institutionen und verbringt mit ihr sein zweites Lebensjahr in einem Mutter-Kind-Heim. Als er 22 Monate alt ist,

---

[1] Diese Arbeit entstand im Rahmen eines Forschungsprojektes zu »Brüchen und Verlusten in der frühen Beziehungswelt« des Marie Meierhofer-Instituts für das Kind, Zürich.

wird er abrupt in eine Pflegefamilie platziert und entwickelt dort eine anklammernde Beziehung zu seiner Pflegemutter. Jan identifiziert sich heftig mit deren Wunsch nach einem Baby und sucht beständig ihre Nähe. Momente von Alleinsein oder wenn er sie mit anderen teilen muss, kann er nur aushalten, wenn er zu den verschiedenen Nachbarn der Familie läuft. Die Pflegemutter versteht dieses Verhalten als »Unart«, die sie dem Kind abgewöhnen muss. Jan selbst sucht bei den Nachbarinnen der Pflegefamilie die triangulierende Hilfe der Mitarbeiterinnen des Mutter-Kind-Heims, die damals in Gehdistanz zur Institution wohnten und die ihm zur Verfügung standen, wenn seine leibliche Mutter unzugänglich oder wieder in einer Klinik hospitalisiert war.

Bei Jan verdeckt die Symptomatik einer enthemmten Bindungsstörung seine Beziehungsfähigkeit zu einer Gruppe und seine altersgemäße Autonomieentwicklung. Sein unverstandenes Verhalten verunsichert die Beziehung zu seiner Pflegemutter so tief, dass die Familie das Pflegeverhältnis abbricht. Jan wird mit drei Jahren in ein Heim gebracht, damit die Pflegemutter sich erholen kann, wird aber nicht mehr abgeholt. Im Heim verliert Jan sein Übergangsobjekt, ein Püppchen, das ihn seit seiner ersten Babyzeit begleitet hat. Kurz danach inszeniert Jan in einer kinderpsychiatrischen Untersuchungssituation ein Spiel im Puppenhaus, in dem er ein schuldbewusstes Selbst konstruiert. Er lässt die Puppeneltern das Baby zum Fenster hinauswerfen, weil es »blöd getan« und die Mama »krank gemacht hat«.

Solche kleinen, häufig in Folge von Traumatisierung und Beziehungsverlust in ihrer Entwicklung belasteten Patienten stellen ihre oft kaum überschaubaren Familiensituationen und schon früh belasteten Selbstkonstrukte in spontanen und standardisierten Spielhandlungen, wie z. B. im oben erwähnten Fall in den Narrationen der Geschichtenstämme der Mac Arthur Story Stem Battery (Bretherton/Oppenheim, 2003), oft differenzierter als ihre Altersgenossen dar. Vielleicht kann diese frühe Alertheit als Folge von außen aufgezwungener Hypervigilanz durch traumatisierende Erlebnisse oder seltene Gelegenheiten für Beziehung und damit als besondere Anpassungsleistung verstanden werden, die im Lauf der weiteren Entwicklung oft erschöpft wird. In der Wahrnehmung der Erwachsenen – Eltern, Pflegeeltern, Behörden und Behandelnde – bleibt, mit weitreichenden Konsequenzen für die Lebensgestaltung dieser Kinder, oft ungehört, wer alles aus ihrer Sicht zu ihrer »Familie« gehört, also mit wem sie in Beziehung sein wollen und zu welchen Umwelten sie sich zugehörig fühlen. Im Folgenden soll deshalb der Frage nachgegangen werden, ob das Konzept der Zugehörigkeit für die psychotherapeutische Arbeit mit jungen Kindern, die nicht in ihrer Herkunftsfamilie leben, hilfreich ist und ob es erlaubt, bedeutungsvolle Beziehungserfahrungen, die dem Aufbau eines kohäsiven Selbst dienen, bei Pflegekindern auch in ungewöhnlicher Form zu erkennen.

Von der psychologischen Elternschaft zum Konzept der Zugehörigkeit: psychoanalytische und bindungspsychologische Beiträge zum Verständnis von Pflegebeziehungen

Goldstein, Freud und Solnit machten schon 1974 in ihrem für den Kinderschutz richtungsweisenden Werk *Jenseits des Kindeswohls* auf die für Pflegeverhältnisse typische Zersplitterung der Elternschaft in juristische, biologische und soziale Anteile aufmerksam. Sie diskutierten und dokumentierten an Fallbeispielen, inwieweit eine Rückplatzierung zu den leiblichen Eltern nach einer längeren Zeit der Integration in eine Pflegefamilie besonders für jüngere Kinder eine schwere Verlusterfahrung bedeutet. Mit dem Begriff der psychologischen Elternschaft lenkten die Autoren den Blick nicht nur auf die Perspektive des Kindes, sondern gaben Fachleuten und Juristen auch eine Unterscheidungshilfe dafür, welche Elternschaft für das Kind von primärer Bedeutung ist. Folglich forderten sie, die psychologische Eltern-Kind-Beziehung als eine gelebte, vertraute Alltagsbeziehung über die Ansprüche einer biologischen oder juristischen Elternschaft zu stellen. Dass diese Problematik immer noch aktuell ist, vermittelten Gauthier et al. (2004) anhand von Fallvignetten aus einer kinderpsychiatrischen Sprechstunde für Pflegekinder und ihre Pflegefamilien in Kanada. Die Autoren schildern die, auch bei uns bekannte Praxis von Behörden und Gerichten, die Rückführung eines Kindes in seine Herkunftsfamilie dann anzuordnen, wenn es Anzeichen dafür gibt, dass sich die Herkunftsfamilie stabilisiert hat. Diese, aus Sicht der Herkunftsfamilie verständliche Optik berücksichtigt nicht, wen das Kind selbst als bedeutsamste Bezugspersonen erlebt oder wo es seinen Lebensmittelpunkt sieht, und mutet dem Kind damit eine weitere Trennungs- und Verlusterfahrung mit oft unübersehbaren Folgen für seine Bindungs- und Beziehungsfähigkeit zu. Welche Konzepte stellt die Psychoanalyse nun zur Verfügung, um die Wahrnehmung junger Pflegekinder auf ihre Beziehungswelt zu erfassen?

Die Psychologie und die Psychoanalyse verdanken der Erforschung von

Heim- und Pflegekinderschicksalen Einsichten in die schwerwiegenden Folgen von früher und abrupter Trennung für die spätere seelische Gesundheit (Spitz, 1945; Bowlby, 1951; Winnicott, 1992; Rutter, 2006). Diese Erkenntnisse bereichern bis heute die medizinische wie kinderpsychiatrische Grundlagenforschung, welche die Schäden von Misshandlung und Traumatisierung in der frühen Kindheit inzwischen auch neurobiologisch belegen kann (Fonagy, 2008; Leuzinger-Bohleber et al., 2008; Mueller/Maheu et al., 2010). Aber nicht nur der Nachweis von Schädigungen, auch die Befunde der Bindungstheorie mit ihren Aussagen zur Bedeutung einer empathischen und responsiven frühen Eltern-Kind-Beziehung (sichere Bindung) als Schutzfaktor gegen widrige frühe Beziehungserfahrungen sind quasi Produkte der Auseinandersetzung mit Trennung und Verlust in der frühen Kindheit. Diese Forschungsergebnisse hatten und haben entscheidenden Einfluss auf die Gestaltung von Pflegebeziehungen. So vertieften John Bowlbys bahnbrechende WHO-Studie (Bowlby, 1951) und in der Folge weitere Untersuchungen zur Bedeutung einer kontinuierlichen mütterlichen Betreuung für die psychische Gesundheit von Kindern das Bewusstsein für die schädigende Wirkung einer beziehungs- und anregungsarmen institutionellen Betreuung von Säuglingen und Kleinkindern (Meierhofer/Keller, 1966). In der Folge wurden sowohl die Betreuungsbedingungen in Heimen verbessert, vor allem aber Säuglinge und Kleinkinder mehrheitlich in Pflegefamilien platziert bzw. bei Berufstätigkeit der Mütter in Krippen untergebracht (Hüttenmoser/Zatti, 2010). Zwar verschwanden dadurch schwere Formen des irreversiblen frühkindlichen Hospitalismus, aber mit der Unterbringung kleiner Kinder in Pflegefamilien traten neue Fragen auf. Obwohl heutige Pflegefamilien semi-professionell an Pflegekinderorganisationen mit umfangreichen Unterstützungsangeboten angeschlossen sind oder die Kinder in Heimen mit oftmals guter pädagogischer Qualität untergebracht werden, verweisen Untersuchungen zu Entwicklungsverläufen weiterhin auf eine hohe Prävalenz für psychische Störungen und eine eingeschränkte schulische und soziale Integration fremdplatzierter Kinder bis ins junge Erwachsenenalter (Perez et al., 2011). D. h., ein Teil der Kinder, die aus misshandelnden und vernachlässigenden Milieus sogar sehr früh in stabile und empathiefähige Familien platziert werden, erholen sich nicht (Dozier, 2005). Zudem bereiten die nicht so seltenen Abbrüche von Pflegeverhältnissen in der frühen Kindheit Anlass zu Sorge (Hédervári-Heller, 2000; Wulczyn et al., 2002; Wotherspoon et al., 2008). Nicht zuletzt führt die Diskrepanz zwischen der biologisch-rechtlichen und der psychologischen Elternschaft, auf die schon Anna Freud hingewiesen hat (Goldstein et al., 1974), zu Konflikten. So ist etwa die primäre Vertrautheit, die junge Kinder zu ihrem Pflegekontext entwickeln, rechtlich nicht wirklich abgesichert. Zusätzlich konfrontieren die sozialen und kulturellen Unterschiede zwischen den Herkunfts- und Pflegefamilien Pflegekinder aller Altersstufen immer wieder mit dem Gefühl des Nichtdazugehörens. Aus der Perspektive der Pflegeeltern führt die Erfahrung, nur eine Familie auf Zeit zu sein und kein »Recht« wie biologische Eltern auf das Kind und die gemeinsame Beziehung zu haben, häufig zu einer Verunsicherung oder Verarmung der Beziehung, die dann Herausforderungen wie z. B. den heftigen Autonomiekämpfen der Adoleszenz nicht mehr gewachsen ist.

Eine Reihe von Studien und empirischen Untersuchungen haben sich deshalb mit den Gründen für das Scheitern von Pflegebeziehungen und schlechten Entwicklungsverläufen auseinandergesetzt. Zusammengefasst scheinen folgende Befunde zentral zu sein:

- Kinder, die aus ihrer Familie genommen werden müssen, haben in ihren Herkunftsfamilien Belastungen und Misshandlungen erlebt, in deren Folge sie häufig psychisch erheblich belastet sind (Perez et al., 2011). Frühe und oft chronisch belastete sowie traumatisierende Beziehungserfahrungen verursachen auf Seiten des Kindes ein unsicher-desorganisiertes Bindungsverhalten, das den Beziehungsaufbau zwischen einem Pflegekind und seiner Pflegefamilie erschwert bis verunmöglicht (Dozier et al., 2002).
- Platzierungsprozesse sowie inadäquate oder retraumatisierende Besuchssettings (Nienstedt/Westermann, 2007) verstärken Ängste und Loyalitätskonflikte bei den Kindern so sehr, dass die Beziehung des Kindes zu seinem Pflegekontext beeinträchtigt wird. Für Pflegeeltern stellt die herausfordernde Zusammenarbeit mit den Herkunftsfamilien, z. B. mit drogenabhängigen oder schwer psychisch kranken Eltern, eine Belastung ihrer Privatsphäre dar und irritiert ihre Beziehung zum Kind (Wendland et al., 2008).
- Befunde der Pflegekinderforschung weisen daraufhin, dass auch nach der Inobhutnahme viele Kinder weiterhin in fragilen, weil ungeklärten Bezugssystemen leben (Hédervári-Heller, 2000; Wolf, 2006; Wulczyn et al., 2011). So überfordern z. B. die mangelnde Abstimmung der Betreuungssysteme (Herkunftsfamilie, Pflegefamilie bzw. Institution) untereinander, zeitlich und inhaltlich unklare Zielsetzungen und diffuse Erwartungen die beteilig-

ten Erwachsenen und schaffen ein Klima der Unsicherheit für die Kinder (Mouhot, 2001; Gehres, 2007). Den Status eines Pflegekindes innezuhaben und damit nicht über den Schutz einer eindeutigen sozialen Identität und Zugehörigkeit zu verfügen, kann zu einer permanenten Verunsicherung im Aufbau einer kohärenten Selbstorganisation führen (Balloff, 2004; Gehres/Hildenbrand, 2007), die dann insbesondere den Herausforderungen der Adoleszenz nicht mehr standhält.

Die neuere psychologische Forschung zu Pflegekindern beschäftigt sich deshalb verständlicherweise mit der Frage, wie der Beziehungsaufbau zwischen Kindern und Pflegeeltern bzw. Heimpersonal bei älteren Kindern besser unterstützt und wie Pflegeeltern von Überforderungen entlastet (Wotherspoon et al., 2008) werden können. Diese Ziele entsprechen auch den Anliegen von kinderpsychiatrischen Abklärungen und Begutachtungen sowie Maßnahmen der Jugendhilfe. In ihnen stehen der unmittelbare Kindesschutz und die Frage im Vordergrund, ob die psychische Befindlichkeit und soziale Situation eines Kindes gegenüber der Ausgangslage verbessert werden konnten. Nur sehr wenige Untersuchungen befassen sich mit den Forderungen der Pflegekinderforschung nach Kontinuität und Partizipation (Wolf, 2008), also damit, wie die Betroffenen selbst, die leiblichen Eltern und die Kinder, konstruktiver in den Platzierungs- und Pflegeprozess einbezogen werden könnten, ohne die Kinder zu retraumatisieren, aber auch nicht von wichtigen Aspekten ihres Selbsterlebens und ihrer Identität zu entfremden. Zu diesen wenigen Ausnahmen gehören die Untersuchung von Linares et al. (2006), die einen Zusammenhang zwischen gemeinsamen Erziehungsberatungen für leibliche sowie Pflegeeltern und dem Rückgang der kindlichen Symptomatik festgestellt haben und eine beeindruckende Studie von Deprez und Antoine (Déprez/Antoine, 2011) an Heimkindern im Säuglingsalter. Die Autorinnen untersuchten darin die psychische Befindlichkeit noch nicht sprechender Kleinkinder im Anschluss an die Besuchskontakte mit den leiblichen Eltern und fanden dabei deutliche Unterschiede zwischen Trauer- und Belastungsreaktionen bei den Kindern. Diese differenzierte Beobachtung kann als ein wichtiger Beitrag zur besseren Erfassung der Befindlichkeit bei Kleinkindern und in der Einschätzung der Ressourcen und Risiken belasteter Eltern-Kind-Beziehungen verstanden werden. In diesem Zusammenhang soll auch auf wichtige Beiträge der Bindungsforschung hingewiesen werden. Auf der Grundlage des Konstrukts der sicheren bzw. unsicheren Bindung stehen standardisierte und klinisch anwendbare Beobachtungsinstrumente wie z. B. die Fremde Situation zur Verfügung, die Aussagen darüber zulassen, inwieweit ein Kind in einer bestimmten Bindungsbeziehung Schutz und Orientierung erfährt oder sich aufgrund seiner eigenen Befindlichkeit holen kann. Diese Verhältnisse wiederum beeinflussen den Aufbau einer kohärenten Selbstorganisation des Kindes (Gauthier, 2011). Bei älteren Kindern werden die Dinge im Zusammenhang mit dem Spracherwerb und der damit immer reichhaltigeren Vorstellungswelt komplizierter. Wenn die Kinder sich ihres Status als Pflegekind bewusst werden und damit auch gewärtigen, dass sie nicht über den Schutz einer eindeutigen sozialen Identität und Zugehörigkeit verfügen, kann dies – zusätzlich zu den primären Belastungen wie Misshandlung oder Vernachlässigung – zu einer permanenten Verunsicherung im Aufbau einer kohärenten Selbstorganisation führen. Befunde der Pflegekinderforschung beschreiben typische Schwierigkeiten von Adoleszenten und jungen Erwachsenen, eine doppelte bzw. komplexe familiale Zugehörigkeit in Folge einer Fremdplatzierung zu integrieren (Mouhot, 2001; Balloff, 2004; Gehres/Hildenbrand, 2008; Biehal et al., 2010). Schließlich weisen Vergleichsuntersuchungen darauf hin, dass dies bei Adoptionen und in Verwandtschaftspflege, d. h. im Rahmen einer eindeutigen juristisch-sozialen Zugehörigkeit besser gelingt (Lawrence et al., 2006; Gehres, 2007; Gassmann, 2009).

Ein neuer Schwerpunkt der Pflegekinderforschung: Zugehörigkeit und Kontinuität

Interessante Impulse zur Erforschung der oben geschilderten Problemfelder kommen aus der aktuellen Bindungsforschung und aus sozialpädagogischen und soziologischen Beiträgen der Pflegekinderforschung, also sehr heterogenen Forschungsbereichen, die übereinstimmend die positive Bedeutung einer von Pflegekindern und ihren Bezugspersonen erlebte Zugehörigkeit hervorheben (Schofield/Beek, 2005; Steele, 2007; Bernhard/Dozier, 2011). Der Begriff Zugehörigkeit (belonging, affiliation) wird dabei heterogen verwendet: rechtlich-biografisch mit Verweis auf familiale und kulturelle Herkunft sowie sozialpsychologisch und systemtheoretisch im Sinne einer sozialen Gruppenzugehörigkeit (soziale Identität) und auch beziehungspsychologisch als emotional hoch bedeutsame, reziproke Beziehungen mit unbegrenzter Dauer. Schofield und Beek (2005), welche die Verläufe von Kindern in Pflegefamilien und ihre Beziehung zu den Herkunftseltern untersuchten, postulieren Zugehörigkeit darüber hinaus als Element basaler erzieherischer Qualitäten, neben der Förderung von Selbstwert und Autonomie, Vertrauen des Kindes in die Verfügbarkeit der Pflegeeltern und deren Mentalisierungsfähigkeit. Zugehörigkeit wird hier als Erweiterung der Bindungssicherheit in dyadischen Beziehungen auf den Familienkontext und dessen soziale Umgebung konzeptualisiert und damit als Voraussetzung für die soziale Identität eines Kindes und Jugendlichen beschrieben:

> In einer familienzentrierten Gesellschaft, wird ein Kind, das den Eindruck hat, einer Familie nicht angehören zu dürfen oder das in einer Familie lebt, zu der es sich nicht vollständig zugehörig erlebt, mit dem Gefühl der psychologischen und sozialen Heimatlosigkeit belastet sein. (Schofield/Beek, 2005: 19; Übers. M. Mögel)

Zugehörigkeit bezieht sich den Autorinnen zufolge nicht nur auf das fragile Rechtsstatut eines Pflegekindes, sondern auch auf pragmatische Alltagserfahrungen geteilter Inklusion, z. B. bastelt eine Pflegemutter mit ihren beiden Pflegetöchtern Geschenke für den Geburtstag der leiblichen Mutter und erlebt dies als berührendes Erlebnis zu Dritt. Aber wie erleben die betroffenen Kinder selbst diese Situation einer konflikthaft-komplexen Zugehörigkeit zu ihren meist auch sozial höchst unterschiedlichen Familien?

Wendland und Gaugue-Finot (2008) gingen dieser Frage in Interviews und projektiven Verfahren (CAT Apperception Test und Familienzeichnungen) bei 30 fremdplatzierten Schulkindern nach. Sie vermuten, dass Zugehörigkeit aus Sicht der Kinder durch emotionale Verbundenheit und selbst gewählte Identifikation entsteht und nicht entlang strikter Grenzen der biologischen Herkunft oder der sozial definierten Pflegefamilie verläuft. D. h., die Erwachsenen können nicht von vornherein wissen, zu wem sich das Kind zugehörig erlebt, wem es sich verbunden und nahe fühlt. Wendland und Gaugue-Finot sind der Überzeugung, dass Zugehörigkeit nicht das Ergebnis später, adoleszenter Identifikationsprozesse ist, sondern zusammen mit der Bindungsentwicklung sehr früh entsteht und einem primären Bedürfnis entspricht: »Das Gefühl der familialen Zugehörigkeit oder Teilhabe entwickelt sich neben den Bindungsbeziehungen im Lauf der ersten Lebensjahre und scheint eine Voraussetzung für die Gefühle von Sicherheit und Identität eines Kindes zu sein.« (Wendland/ Gaugue-Finot, 2008: 343; Übersetzung M. Mögel) Diese Ansicht wird auch von Cohen geteilt, der ein Heim für traumatisierte Kinder in Jerusalem geführt hat: »Ich behaupte, dass das primäre und in gewissem Masse auch existenzielle Bedürfnis des Säuglings und Kindes ein Gefühl der Zugehörigkeit ist« (Cohen, 2004). Cohen setzt das Bedürfnis nach Zugehörigkeit mit dem Erfahren von Holding im Sinne Winnicotts in Beziehung, das er als eine zugleich somatische und protopsychische Erfahrung von Zusammen- und Getrenntsein versteht. Ihm zufolge hilft das Gefühl von Zugehörigkeit einem kleinen Kind, zwischen sich und seiner Umgebung zu unterscheiden und bildet damit die Basis für die weitere Entwicklung der eigenen Identität:

> Sich zugehörig zu fühlen, schließt also zwei Gruppen von Empfindungen ein: das Gefühl des bedingungslosen Angenommen Werdens, der Sicherheit und des Schutzes einerseits, und das Gefühl für die eigene Identität, eines fest gefügten Selbst, kohäsiv und definiert, andererseits. (ebd.: 208)

Auch die jüngsten Forschungsergebnisse der bindungstheoretisch orientierten Forschergruppe um Mary Dozier (Dozier, 2005; Bernhard/Dozier, 2011) stellen einen engen Zusammenhang zwischen der Entwicklung eines kohärenten Selbstgefühls beim Kind und dem Commitment, also dem Engagement, mit dem sich Pflegeeltern auf eine unverwechselbare persönliche Beziehung zum Kind einlassen, her. Interessanterweise gibt es keine Untersuchungen dazu, wie diese frühen Formen von erlebter Zugehörigkeit in erste bewusste Identifikationen einfließen, also Untersuchungen, die sich mit dem Zugehörigkeitsempfinden von Vorschulkindern befassen.

Ein entwicklungspsychologisches Zeitfenster für Zugehörigkeit: Theory of Mind

Zwischen drei und fünf Jahren erwerben Kinder regelhaft eine »Theory of Mind« (Slaugther et al., 2002), womit zunächst die kognitive Fähigkeit der Perspektivenübernahme gemeint ist, also die Kompetenz Absichten, Gefühle und Verhalten anderer von den eigenen Intentionen unterscheiden zu können. Aus psychoanalytischer und bindungstheoretischer Sicht postulierten Fonagy,

Gergely und Target das Konzept der Mentalisierung, in dem die kognitive und soziale Kapazität zur Theory of Mind im Vorschulalter in Zusammenhang mit und abhängig von den Empathieerfahrungen eines Kindes im frühen Beziehungsaustausch verstanden wird (Fonagy et al., 2002). In der Praxis »üben« Vorschulkinder also die Wahrnehmung differenzierter Perspektiven in Geschwister- und Peergruppen, in denen sie eine erste Ahnung davon erhalten, dass persönliche Identität mit Ein- und Ausschlusserfahrungen verbunden ist. Sie verstehen sich als Junge oder Mädchen, als Kind im Gegensatz zu einem Baby und den Erwachsenen und sie erleben sich als Angehörige des »diffusen Sozialsystems« (Gehres, 2007) Familie, das sie nach unterschiedlichen Kriterien ausloten: Wer gehört zu wem? Gehört zur Familie, wen man lieb hat, wer in derselben Wohnung schläft oder denselben Namen trägt? Was macht den Unterschied zwischen Freunden und Mitgliedern einer Familie aus und was bedeutet die Zugehörigkeit zum familialen System für das eigene Selbst und für seine Integration in außerfamiliale Gruppen? Diese Suchbewegungen sozialer Identifikation im Vorschulalter dienen nicht allein der Identifikation mit »der Familie«, die aus der Sicht der Kinder andere Protagonisten und Konturen aufweisen kann als in der erwachsenen Perspektive. Sie sind auch ein Orientierungsrahmen für erste autonome Gehversuche jenseits der Primärgruppe Familie in Kindergarten, Nachbarschaft und Peergruppen. Das Erleben von Zugehörigkeit scheint – ungeachtet vom Alter – wesentlich eine Voraussetzung dafür zu sein, dass die mit der Identität einhergehenden, unvermeidlichen Differenzierungen, z. B. noch klein zu sein, ausgehalten werden können.

Die Therapie mit David: Bindung ohne Zugehörigkeit?

Wie ertragen nun Kinder, die nicht auf ein selbstverständliches Referenzsystem von familialer Zugehörigkeit zurückgreifen können, die Verunsicherung früher Identitätsprozesse? Im Folgenden soll dieser Frage anhand eines individuellen Therapieverlaufs mit einem Vorschulkind, das zunächst im Heim lebte und später in eine Pflegefamilie wechselte, nachgegangen werden. Im ersten Teil der Fallvignette stehen die Entwicklungsprozesse der Theory of Mind, d. h. der bewussten Wahrnehmung von Zeit und differenter Perspektive, als auslösende Momente für die Depression des Kindes im Vordergrund. Im zweiten Teil soll die Bedeutung von Zugehörigkeit für die frühe Identitätsentwicklung des Kindes nachgezeichnet werden. In Anlehnung an die Überlegungen von Cohen und Dozier, die Bindung nur als ein Element von Zugehörigkeit bzw. Commitment definieren, werde ich dabei immer wieder auf das beobachtete Bindungsverhalten des Kindes im Kontrast zu seinen Vorstellungen von Zugehörigkeit hinweisen. Beide Autoren postulieren, dass eine verbindliche Eltern-Kind-Beziehung mehr als nur Responsivität in Explorations- und Trennungssituationen beinhaltet, und unterstreichen die Bedeutung des Erlebens von Commitment und Zugehörigkeit in der Beziehung und beim Kind selbst als unabdingbare Voraussetzung zur Entwicklung einer kohärenten Selbstorganisation.

Der viereinhalbjährige David wird vom Kinderarzt des Kinderheims, das seit seiner zweiten Lebenswoche sein Zuhause ist, zur kindertherapeutischen Abklärung und Behandlung überwiesen. Von der Gruppenleiterin ist zunächst etwas von Davids Lebensgeschichte und Entwicklung zu erfahren: Im Heim war David als ein fröhliches und eigenständiges, kognitiv und sozial sehr gut entwickeltes Baby und Kleinkind erlebt worden. Seit etwa einem halben Jahr ist er hingegen wesensverändert, dysphorisch und verlernt Fähigkeiten. David zieht sich mehr und mehr von den gleichaltrigen Kindern zurück und zerstört immer wieder Spielsachen. Während der Mittagsruhe, wenn er sich alleine beschäftigen soll, verschmiert er Farbe oder zerkratzt das Mobiliar. Manchmal nässt er dabei ein. Immer entschuldigt er sich tränenreich. In seiner Wohngruppe habe es für ihn keine einschneidenden Veränderungen gegeben. Zwar hätten einige Kinder inzwischen das Heim verlassen, ebenso eine langjährige Betreuerin der Gruppe, aber Davids seit seiner Geburt wichtigste Bezugsperson Anja sei weiterhin anwesend. Seine sehr junge, psychotische und meist auf der Straße lebende Mutter hat David seit der Geburt nur dreimal gesehen. Jedes Mal waren die Begegnungen mit Verstörung verbunden. Einmal stand die Mutter in wirrem Aufzug schreiend am Gartenzaun des Kinderheims, von wo aus sie Kinder und Personal erschreckte. Davids Vater ist nicht bekannt. Da die Behörden fürchteten, dass David von der Familie der Mutter entführt werden könnte, war er nicht in eine Pflegefamilie platziert worden und durfte deswegen auch eine Zeit lang das Heim nicht einmal für Ausflüge oder Spaziergänge verlassen. Etwa ein Vierteljahr vor dem Beginn der Therapie war auf Drängen der psychiatrischen Klinik, in der die Mutter damals hospitalisiert war, ein Besuch im Heim arrangiert worden. Dieser musste nach kurzer Zeit abgebrochen werden, weil die Mutter alle Beteiligten und besonders David mit der beängstigenden Botschaft bedrängte, sie nehme ihn mit sich mit. Davids anschließende panische Angst, von der Mutter abgeholt zu werden, gab dann den letzten Anstoß für die Anmeldung des Kindes zur psychotherapeutischen Abklärung und Behandlung.

Bei unserer ersten Begegnung in der Praxis klammert sich David an seine wichtigste Bezugsperson Anja. Sie darf, wenn sie ihn in den ersten Stunden und auch später zur Therapie begleitet, den Raum nicht verlassen. Spielunfähig, misstrauisch und kleine Annäherungen mit destruktiven Akten entwertend teilt David mit, dass er sofort wieder ins Heim zurück wolle. Danach droht er, mich in ein Loch zu stecken und alle meine Spielsachen kaputtzumachen oder mitzunehmen. Als ich ihn auf seine Besorgnis anspreche, wieder ins Heim zurückkehren zu können, berichtet seine Bezugsperson Anja, dass Ausflüge außerhalb des Heims für David noch immer sehr beunruhigend sind. Über die Angst, sein »Heim« im doppelten Sinn des Wortes zu verlieren, gelingt es im Verlauf der ersten beiden Stunden langsam in einen Austausch mit David zu kommen. Dabei tauchen auslösende Momente für sein depressives Elend und seine Neidattacken auf. Seitdem eine langjährige Mitarbeiterin die Gruppe verlassen hat, bekam es David mit der Angst zu tun, seine Anja könnte das Heim ebenfalls verlassen. Er versteckt diese Sorge in der Frage, ob Anja die Arbeit auch ohne diese Kollegin bewältigen kann und in seiner Panik beim ersten Besuch in der Praxis, alleine zurückgelassen zu werden.

Haben die kognitiven Differenzierungsprozesse der Theory of Mind David befähigt, über seine Beziehungswelt nachzudenken? Wurden dadurch seine Verlustängste und die damit verbundene Depression angestoßen, die anschließend in der letzten Begegnung mit der Mutter durch deren Bemerkung, sie nehme ihn mit sich mit, noch weitere Nahrung erhielten? Mit wachsendem Zeit- und Rollenverständnis und dem Vergleich mit den Peers im Heim wurde David damit konfrontiert, möglicherweise seine wichtigste Bezugsperson zu verlieren. Er konnte und musste immer deutlicher die Unterschiede zwischen »Eltern« und Heimerzieherin begreifen und wurde dadurch mit der vorher latent gebliebenen Unsicherheit in seinem Bindungs- und Zugehörigkeitsempfinden und mit beängstigenden inneren Objekten konfrontiert.

Entwicklungspsychologische Untersuchungen kognitiver Vorstellungen bei Drei- bis Fünfjährigen (Bischof-Köhler, 2011) legen den Schluss nahe, dass Kinder im Vorschulalter ein explizites Bewusstsein von sozialer Zugehörigkeit zur eigenen Familie und langfristig stabile Konzepte ihrer Identität entwickeln. Durch die neue Verfügbarkeit des episodischen und autobiografischen Gedächtnisses im vierten Lebensjahr bildet sich »das Selbstkonzept [und] wird in diesem Entwicklungszusammenhang zum permanenten oder auch autobiographischen Selbst, das nun eine eigene Biographie generiert« (ebd.: 367). Bischof-Köhler nimmt an, dass vor allem das reifende Zeitverständnis »in der Zeit um den vierten Geburtstag eine Differenzierung und Profilierung der sozialen Beziehungen« einleitet (ebd.: 394f.). Diese Phase geht mit einer vorübergehenden, erheblichen emotionalen Beunruhigung einher, die nach Bischof-Köhler phänomenologisch der von Freud beschriebenen ödipalen Phase entspricht, jedoch primär aus kognitiven Reifeprozessen zu erklären sei. Da fremdplatzierte Kinder aufgrund ihrer meist ungünstigen primären Erfahrungen in ihrer Affektregulationsfähigkeit eher eingeschränkt sind (Wotherspoon et al., 2008) und mit einem Übermaß an negativen Selbstrepräsentanzen zu kämpfen haben (Steele, 2009; Günter, 2012), lösen bei ihnen die verwirrenden Gedanken und Gefühle der Differenzierungen der Theory of Mind besondere Ängste aus, was von der Umgebung oft als externalisierende oder internalisierende Symptomatik wahrgenommen wird. Bei David triggerte das wachsende Bewusstsein für seine soziale Welt frühe Trennungsangst und reaktivierte Gefühle von Verlassenheit, die vor dem Hintergrund seiner Babyzeit im Heim mit zu langen Abwesenheiten seiner vertrauten Bezugspersonen und der verwirrend-bedrohlichen Atmosphäre, die mit seiner Mutter und damit mit ihm in Verbindung gebracht wurde, verstanden werden können.

Zugehörigkeit – ein wichtiger Wirkfaktor in der neueren Pflegekinderforschung und ein noch wenig beachtetes Konzept in der Psychoanalyse und Bindungsforschung

David hat nicht nur Angst, seine Anja und das Heim zu verlieren, er ist auch zutiefst verletzt und beschämt durch die Vorstellung, dass die angstmachende schreiende Person »seine Mami« sein soll und damit in unheimlicher Weise an ihm anhaftet.

> Während Anja erwähnt, dass einige Kinder aus der Gruppe zu ihren Eltern zurückgekehrt sind, wirft David schnell ein, das interessiere ihn nicht, das sei blöder Chabis (Kohl). Als ich ihn in diesem Zusammenhang nach seiner Familie frage, kriegt David entsprechend einen Wutanfall, er beschimpft mich und schreit mich an: »Ich han e ganz e blödi Mami, die schreit so luut, die isch so dumm, hör uuf schwätze!« Mit Anjas Hilfe und bei der genaueren Exploration meines Werkzeugkastens kann David dann aber doch von seiner »Familie«, also

»Wer bin ich und zu wem gehöre ich?«

seinem Konzept von Zugehörigkeit berichten. Neben Anja gibt es noch zwei Männer im Heim, den Koch und den Hausmeister, die beide sehr wichtig für ihn sind. David hilft ihnen bei der Arbeit, was er offenbar seit längerem lieber tut, als mit den anderen Kindern zu spielen. Dieser Bezug zu für ihn wichtigen Personen ebnet auch den Weg in die therapeutische Beziehung mit David: Da im Therapieraum ein Werkzeugkasten und Kochgeschirr zur Verfügung stehen, entsteht eine Verbindung zu Davids Lieblingsbeschäftigungen im Heim und ein erstes Stück Vertrauen. Am Ende der vierten Stunde, als David beginnt, die gemeinsamen Ausflüge mit Anja zu mir fast schon ein bisschen gut zu finden, rennt er beim Hinweis auf das Stundenende plötzlich laut schreiend im Zimmer herum. Etwas scheint ihn aufzuregen, so »wie die Mami vielleicht?«, kommentiere ich fragend. Darauf versteckt sich David hinter dem Sessel, in dem Anja sitzt. Wie ein Stehaufmännchen springt er mehrmals hinter dem Sessel hervor und saust wieder dahinter, seine Erzieherin spielt Erschrecken und strahlt ihn dabei an. Das Geschrei der Mami ist nicht lustig, dagegen Davids und Anjas Spiel mit dem Erschrecken schon, weil sie sich ja lieb haben. Nun ist die Stimmung nicht mehr beklemmend, sondern lustig und erinnert an die Versteckspiele der Einjährigen und ihre Lust an der Kontrolle. Anjas Mitteilung, dass das nächste Mal eine andere Person David bringen wird, hilft Davids Angstanfall einzuordnen, dem sie dies auf dem Hinweg schon mitgeteilt hatte. Inzwischen kann er formulieren, dass er Angst hat, die Mutter würde ihn bei mir oder auf dem Weg zwischen dem Heim und der Therapie »stehlen«, und so überlegen wir zusammen, wie er sich beim nächsten Termin sicher fühlen könnte.

In den ersten beiden Stunden beeindruckte die überwältigende Angst dieses Kindes vor der Welt außerhalb des Heims, die er der schreienden Mutter zuordnete und die ihn in seiner Beziehung zu Anja und »seinem Heim« tief verunsicherte. Davids Umgang mit Trennungsangst erinnert zunächst an die Eingewöhnungsphase von Babys in Krippen und weckt Assoziationen über mögliche, sehr frühe Ängste des Kindes, wenn zu viele Wechsel oder zu lange Wartezeiten im Heim die Kapazität von Kind und Betreuern, eine sichere und entspannte Bindungsbeziehung zu etablieren, behindern. Das Spiel mit dem Erschrecken zwischen David und Anja berührte dagegen ganz anders. In der Gegenübertragung erschien es als etwas Intimes: Hier haben sich zwei lieb, die nicht so zueinander gehören, wie sie vielleicht fühlen. Wie erlebt die empathische und Halt gebende Bezugsperson diesen Rollenkonflikt? Fragt sich David, warum nicht Anja seine Mama ist?

Wenn David nicht von Anja, sondern von anderen Erzieherinnen begleitet wird, flachen seine Trennungsängste scheinbar ab. Er schickt sich dann ins

Unvermeidliche, wendet sich mehr den Gegenständen des Therapiezimmers zu und macht auch keinen Gebrauch von seinen Begleitpersonen. Eher scheinen ihn Interventionen zu erleichtern, die seine Trennungsangst und Schuldgefühle betreffen. David nickt zustimmend, wenn ich seine Sorge formuliere, wie er wieder wohlbehalten ins Heim zurückkommen kann, und wenn ich seinen Drang, Dinge kaputtzumachen, mit seiner Traurigkeit in Verbindung bringe.

In Anjas Abwesenheit entwickelt David in der Therapie über die Beschäftigung mit dem Werkzeugkasten ein intensives Spiel. Darin verstecken sich viele Kinder und auch ein paar Erwachsene, von denen manchmal nur Anja benannt wird, vor einem wilden Wolf im Puppenhaus. Zum Schutz seiner Bewohner müssen wir das Haus jedes Mal mit Klebeband und Pappwänden verbarrikadieren und zum Schluss mit dem Stemmeisen wieder aufbrechen. Der wilde Wolf trägt zuweilen die Züge der schreienden Mama, manchmal auch die von David selbst, bleibt aber meist im Hintergrund. Das Spiel ist zermürbend und aufregend zugleich, vor allem weil David immer wieder, zu seinem eigenen Erschrecken, plötzlich etwas kaputtmachen muss. Die Spielsequenzen haben weder Anfang noch Ende, auch keine eigentliche Handlung, außer den endlosen Befestigungsarbeiten am Haus.

Das Treten an Ort und Stelle spiegelt sich auch auf der Ebene der Erwachsenen und in den Rahmenbedingungen von Davids Heimplatzierung wieder. Aufgrund der Geschichte von Davids Mutter und ihrer Herkunftsfamilie sind die Notwendigkeit einer besonderen Vorsicht z. B. durch eine verdeckte Platzierung Davids und die damit verbundenen bisherigen Schwierigkeiten der gesetzlichen Beiständin, einen langfristigen Pflegeplatz für ihn zu finden, gut nachvollziehbar. Genauso einleuchtend sind aber auch die Sorgen der Erzieherin Anja, die beschreibt, wie David ohne Bezug zu einer persönlichen und langdauernden Beziehungswelt und angesichts der ständigen Besorgnis der Erwachsenen, er könne entführt werden, in seiner Entwicklung vor ihren Augen verkümmere. Außerdem äußert sie Schuldgefühle, weil in ihrer Wahrnehmung die Grenze zwischen einer professionellen und persönlichen Beziehung zu David immer mehr verwischt.

David verteidigt seine Zugehörigkeitsvorstellung, zusammen mit Anja, dem Koch und dem Hausmeister ein unveränderbarer Bestandteil des Kinderheims zu sein, gegen seine eigene wachsende Einsicht, dass die Beziehungswelt im Heim vorübergehend und nicht nur von der bösen Mami bedroht ist. Er beharrt darauf, sich Anja und dem Heim zugehörig fühlen zu dürfen, und bekämpft die aufkeimende Angst, wie die anderen Kinder näher mit einer Mami verbunden sein zu müssen, die so beschämend und beängstigend ist wie die Person, die alle seine Mami nennen. Davids Bindungsbeziehung zu Anja imponiert in der Anamnese und im gemeinsamen Versteckspiel als »sicher«, wenn es um Trost, das Aushandeln von Konflikten und Ermunterung zur Exploration geht, und als viel zu fragil, was ihre Verfügbarkeit und Verbindlichkeit anbelangt. Die letzteren Eigenschaften können Heime, zumindest so wie sie heute organisiert sind, nicht in dem Ausmaß beantworten, wie es die Beziehungsbedürfnisse in der frühen Kindheit erfordern würden.

Welcher Zusammenhang besteht zwischen beobachtbarem Bindungsverhalten und dem Erleben von Zugehörigkeit? In ihrer Verlaufsstudie *This is my Baby* weisen Bernhard und Dozier (Bernhard/Dozier, 2011) Pflegeeltern-Kleinkind-Paaren eine hohe Übereinstimmung zwischen der Entwicklung einer sicheren Bindungsbeziehung und der von den Pflegeeltern erlebten Zugehörigkeit in der Beziehung zum Kind nach. Dabei leiten die Autoren Zugehörigkeit vom Ausmaß der Freude und dem Interesse der Pflegeeltern an einer langdauernden Beziehung zum Kind ab und setzten diese Befunde mit Hinweisen auf ein kohärentes kindliches Selbstkonzept, z. B. ein sicheres Bindungs- und Explorationsverhalten, in Beziehung. Je jünger ein Kind ist, desto größer ist die z. B. durch unklare Zugehörigkeitsverhältnisse erlebte Verunsicherung auf Seiten der primären Bezugspersonen. Allerdings sind auch Babys und Kleinkinder vor dieser Verunsicherung nicht geschützt, weil sich solche Situationen im emotionalen Austausch mit dem Kind und damit von Anfang an in seinem Erleben von Zusammen- und Getrenntsein im Sinne eines impliziten Beziehungswissens (Lyons-Ruth et al., 1998) niederschlagen. Doziers Bemerkung, gute Pflegeeltern von sehr kleinen Kindern relativierten ihre elterliche Position nicht (Dozier, 2005), kommentiert die Berechtigung von Davids schweren Trennungsnöten in einer Beziehungsumgebung, die im Alltag mehr Feinfühligkeit und Aufmerksamkeit für seine Individualität aufbringt, als es manche Familiensituation bieten kann. Welche Implikationen für das pädagogische Handeln von Heimteams entstehen, wenn sie sich ihrer Bedeutung für die ihm anvertrauten Kinder bewusst sind, wird in beeindruckender Weise bei Cohen beschrieben (Cohen, 2004).

Zugehörigkeit und innere Welt: Das Introjekt als implizites Beziehungswissen über frühe Gefühle von Verlassensein und Konstruktion von Zugehörigkeit und Identität

Die Notwendigkeit einer psychotherapeutischen Behandlung für David, löst nicht nur bei seinen engen Bezugspersonen, sondern auch bei seiner rechtlichen Elternschaft, der Behörde, weitere Maßnahmen zur Veränderung seiner Situation aus. Es wird beschlossen, David nun auch ohne Einwilligung der Herkunftsfamilie verdeckt zu platzieren. David reagiert auf die Mitteilung, er dürfe Pflegeeltern kennenlernen, zunächst mit Neugierde und Freude, weil er den anderen Kindern nun auch »richtige« Eltern präsentieren kann. Die ersten Besuche und gemeinsamen Ausflüge zaubern echte Begeisterung auf Davids sonst so verschlossenes, besorgtes Gesicht. Er bewundert das kinderlose Pflegeelternpaar, besonders den handwerklich geschickten Mann und die anregende Wohnumgebung der Familie. Seine Freude kippt in Verzweiflung, als er realisiert, dass er das Heim verlassen soll. David reagiert mit heftigen Spaltungsmechanismen: Bei den Pflegeeltern sagt er, er wolle nie mehr ins Heim zurück, im Heim wird er wieder missmutig und äußert sich abfällig gegen die Pflegefamilie. In den vierzehntäglichen Stunden (mehr kann die Heimorganisation an Begleitung nicht mobilisieren) fordert er vehement meine Hilfe bei seinem Plan, die Pflegeeltern, von denen er fasziniert ist, weiterhin besuchen zu können, aber das Heim nie verlassen zu müssen. Das Puppenhaus wird nun mit einem Bohrer regelrecht durchlöchert, wobei David die entstandenen Löcher jeweils sorgfältig mit Watte verklebt und verarztet. Zum zahmer gewordenen Wolf, der nun das Ritual des Stundenablaufs garantiert, gesellt sich ein Umzugswagen, der zwischen zwei Puppenhäusern Möbel und Menschen hin- und herfährt, ohne dass im einen oder anderen Haus irgendeine Handlung stattfinden könnte. Ein Teil der Therapie geschieht jetzt in gemeinsamen Gesprächen mit den Pflegeeltern, der Beiständin und der Bezugsperson des Heims, Anja. Die Erwachsenen mit Elternrolle können Davids Zwiespalt und Bindungsnöte gut nachzuvollziehen. Institutionen sind weniger darauf vorbereitet, dass ein Heim ein reales Zuhause mit echten Bezugspersonen sein kann, zu denen ein Kind auch nach der Platzierung wie zu einer »richtigen Familie« eine Beziehung haben wird. Die Frage, wie Anja, als Hauptbezugsperson Davids seit seiner Geburt, und wie das Heim, als sein primäres und nicht schlechtes Zuhause, weiterhin eine reale Rolle in seinem Leben einnehmen könnten, taucht auf, versickert aber und findet keine kreative Lösung. Aus organisatorischer und heimpädagogischer Sicht ist dieses Anliegen einfach nicht vorgesehen. Im Rahmen der Therapie muss aber gerade jetzt viel Elternarbeit mit dem Heim getan werden: Die Kämpfe zwischen David und seiner Erzieherin Anja entspannen sich erst, als sie ihm sagen kann, wie sehr sie sich freut, dass er Eltern gefunden hat und dass sie es in Ordnung findet, wenn er diese immer fester lieb habe. Es ist besonders wichtig für David, dass Anja auch ihre Trauer über den geplanten Abschied mitteilen kann. Er verbringt nun längere Zeit in der Familie und beginnt, mit Phantasien zu experimentieren, die Pflegeeltern könnten seine richtigen Eltern sein, er trüge ihren Namen, hätte einen anderen Vornamen etc. Andererseits ist Davids Beschäftigung mit dem geplanten Abschiedsfest im Heim noch ganz davon geprägt, wie sich seine Beziehung zu den Heimkindern dadurch ändern wird, dass er nun Eltern »hat«, und liegt noch weit weg von einem wirklichen Abschied. In diese Phase der Exploration platzt völlig unerwartet das Auftauchen der Mutter im Heim an einem Tag, als David mit der Pflegemutter dort zu Besuch ist. Es kommt nicht zur Begegnung von Mutter und Kind, aber die Tatsache selbst und vor allem die Aufregung der Erwachsenen bleiben David nicht verborgen. Danach verweigert er weitere Besuche im Heim, dessen Mitarbeitende sich nur noch auf ausdrückliche Bitte bei David und seiner neuen Familie melden. Angebote der Pflegemutter, man müsse doch mal telefonieren, um zu erfahren, wie es den Kindern und Erwachsenen im Heim so gehe, kann David jedoch dankbar entgegennehmen. In den Therapiestunden wird das verbarrikadierte, durchlöcherte und neuerdings auch mit Eltern bestückte Puppenhaus vehement zurückgewiesen und durch einen Neubau aus Duplosteinen, Davids erste eigene Konstruktion in der Therapie, ersetzt. Hier wohnt jetzt eine Familie mit anfänglich einem Kind, die ständig von Räubern oder Bauarbeitern bedrängt wird, die das Kind stehlen wollen.

David kann zunächst nicht miteinander in Beziehung bringen, was auch in der Außenwelt unverbunden bleibt: seine erste und seine neue Beziehungswelt. Aber er nimmt sich und seine primären Beziehungserfahrungen und damit seine Ängste vor Neuem und dem Verlust von Anja, der nun wahr geworden ist, mit.

In der Pflegefamilie führen Davids Ängste so weit, dass sie ihn tagsüber oft spielunfähig machen. Die Pflegeeltern müssen abends mit ihm die Haustüre vor seinen Augen verschließen, er fürchtet Ausflüge und ist gleichzeitig obsessiv mit dem Thema »die schreiende Mami« beschäftigt. Die Therapiefrequenz wird trotz der langen Fahrdistanz auf eine Wochenstunde erhöht, und erst als die Räuber das Doppelgesicht der angstmachenden Mutter und der vertrauten Heimerzieherin Anja erhalten, kann David in der Stunde um seine Anja weinen und auf sie böse sein, weil sie nicht in die neue Familie mitgekommen ist. Als die wirkliche Anja sich mit einer Karte bei David meldet, erhält die Anjapuppe im Neubau ein Bett und die Kinderzahl im Puppenhaus wird auf Heimausmaße erhöht.

Je tragfähiger und inniger die Beziehung zwischen David und seinen Pflegeeltern wird, desto unermüdlicher arbeitet er daran, die Protagonisten seiner Beziehungswelt miteinander in Beziehung zu bringen.

Er bittet die Pflegemutter zu Beginn der Stunde, in meinem Beisein nochmals zu erzählen, was sie ihm schon mitgeteilt hat, nämlich dass die »böse« Mami jetzt in einem Krankenhaus lebt, wo man sie pflegt. Wir besprechen, wie gut es war, dass diese Mami ihn im Bauch gehabt hat und wie gut sie ihn gemacht hat. Die Pflegemutter pflichtet bei, dass sie seiner ersten Mami dafür dankbar ist, denn sonst hätten sie und der Papi kein so tolles Kind. Im weiteren Verlauf der Stunde, ohne die Pflegemutter, kann David in vergnügte Identifikation mit dem Pflegevater versinken und beauftragt mich, als Mama unser Baby zu hüten, bis er von der Arbeit nach Hause kommt. Dieses Spiel wiederholt sich eine Zeitlang, bis plötzlich Anjas Name auftaucht und Davids Spiel unterbricht. David wirkt nun traurig und sehr verloren. Wir rekonstruieren zusammen, dass er ja viel länger bei Anja im Heim war als im Bauch seiner Mami und dass er nun noch mehr Zeit zusammen mit seinen Pflegeeltern verbringt. David hält seine Welt darauf mit der kreativen Überlegung zusammen, dass der Pflegevater, dem er nicht unähnlich sieht, vielleicht doch die »blöde Mama gedrückt« haben könnte, damit es ihn, David, geben konnte? Aber schon bald packt ihn wieder die blanke Angst vor Entführung und Verlust, als er aufgrund einer Augenentzündung mit der Pflegemutter zum Arzt muss, der seine Praxis in einem kleinen Krankenhaus hat, wo vielleicht die »böse Mami« lauern und ihn mitnehmen könnte.

Seitdem David seine Pflegemutter von sich aus »Mami« nennt, bekommt seine leibliche Mutter von ihm den Titel »böse Mami«, und erst nachdem in der Pflegefamilie und in der Therapie mehr Platz für die Trauer um Anja geschaffen wurde, wird das Introjekt der »bösen Mami« deutlicher: Nicht nur wenn seine äußere Pflegewelt ihre Unsicherheiten offenbart, auch in Momenten der Leere, Trennung und ganz besonders im Kindergarten, den er nun besuchen muss, taucht die böse Mami als inneres Objekt und Maske auf, in die David schlüpft, wenn er schreiend und als wilder Anführer die Kindergartenordnung auf den Kopf stellt. Er überspielt damit seine Angst, im Kindergarten von der »bösen Mami geklaut« zu werden. Damit schützt er sich nicht einfach nur vor den Anforderungen des Stillsitzens und feinmotorischer Aufgaben, die ihn überfordern und deswegen beschämen. Seine nun kontraphobisch organisierte Angst macht deutlich, dass seine kleine Selbstorganisation den Anforderungen an Selbstregulation in einer herausfordernden Außenwelt ohne die Hilfe der Pflegeeltern oder eines engen erwachsenen Hilfs-Ichs noch zu sehr von Ängsten und Impulsen überschwemmt wird. Die Pflegemutter fragt im Heim noch einmal genau nach, wie David die schreiende Mutter am Zaun erlebt haben könnte, und bekommt die verblüffende Antwort, dass er diese Szene selbst gar nicht miterlebt hatte, sondern nur durch die Erzählung der anderen Kinder und der Erwachsenen zu hören bekam. Ist die »schreiende Mami« ein Introjekt für frühes und überforderndes Erleben von Spannung und Verlustangst, das durch die andauernde Unberechenbarkeit der Situation im Heim und später durch die latente Verunsicherung der verdeckten Platzierung, die auch die Erwachsenen irritieren, weiter unterhalten wird?

Während des Heimaufenthalts imponierte David als ein mit anderen Betreuern als Anja deutlich ambivalent, wenn nicht desorganisiert gebundenes Kind, das jede Therapiestunde mehrmals kontrollieren musste, ob seine Begleitperson im Wartezimmer anwesend war und ihn nicht verlassen hatte, das dann aber – mit Ausnahme von Anja – keinen Gebrauch von seinen Begleitern machen konnte. Als Voraussetzung für die intensive Arbeit an Davids innerer Welt ist seit seinem Wechsel zu der Pflegefamilie eine deutliche Beruhigung der Trennungsängste und eine Stabilisierung in seinem Bindungsverhalten zu beobachten. Nach wenigen Monaten in der Pflegefamilie genießt David die Begleitung der Pflegemutter, spielt zusammen mit ihr zu Beginn der Stunde und findet dann Spaß an einem Ritual, das es ihm erlaubt, sie im Wartezimmer zu lassen und die Therapiestunden immer stärker zu besetzen.

Im Rahmen der emotional großzügigen und erzieherisch klaren Bindungswelt, in der David jetzt lebt, kann er in die neue, immer haltbarer werdende Beziehung zu seinen Pflegeeltern das einbringen, was er an emotionaler Responsivität im Heim bekommen hat, und seine depressive Entwicklungsblockade löst sich. So ist er in der Lage, allmählich den Kummer über den Verlust seiner wichtigsten Bezugsperson Anja und die Trennung von der vertrauten Kinderwelt des Heims zu benennen, muss ihn nicht mehr heftig abwehren und kann so auch Trost in neuen, sehr befriedigenden Beziehungen finden. Davids Erfahrung unerträglicher »Löcher« in seiner Selbstorganisation, das impulsive Zerstören und das bedrohliche Selbstobjekt der »bösen« Mutter verschwinden dagegen nicht. Im Gegenteil werden sie unter den Bedingungen einer verdeckten Inobhutnahme durchaus weiter unterhalten.

Mit der Platzierung unter dem Namen der Pflegeeltern erhält David zwar mehr manifeste Zugehörigkeit als in üblichen Pflegekinderverhältnissen, Gelegenheit zu erwiderter Identifikation z. B. mit dem geliebten Pflegevater und eine für ihn bis dahin unbekannte Verfügbarkeit der Pflegemutter, die er in vollen Zügen genießt. Aber Davids Selbstorganisation bzw. sein implizites Beziehungswissen kann die Erfahrung des Verlorengehens durch eine zu wenig verbindliche Betreuung und die Atmosphäre der Bedrohung und Angst nicht einfach abstreifen. Für die Veränderung solcher Introjekte gilt, was Günter für den Umgang mit Destruktion in der psychotherapeutischen Arbeit mit traumatisierten Kindern schreibt:

> Die sentimentale Verleugnung der Aggressivität und der Destruktivität, die in unseren Patienten steckt, das Ignorieren des Zusammenhangs von Ohnmacht, die man nicht bewältigen kann, und Hass, den man verleugnen muss, die falsche Beruhigung, dass alles nicht so schlimm sei und man nur positiv denken müsse, schadet unseren Patienten. (Günter, 2012: 301)

Davids Beispiel wurde deshalb so ausführlich dargestellt, weil es m. E. zeigt, dass maligne frühe Introjekte infolge von Erfahrungen von Selbst- und Beziehungsverlust und die sie überfordernden Repräsentanzen auch bei noch sehr jungen Kindern nicht allein durch reparative und bindungsorientierte Beziehungs- und Bindungsangebote veränderbar, sondern nur durch die Bearbeitung des Erlebens von Zugehörigkeit mit dem Kind und seiner Umgebung und den damit verbundenen Trauerprozessen zugänglich sind.

Die Psychoanalyse hat von den Pflegekindern profitiert – und umgekehrt?

Angesichts der vielfach belegten hohen psychischen Vulnerabilität und Belastung von Kindern, die in Pflege- oder Heimverhältnissen leben, ist eigentlich verwunderlich, wie selten sie als Patienten in psychoanalytischen und psychotherapeutischen Einzelfallstudien repräsentiert sind. In den zwanzig Jahrgängen der Zeitschrift *Kinderanalyse* bezieht sich ein Beitrag explizit im Titel auf Heimkinder (Solojed, 2008), während unter dem Stichwort Pflegekind auf zehn weitere Beiträge verwiesen wird. Im Zusammenhang mit der steigenden Aufmerksamkeit für Entwicklungsverläufe nach Traumatisierungen wächst jedoch das Interesse für kinderpsychoanalytische Behandlungen von Kindern, die nicht in ihrer Primärfamilie aufwachsen können. Günter (2012) hat darauf hingewiesen, dass Kinder, die Verluste und Gewalt erfahren haben, in der Psychotherapie nicht nur als Opfer, sondern auch als Patienten mit häufig außergewöhnlich heftigen aggressiven Introjekten und Ängsten die Gegenübertragung und Behandlungstechnik ihrer Therapeuten herausfordern. In Novick und Novicks (Novick/Novick, 2009) erhellender und umfassender Monographie zur Elternarbeit in psychoanalytischen Kindertherapien ist dem Thema Adoption und Pflegekinderschaft ein kurzes Unterkapitel gewidmet. Die Autoren besprechen darin zwei typische und herausfordernde Phänomene: das »Füttern« des Kindes in der Therapie mit realen Esswaren als Reinszenierung der spezifischen Verlust- und Selbstverlustsituation bei »weggegebenen Kindern« und die besondere Gegenübertragungsschwierigkeit, dass das adoptierte oder in Pflege lebende Kind in Phasen negativer Eltern-Kind-Dynamiken im Übertragungsgeschehen zu »jedermanns Kind« und damit auch zum Kind des Therapeuten werden kann, was sowohl die Therapie wie die Elternarbeit gefährdet (ebd., 2009: 136). Nienstedt und Wiemann weisen als Folge von Misshandlung auf die Gefahr von Parentifizierung und auf die Bildung eines Falschen Selbst in den Selbstkonzepten traumatisierter Kinder hin, die als Abwehrmechanismus auch die Umwelt und Therapeuten erfassen kann. Dann identifizierten sich die Erwachsenen einseitig mit der Not eines zu kranken und unzureichenden Elternteils und bagatellisieren damit die Angst und das Schutzbedürfnis des Kindes (Nienstedt/Westermann, 2007). Auch in der oben beschriebenen Risikotypologie von Pflegekindern besteht die Gefahr von Attributierungen, die ebenfalls eine Entfremdung im kindlichen Erleben bewirken können. Typische Problembilder überlagern dann die individuellen Erfahrungen von und mit »Kindern ohne Eltern« in der Wahrnehmung durch ihre Umwelt: Man weiß schon, je nach Lehrmeinung oder Vorerfahrungen, worin die Pathologie und Traumatisierung eines Kindes besteht, ohne seine individuelle Version der Verluste, Ängste, aber auch Hoffnungen und Zugehörigkeiten zu kennen. Die psychotherapeutische Arbeit mit Pflegekindern könnte deshalb einen Beitrag dazu leisten, den Blick für die individuellen Erfahrungen dieser Kinder trotz des Sogs von Gegenübertragung und normativen Bildern von Familie offen zu halten.

Diskussion

Ausgehend von Erkenntnissen der Bindungs- und Pflegekinderforschung wurde versucht, typischen Fragestellungen der psychotherapeutischen Arbeit mit Pflegekindern im Vorschulalter nachzugehen und dabei die entwicklungsspezifischen Momente der Mentalisierungsphase in den Vordergrund zu rücken. Im Übergang vom Kleinkind- zum Vorschulalter wird das Selbsterleben bewusster und die selektive soziale Identifikation bedeutsam. Entwicklungsbedingt müssen Kinder dann komplexe und konflikthafte soziale Erfahrungen symbolisierend ordnen. Schon Fünfjährige haben differenzierte Vorstellungen über ihre eigene Rolle in der Kindergartengruppe (Perren et al., 2008; Steele, 2009) und können Differenzen zwischen den Eltern und den unterschiedlichen Herkunftskulturen in der Familie sowie in Peerkulturen benennen.

> Sie tun dies durch »klare Konzepte« und kognitive Theorien, die zunächst noch einfacher als die Wahrnehmung des Kindes selbst sind. Zu diesen Konzepten gehört u. a. die Zugehörigkeit zu einer Primärgruppe (»meine Familie«) als Referenzsystem in einer immer größer werdenden Welt und ein idealisiertes Selbstbild (vgl. Bischof-Köhler, 2011), das sowohl Idealisierung wie die Integration beunruhigender Selbstanteile erlaubt. (Hinweis Dr. phil. Heidi Simoni, Marie Meierhofer Institut, Zürich)

Die Erforschung der Bedeutung einer sicheren Bindungsentwicklung in der frühen Kindheit hat die klinische Aufmerksamkeit für Schwierigkeiten geschärft, die Kinder in Pflegekontexten erleben, wenn sie mit den Entwicklungsaufgaben der Theory of Mind bzw. Mentalisierung konfrontiert werden. Ausgestattet mit einem fragilen Selbst- und Fremderleben laufen solche Kinder Gefahr, sich in der Selbst- und Fremdwahrnehmung der Heterogenität und Konflikthaftigkeit ihrer sozialen Umwelt zu verlieren. Klassische Heimsettings, Pflegefamilien mit ambivalenter Zugehörigkeit oder überfordernde Besuchssettings verstärken die fragmentierte Symptomatik (Stichwort Hyperaktivität) und Angst der Kinder. Diese Not in der kindlichen Befindlichkeit oder seiner Bezugspersonen kann dazu verführen, statt mit einfachen, die Komplexität reduzierenden Antworten mit Spaltungen, wie z. B. kategorischem Kontaktabbruch oder überfordernd paritätischen Lösungen, bei sehr kranken Herkunftsfamilien zu reagieren. Solche Spaltungen tauchen auch in fachlichen Debatten auf, wie z. B. in der scheinbaren Dichotomie zwischen dem Schutz vor der Herkunftsfamilie versus dem Recht auf Zugehörigkeit. Für die Kinder sind beides legitime Bedürfnisse, deren Beantwortung die Erwachsenen vor schwierige erwachsene Aufgaben stellt, die letztlich auch mit den Entwicklungsaufgaben der Kinder zu tun haben: das mühsame Erlernen von Affektregulation und Mentalisieren, das Aushalten von Unterschieden und Verlusten sowie die Fähigkeit zu individueller, aktiver Anpassung. Eine der besonderen Herausforderungen in der Verantwortung für Kinder in staatlich begleiteten Elternschaften könnte darin bestehen, dass selbstverständlich scheinende Konzepte von Bindung und Beziehung, Familie und Zugehörigkeit immer wieder bezüglich der Verwechslung von Manifestem und Latentem überprüft werden müssen. Auf diesen letzten Aspekt möchte ich noch kurz eingehen.

Das Empfinden von Zugehörigkeit hat bei Kindern und Erwachsenen die Funktion, Trennendes und Differenzierungen ertragen und einordnen zu können. So hilft Kindern z. B. das Bewusstsein um die gemeinsame familiale Zugehörigkeit, die sie beunruhigenden Differenzen zwischen ihren Eltern zu entschärfen. Die fortschreitende Autonomieentwicklung erlaubt dann eine größere Unabhängigkeit in Beziehungen.

Maligne Introjekte bei Kindern könnten dagegen ein Hinweis auf zu frühe Unterbrüche und Beschädigungen in dieser Funktion sein. In Psychotherapien mit fremdplatzierten Kindern scheint es mir deshalb wichtig zu sein, zwischen den manifesten Angeboten an Zugehörigkeit z. B. zu einer neuen Pflegefamilie und der Latenz eines sich nur sehr allmählich entwickelnden Gefühls des Zueinandergehörens von ganz unterschiedlichen Selbstzuständen zu unterscheiden, die mit unterschiedlichen Beziehungswelten verbunden sind.

Familienpflege soll all das kompensieren, was diesen Kindern in ihrem Herkunftsmilieu fehlte oder zugefügt wurde. Die Forschungsbefunde der Bindungsforschung (Lindhiem/Dozier, 2007) und klinische Erfahrung (Günter, 2012) machen darauf aufmerksam, dass nicht das manifeste Merkmal Familie heilt, sondern die Beschaffenheit der einzelnen Beziehungen des Kindes, zu denen, die es liebt, zu seinem Umfeld und vor allem zu sich selbst. Günter weist daraufhin, dass der Kontakt mit traumatisierten Kindern mit einem Ausmaß an aggressiven oder fragmentierten psychischen Verhältnissen konfrontiert, die besondere Gegenreaktionen hervorrufen. Es ist anzunehmen, dass auch die Involviertheit in gescheiterte Familienstrukturen regressive Ängste oder idealisierende Projektionen auslöst. Novick und Novick raten Psychotherapeuten (das dürfte auch für andere Fachleute gelten) deshalb in der Arbeit mit »ungewöhnlich strukturierten Familien« der Gegenübertragung besondere Aufmerksamkeit zu schenken, da »der jeweilige familiäre Hintergrund des Patienten ganz spezifische bewusste und unbewusste Gefühle und Überzeugungen im Analytiker aktiviert, die die therapeutische Arbeit beeinflussen können« (Novick/Novick, 2009: 136). Noch schwieriger ist es, ideologischen Herausforderungen zu widerstehen, die durch gesellschaftliche Fehlentwicklungen hervorgerufen werden, wie das Beispiel der Zwangsplatzierung der Kinder von Fahrenden in der Schweiz bis in die 1970er Jahre oder das Schicksal von heimplatzierten Säuglingen unverheirateter Mütter des letzten Jahrhunderts zeigt. Was heute Empörung und Bedauern hervorruft, gehörte damals zum Kanon professioneller Techniken (Ryffel, 2013).

Den Herausgeberinnen dieses Jahrbuchs ist es ein Anliegen, Beiträge zu veröffentlichen, die der Spaltung von Forschung und Praxis entgegenwirken und einen subjektzentrierten Ansatz verfolgen. Diese Haltung wird der psychoanalytischen Psychotherapieforschung in Bezug auf methodische Mängel häufig vorgehalten, in anderen Disziplinen wie der Medizin aber immer dringlicher gefordert. Pflegekinder sind sicherlich Protagonisten dieser Problematik, denn eine stärkere Beachtung ihrer subjektiven Beziehungsbedürfnisse, gerade in der frühen Kindheit, ist die Grundlage für soziale und psychotherapeutische Hilfeprozesse. Eine größere Aufmerksamkeit für jüngere Kinder in Platzierungskontexten und ihre Bemühungen, sich zwischen zwei Familien zu situieren, selektiv zu identifizieren und bei beiden affektiv zu bedienen, wird dazu beitragen, dass diese Kinder in psychotherapeutischen Settings effektiver dabei unterstützt werden können, aus ihren komplexen Zugehörigkeitserfahrungen »einen Herkunftsfaden zu spinnen und damit die Platzierung weniger als Abbruch, denn als Öffnungserfahrung für weitere Investition zu erleben« (Oxley, 1999, in: Wendland, 2008: 341).

Des Weiteren differenziert die psychotherapeutische Auseinandersetzung mit kleinen Kindern, die in Pflegeverhältnissen leben, unser Bild von Familie und Zugehörigkeit und schärft den Blick für frühe Identitätsprozesse aller unserer kleinen Patienten. Pflegekinder sind nicht die einzigen Kinder, die keine »normalen Familien« haben und auch Pflegefamilien imponieren nicht als »gewöhnliche« Familien, wenn sie die besondere Aufgabe übernehmen, ein Kind zu lieben und professionell zu begleiten (Wendland, 2008). Familienformen relativieren sich, und immer mehr Kinder machen die Erfahrung, dass die Trennung der Eltern nicht nur mit einer »broken-home«-Situation, sondern auch mit den Möglichkeiten einer »multiplen Elternschaft« (Bohrhardt, 2006) verbunden sein kann. Der Zeitpunkt scheint also günstig, Pflegekinder, ihre leiblichen und sozialen Eltern von starren Familienvorstellungen, an denen sie nur scheitern können, zu entlasten. Dabei könnten die Befunde der unterschiedlichen Disziplinen Entwicklungspsychologie, Bindungstheorie, Pflegekinder- und Psychotherapieforschung für die Bedürfnisse von Pflegekindern und ihren Elternschaften nutzbar gemacht werden. Zwar ist der interdisziplinäre Austausch – vergleichbar den verschiedenen Lebenswelten von Pflegekindern – vor Konkurrenz oder blinden Flecken nicht gefeit. Nicht als ideologisches Wiedervereinigungsprojekt, sondern pragmatisch im Sinn eines Co-Parenting (McHale/Kuersten-Hogan, 2004) oder triadischer elterlicher Kapazität (von Klitzing/Bürgin, 2005), den eigenen und den Beitrag der anderen für das Kind würdigend.

Literatur

Balloff, R. (2004): Rückführung des Kindes in die Herkunftsfamilie oder Verbleibensanordnung nach § 1632 IV BGB aus familienrechtspsychologischer Sicht? *Familie, Partnerschaft, Recht*, 10: 431-437.

Bernard, K./Dozier, M. (2011): This is my Baby: Foster Parent's feelings of Commitment and Displays of Delight. *Infant Mental Health*, 32, 2: 251-262.

Biehal, N./Ellison, S./Baker, C. (2010): *Belonging and permanence. Outcomes in long-term foster care and adoption.* London, BAAF.

Bischof-Köhler, D. (2011): *Soziale Entwicklung in Kindheit und Jugend. Bindung, Empathie, Theory of Mind.* Stuttgart.

Bohrhardt, R. (2006): Vom »broken home« zur multiplen Elternschaft. Chancen und Erschwernisse kindlicher Entwicklung in diskontinuierlichen Familienbiographien. In: Bertram et al. (Hrsg.): *Wem gehört die Familie der Zukunft?* Opladen: 170-188.

Bowlby, J. (1951): Maternal Care. A Report on behalf of the World Health Organisation as a Contribution to the United Nations Programm for the Welfare of Homeless Children.

Bretherton, I./Oppenheim, D. (2003): The MacArthur Story Stem Battery: Development, Administration, Reliability, Validity, and Reflections about Meaning. In: Emde, R. et al. (Hrsg.): *Revealing the Inner Worlds of Young Children.* New York: 55-80.

Cohen, Y. (2004): *Das misshandelte Kind. Ein psychoanalytisches Konzept zur integrierten Behandlung von Kindern und Jugendlichen.* Frankfurt a. M.

Déprez, A./Antoine, C. (2011): L'effet des visites parentales chez le bébé placé: une étude exploratoire des réactions du bébé avant, pendant et après und visite médiatisée. *Devenir*, 23, 3: 205-238.

Dozier, M. (2005): Challenges of Foster Care. Comment. *Attachment & Human Development*, 7, 1: 27-30.

Dozier, M./Albus, K./Fisher, P. (2002): Interventions for foster parents: Implications for developmental theory. *Development and Psychopathology*, 14: 843-860.

Fonagy, P. (2008): Psychoanalyse und Bindungstrauma unter neurobiologischen Aspekten. In: Leuzinger-Bohleber, M./Roth, G./Buchheim, A. (Hrsg.): *Psychoanalyse, Neurobiologie, Trauma.* Stuttgart: 132-148.

Fonagy, P./Gergely, G./Jurist, E./Target, M. (2002): *Affektregulierung, Mentalisierung und die Entwicklung des Selbst.* Stuttgart.

Gauthier, Y./Fortin, G./Jéliu, G. (2004): Applications Cliniques de la Théorie de l'Attachement pour les Enfants en Familles d'Acceuil: Importance de la Continuité. *Devenir*, 16, 2: 109-139.

Gassmann, Y. (2009): *Pflegeeltern und ihre Pflegekinder. Empirische Analysen von Entwicklungsverläufen und Ressourcen im Beziehungsgeflecht.* Münster/New York.

Gauthier, Y. (2011): Pouvons-nous combler le fosse entre la recherche et la pratique clinique lorsqu'il est question de l'attachment? *Devenir*, 23, 3: 287-313.

Gehres, W. (2007): »Scheitern« von Pflegeverhältnissen – Ein Klärungsversuch zur Sozialisation in Pflegefamilien. *Zeitschrift für Soziologie der Erziehung und Sozialisation*, 27, 1: 73-87.

Gehres, W./Hildenbrand, W. (2008): *Identitätsbildung und Lebensverläufe bei Pflegekindern.* Wiesbaden.

Goldstein, J./Freud, A./Solnit, A. (1974): *Jenseits des Kindeswohls.* Frankfurt a. M.

Günter, M. (2012): Überall Krokodile. Identifikation, Projektion, Verleugnung. Hass und Ohnmacht in der therapeutischen Arbeit mit traumatisierten Kindern. *Kinderanalyse*, 20, 4: 282-304.

Hédervári-Heller, E. (2000): Eine Untersuchung zu vorzeitigen / ungeplanten Beendigungen von Pflegeverhältnissen (Abbrüche) nach § 33 SGB VIII im Land Brandenburg im Jahr 1997, Online-Publikation 2009. www.agsp.de/html/a107.html. Letzter Zugriff 21.4.2013.

Hüttenmoser, M./Zatti, K. (2010): Pflegekinder. Historisches Lexikon der Schweiz. Online-Publikation. http://www.hls-dhs-dss.ch/textes/d/D16590.php. Letzter Zugriff 21.5.2013.

Lawrence, C./Carlson, E./Egeland, B. (2006): The Impact of Foster Care on development. *Development and Psychopathology*, 18: 57-76.

Leuzinger-Bohleber, M./Roth, G./Buchheim, A. (2008): *Psychoanalyse, Neurobiologie, Trauma*. Stuttgart.

Linares, O./Montalto, D./Li, M./Oza, V. S. (2006): A Promising Parenting Intervention in Foster Care. *Journal of Consulting and Clinical Psychology*, 74, 1: 32-41.

Lindhiem, O./Dozier, M. (2007): Caregiver Commitment to Foster Children. The Role of Child Behaviour. *Child Abuse Neglect*, 31, 4: 361-374.

Lyons Ruth, K./Brunschweiler-Stern, N./Harrison, A. M./Morgan, A. C./Nahum, J. P. et al. (1998): Implicit Relational Knowing: Its Role In Development And Psychoanalytic Treatment. *Infant Mental Health*, 19, 3: 282-289.

McHale, J./Kuersten-Hogan, R. (2004): The dynamics of raising children together. *Journal of Adult Development*, 11: 163-154.

Meierhofer, M./Keller, W. (1966): *Frustration im frühen Kindesalter*. Bern.

Mouhot, F. (2001): Le Devenir des Enfants. De l'aide sociale à l'enfance. *Devenir*, 13, 1: 31-66.

Mueller, S./Maheu, F./Dozier, M./Peloso, E./Mandell, D./Leibenluft, E. et al. (2010): Early-life stress is associated with impairment in cognitive control in adolescence: An fMRI study. *Neuropsychologia*, 48: 3037-3044.

Nienstedt, M./Westermann, A. (2007): *Pflegekinder und ihre Entwicklungschancen nach frühen traumatischen Erfahrungen*. Stuttgart.

Novick, J./Novick, K. (2009): *Elternarbeit in der Kinderpsychoanalyse. Klinik und Theorie*. Frankfurt a. M.

Perez, T./Di Gallo, A./Schmeck, K. (2011).: Zusammenhang zwischen interpersoneller Traumatisierung, auffälligem Bindungsverhalten und psychischer Belastung bei Pflegekindern. *Kindheit und Entwicklung*, 20, 2: 72-82.

Perren, S./Stadelmann, S./Lüdin, J./von Wyl, A./von Klitzing, K. (2008): Selbst- und fremdbezogene soziale Kompetenzen: Auswirkungen auf das emotionale Befinden. In: Malti, T./Perren, S. (Hrsg): *Soziale Kompetenz bei Kindern und Jugendlichen: Entwicklungsprozesse und Förderungsmöglichkeiten*. Stuttgart.

Rutter, M. (2006): Die psychischen Auswirkungen früher Heimerziehung. In: Brisch, K. H./Hellbrügge, T. (Hrsg.): *Kinder ohne Bindung*. Stuttgart: 91-105.

Ryffel, G. (2013): Resilienz und Defizit - Entwicklung nach einem frustrierenden

Start im Säuglingsheim. Unveröffentlichtes Manuskript, Marie Meierhofer-Institut, Zürich.

Schechter, D. (2003): Gewaltbedingte Traumata in der Generationenfolge. In: Brisch, K. H./Hellbrügge, T. (Hrsg.): *Bindung und Trauma*. Stuttgart: 224-234.

Schofield, G./Beek, M. (2005): Providing a secure base: parenting children in longterm foster family care. *Attachment & Human Development*, 7, 1: 3-25.

Slaughter, V./Dennis, M. J./Pritchard, M. (2002): Theory of mind and peer acceptance in preschool children. *British Journal of Developmental psychology*, 20: 545-564.

Solojed, K. (2008): Die Entwicklung von Objektbeziehungen im Kinderheim. *Kinderanalyse*, 16, 1: 23-48.

Spitz, R. (1945): Hospitalism: An Inquiry into the Genesis of Psyhciatric Conditions in Early Childhood. *The Psychoanalytic Study of the Child*, 1: 53-73.

Steele, M./Hodges, J./Kaniuk, J. (2007): Intervening with Maltreated Children and Their Adoptive Families. In: Oppenheim, D./Goldsmith, D. (Hrsg.): *Attachment Theory in Clinical Work with Children: Bridging the Gap between Research and Practice*. New York: 59-89.

Steele, M. (2009): Der Gewinn aus der Bindungstheorie und Bindungsforschung für die klinische Arbeit mit Adoptiv- und Pflegekindern und ihren Eltern. In: Brisch, K. H./Hellbrügge, T. (Hrsg.): *Wege zu sicheren Bindungen in Familie und Gesellschaft*. Stuttgart: 335-349.

von Klitzing, K./Bürgin, D. (2005): Parental Capacities For Triadic Relationships During Pregnancy: early Predictors of Children's Behavioural and Representational Functioning at Preschool Age. *Infant Mental Health Journal*, 26, 1: 10-39.

Wendland, J./Gaugue-Finot, J. (2008): Le développement du sentiment d'affiliation des enfants plaçes en famille d'acceuil pendant ou après leur petite enfance. *Devenir*, 20, 4: 319-345.

Winnicott, D. W. (1992): *Aggression. Versagen der Umwelt und antisoziale Tendenz*. Stuttgart.

Wolf, K. (2006): Pflegekinderwesen im Aufbruch? Online-Publikation. http://www.bildung.uni-siegen.de/mitarbeiter/wolf/wissarbeiten/wissarbeiten_veroeffentlichungen.html?lang=de. Letzter Zugriff: 21.4.2013.

Wolf, K. (2008): Pflegekindern eine gute Entwicklung ermöglichen: Kontinuität – sanfte Übergänge – Partizipation. *Netz. Pflegekinder-Aktion Schweiz*, 3.

Wotherspoon, E./O'Neill-Laberge, M./Pirie, J. (2008): Meeting the Emotional Needs of Infants and Toddlers in Foster Care. The Collaborative Mental Health Care Experience. *Infant Mental Health Journal*, 29, 4: 377-397.

Wulczyn, F./ Brunner Hislop, K./ Jones Harden, B. (2002): The Placement of Infants in Foster Care. In: Infant Mental Health Journal, 23,5: 454-475.

Wulczyn, F./Ernst, M./Fisher, P. (2011): *Who Are the Infants in Out-of-Home Care? An Epidemiological and Developmental Snapshot.* Chicago, Chapin Hall at the University of Chicago: 1-12.

Silvia Reisch

Stationäres interdisziplinäres Behandlungsangebot für psychisch kranke Mütter (Väter) und ihre Kleinkinder

Die frühen Erfahrungen im Leben eines Menschen und die Umwelt, in der ein Kind aufwächst, haben einen entscheidenden Einfluss auf seine zukünftige Persönlichkeit und psychische Gesundheit (Bowlby, 1989; Zimmermann/ Spangler, 1999). Der Bindungstheorie zufolge (Bowlby, 1989) ist die psychische Entwicklung eines Kindes wesentlich an die frühen Erfahrungen mit seinen Bezugspersonen gekoppelt. Bindungsbeziehungen mit Bezugspersonen sichern aus biologischer Sicht das physische Überleben des Kindes und vermitteln aus einer psychologischen Perspektive emotionale Sicherheit und Selbstvertrauen. Was aber geschieht, wenn dieses entwicklungsnotwendige Milieu durch schwere Beziehungsstörungen beeinträchtigt ist? Wie geht es Babys und Kleinkindern von psychisch kranken Eltern, wenn deren Erkrankung über längere Zeit besteht und deren Psychopathologie die Entwicklung ihrer Kinder auf unterschiedlichen Ebenen beeinflusst? Was tun, wenn diese Kinder selbst psychiatrische Symptome und/oder Verhaltensauffälligkeiten entwickeln?

Forschungen zu Vulnerabilität und Resilienz (Mattejat et al., 2000) zeigen Untersuchungsergebnisse über wahrscheinliche Entwicklungen betroffener Kinder. Vulnerabilität und Resilienz sind in diesem Kontext entscheidende Parameter. Wer aber nimmt diese Kinder frühzeitig wahr, zumal viele gerade in den ersten Lebensjahren in ihrem familiären Milieu eingeschlossen sind? In der Winterthurer Studie über Kinder psychisch kranker Eltern (Gurny et al., 2006) wird betont, dass betroffene Kinder stärker ins Bewusstsein geholt werden müssten, was bislang aber noch zu wenig geschehe. Mit den Worten von A. Finzen: »Während es den Eltern und Partnern psychisch Kranker gelungen ist, sich Gehör zu verschaffen, ist es um die Kinder und ihr Schicksal still geblieben.« (Finzen, 1997)

Im Kleinkindambulatorium des KJPD Thurgau (Kinder- und Jugendpsychiatrischer Dienst) sind wir auf solche Familien in der täglichen Arbeit aufmerksam geworden, da wir eng mit der Erwachsenenpsychiatrie zusammenarbeiten und dadurch viele betroffene Kinder zugewiesen bekommen. In der Auseinandersetzung mit zahlreichen, sehr komplexen Fällen haben wir bemerkt, dass für einige das ambulante Setting nicht ausreicht. Genauer betrachtet geht es um elterliche Bezugspersonen mit schweren psychiatrischen Störungen, denen es im Alltag nur unzureichend gelingt, ein adäquates Beziehungsangebot für ihre Kinder aufrechtzuerhalten, und deren Söhne/Töchter (0-5 Jahre) teilweise bereits selbst schwerwiegende pädiatrische und/oder psychische Erkrankungen zeigen, die den Kriterien einer ICD-10-Diagnose genügen (z. B. Gedeihstörung, Störung des Sozialverhaltens, Entwicklungsverzögerungen, etc.). Welche Therapieformen brauchen solche Familien? Wir stellten uns fachübergreifend die Frage, ob gemeinsame stationäre Behandlungen von betroffenen Eltern und ihren Kindern hilfreich sein könnten.

Dem Aufbau stationärer Versorgungsstrukturen für psychisch kranke Mütter und ihren Kindern kommt laut Fricke et al. (2006) eine bedeutende Rolle zu. Die Autoren betonen in ihrem Artikel zum internationalen Vergleich der Mutter-Kind-Behandlungen bei postpartalen Störungen, dass die Gesundheitsversorgung die gemeinsame Behandlung von Mutter (Vater) und Kind als Standardangebot bislang leider noch nicht vorsieht. Auch Hornstein et al. (2004) weisen darauf hin, dass in den deutschsprachigen Ländern bisher noch zu wenig Mutter-Kind-Behandlungsplätze zur Verfügung stehen und die bestehenden Angebote mehr als »Rooming In« beinhalten sollten.

Bei dieser Ausgangslage und einem zunehmend familienorientierten und präventiven Denken der STGAG[1] haben sich die psychiatrischen Dienste Thurgau im März 2007 entschlossen, gemeinsame stationäre Behandlungsplätze für psychisch belastete Mütter bzw. Väter und ihre Kinder anzubieten. Inzwischen stehen fünf Eltern-Kind-Zimmer zur Verfügung, in denen Mütter/Väter gemeinsam mit ihren Kleinkindern (bis maximal fünf Jahre) stationär aufgenommen werden können. Wir wählten ein Behandlungssetting, welches fächerübergreifend psychotherapeutische Angebote so verbindet, dass sowohl die psychisch kranken Elternteile, als auch die gleichzeitig hospitalisierten Kinder eine adäquate Begleitung und spezifische, qualitativ hochwertige Therapie erfahren. Fricke et al. (2006) schreiben, dass die meisten Stationen heutzutage spezielle Angebote, wie z. B. Mutter-Kind-Therapien (Hartmann, 2001: 537-551;

---

[1] STGAG: Spital Thurgau AG.

Hornstein et al., 2003: 113-121; Clüders/Deneke, 2001: 552-559) anbieten. In unserer Klinik ist die Eltern-Kind-Therapie ebenfalls ein zentraler Behandlungsschwerpunkt, da ja gerade eine ausreichend gute Eltern-Kind-Beziehung entweder erhalten oder gefördert werden soll. Darüber hinaus bieten wir aber – im Unterschied zu anderen Eltern-Kind-Stationen im deutschsprachigen Raum – neben den stationären psychotherapeutischen Angeboten für die Erwachsenen/Mütter und der Eltern-Kind-Therapie einen kinderpsychiatrischen und pädiatrischen Behandlungsschwerpunkt für die hospitalisierten Kinder an.

Mikoteit und Riecher-Rössler (Mikoteit/Riecher-Rössler, 2008) fordern in ihrem Übersichtsartikel zu Mutter-Kind-Behandlungen in der Psychiatrie, dass die Behandlung von psychisch kranken Schwangeren/Eltern spezielle Kompetenzen erfordert, ein integratives Konzept und interdisziplinäre Zusammenarbeit. Genau das haben wir aufzubauen versucht, unsere stationäre Behandlung hat auf diesem Hintergrund als therapeutische Basis eine interdisziplinäre Zusammenarbeit von Kinder- und Jugendpsychiatrie (verschiedene kindertherapeutische Angebote), Erwachsenenpsychiatrie und Pädiatrie (regelmäßige Visiten und Behandlung allfälliger somatischer Probleme).

Die Kinder werden im Alltag am Vormittag und am Abend von ihren Müttern (Vätern) betreut, nachmittags verbringen die Kinder ihre Zeit in einer von einer Kleinkinderzieherin geleiteten Kindergruppe, wo ihnen ein kindgerechter Alltag zur Verfügung gestellt wird (vergleichbar einer Kinderhortsituation). Die durchschnittliche Behandlungsdauer beträgt ca. drei Monate, was den Erfahrungen aus anderen Zentren entspricht (s. Hartman, 2001; s. Kilian et al., 2003). Entscheidend für die gemeinsame Aufnahme ist die Fähigkeit der Eltern, sich ihrem Kind noch ausreichend zuwenden zu können. Darauf aufbauend arbeiten die Mitarbeiter des Pflegeteams und unsere Sozialpädagogen 24 Stunden täglich im Sinne eines »interactional Coaching« (Hornstein et al., 2004; Clüders/Deneke, 2001) mit den Patienten an individuellen Zielen, bspw. adäquate Begleitung der Einschlafsituation oder Esssituation, gemeinsames Spielen, Reduktion von Impulsdurchbrüchen im Erziehungsalltag. Die Behandlung der Eltern-Kind-Beziehung steht durch spezifische Eltern-Kind-Therapien, vor allem videogestützte Therapieformen in der Tradition von Downing (Downing/Ziegenhain, 2001) und Papousek (2000), immer im Mittelpunkt des Behandlungssettings. Selbstverständlich ist auch der enge Einbezug der Väter oder anderer wichtiger Angehöriger/Bezugspersonen im Umfeld des Kindes.

Durch regelmäßigen Austausch des gesamten Teams werden die patientenspezifischen Inhalte aus den einzelnen Therapien im Sinne eines integrativen psychoanalytischen stationären Behandlungskonzepts nach Janssen (1987) zusammengetragen. Das Spezifikum dieser Form der stationären Psychotherapie besteht darin, dass das Kliniksetting als psychosozialer Raum, als interpersonales Bezugsfeld fungiert, in welchem die Konflikte, ich-strukturellen Störungen und Beziehungsdefizite der Patienten inszeniert zur Darstellung gelangen. Das Team dient als therapeutisches Subjekt, wodurch Spiegelphänomene genutzt und fragmentierte, dissoziierte oder abgespaltene Erfahrungsbereiche der Patienten wahrgenommen und integriert werden können. In unserem spezifischen interdisziplinären Setting werden fortlaufend sich verändernde therapeutische Foki auf den drei Ebenen Therapie der Eltern-Kind-Beziehung, Psychotherapie der Mütter/Väter und indizierte Therapieangebote für das Kleinkind festgelegt. Wir behandeln also interdisziplinär gleichzeitig drei Schwerpunkte (die Eltern-Kind-Beziehung, die Mutter/den Vater und das Kind).

Parallel zum stationären Behandlungsangebot führen wir seit März 2010 eine wissenschaftliche Begleitung der stationären Behandlung durch. Der Therapieverlauf wird sorgfältig überwacht und die therapeutischen Instrumentarien soweit möglich standardisiert angewandt, um genauere Aussagen über die hauptsächlichen Wirkfaktoren zu bekommen. Wir können in diesem Rahmen nicht differenzierter auf die Begleitforschung eingehen, möchten aber kurz die zentralen Fragestellungen skizzieren.

- Kann der psychische Zustand (Diagnose, VA) der Elternteile und der Kinder durch die Therapie stabilisiert oder verbessert werden?
- Kann eine positive Beziehung zwischen Eltern und Kindern erhalten oder aufgebaut werden?
- Kann die Feinfühligkeit der Eltern durch die Therapie erhöht werden?
- Nimmt die elterliche Belastung durch die Kinder im Lauf der Behandlung ab?

Wir wollen ebenso genauer erforschen, welche therapeutischen Angebote der stationären Behandlung therapeutisch wirksam sind und hoffen aufzeigen zu können, dass die gemeinsame stationäre Behandlung, obwohl kostenintensiv, ein sinnvolles Behandlungsangebot darstellt, das für alle Familienmitglieder langfristig positive Auswirkungen hat.

Silvia Reisch

Fallbeispiel einer Mutter mit schwerer Depression/ Persönlichkeitsstörung und einem Kleinkind mit Gedeihstörung

Die Anmeldung des Kindes (C., acht Monate) und seiner Mutter erfolgte durch die pädiatrische Klinik wegen Fütter- und Gedeihstörung (ICD-10: F 98.2) des Kindes bei – für die kinderärztlichen Kollegen – auffälliger dysphorischer Verstimmung der Mutter und fehlenden Hinweisen auf eine somatische Ursache beim Kind.

Wie in unserem Setting üblich fand ein Vorgespräch statt, um mit der Mutter die Zuweisungsindikation zu prüfen und die Bereitschaft der Mutter zu einem Eintritt bei Bedarf zu erfassen oder auch vorzubereiten. Die Mutter verhielt sich im Rahmen des Vorgesprächs sehr abweisend: »Ich muss das wohl wollen, da sich alle – ohne mit mir zu reden – einig sind, dass ich das brauche.« Die Mutter schien verärgert über den äußeren Druck, gegenüber der Notwendigkeit der Hospitalisation war sie gleichzeitig ambivalent. Sie erkannte die Problematik bei ihrer Tochter, aber auch ihre eigene dysphorische Verfassung nahm sie wahr und litt sehr darunter. Da keine Behörde involviert war, sondern die Überweisung eine Empfehlung darstellte, wurde bewusst der Widerstand der Patientin ernstgenommen und ihr gegenüber betont, dass eine Hospitalisation nur mit ihrer Zustimmung sinnvoll wäre, woraufhin die Mutter eine Aufnahme zum Zeitpunkt des Vorgesprächs ablehnte. Da in unserem Kinder- und Jugendpsychiatrischen Dienst eine sehr enge Zusammenarbeit zwischen der Eltern-Kind-Station und dem Kleinkindambulatorium besteht, konnte die das Vorgespräch führende Kinder- und Jugendpsychiaterin der Mutter eine ambulante Eltern-Kind-Therapie anbieten, worauf diese sich einlassen konnte.

Ambulante Eltern-Kind-Therapie

Konkret wurde vereinbart, dass wöchentlich eine Eltern-Kind-Therapie stattfinden würde. Um die Situation zu Hause besser zu verstehen und auch um die Compliance der Mutter zu stärken, fand das erste ambulante Kennenlernen durch einen Hausbesuch statt. In diesem Rahmen war die Mutter sehr aufgeschlossen, dankbar für die Kontaktaufnahme zu Hause. Es schien so, als ob die Aufmerksamkeit der Fachperson, die eindeutig auch ihr galt (nicht nur der Tochter), die Basis für eine zunehmende Bereitschaft der Mutter, sich zu öffnen, darstellte. Der im Vorgespräch noch dominante Ärger trat in den Hintergrund. Während dieses ersten Besuchs schlief C. während der gesamten Besuchszeit, so dass die Mutter viel Zeit und Raum hatte, über ihre Schwierigkeiten zu berichten, die sie selbst als belastend empfand. Sich selbst betreffend, berichtete sie von Schlafstörungen und Albträumen, sie habe kaum Antrieb für die Tochter und den Haushalt. Sie sei in einer dysphorischen Stimmungslage, könne die Kinderbetreuung und den Haushalt kaum bewältigen und sei teilweise sehr verzweifelt. Über ihre Tochter berichtete sie, dass C. keine feste Nahrung akzeptiere, dass das Schoppen-Trinken mit starker psychomotorischer Unruhe des Kindes und nur körperfern möglich sei. C. liege dabei vor ihr und sie gebe ihr den Schoppen selbst stehend. Jegliche Form von Brei lehne die Tochter ab, spucke diesen direkt wieder aus, insbesondere wenn sie selbst sie füttere. Die Esssituationen seien dadurch »Psychoterror«. C. leide zudem unter einer grobmotorischen Entwicklungsverzögerung. Das Schlimmste sei aber die große Distanz, welche sie zwischen sich und ihrer Tochter spüre.

Nach dem ersten Hausbesuch fanden vier ambulante Termine statt, während denen die Mutter jeweils äußerte, dass sie »Bedenkzeit« brauche. Immer wieder wurde die Möglichkeit der stationären Behandlung thematisiert, ohne aber diesbezüglich Druck aufzubauen. Gleichzeitig wurde im ambulanten Setting begonnen, psychotherapeutisch an der Eltern-Kind-Beziehung zu arbeiten. Während der ambulanten Termine war durchgängig zu beobachten, dass C. auf dem Boden (in Bauchlage) autonom verweilte. Sie suchte fast nie Blickkontakt und verlangte kaum Aufmerksamkeit. Sie konnte sich mit kleinsten Partikeln auf dem Fußboden beschäftigen, während die Mutter über ihr Leid sprach. Sie schien C. regelrecht »zu vergessen«, was C. tolerierte, ohne auf sich aufmerksam zu machen.

In den seltenen Situationen, in denen C. auf dem Schoß der Mutter saß, war eine große körperliche Distanz spürbar. C. saß immer mit Blick auf das Gegenüber, die Mutter hielt sie von ihrem Oberkörperbereich entfernt, so dass sie sich auch nicht anlehnen konnte. Gehalten wurde sie lediglich von den beiden Händen der Mutter, welche unter den Achseln platziert waren. Für die ambulante Therapeutin war diese sogar körperliche Distanz so zentral, dass sie thematisch zuerst auf diese fokussierte, zumal die Mutter gerade diese Distanz von sich aus ebenfalls als »das Schlimmste« bezeichnet hatte. Durch das spiegelnde Benennen der spürbaren körperlichen Distanz im Rahmen der schon aufgebauten haltgebenden Beziehung zur Eltern-Kind-Therapeutin konnte bei der Mutter ein neuer Zugang zum Ausmaß der eigenen Problematik und der Störung in der Beziehung zu ihrer Tochter hergestellt werden. Im Benennen der körperlichen Distanz konnte eine Brücke zur Wahrnehmung der Mutter geschaffen werden, die dies ebenfalls gespürt hatte und sehr darunter litt, zumal dies eine Wiederholung ihrer eigenen Lebensgeschichte darstellte (distanzierte Beziehung zur eigenen Mutter). Wir begannen die Fütterstörung als Symptom der gestörten Nähe-Distanz-Problematik zu verstehen, woran die Mutter unbedingt etwas verändern wollte.

Im weiteren Verlauf entschloß sich die Mutter zur stationären Behandlung. Sie hatte für sich erkannt, dass ihre eigene Problematik und die Interaktionsstörung schwerwiegender waren, als sie davor hatte wahrnehmen können, und wünschte vor diesem Hintergrund die intensiveren interdisziplinären Behandlungsmöglichkeiten der Eltern-Kind-Station. Zu diesem Zeitpunkt wurde auch der Vater mit einbezogen, der sich zuvor noch nicht hatte einbinden lassen. Ein ambulantes Vorgespräch mit dem Vater fand statt, in welchem dieser seine Frau unterstützte, die stationäre Therapie mit der gemeinsamen Tochter einzugehen, er benannte gleichzeitig seine eigenen Grenzen, seine Erschöpfung, seine eigene psychiatrische Erkrankung und war bereit, selbst eine ambulante Psychotherapie zu beginnen.

Stationäre Eltern-Kind-Therapie

Im Folgenden werden einige wesentliche anamnestische und diagnostische Befunde bei Eintritt aufgezeigt.

Zur Anamnese der Mutter, mit dem Schwerpunkt auf den für den Behandlungsverlauf wichtigen Aspekten, erfuhren wir: Die Mutter war die einzige Tochter einer Schweizer Familie. Sie besuchte den Kindergarten, danach die Primarschule. Nach einem Jahr Realschule, Bestehen der Sekundarschulaufnahmeprüfungen im zweiten Anlauf. Nach Abschluss der Sekundarschule absolvierte sie eine dreijährige Lehre als Bauzeichnerin, im Beruf fühlte sie sich »fremdbestimmt«. Der Einstieg in den Beruf sei nicht gelungen, sie erhielt jeweils kurzfristige Arbeitsstellen, kündigte aber jeweils wegen Überforderung. Drei Jahre vor Eintritt 100-prozentige Arbeitsunfähigkeit mit 75-prozentiger IV-Rente. Sie berichtet von frühkindlich traumatisierenden Beziehungserfahrungen: »seit ich denken kann, war zu Hause immer wieder die Hölle los«. Der Vater sei unter Alkohol gewalttätig gegen die Mutter gewesen, immer wieder sei sie gemeinsam mit der Mutter aus dem Elternhaus geflüchtet. Trotz der Gewalteskalation sei die Mutter immer wieder zum Ehemann zurückgekehrt. Die Mutter habe sich nicht um sie gekümmert, sie sei mehr wie ein »lästiges Anhängsel« überallhin mitgenommen worden. 17-jährig sei sie eine fünfjährige Beziehung eingegangen, mit Hilfe dieser Beziehung sei eine Ablösung vom Elternhaus möglich gewesen. Den jetzigen Ehemann habe sie während eines Klinikaufenthalts kennengelernt, nachdem sie von einer Beziehung in die andere geflüchtet sei. Die erste psychische Krise sei nach Ablösung vom Elternhaus eingetreten, damals mit ambulanter psychiatrischer Behandlung und massiver Gewichtszunahme unter Antidepressiva; im weiteren Verlauf stationäre Psychotherapie mit der Diagnose einer mittelgradig depressiven Episode und Verdacht auf abhängige Persönlichkeitsstörung; im weiteren Verlauf ambulante Psychotherapie und kurz vor Eintritt Beginn einer Paartherapie.

Zur persönlichen Anamnese des Kindes berichteten Mutter und Vater Folgendes: Die Schwangerschaft sei ungeplant gewesen, die Heirat sei wegen der Schwangerschaft erfolgt. Die Schwangerschaft sei von der depressiven Verstimmung der Mutter geprägt gewesen. Wegen Schwangerschaftsgestose Notfallsectio in der 36. Schwangerschaftswoche. Das Kind sei schon nach der Geburt untergewichtig gewesen. Die Mutter habe keine Freude über die Geburt des Kindes empfinden können, habe sich emotional leer gefühlt. Sie habe nicht gestillt, aber Milch abgepumpt. In den ersten Wochen sei die körperliche Entwicklung des Kindes noch normal gewesen, aber die Mutter habe immer eine große emotionale Distanz empfunden. Die Ernährung mit Kunstmilch sei anstrengend gewesen, aber darunter ausreichendes Gedeihen; begonnen habe die Fütterproblematik bei der Umstellung der Nahrung auf feste Kost.

C. zeigte bei stationärer Aufnahme eine kurze Aufmerksamkeitsspanne und ein hohes Bedürfnis nach Schlaf (bis zu 18 Stunden/Tag). Sie imponierte als pflegeleichtes Kind, suchte keinen Kontakt, beschäftigte sich häufig selbst wie schon in den ambulanten Mutter-Kind-Therapiestunden. Auf aktive Beziehungsangebote konnte sie eingehen, sie nahm Blickkontakt auf, lächelte, interagierte lebendig und explorierte angebotene Spielobjekte, war aber jeweils rasch erschöpft.

Körperlich bestand bei Eintritt Bedarf für Physiotherapie, wir legten außerdem fest, dass zusätzlich zu den wöchentlichen Visiten der Pädiater regelmäßige körperliche Untersuchungen stattfinden würden, um das Gedeihen und die motorische Entwicklung von C. ausreichend im Blick zu behalten.

Wir stellten bei Eintritt – nach Abschluss der Diagnostikphase – folgende Diagnosen und vereinbarten mit der Mutter für den stationären Aufenthalt die unten genannten Therapieziele.

Bei der Mutter diagnostizierten wir eine rezidivierende depressive Störung, gegenwärtig schwere Episode (ICD-10: F32.2), im Rahmen einer komplexen psychosozialen Belastungssituation. Die Diagnose des Kindes war eine Fütter- und Gedeihstörung (ICD-10: F 98.2) bei allgemeiner Entwicklungsverzögerung, insbesondere grobmotorischen Auffälligkeiten (asymmetrisches Robben, Spitzfußstellung, kein Drehen in Bauch-Rückenlage: F 82). Bezüglich der Mutter-Kind-Interaktion diagnostizierten wir eine schwere Störung mit ausgeprägter körperlicher und emotionaler Distanz seitens der Mutter.

Als Therapieziele bei Eintritt formulierten wir mit der Patientin den Aufbau einer emotionalen Beziehung zu ihrer Tochter; betreffs des kleinen Mädchens die Verbesserung der Fütter- und Gedeihstörung sowie eine Aktivierung mit Aufholen der Entwicklungsverzögerung. Die Mutter selbst wünschte für sich eine Verbesserung ihrer Stimmungslage und den Wiedererwerb ihrer praktischen Fähigkeiten in Alltagsangelegenheiten. In der Beziehung zum Partner/ Kindsvater wünschte die Mutter ebenfalls eine Zunahme der Nähe.

Der stationäre Behandlungsverlauf umfasste drei zentrale Phasen, die im Folgenden geschildert werden.

1. Mutter/Eltern-Kind-Interaktionstherapie   (direktiv-psychodynamisch ausgerichtet)
2. Psychotherapie der Mutter und Paartherapie, Entwicklungsförderung des Kindes
3. Stabilisierung der Mutter/Eltern-Kind-Beziehung; Triangulierung.

1) Mutter/Eltern-Kind-Interaktionstherapie

Beim Einstieg in die stationäre Mutter-Kind-Therapie äußerte die Mutter traurige und anklagende Sätze wie: »Es ist schon verrückt, dass es zuerst meinem Kind schlecht gehen musste, damit jemand merkt, dass mit mir etwas nicht in Ordnung ist.« Die Patientin ließ sich auf die therapeutische Beziehung zwar ein, wirkte teilweise aber fast wie eine Konkurrentin ihres Kindes. Die gleichschwebende Aufmerksamkeit gegenüber Mutter und Kind war für die Therapeuten deshalb absolut zentral. Fast täglich äußerte sie, die Verantwortung für das Kind nicht mehr aushalten zu können, es sei ihr alles zu viel, sie würde sich am liebsten in ihr Bett zurückziehen wollen. In diesen Situationen war es hilfreich, die regressiven Wünsche der Mutter zu benennen und das Ausleben dieser Bedürfnisse im Alltag teilweise zu ermöglichen und damit zu integrieren (s. u.).

Der Körperkontakt zwischen Mutter und Tochter schien kurz nach Eintritt schon etwas enger als während der ambulanten Mutter-Kind-Therapiephase. Die Füttersituationen waren aber von motorischer Unruhe, sich Winden seitens des Kindes und Ausspucken des Breis geprägt. Die Mutter gab in den Füttersituationen rasch auf, delegierte das Füttern häufig an unser Pflegepersonal. Die Mutter lehnte C. teilweise heftig ab, wünschte sich wiederholt, C. ganz abzugeben, bspw. in eine Pflegefamilie. Gerade in solchen Zuständen äußerte sie häufig abrupt den Wunsch, C. sofort durch das Pflegepersonal betreuen zu lassen, da sie diese nicht mehr aushalte. Auch in diesen Momenten war es zentral, die Gefühle der Mutter spiegelnd zu benennen, sie zu unterstützen, zu entlasten und ihr dabei zu helfen, die teilweise aggressiven Impulse zu regulieren.

Im freien Spiel mit ihrem Kind zeigte sie große Unsicherheit, sie hatte keine Ideen, was sie mit ihrer acht Monate alten Tochter spielen könnte, fühlte sich dabei ratlos und leer. Sie sagte immer wieder, dass auch mit ihr niemand gespielt habe, es würden ihr deswegen keine Beschäftigungen einfallen.

Vor diesem Hintergrund stand die Verbesserung der Mutter-Kind-Interaktion im Vordergrund der ersten Behandlungsphase.

Durch hochfrequente Mutter-Kind-Interaktionstherapie wurde auf die Wahrnehmung der kleinen Tochter, das Einfühlen in deren Bedürfnisse und die Spielinteraktion fokussiert. Über ganz enge Begleitung durch die Bezugspersonen im Alltag bei den Füttersituationen, der Körperpflege und rund um die Einschlafsituation begannen wir mit Mutter und Kind auch im Alltag engmaschig zu arbeiten.

Während dieser ersten Therapiephase wurde durch wöchentliche pädiatrisch/psychiatrische Visiten, regelmäßigen Absprachen im Team und engen Austausch zwischen Mutter-Kind-Therapeutin, Psychotherapeutin, Spezialtherapeutinnen und Bezugspersonen immer parallel in allen spezifischen Therapieangeboten am Behandlungsfokus gearbeitet. Im Folgenden werden die zentralen therapeutischen Aspekte genauer betrachtet.

Über entwicklungspsychologische Aufklärung, das gemeinsame Beobachten der Exploration des kleinen Mädchens und das Üben von altersadäquaten Spielen im Rahmen der ersten Mutter-Kind-Therapiestunden begann sich die

Mutter über kurze Zeitspannen mit ihrer Tochter wohler zu fühlen, ihre innere Anspannung, der innere Stress nahmen ab. Der Mutter gelang es in ihrer entspannteren Verfassung, die Signale ihrer Tochter feinfühliger wahrzunehmen und darauf einzugehen. In der weiteren Mutter-Kind-Therapie, aber auch der Psychotherapie der Mutter ging es psychodynamisch um das Containing der Selbstwert- und Schuldgefühle, die Nähe-Distanz-Problematik der Mutter und den Glauben an die eigene Potenz als gute Mutter. Kurze Momente der Begegnung wurden durchgängig spiegelnd positiv verstärkt und von der Mutter als Aufwertung ihrer Mütterlichkeit erlebt.

In den gemeinsamen Spielstunden mit C. fokussierten wir auf die mütterliche Neugierde beim Beobachten des kindlichen Explorierens (Watch wait and wonder, Cohen et al., 2006). Die Mutter begann C. mehr Aufmerksamkeit zu schenken. Gemeinsam begleiteten wir die Spielinteressen des Kindes, die Mutter erhielt fortlaufend Anleitung bezüglich der Wahrnehmung der kindlichen Signale und »beschreibender Sprache« (nach G. Downing, 2001). Sie erlernte Beruhigungstechniken und begann, immer adäquater auf die Signale ihrer Tochter Antwort zu geben. Beispielsweise gelang es der Mutter zunehmend, das Vokalisieren ihrer Tochter völlig adäquat und unter Blickkontakt mit einem Lächeln zu beantworten, auch erkannte sie häufiger, für was C. sich gerade interessierte und lernte deren Beschäftigungen mit der Sprache zu begleiten. Die Mutter wurde seitens der Therapeutin ihrem Kind gegenüber in den Spielstunden als immer mütterlicher und fürsorglicher wahrgenommen, was ihr auch rückgemeldet wurde und was sie sehr entlastete. Mittels Videointeraktionstherapie konnte die Mutter erkennen, wie positiv ihre Tochter auf die mütterliche Zuwendung reagierte (Blickkontakt, Lächeln, aktive Suche nach körperlicher Nähe), was sie emotional stark berührte und den positiven Verlauf konstruktiv verstärkte. Insbesondere die Videoaufnahmen, in denen die Kindsmutter ihre positive Begegnung mit ihrer Tochter auf dem Bildschirm konkret sehen konnte, verstärkten auch die Selbstaufwertung der Patientin als Mutter.

Wir betonten zudem die guten Selbstregulationsfähigkeiten des kleinen Mädchens, ihr ruhiges, freundliches Temperament, ihre Strategien, sich so gut selbst beschäftigen zu können, was auf die Mutter zusätzlich aufbauend wirkte (Selbstobjektfunktion).

Bedeutsam war die parallel zur klinisch beobachtbaren positiven Veränderung im Zusammensein mit C. weiterhin vorhandene innere Entwertung der

Mutter, so dass es wichtig war, ihre positiven Ressourcen spiegelnd zu verstärken, ohne in Situationen zu geraten, wo die »besseren Mütter« (Fachleute) auf der Station bei der Kindsmutter tiefgreifende Selbstwertprobleme auslösten. Gerade hinter ihrer anklagend-vorwurfsvollen Haltung versteckte sich häufig die Angst, dass alle anderen Bezugspersonen die besseren Mütter wären, C. besser verstehen und adäquater mit ihr umgehen würden. In der Interaktionsbegleitung im Alltag bedeutete dies, immer die Mutter anzuleiten, zu stützen und zu stärken, bis zum Erreichen der sich stellenden Aufgabe, anstatt ihr diese abzunehmen und C. bspw. selbst zu füttern, zu wickeln oder zum Schlafen zu bringen. Dies war teilweise sehr schwierig, v. a. wenn die Mutter gleichzeitig vermittelte, man »nehme ihr zu wenig ab«. Über wiederholte Reflektion solcher Alltagssituationen mit sich widersprechenden, verwirrenden Emotionen (auch in der Gegenübertragung) begann die Mutter, ihre eigenen Emotionen in ihrer verwirrenden Gleichzeitigkeit besser wahrzunehmen und zuzulassen, ohne diese über Entwertung der einzelnen Mitarbeiter ausagieren zu müssen. Abgespaltene, dissoziierte Selbstanteile der Patientin konnten dadurch langsam integriert werden.

Die Fütterstörung, welche durch unser Fachpersonal in den betreuten Zeiten schon zurückgegangen war, trat nun im weiteren Verlauf auch in Mutter-Kind-Füttersituationen in den Hintergrund. Ihre Tochter auf dem eigenen Schoß haltend und erlebend, wie diese sich füttern ließ, ohne auszuspucken, war für die Mutter ein weiterer Erfolg, was sie als riesige Freude und große Entlastung erlebte.

Neue Entwicklungsschritte ihrer Tochter konnte sie nun auch als narzisstische Aufwertung betreffs ihrer wachsenden Mütterlichkeit für sich verarbeiten. Das langsam wachsende Verständnis rund um die Entwicklung ihrer Tochter, die mütterlichen Erfolgserlebnisse in der Bewältigung von Alltagsaufgaben, insbesondere beim Füttern, und die positiven Rückmeldungen in den einzelnen Therapien, aber auch bezogen auf konkrete eigene Erfahrungen als gute Mutter lösten bei der Mutter neue, tiefgreifende Gefühle für ihre Tochter aus. Sie begann, Emotionen für ihre Tochter zu entwickeln, die sie beglückten, was sie auch dankbar verbalisieren konnte.

Der Kindsvater wurde in dieser Therapiephase durch Elterngespräche einbezogen, er erhielt die gleichen entwicklungspsychologischen Informationen und nahm diagnostische Vater-Kind-Interaktionsstunden wahr. Er imponierte als emotional stark belasteter Vater und Partner, der bislang wenig Präsenz gezeigt hatte, verfügte aber in der Vater-Kind-Interaktion über ausreichend gute Ressourcen betreffs intuitiver emotionaler Kompetenz und Feinfühligkeit.

Beeindruckend waren die Auswirkungen der veränderten Mutter/Vater-Kind-Interaktion und der ergänzenden Alltagsbetreuung auf die Entwicklung des Mädchens. Die Fütterstörung trat in den Hintergrund, damit begann sie auch besser zu gedeihen. Sie war viel wacher, schlief deutlich weniger, sie initiierte mehr Blickkontakt zu anderen Personen, auch zu ihren Eltern, ihre Aufmerksamkeitsspanne stieg. Sie lachte mehr und körperliche Nähe zur Mutter wurde auch seitens C. häufiger gesucht. In ihren Wachphasen verlangte sie aktiv mehr Aufmerksamkeit. Insbesondere im motorischen Bereich entwickelte sie sich rasant, begann sich zu drehen und robbte bald durch die Station.

Im Rahmen der Elterngespräche benannten beide Partner Probleme im Kontext Rollenbilder als Mutter/Vater, Bewältigung der Elternschaft, aber auch gegenseitige massive Entwertungen als Frau/Mann und den Problembereich Sexualität.

Wir entschlossen uns deshalb zu einer Aufteilung der Arbeit mit dem Elternpaar; im weiteren Verlauf erhielten die Eltern regelmäßige wöchentliche Eltern-Kind-Therapien mit dem Fokus Aufbau einer befriedigender Elternschaft und Triangulierung. Parallel dazu fanden in größeren Abständen Paargespräche statt, in denen die Paardynamik inhaltlich bearbeitet wurde.

Insgesamt trat nun im weiteren Verlauf neben der deutlichen Zustandsverbesserung von C. und dem zu beobachtenden Beziehungsaufbau von Mutter und Tochter die intrapsychische Ambivalenz der Mutter in den Vordergrund. Auf der Eltern-Kind-Ebene war zwar eine weiterhin hohe Motivation, eine gute Mutter zu werden, spürbar, gerade aber die höhere Aktivität von C. und die daraus resultierende Belastung im Alltag triggerte bei der Mutter ihren Nähe-Distanz-Konflikt, das stärkere Wahrnehmen ihrer eigenen Pathologien und der Probleme auf der Paar-/Elternebene.

2. Psychotherapie der Mutter, Entwicklungsförderung des Kindes und Paartherapie

Im weiteren Verlauf traten die psychodynamisch orientierte Mutter-Kind-Therapie, die psychotherapeutische Arbeit mit der Mutter und die Paardynamik/-therapie in den Vordergrund. C. zeigte parallel dazu weiterhin eine positive Entwicklung in allen Bereichen (Aufmerksamkeit, Exploration, Kontaktaufnahme, Essen, Entwicklung, Fein- und Grobmotorik). Die Mutter und C. erhielten im Alltag weiterhin viel Unterstützung vom Team, was die Basis für eine anhaltende Entwicklungsförderung darstellte. Der Vater übernahm parallel dazu stärker elterliche Aufgaben. Er beteiligte sich aktiver an der Versorgung von C., wickelte oder fütterte sie und verbrachte im Alltag mehr Zeit mit ihr, teilweise auch allein (am Wochenende), um die Mutter zu entlasten.

Im Rahmen der Einzelpsychotherapie zeigte sich die Patientin zunächst als offen, zugewandt und hilfesuchend. Anfangs imponierte eine positiv mütterlich versorgend und fürsorgliche Beziehung von der Therapeutin zur Mutter, die behandelnde Kollegin empfand eine starke Identifikation mit der frühen Verlassenheit und Vernachlässigung der Patientin durch ihre Mutter (Eltern). Die Therapeutin geriet in eine aktiv erklärende Rolle, die Patientin zeigte sich hilflos, bedürftig, passiv, gleichzeitig aber auch fordernd. Im Fokus der Therapie standen zuerst die Bearbeitung des negativen Selbstbildes und die Selbstwertstabilisierung. Hilfreich dabei waren die vorausgegangenen positiven Erlebnisse als Mutter und positive Beziehungen auf der Station zu verschiedenen Mitarbeitern und auch zu Mitpatienten. Im weiteren Verlauf zeigten sich starke Somatisierungstendenzen. Innere Affekte wie bspw. Ärger, Wut oder Trauer konnte sie nicht reflektieren und bearbeiten, sondern versank in körperlichen Symptomen, welche sie ins Bett zwangen und sie damit auch von der selbst erwarteten Verantwortungsübernahme (gerade auch in der Betreuung ihrer Tochter) schützten. Im Zusammenleben mit den Mitpatienten auf Station auftretende banale Konflikte, bspw. Vorwürfe wegen nicht aufgeräumter Gläser oder Tassen, erlebte sie als massive Entwertung und reagierte auch darauf mit starken körperlichen Symptomen, bspw. Schwindel. Im interaktionellen Raum begann die Patientin zu agieren, insbesondere durch massive Entwertung oder aggressive Eskalation in der Paarsituation. Auf der Station verbündete sie sich mit anderen gegen eine ältere Mitpatientin, die ihr immer wieder »Erziehungstipps« gegeben hatte, und entwertete diese nun massiv. Mit ihrem Partner kam es an vielen Wochenenden zu massiven Streitereien, auch gegenseitigen aggressiven Tätlichkeiten, wobei sie nun Verantwortung und Schuld auf ihren Partner externalisierte und gleichzeitig ihm gegenüber die Ambivalenz zwischen Sehnsucht nach Nähe (auch körperlich) und Trennungsabsichten thematisierte. In einer kurzen Phase von aufkommender Suizidalität schien sie erfüllt von Hass gegen Andere und sich selbst, so dass sie nicht mehr leben wollte, sie wandte die Aggression gegen ihr Selbst. In der Psychotherapie tauchten zunehmend Verwirrung, Nichtverstehen, Misstrauen als Gegenübertragung auf, die therapeutische Beziehung kippte zwischen Beschwichtigen, Harmonisieren, Nähe und der Angst vor Beziehungsabbruch im therapeutischen Kontext (projektiv identifikatorische Mechanismen). In dieser Therapiephase zeigten sich deutliche strukturelle Defizite der Patientin im Bereich der Selbstwahrnehmung, der Selbststeuerung und im Bereich der Objektwahrnehmung. Es wurde in diesem Kontext die erweiterte Diagnose kombinierte Persönlichkeitsstörung mit abhängigen und emotional instabilen Bezügen gestellt.

In der Therapie wurde deshalb der Fokus auf die Verbesserung der strukturellen Fähigkeiten gelegt. Ausgehend von den Konflikten zwischen der Patientin und Mitpatienten oder zwischen Patientin und Ehemann wurde mit ihr an der Verbesserung der Selbst-Objekt-Differenzierung gearbeitet. Sie begann sich selbst und andere im Kontext der verschiedenen Therapien klarer wahrzunehmen und sich besser in Andere einzufühlen (Mentalisierung). Über die alltäglichen Beziehungserfahrungen und das Erweitern der Selbst- und Fremdwahrnehmung im einzel- und gruppentherapeutischen Kontext entwickelte sich langsam eine stabilere Wahrnehmung der eigenen Interessen und Wünsche, darüber eine Stabilisierung des Selbstbildes. Intensiv wurde auch an Fähigkeiten zur Selbstwertregulation und der Fähigkeit zur Aufrechterhaltung von eigenen Interessen in Beziehungen gearbeitet. Vor allem die Beziehung zu unserem Fachpersonal nutzte die Patientin, um eigene Interessen auch zu formulieren, wodurch sie neue Interaktionserfahrungen machte, da diese gehört wurden und daraus Veränderungen resultierten (bspw. gewünschter Umzug in ein anderes Zimmer, individuell verlängerte Kinderbetreuung durch Fachpersonen).

Weitere einzeltherapeutische Schwerpunkte waren das Wahrnehmen und Differenzieren eigener Affekte und die Verbesserung des Affektausdrucks. Im Rahmen der Somatisierung und über die Erfahrung von körperlicher Zuwendung im Kontext ihrer Symptome und gleichzeitigem Interesse an ihrer inneren Welt, ihren Gefühlen und Wünschen war zunehmend eine Desomatisierung des Affekts und eine Verbalisierung mit Integration der ambivalenten Anteile möglich.

Der im Verlauf der Mutter-Kind-Therapie zunehmend deutlich gewordene Grundkonflikt zwischen Nähe und Distanz, die intrapsychische Ambivalenz zwischen diesen Polen, welche sich auch in anderen bedeutsamen Beziehungen der Mutter lebensgeschichtlich gezeigt hatten, geriet nun in den therapeutischen Fokus. Die parallel vorhandene Motivation der Mutter, ihre Tochter in ihrer Nähe haben zu wollen, und gleichzeitig der überflutende Wunsch, sie wegzugeben, konnte nun psychodynamisch verstanden und bearbeitet werden. Parallel dazu trat die Paardynamik in den Vordergrund.

Im Rahmen der Paartherapie konnte die Mutter nun auch eigene Affekte differenzierter formulieren, Wünsche und eigene Bedürfnisse (auch sexuell) konnten neu wahrgenommen und belebt werden. Gleichzeitig ließ sich die Spaltung zwischen Verliebtheit und Entwertung des Partners bearbeiten. Im Rahmen der Einzeltherapie kam es immer wieder zu Verwirrungen zwischen katastrophisierenden Szenarien und Ignorieren. Auch die teilweise zu beobachtende fehlende emotionale Resonanz konnte zum Verstehen des inneren Erlebens der Patientin genutzt werden. So verknüpfte sie Trennungsphantasien vom Partner in der einen Stunde mit Angst vor einem Zusammenbruch ihres zukünftigen Lebens und vollkommener Hoffnungslosigkeit, während sie in anderen Stunden die gleichen Phantasien emotional unberührt, resonanzlos mitteilen konnte. Zunehmend gelang es, lebensgeschichtliche Zusammenhänge zu den aktuellen Gefühlen und Konflikten der Patientin herzustellen. Der Nähe-Distanz-Konflikt konnte von der Patientin vor dem Hintergrund ihrer Kindheitserfahrung (Trennung vom und Rückkehr zum – schlagenden – Vater bei gleichzeitiger emotionaler Vernachlässigung durch die Mutter) verstanden werden. Die katastrophisierenden Gefühle einerseits, die emotionale Unberührtheit anderseits erkannte die Patienten als bekannte divergierende, verwirrende Gefühle aus der Kindheit im Kontext der massiven elterlichen Streitereien.

Weiter verhalfen der Patientin die Paargespräche, aber auch die Gruppentherapien[2] zu Erfahrungen der Differenz zwischen eigenem Erleben und dem Erleben der Anderen. Konkrete Erlebnisse oder Konflikte konnten in der Paar- oder Gruppentherapie aus verschiedenen Perspektiven besprochen werden, was der Patientin zusätzlich half, Selbst- und Fremdwahrnehmung noch differenzierter zu trennen. Sie erlernte in diesen Therapien Strategien, sich selbst einzubringen und eine neue Abgrenzung zwischen Erwartung des Anderen und eigenen Wünschen vorzunehmen. Vor allem im Rahmen der stationären Gruppentherapien erprobte sie, eigene Standpunkte/Meinungen zu vertreten und

---

[2] Gruppentherapien = Bewegungsgruppe, Musikgruppe oder Gestaltungsgruppe, Elterngruppe, Klein- und Großgruppe.

sich auch mit schwierigen Selbstanteilen zu zeigen. Das Erleben, über eigene Mitteilungen gehört und ernst genommen zu werden, bspw. die Gruppe bei der Gestaltung eines Gruppenbildes beeinflussen zu können, oder die Gruppe dazu zu bringen, über ein für sie interessantes oder belastendes Thema zu sprechen, war für die Patientin neu, aber wohltuend. Gerade ihre immer häufiger gemachte Erfahrung, Wünsche im Alltag besser realisieren zu können, wenn sie diese benennt und sich dafür einsetzt, bauten den Selbstwert der Patientin weiter auf und ermöglichten ihr neue Erfahrungen im Sinne von Selbstwirksamkeit.

Auch auf der Paarebene gelang es, über die regelmäßigen Paargespräche und einen gemeinsam erarbeiteten Deeskalationsvertrag zunehmend Grenzen zu setzen und diese einzuhalten. An den Wochenenden kam es zwar immer noch zu Streitereien, diese konnten aber verbal ausgetragen werden, da beide die Vertragsbedingungen einhalten konnten.

Das Paar setzte sich mit Fragen der Trennung auseinander, gegenseitig wurde aber auch Verbindlichkeit und mehr Verantwortungsübernahme eingefordert, was sie als gemeinsames Problem definieren konnten. Zunehmend gelang es in den Paargesprächen, sich partnerschaftlich zu begegnen, eigene Wünsche zu formulieren und Erwartungen und Wünsche an den anderen adäquat zum Ausdruck zu bringen. Auch war es möglich, in den Paargesprächen zwischen dem Bedürfnis nach Offenheit und andererseits emotionaler Überforderung zu differenzieren. Beide begannen, sich besser in den jeweils anderen einzufühlen, und die Patientin arbeitete intensiv an der Übernahme von Verantwortung anstatt Projektion von Schuld auf den Ehemann. Diese Verantwortungsübernahme der Mutter in allen Beziehungen, insbesondere aber der Paar- und Mutter-Tochter-Beziehung führte zu mehr Stabilität in der Familie und die Mutter erlebte neu das innere Bedürfnis, um den Erhalt dieser Beziehungen aktiv zu kämpfen.

3. Stabilisierung der Mutter/Eltern-Kind-Beziehung; Triangulierung

Im Rahmen der Elterngespräche wurden parallel zu dieser Entwicklung durch Spielsituationen mit Mutter, Vater und Tochter triangulierende Erfahrungen möglich. Gleichzeitig konnten Alltagssituationen zu Hause mit den Eltern überdacht und neu strukturiert werden, so dass diese direkt darin mündeten, dass zu Hause neue Abläufe eingeführt wurden. Bspw. planten die Eltern neu, dass drei gemeinsame Mahlzeiten am Tisch, ohne TV, eingenommen werden, sie erarbeiteten einen »Ämtliplan«, der den jeweiligen Neigungen entgegenkam und den Stress rund um den Haushalt reduzierte, und sie planten jeweils »kinderfreie Zeiten« ein, in denen sie wieder Zeit für ihre partnerschaftliche Beziehung fanden. Entwertungen auf der Elternebene wurden jeweils angesprochen, konnten diskutiert und aufgelöst werden. In dieser Atmosphäre wurde C. auch im Zusammensein mit beiden neugieriger und explorierte mehr, sie entspannte sich psychomotorisch und triangulierte aktiv, indem sie ihren Blick abwechselnd Mutter und Vater schenkte. Die Eltern erlebten die Spielstunden zu Dritt im Verlauf zunehmend als bereichernd und empfanden gemeinsamen Stolz auf ihre Tochter und das erreichte Miteinander.

Nach dieser intensiven Phase der multiplen Therapien und dem vertieften psychodynamischen Verstehen der mütterlichen Konflikte vor ihrem lebensgeschichtlichen Hintergrund, v. a aber auf der Basis ihrer strukturellen und intrapsychischen Veränderungen im Rahmen des intensiven Therapieprozesses, gelang es der Mutter, sich ihrem Selbst immer mehr zuzuwenden, ihre Affekte besser wahrzunehmen und eigene Wünsche in allen Beziehungen zu verbalisieren. In dem Maße, wie sie sich ihrem Selbst näher hinwenden konnte, gelang es ihr auch, sich ihrer Tochter und ihrem Mann durchgängiger zuzuwenden. Sie übernahm deutlich mehr Verantwortung für ihre Tochter, zeigte kontinuierlicher Freude am Kind und am Miteinander. Auch dem Ehemann gegenüber war sie deutlich zugewandter, plante mit diesem eine gemeinsame Zukunft als Familie und arbeitete intensiv daran, weitere Ziele in der partnerschaftlichen Beziehung zu erreichen.

Die Reduktion der Ambivalenz zeigte sich im Alltag mit C. in ihrer Fähigkeit, ihre Tochter rund um die Uhr adäquat zu versorgen, sie brauchte kaum noch Interaktionscoaching, Fremdbetreuung wurde nur noch im strukturierten Rahmen unseres Settings angeboten, die Mutter hatte keine Bedürfnisse mehr, ihr Kind zusätzlich abzugeben.

C. war zu diesem Zeitpunkt eine gesunde Einjährige mit normalem Ess-, Schlaf- und Spielverhalten. Die motorische Entwicklungsverzögerung hatte sie aufgeholt, sie zeigte ein adäquates Bindungsverhalten (klinisch: sicherer Bindungstyp) zu beiden Elternteilen und imponierte mit einem sonnigen Temperament. In der Mutter-Kind-Interaktion war eine wahrhaftige, durchgängige Nähe zu beobachten, die beiden genossen das Zusammensein und auch eine sinnliche körperliche Nähe zu ihrer Tochter war nun spürbar.

Die Mutter erkannte die Signale des Kindes durchgängig feinfühlig und beantwortete diese adäquat. Sie erlaubte sich nun aber bewusst, auch eigene Bedürfnisse wahrzunehmen, und begann, den Alltag als Mutter so zu strukturieren, dass ihr auch Zeit für sich und den Partner blieb. Die massiven Interaktionsstörungen bei Eintritt waren überwunden.

Parallel dazu übte die Patientin Alltagsverpflichtungen als Hausfrau und Mutter sowie die Integration ihrer Tochter in diese Alltagsstruktur. Das in dieser Phase auftretende Fremdeln ihrer Tochter erlebte die Mutter als Beweis für das Erreichen des Eintrittsziels (Aufbau einer emotionalen Beziehung zwischen Mutter und Tochter).

Paardynamisch war die Partner- und Elternschaft wieder stabiler, die beiden erlebten harmonische Wochenenden mit Erfüllen der Haushaltspflichten, gemeinsamen Aktivitäten, aber auch Dreisamkeit, Zweisamkeit und befriedigender Sexualität.

Während dieser Phase konnten wir den Austritt bei optimistischer Prognose planen und ein ambulantes Netz mit Psychotherapie für die Mutter, Paartherapie für die Eltern und ambulante, aufsuchende Mutter-Kind-Therapie aufbauen. Die Mutter selbst legte großen Wert darauf, Fremdbetreuung (Babysitter, Kinderfrau, potenziell Hort) strukturell in den Alltag einzubauen, da ihr bewusst geworden war, dass sie diese »eigene Zeit« für sich und die Partnerschaft dringend benötigt.

Diskussion

Wie in dieser Fallvignette deutlich wurde, ist es bei manchen Patienten gar nicht so einfach, sie zu einem Eintritt zu gewinnen. Eintrittsmotivation ist häufig die Symptomatik des Kindes und/oder die von den Müttern gefühlte Problematik in der Beziehung zum Kind. Auch in unserem Fall war dies der Schlüssel zur Bereitschaft, sich gemeinsam mit der Tochter stationär behandeln zu lassen. Eine stationäre Behandlung ohne ihre Tochter wäre für die Patientin nicht in Frage gekommen. Die Probleme im Alltag mit der Tochter hatten lebensgeschichtlich betrachtet transgenerative Aspekte. Das mütterliche Erkennen dieser Wiederholung und der tiefe Wunsch, dies zu vermeiden, war die Wurzel der Motivation für eine stationäre Behandlung, da sie für ihre Tochter und für sich eine Veränderung wünschte und im Kontext der ambulanten Therapie daran zu glauben begann, dass dies möglich sein könnte. Wenn wir nun den stationären Behandlungsprozess rückblickend betrachten, können wir festhalten, dass ein stationärer Verlauf mit drei Therapieschwerpunkten stattgefunden hat: der Therapie der Mutter-Kind-Interaktion, der Therapie mit dem Kind und der Therapie mit der Mutter. Selbstverständlich wurde der Vater in seiner Rolle als Vater und Partner ausreichend systemisch einbezogen, ohne dass dieser im engeren Sinn eine eigene Therapie erhielt.

Verschiedene Tempi und Möglichkeiten der drei individuellen Entwicklungsprozesse ergaben sich aus den unterschiedlichen Ausgangspunkten und Bedürfnissen der drei Behandlungsschwerpunkte. Fachlich mussten verschiedene therapeutische Ansätze kombiniert werden (bspw. direktive Ansätze in der Mutter-Kind-Behandlung versus Abstinenzregel und Neutralität im Kontext der Einzel- und Paartherapie, Gruppentherapien). Der Patientin war es einerseits möglich, Regressionsprozesse zuzulassen, andererseits musste sie in der Elternfunktion ausreichend strukturell aktiv bleiben. Insgesamt können wir festhalten, dass die Aufteilung in verschiedene Rollen und Therapiefelder sowohl für die behandelte Familie als auch für unser Team eine hohe Anforderung an Integrationsleistungen stellte. Die parallel ablaufenden, notwendigen Integrationsprozesse befruchteten sich unserer Meinung nach gegenseitig und führten zu einer Zustandsverbesserung der einzelnen Familienmitglieder, wie im obigen Fall anschaulich dargestellt.

Die im Fallbericht getrennt geschilderten Therapiephasen, die im therapeutischen Alltag natürlich ineinander fließen, sich verzahnen und gegenseitig ergänzen, wiederholen sich ähnlich auch bei anderen Mutter-Kind-Fällen auf unserer Station. Die häufig zu Beginn dringend notwendige Mutter-Kind-Therapie, welche im Sinne einer Interactional Guidance durchgeführt wird und eher direktiv ist, entspricht einerseits dem Wunsch der Eltern, ist aber auch zentral für die Kinder, da meist große Defizite/Probleme in der Interaktion vorliegen, welche sich im Alltag durchgängig bemerkbar machen und die Entwicklung der Kinder blockieren. Nicht zuletzt fühlen sich die Eltern dadurch ernst genommen, dass sie zu Beginn an ihren eigenen Zielen in der Interaktion mit ihrem Kind arbeiten können, da gerade diese Schwierigkeiten und damit verbundene Schuldgefühle ursächlich für ihre hohe Eintrittsmotivation waren. Dieser erste Therapiefokus auf die Mutter-Kind-Interaktion wirkt sich im Verlauf meist sehr positiv auf das Kind aus, da es im Verlauf der Behandlung von seinen Eltern feinfühliger als eigene Person wahrgenommen und im Alltag begleitet wird. Der Aufbau einer adäquateren Mutter-Kind-Interaktion bietet den Kindern wiederum eine neue, sicherere Beziehungsbasis, von der aus sie explorieren und sich entwickeln können.

Erst in der zweiten Therapiephase steht die psychodynamisch orientierte Mutter-Säuglings-Psychotherapie, parallel zur mütterlichen Psychotherapie, mit Fokussierung auf die Ebene der elterlichen Repräsentationen und Reinszenierungen ungelöster Beziehungskonflikte aus der Biografie im Vordergrund. Die Fallgeschichte zeigt anschaulich, wie sehr sich in dieser Phase lebensgeschichtliche Beziehungsaspekte in allen wichtigen Beziehungen reinszenieren und wie damit in den verschiedenen therapeutischen Settings parallel gearbeitet werden kann.

Wir beobachten bei vielen Fällen, dass gerade die Erfolgserlebnisse in der ersten Therapiephase, insbesondere auch das Erleben der Mütter, dass es den Kindern in diesem Gesamtsetting, v. a. aber unter ihrer mütterlichen Begleitung, rasch besser gegangen ist, für die Mutter eine hohe Motivation darstellt, sich im weiteren Verlauf auch intrapsychisch, lebensgeschichtlich mit ihrer eigenen Problematik, aber auch ihren eventuell vorhandenen, strukturellen Störungen intensiv auseinanderzusetzen. Durch die neuen Interaktionserfahrungen im Alltag mit ihren Kindern sind sie bereit, sich auch mit Widerständen und Projektionen zu beschäftigen, die zu diesem Zeitpunkt bereits therapeutisch erkannt und angesprochen werden konnten. Sie verstehen, dass nur durch eine Aufarbeitung der Grundkonflikte und eine Integration verschiedener Selbstanteile, welche meist aus ihren eigenen lebensgeschichtlichen Beziehungserfahrungen resultieren, eine anhaltende Gesundung für die Beziehung zu ihren Kindern, aber auch für sie selbst möglich wird. Der Schwerpunkt der zweiten Therapiephase liegt deshalb auf der intrapsychischen Dynamik und allfälligen strukturellen Störungen bei der Mutter und deren Auswirkungen auf die Beziehung zum Kind und zum Partner.

Der beschriebene Fall veranschaulicht sehr eindrücklich, wie die mütterlichen Grundkonflikte und die strukturellen Defizite (im Bereich Selbstwahrnehmung, Selbststeuerung und mangelnde Selbst-Objekt-Differenzierung) Einfluss auf die Beziehung zur Tochter nehmen, aber auch zum Ehemann, weswegen eine Paartherapie und Elternarbeit zu diesem Zeitpunkt parallel nötig waren. Gerade diese gleichzeitige Arbeit mit Familienteilsystemen bei gleichem Fokus ist ein zentraler Aspekt auf unserer Station, da wir glauben, dass eine Basis für anhaltende Veränderungen in der Familie so besser geschaffen werden kann. Die parallel dazu im Stationsalltag zur Verfügung stehenden Beziehungserfahrungen durch das Zusammenleben mit anderen Erwachsenen und die Übungsfelder im Kontext der Gruppentherapien unterstützen diesen Prozess. Die Kombination dieser Therapieschwerpunkte, in denen immer parallel in multiplen therapeutischen Konstellationen am Gleichen gearbeitet wird, ermöglicht nach unserer Einschätzung eine tiefgreifende Gesundung und ist damit sehr wirksam.

Bei älteren Kindern erfolgt bei Bedarf parallel eine kinderpsychiatrische Therapie (bspw. Spieltherapie), was bei unserem Fallbeispiel, bei dem noch unter einjährigen Kind, nicht notwendig war. Ebenso war neben der Physiotherapie keine pädiatrische Behandlung und/oder Fördertherapie erforderlich. Nicht zu unterschätzen ist aber, dass die Beziehungserfahrungen der Babys und Kleinkinder mit den gesunden Fachbezugspersonen auf der Station sowie die pädagogisch geführte Kinderbetreuung, im Sinne einer Kinderhortgruppe, ergänzend feinfühlige und anregende Beziehungserfahrungen ermöglichen, welche die kindliche Entwicklung und Gesundung im stationären Kontext unterstützen, so dass Defizite im weiteren Verlauf aufgeholt und Verhaltensauffälligkeiten abgebaut werden können.

Die letzte Therapiephase dient vor allem der Vertiefung des Erreichten und der Stabilisierung sowie der Vorbereitung auf den Alltag zu Hause. Vor dem Hintergrund neuer Interaktions- und Beziehungserfahrungen, nach dem Erkennen und Bearbeiten der für die Erkrankung verantwortlichen Defizite und Konflikte, geht es darum, diese Erfahrungen in den familiären Alltag zu übertragen. In der Familie können nun neue triadische Erfahrungen Raum einnehmen und die Zukunftsplanung mitprägen. Wichtig sind zu diesem Zeitpunkt die Vorbereitung eines dichten ambulanten Netzes und das Üben der Alltagssituation durch vorbereitende verlängerte Wochenenden am Ende der stationären Therapie.

Welche Antworten finden wir nun in der beschriebenen klinischen Fallvignette auf unsere Forschungsfragen?

Der Zustand der Mutter und des Kindes hat sich deutlich verbessert. Die Mutter ist bei Entlassung nicht mehr depressiv, sie verfügt über neue strukturelle Fähigkeiten und ein stärkeres Selbstwertgefühl. Das kleine Mädchen konnte als gesund entlassen werden. Eine positive Beziehung zwischen der

Mutter und dem Kind konnte aufgebaut werden, die mütterliche und väterliche Feinfühligkeit hat deutlich zugenommen. Die Mutter konnte nun durchgängig die Signale ihrer Tochter wahrnehmen, richtig interpretieren und zeitlich wie inhaltlich angemessen darauf reagieren. Die elterliche Belastung hat durch die gewonnenen Fertigkeiten und die positive emotionale Besetzung des Kindes einerseits abgenommen, andererseits hat die kindliche Aktivität zugenommen, was eine neue Belastung darstellte und einer strukturellen Integration in den Alltag bedurfte (Babysitter, Fremdbetreuung).

Zu diskutieren bleiben nun die Vorteile der stationären, gemeinsamen Behandlung der Mütter mit ihren Kindern.

Wir glauben, dass ausgehend von der intensiven Interaktionstherapie neue korrigierende Interaktionserfahrungen möglich sind, welche sich auf allen Beziehungsebenen Mutter-Kind, Vater-Kind, Mutter-Vater, Eltern-Kind positiv auswirken. Die Mutter/Eltern-Kind-Therapie ist damit ein Kernstück der stationären Behandlung, welche unseres Erachtens nur im stationären Rahmen in dieser Intensität und fachlichen Vielfältigkeit angeboten werden kann.

Auch die Kombination der zu Beginn eher direktiven Eltern-Kind-Interaktionstherapie mit einer im Verlauf immer stärkeren Ausrichtung auf psychodynamisch ausgerichteter Psycho-/Paar- und Eltern-Kind-Therapie ist unserer Meinung nach sehr konstruktiv, da die Compliance und die anhaltende Motivation zur stationären Therapie meist über längere Zeit bestehen bleibt und zum Behandlungserfolg wesentlich beiträgt. Gerade die Gleichzeitigkeit der unterschiedlichen Therapieangebote mit hoher Diversität bei gemeinsamen Foki mag für die Familien zu Beginn der stationären Behandlung anstrengend und verwirrend sein, führt aber im Verlauf zu einer umfassenden und anhaltenden Veränderung im Familiensystem und in den familiären Teilbeziehungen. Nicht zuletzt fördert die Integrationsleistung im stationären Team den Verständnis- und Gesundungsprozess. Das im beschriebenen Fall notwendige Holding und die Integration heftiger, ablehnender Affekte (welche auch in emotionale Vernachlässigung, körperliche Misshandlung und/oder daraus resultierender Fremdplatzierung münden könnten) bei gleichzeitiger adäquater Betreuung des Kindes durch Ersatzbezugspersonen stellen eine nur im stationären Rahmen mögliche Behandlungsoption dar. Diese erlaubt, dass die Eltern-Kind-Beziehung nicht unterbrochen werden muss (bspw. durch Fremdplatzierung), sondern im Gegenteil gerade auch die destruktiven, pathologischen Beziehungsaspekte differenziert wahrgenommen und in der wie im beschriebenen

Fall geschilderten Art und Weise behandelt werden können, ohne dass das Kind darunter leidet. Abschließend können wir festhalten, dass unsere bisherigen klinischen Erfahrungen insgesamt sehr ermutigend sind. Durch die gemeinsame Behandlung können Trennungen von Eltern und Kindern vermieden werden, die Eltern-Kind-Bindung bleibt erhalten und kann direkt im sozialen und therapeutischen Kontext der Station gefördert werden. Wenn es den Eltern gelingt, im Umgang mit ihrem Kind wieder positive Gefühle und elterliche Kompetenz zu erleben, steigt die Bereitschaft, elterliche Projektionen und dysfunktionale Interaktionsmuster zu erkennen und zu verändern, rasant, ebenso wächst die Motivation, sich mit der eigenen Problematik im Rahmen der angebotenen Einzel-, Paar- und Gruppentherapien zu beschäftigen. Die einzelnen Behandlungsmodule ergänzen sich thematisch und greifen ineinander. Im Sinne systemischer Theorien beeinflussen intrapsychische Veränderungen beim Kind oder dem Elternteil direkt deren Beziehung, aber auch die intrapsychische Verfassung der anderen Familienmitglieder bzw. das gesamtfamiliäre System.

Die Kinder gesunden, werden selbstsicherer, holen Entwicklungsdefizite auf und allfällige bei Eintritt vorhandene Symptome oder Verhaltensauffälligkeiten gehen zurück. Die Mütter lassen sich intensiv auf die stationären Therapieangebote ein, finden neue Zugänge zu ihrem Selbst, welche eine anhaltende Zustandsverbesserung initiieren. Damit verändert sich die Interaktion grundlegend, wodurch die Basis für den dauerhaften Aufbau einer sicheren Bindung gelegt ist. Wir glauben, dass eine solch Verbesserung der Symptome, Verhaltensauffälligkeiten und Störungen bei den einzelnen Familienmitgliedern und in deren Beziehungen (Dyade, Triade) durch die oben beschriebene Gleichzeitigkeit der unterschiedlichen Therapieangebote mit hoher Diversität bei gemeinsamen Foki im Rahmen einer gemeinsamen stationären Behandlung umfassender erreicht werden kann.

Vor dem Hintergrund der täglichen positiven Erfahrungen mit unseren Patienten warten wir gespannt auf die Forschungsergebnisse und hoffen, dass unsere klinischen Einschätzungen durch die objektiven Forschungsergebnisse bestätigt werden. Dies könnte die Basis für einen weiteren Ausbau des stationären Eltern-Kind-Therapieangebots an unserer Klinik sein.

Literatur

Bowlby, J. (1989): Bindung, Historische Wurzeln, theoretische Konzepte und klinische Relevanz. In: Spangler, G./Zimmermann, P. (Hrsg.): *Die Bindungstheorie. Grundlagen, Forschung und Anwendung.* Stuttgart: 17-26.

Clüders, B./Deneke, C, (2001): Präventive Arbeit mit Müttern und ihren Babys im tagesklinischen Setting. *Prax Kinderpsychol Kinderpsychiat,* 50: 552-559.

Cohen, N. J./Lojkasek, M./Muir, E. (2006): Watch, Wait, and Wonder: An Infant-Led Approach to Infant-Parent Psychotherapy. *Newsletter of the World Association for Infant Mental Health,* 14.

Downing, G./Ziegenhain, U. (2001): Besonderheiten der Beratung und Therapie bei jugendlichen Müttern und ihren Säuglingen. In: Suess, G. J./Scheuerer-Englisch, H./Pfeifer, W. K. (Hrsg.): *Bindungstheorie und Familiendynamik.* Gießen: 271-295.

Finzen, A. (1997): *Der Verwaltungsrat ist schizophren.*

Fricke, J./Fuchs, T./Weiss, R./Mundt, C./Reck, C. (2006): Mutter-Kind-Behandlung bei postpartalen Störungen im internationalen Vergleich. *Fortschr Neurol Psychiatr.,* 74: 503-510.

Gurny, R./Cassée, K./Gavez, S./Los, B./Albermann, K. (2006): *Kinder psychisch kranker Eltern: Winterthurer Studie.* Wissenschaftlicher Bericht.

Hartmann, H. P. (2001): Stationär-psychiatrische Behandlung von Müttern in der Psychiatrie. *Prax. Kinderpsychol Kinderpsychiat,* 50: 537-551.

Hornstein, C./De Marco, A./Rave, E./Schenk, S./Wortmann-Fleischer, S./Schwarz, M. (2003): Die Behandlung psychotischer Mütter in einer Mutter-Kind-Einheit. *Psychodynamische Psychotherapie,* 2: 113-121.

Hornstein, C. et al. (2004): Postpartale psychische Erkrankungen: Möglichkeiten einer stationären Mutter-Kind-Behandlung in der Psychiatrie. *Gyn,* 9: 288-292.

Janssen, P. L. (1987): *Psychoanalytische Therapie in der Klinik.* Stuttgart: 133-138.

Kilian, H./Abendschein, B./Wagner, B./Oelrich, C. (2003): Eltern-Kind-Behandlung in der Allgemeinpsychiatrie. *Der Nervenarzt,* 74: 779-784.

Mattejat, F. et al. (2000): Kinder psychisch kranker Eltern. *Nervenarzt,* 71: 164-172.

Mikoteit, T./Riecher-Rössler, A. (2008): Mutter-Kind-Behandlungsangebote in der Psychiatrie. *Nervenheilkunde,* 6: 513-519.

Papousek, M. (2000): Einsatz von Video in der Eltern-Säuglings-Beratung und Psychotherapie. *Prax Kinderpsychol Kinderpsychiat,* 49: 611-627.

Zimmermann, P./Spangler, G. (1999): Bindung im Lebenslauf: Determinanten, Kontinuität, Konsequenzen und künftige Perspektiven. In: Spangler, G./Zimmermann, P. (Hrsg.): *Die Bindungstheorie, Grundlagen, Forschung und Anwendung*. Stuttgart: 309-332.

Karl Heinz Brisch / Julia Quehenberger / Anne Budke
Brigitte Forstner / Christine Kern / Verena Menken

SAFE®-Spezial in Kinderkrippen zur Förderung einer sicheren Bindungsentwicklung von Säuglingen und Kleinkindern

SAFE® – Sichere Ausbildung für Eltern

Das Projekt »SAFE® – Sichere Ausbildung für Eltern« ist ein Trainingsprogramm zur Förderung einer sicheren Bindung zwischen Eltern und Kind. Bindungsstörungen und insbesondere die Weitergabe von traumatischen Erfahrungen über Generationen sollen durch das primäre Präventionsprogramm verhindert werden.

Das Modellprojekt läuft seit 2005 im Dr. von Haunerschen Kinderspital der Ludwig-Maximilians-Universität in München. Durch die Teilnahme an SAFE® soll es Eltern ermöglicht werden, die emotionalen Bedürfnisse ihrer Kinder – insbesondere im Hinblick auf die Bindungsentwicklung – besser wahrzunehmen und diese durch feinfühliges Interaktionsverhalten zu fördern. Dies ist die beste Grundlage für die Entwicklung einer sicheren Bindung zwischen Eltern und Kind.

SAFE® richtet sich an alle werdenden Eltern bis etwa zum 7. Schwangerschaftsmonat und wird bis zum Ende des ersten Lebensjahres in einer geschlossenen Gruppe durchgeführt; einzelne Eltern mit besonderen Belastungen können darüber hinaus auch weitere Hilfen im 2. und 3. Lebensjahr ihres Kindes erhalten.

Das SAFE®-Programm beinhaltet vier Module: ein pränatales und ein postnatales Seminarmodul, ein Feinfühligkeitstraining für die Eltern, eine Hotline sowie – bei Bedarf – eine Traumatherapie. Mit der Kombination dieser Angebote sollen sowohl gruppentherapeutische Effekte erzielt werden als auch individualtherapeutische Möglichkeiten genutzt werden.

SAFE® – Pränatale und postnatale Kurstage

SAFE® wird in Elterngruppen durchgeführt, die an vier Sonntagen vor der Geburt für Eltern angeboten werden und von zwei in dem Programm ausgebildeten Mentoren durchgeführt werden. Die Eltern sollten in der 20. bis 28. Schwangerschaftswoche sein, wenn die SAFE-Gruppe startet.

Inhalte der pränatalen Module sind: Phantasien, Hoffnungen und Ängste der Eltern, pränatale Bindung, Kompetenzen des Säuglings, Kompetenzen der Eltern, Eltern-Säuglings-Interaktion (mit Videodemonstration), Bindungsentwicklung des Säuglings, Vermeidung der Weitergabe von traumatischen Erfahrungen, Prävention durch Psychotherapie und das Erlernen von Stabilisierungsübungen.

Nach der Entbindung wird SAFE® durch Elterngruppen an sechs Sonntagen fortgeführt, die nach der Geburt beginnen (etwa 1. Lebensmonat, 2. Lebensmonat, 3. Lebensmonat, 6. Lebensmonat, 9. Lebensmonat, 12. Lebensmonat).

Inhalt der postnatalen Module sind: Informationen über die emotionale Entwicklung des Säuglings, Einbeziehung der elterlichen Erfahrungen, Video-Feedback-Training anhand individueller Videoaufnahmen, Beratung zur Bewältigung von interaktionellen Schwierigkeiten mit dem Säugling (Schlafen, Essen, Schreien), Information und Anleitung zur Entwicklung des Bindungs- und Explorationsverhaltens des Säuglings. Und es gibt viel Raum für eigene Fragen der Eltern.

Feinfühligkeitstraining

Neben dem Feinfühligkeitstraining an den Kurstagen werden auch Einzeltermine für individuelle Videoaufnahmen zu verschiedenen Situationen durchgeführt, beispielsweise beim Wickeln, Füttern, Spielen, Setzen von Grenzen. Dadurch entsteht die Möglichkeit einer direkten Rückmeldung zur Feinfühligkeit der Eltern in der Interaktion mit ihrem Kind durch die SAFE®-Mentoren.

SAFE®-Hotline

Das Vertrauensverhältnis, das die Eltern in dem Seminar zu den SAFE®-MentorInnen aufgebaut haben, wird dazu genutzt, den Eltern eine telefonische Hotline zur Beratung in Krisensituationen anzubieten. Diese Hotline ist eine »sichere Basis« für die Eltern, damit diese in akut schwierigen Situationen

(z. B. einem Schreianfall des Säuglings) zwischen den Kurstagen Information, Beratung und Unterstützung erhalten und somit in ihrer Entwicklung von elterlichen Kompetenzen sicherer werden können. Dabei ist der Vorteil, dass die SAFE®-MentorInnen die Eltern aus den Elterngruppen kennen.

SAFE®-Traumatherapie

Falls bei den Eltern Hinweise auf ungelöste traumatische Erfahrungen bereits durch die pränatalen Bindungsinterviews festgestellt werden, wird ihnen als viertes Modul von den SAFE®-MentorInnen die Vermittlung in eine fokale Traumatherapie angeboten, die eine pränatale Stabilisierungsphase und eine postnatale Bearbeitungsphase beinhaltet. Diese Therapie wird von niedergelassenen PsychotherapeutInnen durchgeführt, nicht von den SAFE®-MentorInnen selbst. SAFE® möchte damit präventiv eine Wiederholung eines erlebten, unverarbeiteten Traumas der Eltern mit dem eigenen Kind verhindern.

Hebammen, FrauenärztInnen, Kinder- und JugendlichenpsychotherapeutInnen, PsychotherapeutInnen, PädagogInnen, SozialpädagogInnen, KinderärztInnen, Kinderkrankenschwestern- und pfleger sowie ErzieherInnen werden zu SAFE®-MentorInnen ausgebildet. In München wie in weiteren Städten werden inzwischen SAFE®-Gruppen von ausgebildeten SAFE®-MentorInnen angeboten. Inzwischen sind bereits bis zu 3.500 SAFE®-MentorInnen ausgebildet worden.

Auswirkungen und Kontinuität frühkindlicher Bindungserfahrungen

Die Bindungsqualität eines Kindes ist die Basis der emotionalen Organisation eines Menschen und einer von mehreren Einflussfaktoren, die den weiteren Kompetenzaufbau beeinflussen. Bindung ist hiermit die erste Richtung der Kompetenzentwicklung (Grossmann /Grossmann, 2004/2012). Dies belegt eine große Anzahl von Untersuchungen. Sicher gebundene Kinder haben einen signifikant größeren Wortschatz, ein höheres sprachliches Niveau, einen Vorsprung im Spracherwerb und ein gutes Problemlösungsverhalten gegenüber unsicher gebundenen Kindern (Klann-Delius, 2002). Die sichere Bindung steht im Verlauf der Kindheit in Zusammenhang mit adäquatem, kompetenten

Sozialverhalten, positiver sozialer Wahrnehmung und hoher Impulskontrolle, Selbstregulation und Selbstwertgefühl. Sicher gebundene Kinder sind bei ihren Peers, ihren Gleichaltrigengruppen, beliebter, feinfühliger, kompetenter und pflegen mehr reziproke Freundschaften (Suess et al., 1992; Wartner et al., 1994) als unsicher gebundene Kinder. Kinder mit einer sicheren Bindung an ihre Bezugsperson haben eine höhere Frustrationstoleranz und sind gegenüber Respektpersonen folgsamer und gehorsamer als unsicher gebundene Kinder (Zimmermann, 1999). Kinder mit sicherer Bindungsgeschichte lösen zudem Konflikte selbstständiger und sind im Spiel phantasievoller, erfindungsreicher und ausdauernder beim Bearbeiten von Aufgaben als unsicher gebundene Kinder, deren Grundhaltung zudem weniger positiv ist als die der sicher gebundenen Kinder (Earl, 2009).

Sicher gebundene Kinder sind im Vergleich zu unsicher gebundenen Kindern signifikant weniger aggressiv, sind im Stande, auf Ressourcen (Mutter) zurückzugreifen, haben ein realistischeres Selbstbild sowie eine höhere Fähigkeit zur Konzentration, eine bessere Emotionsregulation (Spangler/Zimmermann, 1999) und ein situativ angemessenes, kompetentes Verhalten. Es konnte gezeigt werden, dass schon in der Kinderkrippe sichere Kinder weniger bzw. geringere Anpassungsprobleme an die neue Situation hatten als unsicher gebundene Kinder. Neben der signifikant positiven Wirkung der Bindungssicherheit auf die Selbstwirksamkeit und das Selbstkonzept von Kindern (De Wolff/van IJzendoorn, 1997) zeigen sichere Kinder im Alter von sechs Jahren signifikant weniger Verhaltensauffälligkeiten als gleichaltrige unsicher gebundene Kinder (Speltz et al., 1999; Sroufe et al., 1999; Boris et al., 2000; Dozier et al., 2008; Brisch, 2010; Brumariu/Kerns, 2010).

Inhaltliche Merkmale von SAFE®-Kinderkrippen

In den letzten Jahren hat der Ausbau der Kinderkrippenplätze in Deutschland kontinuierlich zugenommen. Auf diese Weise haben nicht nur die Eltern, sondern auch verstärkt das Betreuungspersonal der Kinderkrippen einen erheblichen Einfluss auf die Bindungsentwicklung der Kinder. Neben den Eltern können KrippenerzieherInnen zu wichtigen Bindungspersonen für die Kinder werden. Daher wird die Förderung einer sicheren Bindung sowohl zwischen

Eltern und Kind als auch zwischen KrippenerzieherIn und Kind als äußerst wichtig erachtet. Wie eine sichere Bindung zwischen Eltern und Kind als auch zwischen KrippenerzieherIn und Kind aufgebaut wird, erfährt das Fachpersonal von Kindertageseinrichtungen (im Folgenden weiterhin als KrippenerzieherInnen bezeichnet) in einer Ausbildung zur SAFE®-ErzieherIn. Diese findet in acht Seminareinheiten, auf vier bis fünf Abendtermine verteilt, statt.

Auf die Merkmale einer bindungsorientierten SAFE®-Kinderkrippe sowie auf Inhalte der Ausbildung wird im Folgenden eingegangen.

Für die Entwicklung einer sicheren Bindung zwischen KrippenerzieherIn und Kind hat feinfühliges Verhalten einen großen Einfluss. Es kann angenommen werden, dass feinfühlige KrippenerzieherInnen die Signale des Kindes wahrnehmen, diese richtig interpretieren und angemessen und prompt darauf reagieren. Angemessene Reaktionen der Bindungsperson auf die Bedürfnisse des Kindes bewirken bei diesem das Gefühl einer getragenen sicheren Bindung. Psychische Belastung und Stress des Kindes werden durch die Reaktion der Bindungsperson vom Kind leichter bewältigt.

Bindungsorientierte Krippenbetreuung beinhaltet weiterhin, dass es eine feste Betreuungsperson gibt, die von Beginn an konstant für bestimmte Kinder emotional verfügbar ist und somit eine sichere Basis für das Kind darstellt. Ist das Kind in einer ihm fremden Situation unsicher oder geängstigt, sucht es bei seiner Bezugsperson Schutz, Zuflucht und eine sichere Basis. Das Bindungssystem ist somit aktiviert, während zu diesem Zeitpunkt das Explorationssystem nicht mehr aktiv ist. Hat das Kind in seinem Bindungsbedürfnis Trost erfahren, ist es ihm wieder möglich, neugierig seine Umwelt zu erforschen, mit anderen Kindern in Kontakt zu treten und dadurch seinen Horizont zu erweitern (Feeney et al., 2013).

Um die Signale der Kinder feinfühlig zu beantworten und das Wechselspiel von Bindung und Exploration zu verinnerlichen, erhalten die KrippenerzieherInnen sowohl in der SAFE®-Ausbildung als auch individuell ein Feinfühligkeitstraining. Dieses bezieht sich auf Interaktionen zwischen der ErzieherIn und dem Kind, wie z. B. beim Wickeln, Füttern und Spielen. Weitere Schwerpunkte der Fortbildung sind der bindungsorientierte Umgang mit Schreien, Schlafenlegen sowie Trotzreaktionen bei den Kindern.

Mit jeder KrippenerzieherIn wird zudem durch eine SAFE®-MentorIn eine Bindungsdiagnostik mit dem Adult Attachment Projective Picture System (AAP) (George/West, 2011) durchgeführt, um sowohl Bindungsressourcen als auch mögliche unverarbeitete Traumatisierungen herauszufinden. Trifft Letzteres zu, wird der KrippenerzieherIn eine Traumatherapie empfohlen und es werden Kontaktadressen zu PsychotherapeutInnen ausgegeben.

Verschiedene Studien zeigen, dass es sich mindestens um einen Betreuungsschlüssel von 1 : 3 (Kinder : ErzieherInnen) handeln sollte, um feinfühlig auf die Bedürfnisse von Säuglingen und Kleinkindern eingehen zu können. Kinder aus Hochrisikofamilien profitieren ab einem Betreuungsschlüssel von 1 : 3, noch besser 1 : 2, von einer Betreuung in einer Kinderkrippe (Belsky, 2005; Friedman/Boyle, 2009; Brisch, 2013).

Eine besondere Bedeutung bekommt die feinfühlige Eingewöhnungsphase bei der Krippenbetreuung. In Trennungssituationen wird das Bindungssystem des Kindes aktiviert. Sicher gebundene Kinder reagieren in diesen Situationen gestresst, suchen körperliche Nähe zur Bindungsperson (etwa Mutter oder Vater) und können negative Gefühle zeigen. Eine bindungsorientierte Eingewöhnungsphase bedeutet, einen individuellen, an das jeweilige Kind adaptierten Übergang zu schaffen, bei dem die elterliche Bezugsperson anwesend ist. Diese dient ihrem Kind als »sicherer Hafen«, bis es zu einer weiteren Bindungsperson, der zuständigen KrippenerzieherIn, Vertrauen aufgebaut hat. Auf diese Weise kann es möglichst angstfrei und unbelastet die fremde Umgebung der Kinderkrippe explorieren und kennenlernen.

Weiterhin zeichnet sich eine bindungsorientierte »SAFE®-Kinderkrippe« durch die Schulung und Beratung der Eltern aus. Zu Beginn der Krippenzeit des Kindes wird mit allen Eltern eine Bindungsdiagnostik mit dem Adult Attachment Projective Picture System (AAP) durchgeführt. Auf diese Weise sollen die Erinnerungen an bedeutungsvolle Beziehungen in der eigenen Kindheit der Eltern erfasst werden. Zeigen sich hier unverarbeitete, traumatische Erlebnisse der Eltern, folgt eine Beratung sowie die Empfehlung, an einer (traumaorientierten) Psychotherapie teilzunehmen.

Außerdem erhalten die Eltern durch eine SAFE®-MentorIn ein Feinfühligkeitstraining und lernen die Vorteile einer bindungsorientierten Kinderkrippe kennen. Bei Problemen oder Konflikten mit den Kindern besteht die Möglichkeit der bindungsorientierten Beratung durch die SAFE®-MentorIn.

Bei Fragen der SAFE®-ErzieherInnen oder SAFE®-MentorIn können sich diese an die MitarbeiterInnen des SAFE®-Teams der Abteilung Pädiatrische Psychosomatik und Psychotherapie im Dr. von Haunerschen Kinderspital wenden, etwa auch über die SAFE®-Hotline.

Evaluierung des Programms

Ziele und Fragestellungen

Hauptziel des Projektes ist die Förderung einer sicheren Bindungsentwicklung der Krippenkinder. Hierzu werden in den SAFE®-Kinderkrippen die zuvor beschriebenen Inhalte und Methoden realisiert (nachfolgend Interventionsgruppen genannt), während andere Kinderkrippen im gleichen Stadtteil als Kontrollgruppe dienen. Die wichtigste Hypothese betrifft die Frage, ob der Anteil an sicher gebundenen Kindern in der Interventionsgruppe höher ist als in der Kontrollgruppe. Es wird weiterhin untersucht, ob Kinder, die zum Testzeitpunkt T1 (zu Beginn der Studie) als unsicher gebunden klassifiziert werden, von den Interventionen insofern profitieren, dass sie zum Testzeitpunkt T3 (neun Monate nach Eintritt in die Kinderkrippe) als sicher gebunden klassifiziert werden können. Es besteht demnach die Hypothese, dass durch SAFE® der Anteil unsicher gebundener Kinder signifikant gesenkt werden kann.

Design der Untersuchung

Interventionsgruppe und Kontrollgruppe
In der Interventionsgruppe (vorläufiger Stichprobenstand: n = 63 Kinder; n = 36 ErzieherInnen) werden die oben genannten Inhalte und Methoden realisiert, d. h., die ErzieherInnen erhalten eine Ausbildung zur SAFE®-ErzieherIn und die Eltern werden zusätzlich in bindungsorientierten Themen durch die KrippenerzieherInnen und SAFE®-MentorInnen geschult. Neben der Variable »SAFE®« und »kein SAFE®« kommt als weitere Variable »High Risk« und »Low Risk« hinzu. In einigen Kinderkrippen sind vor allem Kinder aus Hochrisikofamilien. Die teilnehmenden Eltern und ErzieherInnen der Kontrollgruppe (vorläufiger Stichprobenstand: n = 44 Kinder; n = 30 ErzieherInnen) erhalten nach Abschluss der Datenerhebung ebenso eine »SAFE® Spezial Krippen«-Schulung.

Datenerfassung und Messzeitpunkte

T1 (bei Eintritt der Kinder in die Kinderkrippe)
Eltern und Kind: Die elterliche Bindungsqualität wird an speziell mit den Eltern vereinbarten Terminen mit dem Adult Attachment Projective Picture Sys-

tem (AAP) erhoben. Es handelt sich beim AAP um ein projektives Verfahren, mit dem sich die Bindungsstrategie Erwachsener valide und ökonomisch erfassen lässt. Neben dem Aufwärmbild werden dem Probanden sieben weitere Bilder vorgelegt, die umrissartig gestaltete, bindungsrelevante Szenen zeigen, um so das Bindungssystem des Betrachters anzuregen. Zu jedem Bild erzählt der Proband eine Geschichte. Ist das Kind bei Eintritt in die Kinderkrippe bereits zwölf Monate alt, wird sein Bindungsverhalten im Fremde-Situations-Test (FST) (Ainsworth et al.,1978) beobachtet und per Video aufgezeichnet. Außerdem werden bei T1 noch folgende Parameter mit Fragenbogen erhoben: die Familiensituation, ein Fragebogen zur Diagnostik posttraumatischer Stresssymptomatik (PDS) (Ehlers et al.,1996), das Ausmaß an Depression mit dem Beck-Depressions-Inventar (BDI) (Hautzinger et al.,1994) sowie die Einschätzung körperlicher und psychischer Symptome mit der Symptom-Check-List SCL-27 (Franke, 1995).

ErzieherInnen: Die Bindungsqualität der ErzieherInnen wird ebenfalls mit dem Adult Attachment Projective Picture System (AAP) erhoben. Außerdem werden die ErzieherInnen gebeten, den PDS, BDI sowie SCL-27 auszufüllen.

T2 (vier Monate nach Eintritt in die Kinderkrippe)
Eltern und ErzieherInnen: Die Feinfühligkeit der Eltern und ErzieherInnen wird in kurzen Wickel-, Fütter- oder Spielinteraktionen videografiert, hierzu wird mit Mutter, Vater und BezugserzieherIn jeweils ein Video erstellt. Die Eltern und ErzieherInnen der Interventionsgruppe erhalten direkt im Anschluss daran fachliches Feedback und gegebenenfalls therapeutische Interventionen.

Mit Hilfe von Fragebögen wird bei den Eltern der elterliche Stress (Parental Stress Index; PSI) (Abidin, 1983) und eine Beschreibung der Mutter-Kind-Interaktionen (Infant Characteristic Questionaire; ICQ) (Bates et al., 1979) erhoben.

T3 (neun Monate nach Eintritt in die Kinderkrippe)
Eltern und Kind: Erneut wird die elterliche Bindungsqualität mit dem Adult Attachment Projective Picture System (AAP) erhoben. Außerdem wird das Bindungsverhalten des Kindes zur Mutter und – wenn möglich – auch zum Vater im FST beobachtet. Als Fragebögen werden BDI, SCL-27, PDS sowie zur Erhebung von Verhaltensauffälligkeiten beim Kind der CBCL (1,5-5) (Achenbach/Rescorla, 2001) eingesetzt.

ErzieherInnen: Bei den ErzieherInnen werden das AAP und ein FST mit den jeweiligen Bezugskindern durchgeführt. Als Fragebögen werden BDI, SCL-27, PDS sowie zur Erhebung von Verhaltensauffälligkeiten beim Kind der CBCL (1,5-5) eingesetzt.

Fallbeispiele

Krippenkind Jana (Name geändert)

Jana war bei Eintritt in die Krippe zwei Jahre und einen Monat alt. Die Eltern waren verheiratet, der Vater war in Vollzeit berufstätig, die Mutter wollte nach der Eingewöhnung von Jana in die Krippe wieder eine Teilzeitbeschäftigung aufnehmen.

Zum Testzeitpunkt einen Monat vor Eintritt in die Krippe, also mit genau zwei Jahren, zeigte Jana ein unsicher-vermeidendes Bindungsverhalten zu ihrer Mutter. Die Bindungsdiagnostik mit der Mutter zum selben Zeitpunkt im AAP ergab für sie einen Bindungsstatus »unresolved trauma and loss«. Im Gespräch wurde deutlich, dass die Mutter noch um eine erst kürzlich verstorbene Bindungsperson aus ihrer Familie trauerte, mit der sie viele Erinnerungen an eine glückliche Kindheit verband; außerdem belastete sie die Arbeitssituation ihres Mannes, der eventuell eine Stelle in einer anderen Stadt bekommen sollte. Dies hätte zur Folge gehabt, dass die ganze Familie hätte umziehen müssen, was sie als eine sehr unsichere Situation empfand. Diese löste bei ihr große Ängste aus. Auf Grund der vermuteten Psychodynamik im Kontext der mütterlichen Erlebnisse (unverarbeiteter Verlust, eventuell bevorstehender Umzug) und ihrer Ängste war zu erwarten, dass die Eingewöhnung von Jana in die Krippe schwierig werden könnte, da sich die Mutter hierbei auch phasenweise immer länger von ihrem Kind trennen müsste.

Die Bezugserzieherin von Jana stammt aus Osteuropa, dort hat sie eine pädagogische Ausbildung absolviert, die aber in Deutschland nicht anerkannt wurde, so dass sie die Ausbildung zur staatlich geprüften Kinderpflegerin absolvierte.

In der Bindungsdiagnostik (AAP) erhielt sie auch eine Klassifikation für »ungelöstes Trauma«. Einige der projektiven Bilder im AAP riefen bei ihr augenblicklich Trauer und Tränen hervor, und sie konnte nicht mehr weitererzählen. Nach dem AAP berichtete sie noch, dass sie in ihrer Kindheit oft sehr ungerecht behandelt wurde und dass sie sich im Moment durch die Erkrankung eines Familienmitglieds sehr stark belastet fühle.

SAFE®-Intervention: Nach der Auswertung der Bindungsdiagnostik wurden die Mutter und die Erzieherin jeweils noch einmal zu einem Einzelgespräch eingeladen und es wurde die Empfehlung ausgesprochen, eine Therapie zu beginnen, und ihnen angeboten, ihnen bei der Therapeutensuche zu helfen. Zusätzlich wurde von der Mentorin eine Psychoedukation und Aufklärung über stabilisierende Maßnahmen der Therapie/Traumatherapie durchgeführt.

Die Erzieherin suchte dann aktiv und auch mit Hilfe der SAFE®-Mentorin nach Beratung und Therapiemöglichkeiten, um eine Entlastung für sich zu finden.

Vor dem ersten Testzeitpunkt fanden die SAFE®-Krippenschulungen statt, bei denen diese Erzieherin sehr motiviert und engagiert war und viele Fragen zu dem Ablauf in ihrer Krippe hatte. Gleich während der Eingewöhnung hatte die Erzieherin deswegen Bedarf an der SAFE®-Hotline und Fachberatung durch die SAFE-Mentorin. Diese kam zum Beobachten und Feinfühligkeitstraining in die Krippe. Bei der Beobachtung wurde deutlich, dass Jana mehr und mehr Kontakt zur Erzieherin aufnahm und es häufig feinfühlige Interaktionen beim Buchvorlesen, Wickeln, Spielen, Essen und Tischdecken gab. Dies konnte die SAFE®-Mentorin jeweils nach der Beobachtungszeit der Erzieherin zurückmelden. Gleichzeitig konnte sie auch darauf hinweisen, dass es für den Aufbau einer sicheren Bindung zwischen Jana und ihrer Bezugserzieherin hilfreich sein könnte, wenn sich frühmorgens die Erzieherin besonders viel Zeit für feinfühlige Interaktionen mit Jana nehmen könnte, da zu diesem Zeitpunkt noch nicht alle Kinder in der Krippe seien. Gleichzeitig sollte sich die andere Erzieherin in der Krippe in ihrem Kontakt mit Jana zurückhalten oder sie an *ihre* Erzieherin verweisen, damit genügend Raum und Zeit für das Entstehen einer spezifischen Beziehung zwischen der Bezugserzieherin und Jana vorhanden sei. Die Eingewöhnungserzieherin war danach sehr beruhigt und konnte nun deutlicher erkennen, dass Jana sich tatsächlich immer öfter spezifisch an sie wendete, und sie konnte angemessen und prompt darauf reagieren. Das Ansprechen des Themas der Zusammenarbeit der beiden Erzieherinnen und der Förderung des spezifischen Aufbaus der Bindung zwischen Jana und ihrer Bezugserzieherin wurde von ihr als sehr hilfreich erlebt.

Nach dem ersten Testzeitpunkt konnten die Erzieherinnen in einer Gruppe, die Eltern in einer anderen Gruppe, das Angebot der »Ressourcenübungen« nutzen. An drei aufeinanderfolgenden Abenden mit Abstand von einer Woche wurden die Stabilisierungsübungen »Der sichere innere Ort« und »Der Tresor« angeleitet und durch Psychoedukation verschiedene Möglichkeiten der Aktivierung von Ressourcen im Alltag (wie Be- und Entlastung, Stressregulation) angesprochen und verdeutlicht.

    Weitere Themen der Erzieherin von Jana, die eine Begleitung erforderten, waren stressvolle Interaktionen, als Jana auf die Windel verzichten und an die Benutzung der Toilette gewöhnt werden sollte. Andere Konflikte entstanden bei Spaziergängen zu dem weit entfernten Spielplatz, wenn Jana nicht mehr laufen, sondern getragen werden wollte. Zu diesem Zeitpunkt fanden die drei SAFE®-Gruppensupervisionen im Abstand von jeweils vier Wochen in der Krippe statt. Jedes Mal konnte die SAFE®-Mentorin durch Informationen zu den jeweiligen Entwicklungsthemen von Jana (Autonomieentwicklung, psychosexuelle Entwicklung mit analer Phase) und durch die Vorgehensweise des Feinfühligkeitstrainings der Erzieherin von Jana zu mehr Sicherheit, Verständnis, Empathie, Mentalisierungsfähigkeit und einer für sie passenden Lösung verhelfen.

    Ebenso gab es während dieser Phase der SAFE®-Krippenbegleitung das Angebot für die Eltern, sich an vier Terminen mit den Themen der Entwicklung einer sicheren Bindung und der Feinfühligkeit auseinanderzusetzen. Janas Mutter nahm an diesen SAFE®-Elternschulungen sehr interessiert teil.

    Der zweite Testzeitpunkt der Krippenstudie fand vier Monate nach der Eingewöhnung statt. Dabei konnte die Erzieherin wählen, bei welcher Interaktion sie mit Jana gefilmt werden wollte. Es ergab sich eine Filmsituation mit der Sequenz: Ausziehen der Windel, Jana auf die Toilette setzen und anschließend mit ihr die Hände waschen. Die Filmaufnahme war die Grundlage, damit die SAFE®-Mentorin der Erzieherin ein positives Feedback geben konnte. In der Filmaufnahme fanden sich sehr viele Handlungen der Erzieherin, die als feinfühlig bezeichnet werden konnten.

    Am Ende des Krippenjahres fand der dritte Testzeitpunkt statt, bei dem die Erzieherin mit Jana in einen fremden Raum kam, um den Fremde-Situation-Test durchzuführen und auf diese Weise Janas Bindungsqualität in Bezug auf ihre Bezugserzieherin zu erheben. Das Ergebnis der Bindungsdiagnostik zeigte, dass Jana mit dieser, jetzt im Altern von inzwischen zwei Jahren und elf Monaten, ein sicheres Bindungsverhalten aufgebaut hatte.

Die Erzieherin selbst hatte während des Krippenjahres auch eine Therapeutin gefunden, zu der sie Vertrauen gefasst und bei der sie eine Therapie begonnen hatte.

Krippenkind Moritz (Name geändert)

Moritz war bei Eintritt in die Krippe 19 Monate alt, er hatte zuvor schon einmal eine andere Krippe besucht. Der Vater arbeitete in Vollzeit, die Mutter in Teilzeit bis 14 Uhr, danach holte sie Moritz von der Krippe ab.

Zum ersten Testzeitpunkt, einen Monat vor Beginn des Krippenbesuchs, hatte Moritz ein unsicher-ambivalentes Bindungsverhalten zu seiner Mutter. Er konnte sich nach der Wiederkehr der Mutter nach einer kurzen Trennung in der Untersuchung mit der Fremden-Situation nicht beruhigen, weinte unaufhörlich und konnte nicht mehr explorieren.

Die Bindungsdiagnostik mit der Mutter im AAP zum selben Zeitpunkt ergab eine verstrickte Bindungsrepräsentation.

Die Bezugserzieherin von Moritz war 22 Jahre alt und hatte im AAP eine sichere Bindungsrepräsentation. Zusätzlich berichtete sie, dass sie in der Pubertät psychische Probleme gehabt hätte und deswegen auch stationär unter sehr rigiden Maßnahmen behandelt worden sei. Diese Erlebnisse waren aber offensichtlich – laut anonymisierter Auswertung des AAPs durch eine externe Auswerterin – »verarbeitet – gelöst«.

SAFE®-Intervention: Vor dem ersten Testzeitpunkt fanden die SAFE®-Krippenschulungen für die Erzieherinnen über Bindung und Feinfühligkeit statt. An den Elternschulungen nahmen die Eltern von Moritz sehr interessiert teil und stellten oft Fragen, etwa was sie tun sollten, wenn Moritz mit dem Spielzeug herumwerfe oder sich beim Zähneputzen verweigere.

Während der Eingewöhnungsphase zeigten sich durchgehend Situationen, in denen die Erzieherin sehr einfühlsam auf Moritz eingehen konnte. Seine kurzzeitige Trauer über das Weggehen von Vater oder Mutter begleitete sie mit den passenden Worten, feinfühliger Stimmlage, Körperkontakt und Angeboten zum Explorieren. Moritz konnte sich gut auf seine Erzieherin einlassen, gewann schnell Vertrauen und nutzte sie zunehmend mehr in stressvollen Situationen als sicheren Hafen.

Der zweiteTestzeitpunkt der Krippenstudie fand vier Monate nach der Eingewöhnung statt. Anhand der Filmaufnahme »Wickeln« gab die SAFE®-

Mentorin der Erzieherin von Moritz positives Feedback, denn es zeigten sich sehr viele Handlungen, die als feinfühlig eingeschätzt werden konnten.

Auch die Eltern waren sehr erleichtert, als sie viele positive Verhaltensweisen widergespiegelt bekamen. Sie erhielten von der Mentorin zudem Anregungen, wie sie auch »Grenzen« deutlicher gegenüber Moritz vertreten könnten. Dabei wurden auch die elterlichen Ängste ausgesprochen; die Eltern waren sehr damit beschäftigt, wie sie auf das befürchtete Trotzverhalten von Moritz feinfühlig reagieren könnten. Die Eltern waren auch noch mit den Ratschlägen aus der ersten Krippe beschäftigt: Moritz hatte zuvor schon einmal für kurze Zeit versuchsweise eine andere Krippe besucht, in der ihnen geraten worden war, Moritz nicht mehr auf den Arm zu nehmen, wenn er trotzte und einen Wutanfall bekam, um ihm diese Verhaltensweise »abzugewöhnen«.

SAFE®-Hotline: Die Interaktionen wurden für die Erzieherin schwierig, als Moritz nach fünf Monaten nicht mehr mit ihr zum Wechseln der Windeln mitgehen wollte, obwohl sie doch weiterhin feinfühlig mit ihm umging.

Die SAFE®-Mentorin sprach mit ihr über die Gefühle, die bei ihr auftauchen, wenn Moritz sich auf diese Weise »wehrte«. Die Erzieherin meinte, dass sie dann doch innerlich sehr gestresst sei und sich fühlte, als würde sie ihn »vergewaltigen«. Eventuell war das Verhalten von Moritz doch ein latenter Auslöser für heftige Gefühle aus Situationen, die die Erzieherin früher in ihrer eigenen Pubertät erlebt hatte. Die Mentorin sprach die Situation mit ihr durch, mit dem Fokus, zu mentalisieren, wie es Moritz in der Situation gefühlsmäßig gehen könnte. Sie half der Erzieherin, feinfühlig und klar bei dem Vorhaben des Wickelns zu bleiben, allerdings die heftigen Reaktionen von Moritz mit Worten und Körpersprache zu begleiten. Nach drei bis vier Wochen konnte die Erzieherin schon eine deutliche Änderung beobachten und diese berichten: Wenn sie ganz ruhig dabei blieb, Moritz zum Wickeln zu begleiten, sagte er zwar immer noch »nein« und wollte zunächst einmal nicht mitkommen, es waren oft aber nur noch kurze Momente des Protests, bis er umschwenkte und kooperativ und gutgelaunt reagierte. Die Erzieherin meinte, dass es ihr dabei jetzt viel besser gehe und sie mehr Verständnis für Moritz und die Situation habe.

Am Ende des Krippenjahres hatte Moritz in der Bindungsdiagnostik ein sicheres Bindungsverhalten an seine Erzieherin.

Ein vergleichbar sicheres Ergebnis seiner Bindungsqualität fand sich auch in Bezug auf seine Bindung an seine Mutter. Diese hatte – wie sich im Videotraining zeigte – durch die Termine zur Schulung ihrer Feinfühligkeit ebenso gelernt, besser auf die Signale von Moritz einzugehen und ihm auch während seiner Wutanfälle liebevoll Grenzen zu setzen und ihn in seinem Affektausbruch konsistent und eindeutig zu begleiten, seinen Affekt wertzuschätzen und ihn danach auch in freundlichem Kontakt zu trösten.

Zusammenfassung und Ausblick

Die Fallbeispiele zeigen, dass eine bindungsorientierte Schulung, wie sie mit dem Programm »SAFE®-Spezial Krippe« für die Erzieherinnen und die Eltern realisiert wurde, einem Krippenkind helfen kann, eine sichere Bindung sowohl zu seiner Bezugserzieherin als auch zu seiner Mutter zu entwickeln.

Die weiteren Auswertungen der randomisierten prospektiven Studie werden im Vergleich zwischen SAFE®-Interventionskrippen und Kontrollkrippen Hinweise geben, ob diese Ergebnisse spezifisch und signifikant positiv für die SAFE®-Krippen sind.

Die bisherigen Ergebnisse sind auf jeden Fall ermutigend, auch im Einzelfall eine bindungsorientierte Schulung von Eltern und ErzieherInnen im Kontext von Eingewöhnung und Krippenbetreuung durchzuführen. Hierfür sollten beim Ausbau der Krippenplätze entsprechende finanzielle Ressourcen zur Verfügung gestellt werden.

Literatur

Abidin, R. (1983): *Parenting Stress Index.* Charlottesville, VA.

Achenbach, T. M./Rescorla, L. A. (2001): *Manual for the ASEBA School-Age Forms & Profiles.* Burlington, VT.

Ainsworth, M. D./Blehar, M. C./Waters, E. et al. (1978): *Patterns of attachment: A psychological study of the strange situation.* Hillsdale.

Bates, J. E./Freeland, C. A./Lounsbury, M. L. et al. (1979): Measurement of infant difficultness. *Child Development,* 50: 794-803.

Belsky, J. (2005): Attachment theory and research in ecological perspective. Insights from the Pennsylvania infant and family development project and the NICHD study of early child care. In: Grossmann, K. E./Grossmann, K./Waters,

E. (Hrsg.): *Attachment from infancy to adulthood. The major longitudinal studies.* New York: 71-97.

Boris, N. W./Wheeler, E. E./Heller, S. S. et al. (2000): Attachment and developmental psychopathology. *Psychiatry,* 63 (1): 75-84.

Brisch, K. H. (2010): *Bindungsstörungen. Von der Bindungstheorie zur Therapie.* 11. vollständig überarbeitete und erweiterte Neuauflage. Stuttgart.

Brisch, K. H. (2013): Kinderkrippe als sicherer Hafen? Bindung und frühkindliche außerfamiliäre Betreuung. *XX Die Zeitschrift für Frauen in der Medizin,* 2: 85-91.

Brumariu, L. E./Kerns, K. A. (2010): Parent–child attachment and internalizing symptoms in childhood and adolescence: A review of empirical findings and future directions. *Development and Psychopathology,* 22 (01): 177-203.

De Wolff, M. S./van IJzendoorn, M. H. (1997): Sensitivity and attachment: A meta-analysis on parental antecedents of infant attachment. *Child Development,* 68 (4): 571-591.

Dozier, M./Stovall-McClough, K. C./Albus, K. E. (2008): Attachment and psychopathology in adulthood. In: Cassidy, J./Shaver, P. (Hrsg.): *Handbook of attachment: Theory, research, and clinical applications.* New York: 718-744.

Earl, B. (2009): Exterior fortresses and interior fortification – use of creativity and empathy when building an authentic attachment relationship in school. In: Perry, A. (Hrsg.): *Teenagers and attachment. Helping adolescents engage with life and learning.* London: 97-122.

Ehlers, A./Steil, R./Winter, H. et al. (1996): Deutsche Übersetzung der Posttraumatic Stress Diagnostic Scale (PDS). Oxford, University Warrneford Hospital, Departement of Psychiatry.

Feeney, B. C./Collins, N. L./Van Vleet, M. et al. (2013): Motivations for providing a secure base: links with attachment orientation and secure base support behavior. *Attach Hum Dev.,* 15 (3): 261-280.

Franke, G. H. (1995): Symptom-Checkliste von Derogatis. Bd. 2, vollständig überarbeitete und neu normierte Auflage 2002.

Friedman, S. L./Boyle, D. E. (2009): Kind-Mutter-Bindung in der NICHD-Studie »Early Child Care and Youth Development«: Methoden, Erkenntnisse und zukünftige Ausrichtungen. K. H. In: Brisch, K. H./Hellbrügge, T. (Hrsg.) *Wege zu sicheren Bindungen in Familie und Gesellschaft. Prävention, Begleitung, Beratung und Psychotherapie.* Stuttgart: 94-151.

George, C./West, M. (2011). The Adult Attachment Projective Picture System: Integrating attachment into clinical assessment. *Journal of Personality Assessment,* 93 (5): 407-416.

Grossmann, K./Grossmann, K. E. (2004/2012): *Bindung – das Gefüge psychischer Sicherheit*. 5. vollständig überarbeitete Neuauflage 2012. Stuttgart.

Hautzinger, M./Bailer, M./Worall, H./Keller, F. (1994): *Beck Depressions Inventar.*

Klann-Delius, G. (2002): Bindung und Sprache in der Entwicklung. In: Brisch, K. H/Grossmann, K. E./Grossmann, K./Köhler, L. (Hrsg.): *Bindung und seelische Entwicklungswege – Grundlagen, Prävention und klinische Praxis*. Stuttgart: 87-107.

Spangler, G./Zimmermann, P. (1999): Attachment representation and emotion regulation in adolescents: A psychobiological perspective on internal working models. *Attachment & Human Development*, 1 (3): 270-290.

Speltz, M./DeKlyen, M./Greenberg, M. T. (1999): Attachment in boys with early onset conduct problems. *Developmental Psychopathology*, 11: 269-285.

Sroufe, L. A./Carlson, E./Levy, A. K. (1999): Implications of attachment theory for developmental psychopathology. *Development and Psychopathology*, 11 (1): 1-13.

Suess, G. J./Grossmann, K. E./Sroufe, L. A. (1992): Effects of infant attachment to mother and father on quality of adaption in preschool: From dyadic to individual organization of self. *International Journal of Behavioral Development*, 15 (1): 43-65.

Wartner, U. G./Grossmann, K./Fremmer-Bombik, E./Suess, G. (1994): Attachment patterns at age six in South Germany: Predictability from infancy and implications for pre-school behaviour. *Child Development*, 65: 1014-1027.

Zimmermann, P. (1999): Structure and functions of internal working models of attachment and their role for emotion regulation. *Attachment & Human Development*, 1 (3): 291-306.

Die Autorinnen und Autoren

Tessa Baradon, analytische Kinder- und Jugendlichen-Psychotherapeutin, Gründerin und langjährige Leiterin des Parent-Infant-Project am Anna Freud Centre. Niedergelassen als analytische Kindertherapeutin in London, Supervisorin und Dozentin für Kinderanalyse und Eltern-Baby-Psychotherapie. Gastprofessur an der Universität Johannesburg. Mitglied der Association of Child Psychotherapists und der Association of Child Psychoanalysis. Zahlreiche Publikationen. Mitherausgeberin des Buches *Psychoanalytische Psychotherapie mit Eltern und Säuglingen* (2011), Herausgeberin des Buches *Relational Trauma in Infancy* (2010).

Karl Heinz Brisch, Priv. Doz., Dr. med. habil., Kinder- und Jugendlichenpsychiater und Psychotherapeut, Psychiater und Psychoanalytiker für Kinder, Jugendliche, Erwachsene und Gruppen. Leitender Oberarzt der Abteilung Pädiatrische Psychosomatik und Psychotherapie an der Kinderklinik und Poliklinik im Dr. von Haunerschen Kinderspital der Ludwig-Maximilians-Universität München. Facharzt für Psychosomatische Medizin und Psychotherapie und Neurologie und Lehranalytiker in Stuttgart. Autor zahlreicher Bücher zum Thema Bindungstheorie, Bindungsstörungen und deren Psychotherapie. Forschungsschwerpunkt: frühe Eltern-Kind-Bindung, spezielle Psychotraumatologie für Kinder, Jugendliche und Erwachsene. Entwicklung eines Elternprogramms zur Förderung einer sicheren Bindung zwischen Eltern und Kindern (SAFE®); Vorsitzender für Deutschland der Gesellschaft für Seelische Gesundheit in der Frühen Kindheit (GAIMH – German-Speaking Association for Infant Mental Health).

Anne Budke, Safe®-Mentorin, B.A.S.E.®-Gruppenleiterin und Mentorin. Wissenschaftliche Mitarbeiterin; Abteilung für Pädiatrische Psychosomatik und Psychotherapie Dr. von Haunersches Kinderspital, Ludwig-Maximilians-Universität München.

Frank Dammasch, Dr. phil, Dipl. Soziologe und Pädagoge, niedergelassen als analytischer Kinder- und Jugendlichen-Psychotherapeut in eigener Praxis in Frankfurt a. M., Professor auf dem Gebiet Psychosoziale Problemlagen und

Symptome bei Kindern und Jugendlichen im Fachbereich 4 der Fachhochschule Frankfurt a. M. Qualitatives Pilotforschungsprojekt »Die frühen Beziehungsmuster von Jungen«. Zahlreiche Publikationen zur Bedeutung des Vaters für die männliche Identitätsentwicklung des Jungen sowie zu ADHS und Lernstörungen.

Brigitte Forstner, Safe®-Mentorin, Wissenschaftliche Mitarbeiterin Abteilung für Pädiatrische Psychosomatik und Psychotherapie Dr. von Haunersches Kinderspital, Ludwig-Maximilians-Universität München.

Yvon Gauthier, Prof. Dr. med., Kinder- und Jugendpsychiater, Mitglied der Société Canadienne de Psychoanalyse, emeritierter Professor für Psychiatrie an der medizinischen Fakultät der Universität Montreal. Mitbegründer (1994) und langjähriger Leiter der Clinique d'attachement du Centre hospitalier universitaire mère-enfant Sainte-Justine in Montreal, Canada. 1996 bis 2000 Präsident der WAIMH (World Association for Infant Mental Health). Gehört zu den Pionieren der psychoanalytischen Arbeit mit Babys, zahlreiche Publikationen in französischen und anglo-amerikanischen Zeitschriften, 2009 Buchpublikation *L'avenir de la psychiatrie de l'enfant*.

Christine Kern, Dr. phil., Dipl. Päd., Kinder- und Jugendlichenpsychotherapeutin, Traumatherapeutin, Psychoonkologin, St. Marienhospital Düren-Birkesdorf.

Suzanne Maiello, Psychoanalytikerin für Erwachsene und Kinder, niedergelassen in eigener Praxis in Rom, Gründungsmitglied und ehem. Präsidentin der AIPPI (Associazione Italiana di Psicoterapia Psicoanalitica Infantile), Mitglied der britischen Association of Child Psychotherapists, Mitglied der International Association of Analytical Psychology, Lehrtätigkeit und Supervision. Dozentin und Supervisorin des MA Course in Observational Studies der University of East London (Außenstelle AIPPI Mailand). Mitbegründerin und Leiterin des Säuglingsbeobachtungscurriculums der Berliner Studiengruppe Tavistock Modell. Empfängerin des International Frances Tustin Memorial Prize 1997. Zahlreiche Veröffentlichungen in internationalen psychoanalytischen Zeitschriften zu theoretischen und methodologischen Themen, insbesondere Erforschung des Erfahrungsbereichs vorgeburtlicher auditiver Wahrnehmungen, Babybeobachtung sowie kulturelle Aspekte der Mutter-Kind-Beziehung.

Die Autorinnen und Autoren

Verena Menken, Pädagogin (M.A.), Reittherapeutin (IPTH), Safe®-Mentorin, Wissenschaftliche Mitarbeiterin Abteilung für Pädiatrische Psychosomatik und Psychotherapie Dr. von Haunersches Kinderspital, Ludwig-Maximilians-Universität München.

Maria Mögel, lic. phil. I, Klinische Psychologin und Psychoanalytikerin. Langjährige klinische und leitende Tätigkeit in verschiedenen Institutionen der Kinder- und Jugendhilfe. Seit 2009 gemeinsame psychotherapeutische Praxis »babyundkleinkind – Zentrum für Entwicklungspsychotherapie« mit Fernanda Pedrina, Monika Strauss und Daniela Molinari in Zürich. Dozentin an der Zürcher Hochschule für Angewandte Wissenschaften ZHAW mit Schwerpunkt Entwicklungspsychologie 0-3 und Kindesschutz in der frühen Kindheit. Seit 2012 Mitarbeiterin im Forschungsprojekt »Brüche und Verluste in der Frühen Kindheit« am Marie Meierhofer Institut für das Kind, Zürich.

Campbell Paul, Consultant Infant and Child Psychiatrist am Royal Childrens Hospital in Melbourne, Honorary Principal Fellow am Department für Psychiatrie an der Universität von Melbourne. Zusammen mit seinen Kollegen gründete er ein Graduate Diploma und einen Masterstudiengang in Infant and Parent Mental Health. Langjährige Erfahrung im pädiatrischen und psychiatrischen Konsiliardienst sowie in Säuglings-Eltern-Psychotherapie. Er entwickelte Modelle zu therapeutischer Gruppenarbeit mit Eltern und Babys in Krisen. Er war als Psychiater konsiliarisch beim Victorian Aboriginal Health Service tätig und wirkte bei der Gründung des Koori Kids Mental Health Network mit. Zusammenarbeit mit NT child mental health services in Central Australia. Mitglied im Aufsichtsrat der WAIMH (World Association of Infant Mental Health).

Inge-Martine Pretorius, PhD in Mikrobiologie, analytische Psychotherapeutin für Kinder, Jugendliche und Erwachsene, Leiterin des Eltern-Kleinkind-Programms am Anna Freud Center in London. Klinische Tutorin für psychoanalytische Entwicklungspsychologie an dem University College London und am Anna Freud Center. Forschung über die transgenerationale Weitergabe von desorganisierter Eltern-Kind-Beziehung. Veröffentlichungen auf dem Gebiet der Molekulargenetik und der Psychoanalyse. Mitherausgeberin zusammen mit Marie Zaphiriou Woods des Buches: *Eltern-Kind-Gruppen. Psychoanalytische Entwicklungsforschung und Praxisbeispiele* (2013).

Julia Quehenberger, Diplom-Psychologin, Safe®-Mentorin, Wissenschaftliche Mitarbeiterin im Dr. von Haunerschen Kinderspital Abteilung Pädiatrische Psychosomatik.

Silvia Reisch, Dr. med., Kinder- und Jugendpsychiaterin FMH, leitende Ärztin Bereich Frühe Kindheit des Kinder- und Jugendpsychiatrischen Dienstes des Kantons Thurgau. Neben dem Kleinkindambulatorium zuständig für die interdisziplinär geführte stationäre Eltern-Kind-Einheit in Zusammenarbeit mit Erwachsenenpsychiatrie und Pädiatrie.

Björn Salomonsson, Dr. phil., Kinderanalytiker, Lehranalytiker und Mitglied der Swedish Psychoanalytical Association. Er arbeitet in privater Praxis und als beratender Psychoanalytiker am Mama Mia Child Health Centre in Stockholm. Er ist wissenschaftlicher Mitarbeiter am Department of Women's and Children's Health am Karolinska Institutet in Stockholm. Forschungsprojekt einer RCT-Studie über den Vergleich von psychoanalytischer Mutter-Baby-Behandlung im Vergleich zur schwedischen Routineversorgung von Babys, die als Follow-up-Studie fortgeführt wird. Publikationen zum Containment in der Kinderanalyse, zur Analyse von Kindern mit ADHD, zur ästhetischen Erfahrung. Mehrere Arbeiten über Mutter-Baby-Psychoanalyse und, zusammen mit Johan Norman, über die Methode des »Weaving thoughts« bei Fallvorstellungen. Von 2001 bis 2006 war er Präsident des Child Forum der European Psychoanalytic Federation. Mitglied der Societé Européenne pour la Psychanalyse de l'Enfant et de l'Adolescent, Paris.

Frances Thomson-Salo, Psychoanalytikerin für Erwachsene und Kinder, niedergelassen in eigener Praxis in Melbourne. Langjährige Tätigkeit als Psychotherapeutin für Kinder im Public Health Service in England und Australien, Dozentin an der Universität Melbourne Graduate Diploma/Masters in Parent and Infant Mental Health. Supervisorin für Psychiatric Registrars am Royal Children's Hospital in Melbourne, in leitender Stellung bei lokalen Child and Adolescent Mental Health Services sowie bei Childcare Services for children and adolescents, Mitarbeit bei der Ausbildung von Psychoanalytikern und anderen im Mental-Health-Bereich Tätigen. Zahlreiche Publikationen von Artikeln und Buchbeiträgen sowie Mitherausgeberin auf dem Gebiet Kinder- und Säuglings-Psychotherapie.

Die Autorinnen und Autoren

Barbara von Kalckreuth, Dr. med., Fachärztin für Kinder- und Jugendmedizin, Ärztin für Psychotherapeutische Medizin. Mitbegründerin der Freiburger Babyambulanz. Dozentin am Institut für Psychoanalyse und Psychotherapie Freiburg. Tätig in eigener Praxis. Vorstandsmitglied der Gesellschaft für Seelische Gesundheit in der Frühen Kindheit (GAIMH – German-Speaking Association for Infant Mental Health).

Wolfgang von Kalckreuth, Dr. med., Arzt für Neurologie und Psychiatrie. Tätig in eigener Praxis.

Christiane Wiesler, analytische Kinder- und Jugendlichen-Psychotherapeutin. Mitbegründerin der Freiburger Babyambulanz. Dozentin am Institut für Psychoanalyse und Psychotherapie Freiburg. Tätig in eigener Praxis.

Herausgeberinnen

Susanne Hauser, Dr. phil., Diplompsychologin, Psychologische Psychotherapeutin, Analytische Kinder- und Jugendlichen-Psychotherapeutin (VAKJP), Psychoanalytikerin (DGPT, MAP), niedergelassen in eigener Praxis in München. Dozentin, Supervisorin, Lehranalytikerin und Leiterin der Babyambulanz der MAP. Dozentin für Psychoanalyse an der Ludwig-Maximilians-Universität München. Veröffentlichungen zur Klinischen Bindungstheorie, zur Entwicklung des Selbst und zur Adoleszenz.

Fernanda Pedrina, PD Dr. med. habil., Kinder- und Jugendpsychiaterin und -psychotherapeutin (FMH), Psychoanalytikerin (PSZ), Kinderanalytikerin (ACP), Dozentin und Supervisorin. Niedergelassen in freier Praxis in Zürich. Mitbegründerin des Zürcher Zentrum für Entwicklungspsychotherapie »Baby und Kleinkind« (www.babyundkleinkind.ch). Privatdozentin an der Universität Kassel, Fachbereich Sozialwesen. Dozentin im Eltern-Kleinkind-Psychotherapie-Curriculum der ärztlichen Akademie für Psychotherapie von Kindern und Jugendlichen in München. Ehem. Schweizer Präsidentin der Gesellschaft für seelische Gesundheit in der frühen Kindheit (GAIMH). Zahlreiche Veröffentlichungen zur psychoanalytischen Arbeit mit Kindern im Alter von null bis fünf Jahren und zur Psychotherapie mit Migranten.

Der Frankfurter Verlag für Psychoanalyse

Brandes & Apsel

Die kreativen Beiträge des Bandes verdeutlichen, wie wichtig es ist, sich mit den Bedingungen und Möglichkeiten gelingender und misslingender Transformationen in dieser so entscheidenden Lebensphase differenziert auseinanderzusetzen. Sie spiegeln zugleich – auch international – Unterschiede und Gemeinsamkeiten wider in den Auffassungen der Adoleszenz für die psychische Entwicklung, Behandlung und Theorie.

Psychische Entwicklungen der Adoleszenz sind durch neue Anforderungen gekennzeichnet. Sie beinhalten spezifische Chancen, aber unter ungünstigen Voraussetzungen auch erhebliche Konflikt- oder Krisenpotenziale. Die Art ihrer Bewältigung hat nachhaltige Folgen für das Erwachsenenleben.

Beiträge von
Peter Bründl, Dieter Bürgin, Yecheskiel Cohen, Karin Flaake, Benigna Gerisch, Susanne Hauser, Vera King, Zsofia Kovacs, Francois Ladame, Gianluigi Monniello, Jack Novick, Kerry Kelly Novick, Katarzyna Schier

Peter Bründl
Vera King (Hrsg.)

Adoleszenz:
gelingende und misslingende Transformationen

Jahrbuch der Kinder- und Jugendlichen-Psychoanalyse, Bd. 1

268 S., geb., € 29,90
ISBN 978-3-86099-934-9

Bitte fordern Sie auch unseren Psychoanalysekatalog an: Brandes & Apsel Verlag
Scheidswaldstr. 22 • 60385 Frankfurt/M. • info@brandes-apsel.de • www.brandes-apsel-verlag.de

**Der Frankfurter Verlag
für Psychoanalyse**

Inge-Martine Pretorius
Marie Zaphiriou Woods (Hrsg.)

Eltern-Kind-Gruppen

Psychoanalytische
Entwicklungsforschung
und Praxisbeispiele

Aus dem Englischen von Elisabeth Vorspohl

*ca. 272 S., geb., ca. € 29,90
ISBN 978-3-95558-037-7*

Dieses Buch ist eine wertvolle Quelle für alle, die mit Eltern-Kind-Gruppen zu tun haben. Es wendet sich an Kinderpsychotherapeuten, Kinderärzte, Erzieherinnen, Sozialarbeiterinnen, Pädagoginnen und in der Frühförderung Tätige. Die Beiträge der Autorinnen und Autoren zeigen auf, wie Interventionen in den frühen kritischen Entwicklungsphasen von Kleinkindern emotionale »Entwicklungshilfe« geben können.

Anhand von Erfahrungen aus verschiedenartigen Gruppen wird diskutiert, welche Zugänge Gruppenleiterinnen wählen können, um die Entwicklung oder Aufrechterhaltung einer sicheren Bindung zu unterstützen und den – meistens – Müttern zu helfen, über ihr Kleinkind nachzudenken. Das beinhaltet gerade auch, den auftauchenden negativen Gefühlen nachzufühlen, zwischen eigenen Konflikten und problematischen Verhaltensweisen des Kindes zu unterscheiden, dessen wachsende Fähigkeiten zu unterstützen, ohne ihm den nötigen Rückhalt zu entziehen.